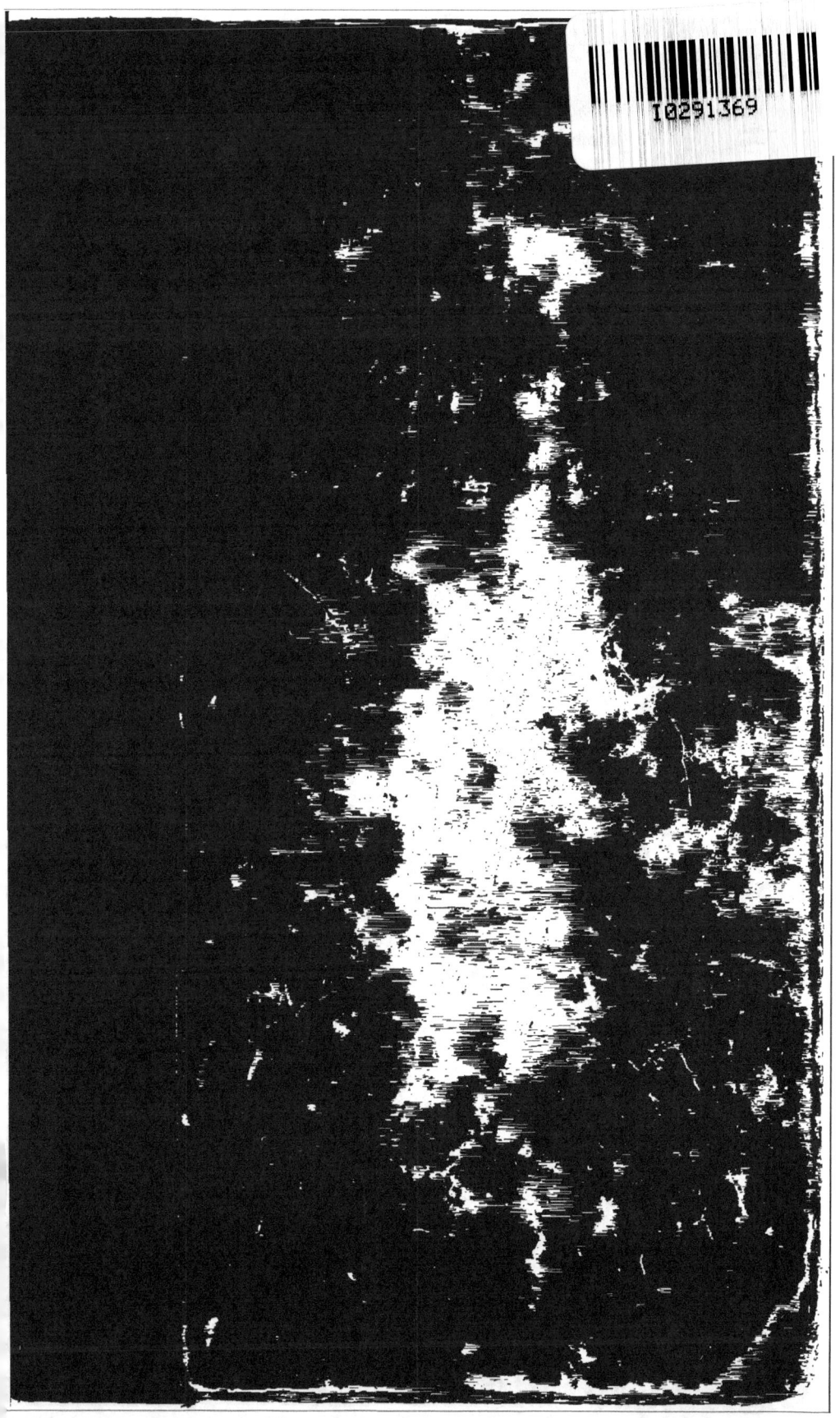

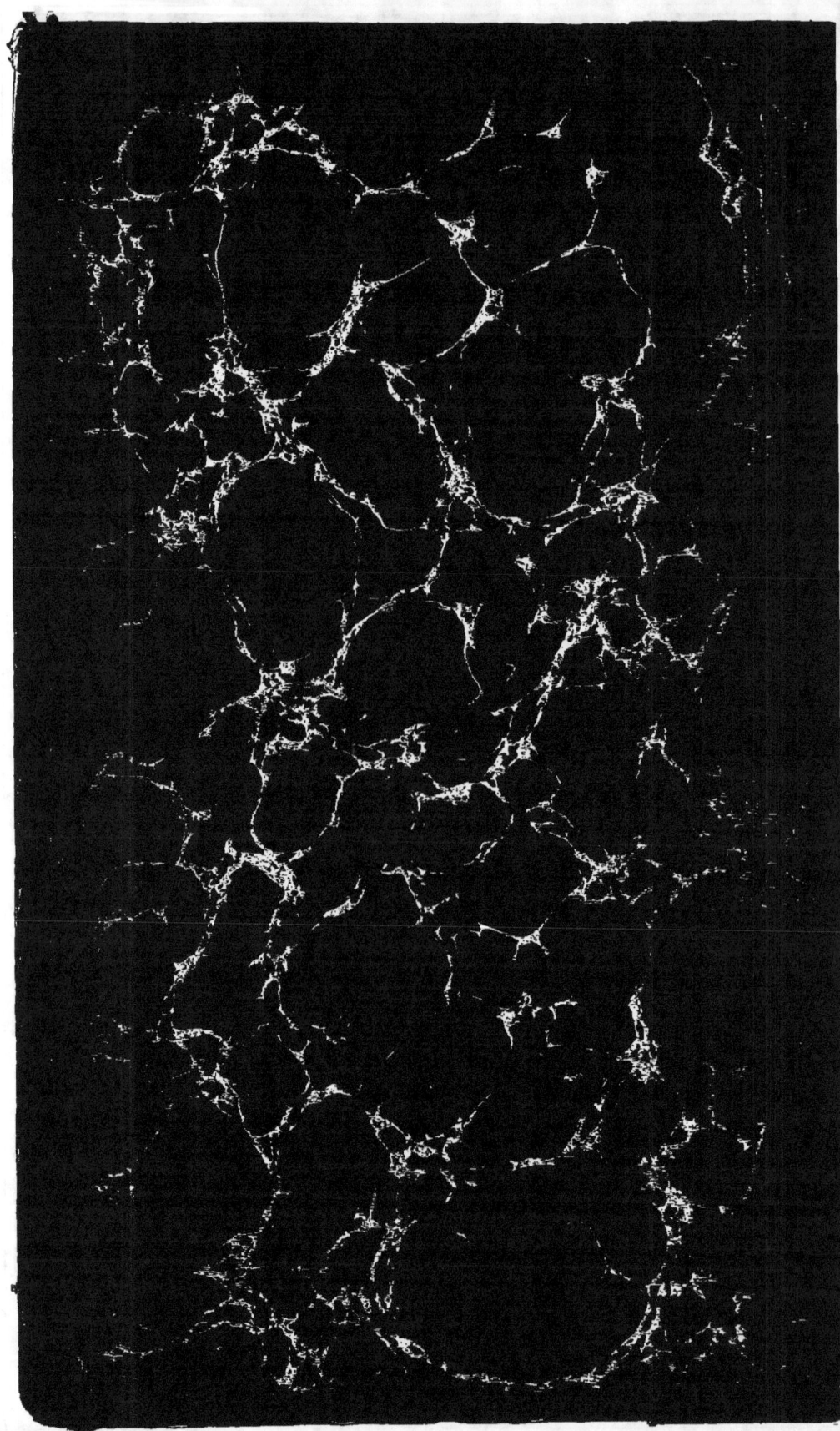

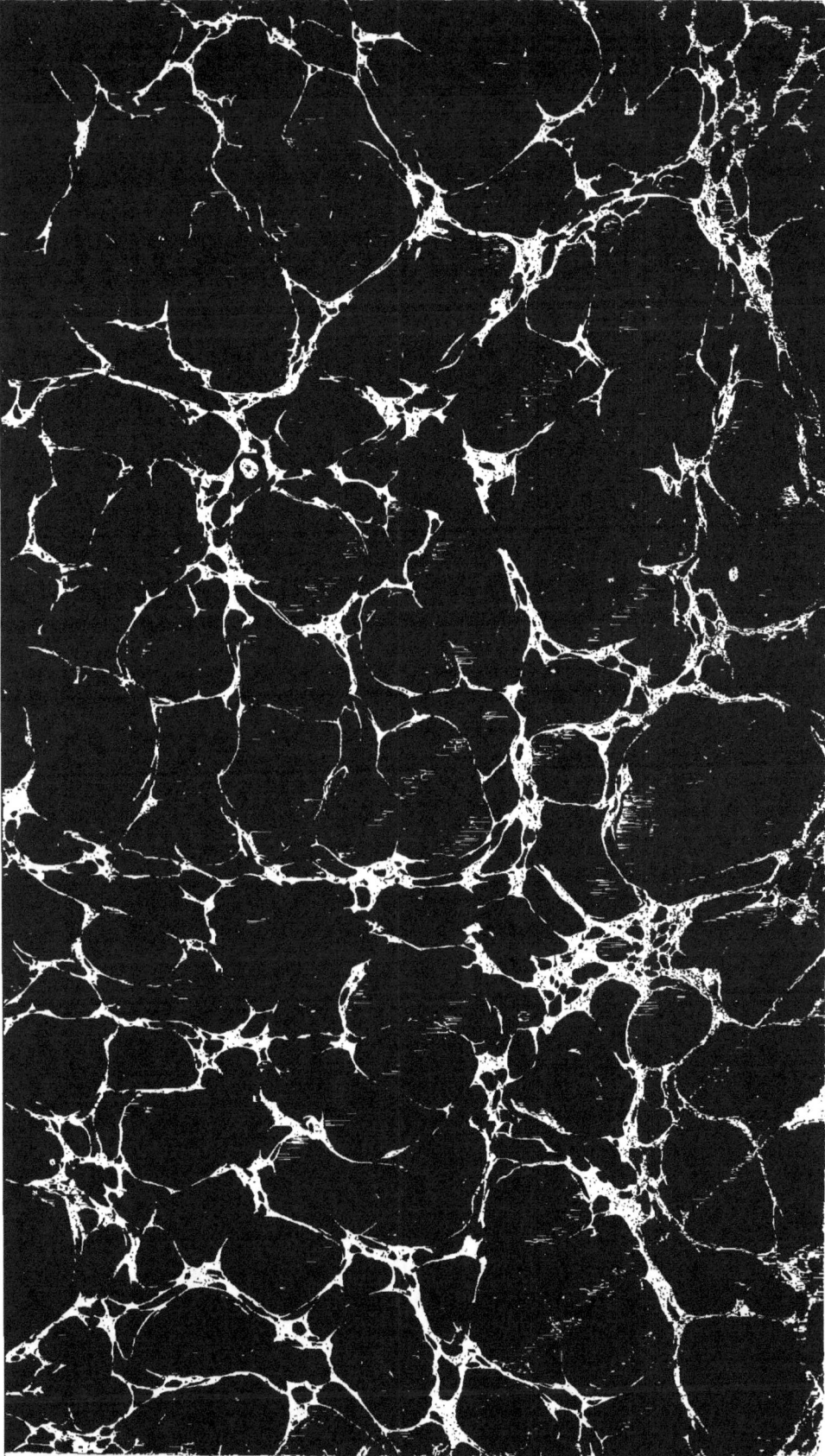

MARAT

Le public est le seul juge des choses qui
le concernent

MARAT

DU MÊME AUTEUR :

MARAT, *Index du bibliophile et de l'amateur de peintures, gravures, etc.*
Volume in-8º de 364 pages, imprimé chez Claye.

Tiré à 100 exemplaires sur vélin. Prix. . . . . 25 fr. »»
— 2 — sur Chine. Prix. . . . 35 fr. »»

PLACARDS DE MARAT, *l'ami du peuple*. Imprimé avec les caractères elzéviriens.
Volume in-8º de 76 pages, sur vergé. Prix. . . . 3 fr. »»

EN PRÉPARATION :

MARAT, *Savant*. — Volume in-8º.

OUVRAGES

DANS LES MÊMES PRINCIPES POLITIQUES.

MARAT, *l'ami du peuple*, par A. Bougeart. 2 forts volumes in-8º. Paris.

DANTON, par A. Bougeart. 1 fort volume in-8º. Paris.

DANTON. *Mémoires sur sa vie privée, appuyés de pièces justificatives*, par le docteur Robinet. — Chamerot, 13, rue du Jardinet, Paris.

LE PROCÈS DES DANTONISTES, *d'après les documents*, par le docteur Robinet. — E. Leroux, 28, rue Bonaparte, Paris.

JEAN-PAUL MARAT

Orné de son portrait

ESPRIT POLITIQUE

ACCOMPAGNÉ

DE SA VIE SCIENTIFIQUE, POLITIQUE ET PRIVÉE

PAR

F. CHEVREMONT

Le Bibliographe de Marat

> Vils calomniateurs ! qui vous acharnez à me diffamer, montrez donc comme moi vos mœurs, vos actions, votre vie tout entière, et la nation jugera qui de nous a le droit de s'ériger en censeur. MARAT.

TOME SECOND

PARIS

CHEZ L'AUTEUR, 56, AVENUE DE CLICHY

—

1880

TIRÉ A DEUX CENTS EXEMPLAIRES

ASSEMBLÉE LÉGISLATIVE

1er Octobre 1791.

L'Assemblée nationale législative ouvrit sa première séance le 1ᵉʳ octobre 1791. Ses premières décisions annonçaient d'abord du patriotisme et faisaient concevoir d'heureuses espérances sur le rétablissement de la liberté et la réforme des vices de la Constitution. Mais bientôt, détruisant son propre ouvrage, elle démontre elle-même le peu de confiance que le peuple peut avoir dans les lumières et l'énergie de ses nouveaux représentants, dont Pastoret, comme président; Garan-Caulon, Cérutti, Lacépède, Condorcet, comme secrétaires, occupent le bureau. Nomination du plus mauvais augure, en ce qu'elle prouve l'ascendant qu'ont déjà ces indignes députés de Paris.

Il est certain toutefois que cette nouvelle Assemblée renferme trois partis. L'un composé de zélés patriotes, vrais amis de la liberté, qui ne désirent que le bonheur de la nation, et qui ne veulent d'autre récompense de leurs travaux que la gloire de les avoir consacrés au bien public. L'autre est composé de ces hommes à préjugés, qui n'ont pu encore secouer la crasse de leur éducation, qui ne conçoivent pas la majesté nationale, et qui continuent à s'humilier devant les favoris de la fortune ; de ces endormeurs qui ne redoutent rien tant au monde que les commotions politiques, capables de déranger leur bien-être ; de ces égoïstes toujours empressés à courir après la fortune, et toujours prêts à lui sacrifier le devoir et l'honneur. Enfin, le dernier renferme tous les esclaves ministériels qui infectent l'Assemblée ; hommes sans foi, sans loi et sans pudeur, qui se prostitueraient aux volontés de la cour pour le moindre sourire, et qui trahiraient la patrie, leurs amis et leurs frères pour la plus légère faveur.

Je serai à la piste de toutes les menées de ces lâches ennemis de la patrie ; je dévoilerai au grand jour toutes leurs turpitudes ; j'appliquerai sur leur front le cachet de l'opprobre, et je les vouerai à l'exécration publique, comme j'ai agi avec leurs devanciers.

Je ne serai pas moins soigneux à démasquer les faux patriotes qui chercheront à se mettre en montre pour se faire acheter, les petits intrigants qui s'insinueront dans les Comités pour se faire valoir, les fourbes adroits qui n'épouseront la cause du peuple que pour capter sa confiance et trafiquer impunément de ses intérêts.

Enfin, je me ferai un devoir sacré de rendre justice aux vertus civiques des vrais défenseurs de la patrie et de relever leurs généreux efforts, mais sans jamais leur prodiguer l'éloge. Sans doute il est nécessaire de soutenir leur courage pendant qu'ils parcoureront leur pénible carrière ; mais c'est au bout qu'il faut les attendre pour les couronner.

Pour compléter le tableau des fonctionnaires qui constituent le nouveau gouvernement de Louis XVI, jetons un coup d'œil sur les nouveaux ministres, tout aussi dévoués à la cour que leurs indignes prédécesseurs sous la Constituante, et voyons, sous la Législative, comment est interprété le fameux décret qui consacre la responsabilité ministérielle.

On sait que tous les cahiers des députés aux États généraux avaient fait un point capital de la responsabilité des ministres. A l'ouïe du décret qui la consacre, le peuple crut avoir ville gagnée ; il chanta victoire et ne s'aperçut point qu'en réservant au Corps législatif le droit de décider si les ministres seraient ou ne seraient pas pris à partie, les pères conscrits, prostitués à la cour, rendaient la responsabilité complétement dérisoire. Révoltée des machinations éternelles de l'ancien cabinet, la nation entière n'a cessé, pendant six mois, de dénoncer les Guignard, Latour-du-Pin, Laluzerne, Montmorin et Champion, comme des traîtres et des conspirateurs. Qu'y a-t-elle gagné ? Ils ont paisiblement quitté le timon des affaires. Dès lors, leurs successeurs, Fleurieu et Thévenot, ont de même quitté la partie, pour se soustraire aux recherches de leurs machinations. Le pis-aller, pour un ministre infidèle, concussionnaire, dilapidateur, traître et conspirateur, est donc de ne pas réussir à consommer en paix ses noirs desseins, et de quitter sa place comblé des faveurs de la cour.

Croyez-en l'ami du peuple : tant que la couronne sera héréditaire, le prince sera l'éternel ennemi de la nation, et ses ministres ne seront jamais que des fripons payés pour exécuter ses funestes projets.

C'est sur cette maxime d'éternelle vérité que nous devons juger les Duport-du-Tertre, Duportail, Bertrand de Molleville, Tarbé, Valdec, etc. Tant qu'ils n'oseront afficher publiquement leur prostitution, ils s'attacheront à en imposer au législateur. C'est donc une stupidité de renvoyer au pouvoir exécutif la réparation des attentats ministériels ; comme c'est une singerie de renvoyer à des comités corrompus par les ministres la réparation des malversations des agents royaux ou ministériels. Ce vice est dans la Constitution elle-même, où il est dit que les ministres ne pourront être recherchés pour fait d'administration qu'autant que le législateur les aura déclarés recherchables. La crainte de faire perdre aux ministres tout leur temps à se justifier a été le prétexte frivole dont on a motivé cette loi funeste ; et l'on n'a pas voulu voir que l'impunité dont on les a environnés, comme d'un mur d'airain, est précisément la cause de leur audace à violer les lois et à machiner contre la patrie.

Pour réprimer les abus du pouvoir ministériel, il fallait que tout homme qui en aurait été la victime fût autorisé à prendre à partie le ministre délinquant ; seul moyen de les rendre extrêmement rares, si ce n'est d'en tarir la source. Sans ce droit sacré, dont un législateur ennemi de la liberté pouvait seul priver les Français, il est impossible de jamais mettre un frein aux malversations des agents de l'autorité, ni un terme aux machinations de nos ministres.

Voyons maintenant à l'œuvre les différents pouvoirs dont nous venons de faire connaître l'esprit général.

C'est en silence et dans les ténèbres, que le traître Duportail poursuit les noirs projets de ses prédécesseurs. Depuis son avénement au ministère, il feint de rétablir les fortifications de nos places démantelées ; il retire peu à peu les garnisons de celles qui pourraient arrêter l'ennemi ; il laisse nos forteresses sans munitions, ou ne leur donne que des poudres grasses, des canons égueulés et des boulets hors de calibre, pour remplacer les 1,400 pièces d'artillerie qu'on voit en ce moment à Luxembourg, et que Latour-du-Pin a fait retirer des places fortes de l'Alsace et de la Lorraine, au commencement de la Révolution, pour armer les fugitifs rebelles et les brigands qu'ils ont à leur solde.

De son côté, le tartuffe Montmorin ne cesse, depuis la prise de la Bastille, de soulever contre nous les puissances étrangères et de nous cacher leurs dispositions, leurs mouvements. Ses manœuvres et l'or de la nation ont enfin triomphé ; la ligue est formée. L'Allemagne, la Prusse, la Suède, l'Espagne, les Deux-Siciles, la Sardaigne, se sont conjurées pour nous remettre aux fers ; elles viennent de rappeler leurs ambassadeurs pour se réunir au congrès d'Aix-la-Chapelle, et concerter leurs opérations sanguinaires.

Déjà, de tous les coins du royaume, sont accourus vers les provinces autrichiennes des nuées de contre-révolutionnaires pour s'enrôler sous les drapeaux des capets fugitifs et ne rentrer dans nos provinces que le fer et le feu à la main. Presque tous les officiers de l'armée de ligne désertent leurs drapeaux, tandis que le général Mottier quitte lui-même l'armée parisienne, qu'il a métamorphosée en légions prétoriennes, pour aller travailler pareillement l'armée de ligne, et combiner le plan d'attaque avec son parent et complice l'infâme Bouillé.

Pour triompher des maux sans nombre qui menacent la patrie, il faudrait tout l'enthousiasme de la liberté ; encore la victoire coûterait-elle des torrents de sang.

Dans cette expectative, que fait l'Assemblée nationale ? Depuis trois semaines, elle a ouvert ses séances et rien encore n'est sorti de son sein qu'un seul beau décret, sur le cérémonial à observer à l'égard du roi, vis-à-vis de l'Assemblée; décret qu'elle s'est empressée d'annuler le lendemain, comme si elle avait eu regret de s'être montrée patriote un instant; comme si elle avait rougi d'avoir voulu venger un instant la majesté nationale. Dès lors, elle a consommé le temps à faire quelques règlements, à recevoir les visites ou les messages importuns des ministres; à donner audience aux corps qui venaient la flagorner; à écouter les adresses de félicitation des sots qui l'applaudissent, les vains discours de ses membres, les homélies des jongleurs payés pour la distraire, et à renvoyer à ses comités les plaintes des opprimés qui réclament justice.

L'analyse des séances de cette nouvelle législature n'est qu'un affligeant tableau qui expose à tous les regards l'impéritie des uns, la fourberie et le machiavélisme des autres. Un député patriote réclame-t-il contre plusieurs vices dans la rédaction du procès-verbal, l'Assemblée lui ferme la bouche par l'ordre du jour. Un Cérutti propose-t-il de voter des hommages aux Constituants, l'Assemblée adopte les plates adulations de ce flagorneur. Des députés patriotes sont-ils insultés, menacés dans le lieu même du Corps législatif, s'ils s'en plaignent hautement, à l'instant les ministériels crient *haro!* et l'Assemblée passe à l'ordre du jour. Des députés demandent-ils la suppression des tribunes privilégiées, toujours occupées par des ennemis publics, l'Assemblée passe à l'ordre du jour. Un député patriote dénonce-t-il les malversations d'un ministre, aussitôt les ministériels poussent les hauts-cris, et la docile Assemblée passe à l'ordre du jour. L'Assemblée est-elle informée par les départements frontières de l'émigration inquiétante des officiers, l'Assemblée, toujours conduite par les meneurs ministériels, renvoie effrontément l'affaire au pouvoir exécutif, premier auteur de ces malversations. Ose-t-on se plaindre que la Constituante a autorisé la sortie d'armes, chevaux, munitions, et en faire sentir les dangers dans la situation actuelle, les ministériels font écarter ces justes plaintes et la coupable Assemblée passe à l'ordre du jour. Dénonce-t-on les prêtres fanatiques, semant en tous lieux la révolte ; réclame-t-on contre l'iniquité du ministre, qui, au mépris de l'amnistie générale, retient encore des patriotes dans les fers, aussitôt se présente un endormeur de la bande infernale des suppôts de tyrannie, il excuse ou blanchit les coupables auteurs de ces forfaits, et l'Assemblée subjuguée passe à l'ordre du jour.

Rentrez donc en vous-mêmes, législateurs indignes, et convenez de votre lâcheté ou de votre impuissance, puisque les pères conscrits constituants ont livré la nation, pieds et mains liés, entre les mains de son premier agent, après avoir assuré l'impunité à tous ses suppôts.

Voilà les effets nécessaires des vices de cette Constitution, tant vantée, tant prônée par les sots, et que l'on prendrait pour un monument d'imbécillité, si elle n'était pas l'ouvrage de l'astuce et de la perfidie.

Je ne vois qu'un seul moyen de rétablir l'ordre dans l'État : c'est que la nation, soulevée à la fois dans tous les coins du royaume, fasse main-basse sur les meneurs des ennemis publics, passe l'éponge sur tous les décrets des pères conscrits, expulse le despote avec tous les siens, arme tous les membres de l'État et charge quelque tête saine de lui proposer une Constitution dont la Déclaration des Droits soit la base; où la souveraineté du peuple soit consacrée de même que la juridiction des commettants sur les commis; la permanence des Assemblées civiques; l'autorisation des citoyens à résister, les armes à la main, à tout ordre arbitraire, et à courir sur les ennemis de la patrie; la parfaite séparation des pouvoirs; la restriction des prérogatives du prince au droit d'envoyer et de recevoir des ministres, à celui de proposer des traités avec les puissances étrangères, et d'accepter les généraux nommés par l'armée; enfin, la précaution de n'exiger des citoyens et des fonctionnaires publics que le serment de défendre la liberté et d'être fidèle à la patrie. Mais ce moyen n'est plus au pouvoir du peuple depuis qu'il a laissé passer les crises du 14 juillet, du 5 octobre, du 28 février, du 18 avril et du 21 juin. Je serais inconsolable si j'avais négligé une seule fois de presser le peuple de saisir les occasions que la fortune lui a ménagées pour assurer sa liberté, en écrasant ses ennemis abattus et en purgeant le Corps législatif; en faisant trembler les administrateurs infidèles, les juges prévaricateurs. Ce peuple imbécile a eu peur d'abattre cinq à six cents têtes criminelles; il a mieux aimé voir tout le royaume en combustion, souffrir l'anarchie, permettre au despotisme de se relever, l'encourager à épuiser la nation, à la faire périr de famine, livrer à la tyrannie les amis de la liberté, exposer l'État à être dissous, en attendant qu'il soit livré aux horreurs de la guerre civile, qu'il devienne la proie des flammes ou qu'il soit inondé de sang.

Que d'amertume dans les reproches de l'ami du peuple et quelle mesure terrible lui arrache, une fois encore, le désespoir dans lequel l'a plongé l'apathie, la lâcheté de ce peuple, pour lequel il a tout sacrifié. C'est qu'au début de la Révolution, le seul sacrifice des principaux contre-révolutionnaires pouvait assurer le salut public, et que maintenant les événements ayant centuplé le nombre des ennemis du peuple et doublé leur audace, ont rendu nécessaire le plus affreux des sacrifices, si le peuple tient à recouvrer sa liberté et cimenter ses droits.

Dérobons-nous à ces cruelles nécessités; couvrons-les pour quelque temps encore d'un voile impénétrable, et revenons au plus tôt aux faits et gestes de l'ami du peuple.

Le 12 décembre 1791, voyant le dévouement de l'ami du peuple rester sans effet, le citoyen Bourdon, de la section du Louvre, lui écrivait : « Finissez, cher Marat, il en est temps. Qu'avez-vous gagné depuis que vous vous êtes déclaré le défenseur d'un peuple ignare et corrompu, toujours prêt à fermer l'oreille aux avis salutaires que vous n'avez cessé de lui donner sur les machinations de ses infâmes mandataires et ses perfides agents..... Il semble que plus vous accumuliez les preuves, moins vous persuadiez les imbéciles bourgeois de Paris, aujourd'hui satellites de la cour et lâches bourreaux de la multitude..... Depuis deux ans, ils n'ont cessé de crier que l'ami du peuple est un incendiaire; ils verront bientôt les torrents de sang qui vont couler, pour avoir craint d'en répandre quelques gouttes, comme il le leur conseillait, pour contenir par la terreur les ennemis de la liberté et assurer le salut public..... »

« Oui! s'écrie Marat, la liberté est perdue pour nous, et perdue sans retour..... O ma patrie! quel sort épouvantable l'avenir te réserve! Un décret fatal de l'impitoyable destin tiendra donc toujours attaché sur ton front le bandeau de l'illusion et de l'erreur, pour t'empêcher de profiter de tes ressources et te livrer sans défense entre les mains de tes cruels ennemis ! Que n'ai-je pas fait pour te désiller les yeux ? Aujourd'hui il ne reste aucun moyen de prévenir ta ruine, et ton fidèle ami n'a plus d'autres devoirs à te rendre que celui de déplorer tes tristes destinées, que celui de verser sur tes trop longs désastres des larmes de sang. »

Cet adieu suprême date du 14 décembre. Mais l'ami du peuple peut-il n'écouter que sa douleur ; abandonnera-t-il la patrie sans donner à ses infortunés concitoyens un dernier conseil, que l'éminence du péril peut rendre fécond. Il reprend sa plume, retrace les dangers qui nous environnent, fait entendre les bruits de guerre des monstres qui s'apprêtent à noyer la patrie dans le sang de ses enfants ; il examine les moyens d'attaque et ceux de notre défense ; il prescrit les plus énergiques mesures, organise le désespoir patriotique ; et telle est la puissance de ses arguments et la sagesse de ses vues, qu'on entrevoit déjà la victoire par delà les calamités présentes.

Cette dernière offrande faite à la patrie, Marat pose la plume, le 15 décembre 1791, bien résolu cette fois, et forcément, à ne la reprendre que lorsque le peuple se montrera déterminé à une conduite plus logique avec ses lâches oppresseurs. C'est abreuvé d'amertumes, de dégoûts, de fatigues ; c'est découragé, ruiné et à bout de ressources ; c'est aussi après avoir reçu les plus touchants et intimes témoignages de l'amitié et du dévouement, qu'il se résout à passer à Londres, comptant bien trouver dans ses talents ou dans sa profession de médecin une ressource provisoire contre la misère.

Durant trois semaines environ, le public, les patriotes, ses amis peut-être, n'entendront plus parler de l'ami du peuple; les colporteurs ont cessé tout à coup d'attirer l'attention publique par l'annonce de ses feuilles patriotiques; Marat semble à tout jamais enseveli au fond du gouffre des malheurs publics, dans son linceul de misères particulières.

Déjà les opprimés sentent qu'il leur manque un défenseur intrépide; l'isolement, l'abandon, se manifestent inquiétants pour les bons patriotes, habitués à profiter de ses conseils; les moins ardents même se reprochent leur apathie, leur aveuglement, leur ingratitude; ils entrevoient et les maux du despotisme que rien ne va plus contenir, et ceux plus terribles encore d'une guerre abominable qui ne leur laissera ni espoir ni merci; les sociétés fraternelles, populaires, patriotiques, ont perdu leur conseiller, leur organe, leur soutien, leur ami, et semblent frappées d'impuissance; les Parisiens, livrés à eux-mêmes, ressemblent à de malheureux naufragés abandonnés sur un océan furieux, qui menace à tout moment de les engloutir. Douloureux abandon qu'ils avaient trop souvent provoqué, et qui faisait endurer aux sincères amis de la patrie toutes les angoisses dont l'infortuné ami du peuple avait été souvent la première victime.

Un jour, c'était le 3 mars 1792, le président du club des Cordeliers lut à la tribune de la société une lettre qu'il venait de recevoir. La voici textuellement, car il s'agit encore d'un document inédit :

« Monsieur le Président,

« Je réclamerais aujourd'hui l'engagement pris par les *Amis des Droits de l'Homme,* de propager les principes de l'ami du peuple, si je croyais avoir besoin d'un autre motif que leur civisme pour les porter à concourir avec moi à éclairer le peuple sur ses droits, à former l'esprit public, à ranimer le patriotisme, et à faire triompher la cause de la liberté.

« Après avoir combattu sans relâche, pendant trois années consécutives, contre le despotisme renaissant, je me suis vu forcé de quitter enfin une carrière où je n'ai trouvé que fatigues, peines, chagrins, misère, périls, tribulations, dégoûts, et dans laquelle je n'avais plus de bien à faire au peuple; moins découragé, toutefois, par les attentats des ennemis de la patrie que par l'aveuglement et la tiédeur de ses enfants, je n'ai point abandonné ses intérêts; j'ai seulement cru que ce serait le servir plus utilement de développer à ses yeux le tableau frappant des machinations des cruels ennemis conjurés à sa perte, de la politique artificieuse de l'Assemblée constituante et des vices de la Constitution, qui font le malheur de la France et qui seront une source éternelle d'anarchie, de troubles et de dissensions civiles, jusqu'à ce qu'ils soient corrigés.

« Après tous les ressorts qu'a fait jouer le Gouvernement pour supprimer mes écrits, les dénaturer, décrier leur auteur et le faire croire vendu aux ennemis de la patrie, l'ouvrage que je me propose de publier ne saurait produire tout le bien que l'on doit en attendre, si les patriotes des départements n'ont la certitude qu'il sort de la plume du véritable ami du peuple.

« La Société que vous présidez, Monsieur, connaît mes principes, elle s'en est déclarée la propagatrice. J'attends de son zèle pour la chose publique qu'elle voudra bien se charger de faire passer le *Prospectus* de mon ouvrage à toutes les Sociétés patriotiques du royaume, en les engageant à lui donner la plus grande publicité possible. De mon côté, je prendrai tous les moyens de le mettre à la portée des citoyens les moins aisés.

« Destiné à mettre le peuple en garde contre ses infidèles conducteurs, à lui développer les piéges des fripons soudoyés pour l'enchaîner, à lui faire connaître les lois à réformer et les lois à faire pour assurer la liberté et la félicité publiques, cet ouvrage deviendra l'École des patriotes.

« Je vous prie, Monsieur, de mettre ma demande sous les yeux de la Société, et de faire passer sa détermination au citoyen chargé de vous remettre ma lettre.

« Recevez mes salutations patriotiques.

« MARAT, *l'ami du peuple.*

« Paris, le 3 mars 1792. »

La nouvelle du retour de l'ami du peuple, ainsi que sa proposition, furent acclamées avec toute l'effusion d'un bonheur inespéré ; c'était pour eux comme une ère nouvelle qui semblait ramener au fond des cœurs un espoir que l'on croyait à jamais perdu.

Marat, il faut le remarquer, demandait uniquement à la Société des Droits de l'Homme qu'elle veuille bien se charger de faire passer à toutes les Sociétés patriotiques du royaume le *Prospectus* d'un nouvel ouvrage qu'il se proposait d'éditer sous le titre encore mal défini de l'École des patriotes. De la reprise du journal *l'Ami du peuple*, il n'en est point parlé dans sa lettre; et nous savons pourquoi; mais comme tous les cœurs dévoués, les amis des Droits de l'Homme ont compris; nous allons le prouver par la publication dudit *Prospectus*, que nous nous gardons bien ici d'analyser, quoiqu'il ait été rendu public par la voie de l'impression; mais comme ce document est presque introuvable, nous sommes heureux de l'offrir à nos lecteurs.

L'ÉCOLE DU CITOYEN,

Par Marat, *l'ami du peuple.*

PROSPECTUS.

« Marat est trop bien connu dans l'empire français, pour que nous perdions notre temps à le caractériser comme écrivain et comme politique. Resterait à le faire connaître comme apôtre et martyr de la liberté. Mais qui ignore aujourd'hui que le premier, parmi nous, il démasqua les infidèles mandataires de la nation, les perfides dépositaires de l'autorité, les fripons, les traîtres, les prévaricateurs qui s'efforçaient de remettre le peuple à la chaîne? Qui ignore que le premier, parmi nous, il déjoua les complots des ennemis de la patrie, dont il connaissait si bien l'affreuse politique, qu'il a prédit presque toutes leurs machinations, leurs artifices, leurs attentats, et les événements venus à la suite? Qui ignore qu'en combattant pour la liberté, il se montra constamment au-dessus de toutes les séductions, de toutes les menaces, de toutes les craintes? Sa plume était l'épouvantail des ennemis de la Révolution; en vain, pour le réduire au silence, la Cour a-t-elle machiné sa perte; en vain le Châtelet l'a-t-il décrété de prise-de-corps; en vain le Général parisien a-t-il fait marcher une armée pour assiéger sa maison; en vain, les agents ministériels ont-ils mis à sa poursuite des légions d'espions et d'assassins. Pour échapper à leurs embûches, et servir plus longtemps la patrie, on l'a vu se condamner deux années entières à une vie souterraine, et combattre, pour le peuple, le glaive sur le sein, sans que jamais cet affreux genre de vie ait fait mollir un instant son courage indomptable. Ces hordes ennemies ne pouvant le réduire au silence, n'ont plus songé qu'à rendre nulle l'influence de ses écrits. Non contents de les faire intercepter à la poste et enlever aux distributeurs par la soldatesque, de jeter les distributeurs dans des cachots, et décerner la peine des galères contre les colporteurs qui en seraient trouvés saisis; elles ont soudoyé cent plumes vénales pour les décrier, corrompu d'infidèles publicateurs pour les défigurer, et délapidé le trésor public pour en contrebalancer les salutaires effets.

« Que pourrions-nous ajouter à des faits de cette nature, tous de notoriété publique? Bornons-nous donc à donner une idée de l'ouvrage que nous annonçons. L'auteur y fait le tableau des ennemis de la patrie conjurés pour remettre le peuple sous le joug. Il y dévoile les complots éternels de la Cour et de ses suppôts, les noires machinations de la majorité contre-révolutionnaire du Corps législatif; des directoires de District et de Département, des tribunaux provisoires de la Haute-Cour nationale, des prêtres réfractaires, des officiers de l'armée de ligne, des états-majors des bataillons nationaux, et des principaux fonctionnaires publics. Il y développe la politique artificieuse de l'Assemblée constituante, pour rendre au monarque tous les pouvoirs, et rétablir le despotisme. Il y relève les vices de la Constitution, qui ont fait jusqu'ici le malheur de la France; les décrets à réformer et les mesures à prendre pour établir la liberté et la félicité publiques sur des bases inébranlables. Les lecteurs qui n'ont pu se procurer *l'Ami du peuple* seront flattés d'en trouver les morceaux les plus saillants fondus dans L'ÉCOLE DU CITOYEN; et d'y lire plus de trois cents prédictions publiées par l'auteur, longtemps à l'avance, sur les principaux personnages qui ont figuré dans les affaires publiques, et sur les principaux évènements de la Révolution.

« D'après cet exposé, nous ne craignons pas de donner L'ÉCOLE DU CITOYEN comme un livre indispensable à tous les Français qui aiment à s'instruire de leurs droits et à connaître les ressorts qu'on a fait jouer pour égarer le peuple et l'asservir constitutionnellement, pour le réduire à la misère, le tourmenter sans cesse par la famine, pour écraser les amis de la liberté, assurer l'impunité aux conspirateurs, souffler les feux de la discorde, livrer le royaume aux désordres de l'anarchie, et allumer dans tous ses points les torches de la guerre civile.

« Cet ouvrage, en deux volumes in-8º, chacun d'environ 400 pages, imprimés en beaux caractères et sur beau papier, sera délivré aux souscripteurs dans le courant d'août prochain, et franc de port partout le royaume (1).

« L'auteur ayant désiré que le prix de cet ouvrage fût à la portée des citoyens les moins aisés, le prix de la souscription sera de 6 livres 10 sols pour Paris et de 7 livres 10 sols pour les départements. »

— Nous voici à l'article relatif au journal de Marat, qui suit immédiatement ce qui précède. —

« Les Sociétés patriotiques de la capitale, ayant bien senti, depuis la suspension du journal intitulé l'*Ami du peuple,* par les persécutions inouies exercées contre l'auteur, que la patrie manquait de son défenseur le plus zélé et le plus ferme, viennent de se réunir à celle des Cordeliers pour inviter Marat à reprendre la plume. Convaincues que tout le bien qu'on a droit d'attendre de ce journal, si redouté des ennemis de la liberté, ne pourra s'opérer qu'autant qu'il sera répandu dans le royaume entier; elles ont désiré qu'à commencer à la reprise, il fût proposé par souscription, et au plus bas prix possible. En conséquence, le prix de la souscription, malgré l'augmentation très-considérable du prix du papier, restera fixé à 42 livres par an, 21 livres pour six mois, franc de port par la poste. La nouvelle municipalité, et surtout l'administration de la police de Paris, étant très-patriotiques, on

---

(1) Après cette tentative, restée infructueuse, plus tard Marat aura recours, inutilement encore, aux fonds votés au ministère de l'intérieur pour la publication d'écrits propres à éclairer la nation. Enfin, Marat s'adressera à Louis-Philippe-Joseph d'Orléans lui-même et sera refusé. Nous mettrons sous les yeux du lecteur ces documents aussi rares qu'intéressants; ils feront réfléchir les historiens et pâlir les colomniateurs.
(Note du bibliographe.)

a pris les mesures convenables pour que cette feuille fût respectée à la poste et que le service s'en fît régulièrement.

« MM. les souscripteurs sont priés de remettre le prix de leur souscription, tant de L'ÉCOLE DU CITOYEN que de L'AMI DU PEUPLE, à MM. les secrétaires des Sociétés patriotiques, affiliées à la Société des Jacobins de Paris, qui voudront bien en tenir note.....

« Les sociétés affiliées sont priées de vouloir bien faire insérer le *Prospectus* dans les papiers publics de leurs départements respectifs. »

Le document que nous venons de reproduire se termine par l'arrêté du club des Cordeliers, en date du 18 mars 1792. « ....Cette Société saisit avec empressement l'occasion qui se présente de donner à l'ami du peuple, l'apôtre et le martyr de la liberté, un témoignage éclatant de son estime, et de répondre à son vœu. En conséquence, elle a arrêté à l'unanimité : 1° Qu'il sera fait mention civique, dans son procès-verbal, de la lettre de l'ami du peuple ; 2° Que, pour répondre à sa confiance et remplir ses vues d'une manière digne du zèle de la Société, ... il sera établi dans son sein une commission chargée de faire passer à toutes les Sociétés patriotiques du royaume le *Prospectus* de l'ouvrage que Marat se propose de publier incessamment, sous le titre de L'ÉCOLE DU CITOYEN....... »

Lecteur, avez-vous bien compris tout ce qu'il y a derrière cette mesure des Sociétés patriotiques ?... Il y a un peuple entier qui a perdu son pilote et flotte à la dérive sur l'océan des dangers publics ; il y a un patriote ardent, infatigable, indomptable, enchaîné par la misère..... Pauvre peuple ! que d'efforts pour conserver ou recouvrer les droits imprescriptibles que tu tiens de la nature.

Les sacrifices que Marat, seul, s'était toujours imposés, ce sont les bons patriotes tous ensemble qui vont essayer de les réaliser ; chacun fournira son obole. Mais pour atteindre le but, il faut préalablement que chaque citoyen verse au moins la moitié du montant de sa souscription, c'est-à-dire 21 livres. Vingt et une livres !... mais combien pourront les réaliser, dans ces temps de chômage et de misère publiques ?

Encore quelques instants, et les faits que nous allons révéler vont tout expliquer.

D'abord, qu'advint-il du projet ; les souscriptions firent-elles défaut ou furent-elles seulement insuffisantes ? Non, elles ne firent pas défaut ; mais tels qui pouvaient distraire journellement 2 sols de leur nécessaire ne purent réaliser le montant de la souscription ; le nombre fut insuffisant. Néanmoins, cet appel suprême n'aura pas été fait en vain, car le journal l'*Ami du peuple* reparaîtra, grâce surtout aux ressources inattendues offertes par le noble dévouement d'une patriote nommée *Simonne* Evrard, et qui, dans l'histoire, portera désormais, et à bon droit, le glorieux nom de veuve Marat.

Voici les faits. Marat, rentré secrètement en France, et caché rue Saint-Honoré, nº 243, chez les trois sœurs Evrard, adressait à Robespierre et à Chabot des lettres où il les priait d'engager les Sociétés patriotiques à concourir à la reprise du journal l'*Ami du peuple,* selon la décision du club des Cordeliers. Entre temps, Marat, craignant d'abuser de l'hospitalité qu'il recevait de la famille Evrard, se réfugia chez Jacques Roux (1).

Les jours, puis les semaines se succèdent, et le journal l'*Ami du peuple* ne paraît point, malgré le bon vouloir des sociétés patriotiques. Simonne a compris : il manque un dévouement suprême aux dévouements particuliers pour rendre le défenseur du peuple à ses augustes fonctions; eh bien! se dit-elle, je partagerai ses privations, ses souffrances, ses dangers, le mépris dont le couvrent ses ennemis, et peut-être lui aiderai-je à les supporter. Simonne rappelle le malheureux proscrit, lui offre un asile stable, l'oblige à accepter sa modeste fortune (2), et immolant à la patrie tout préjugé, consacre à l'ami, au défenseur du peuple son repos, sa réputation (3), sa vie même.

Honneur à toi, Simonne! femme assez grande par

---

(1) Voyez la brochure intitulée *Jacques Roux à Marat*, indiquée dans notre *Index bibliographique*, 1876, page 275.

(2) On trouvera le témoignage irrécusable de ce fait, dans le *Procès-verbal d'apposition et de levée des scellés chez Marat*, 13-25 juillet 1793. — Voir ce document authentique, sous le n° 6 des pièces justificatives.

(3) Dans les *Dossiers du procès criminel de Ch. Corday*, l'auteur, M. Ch. Vatel, dit que Simone Evrard se faisait passer pour la *sœur* de Marat, mais qu'elle n'était en réalité que sa *concubine* »; et crainte que cette apostrophe malveillante n'ait pas été suffisamment remarquée, il y revient onze pages plus loin.

Dans l'intérêt même de M. Ch. Vatel, dont nous estimons le commerce agréable, nous ne rechercherons pas si sa vie de célibataire est à la hauteur de ses scrupules à l'égard de Simone Evrard; mais, puisqu'il semble l'avoir oublié à dessein, nous lui rappelons que, lors du procès-verbal de flagrant délit du crime commis sur la personne de Marat, et même avant, cette qualification (*frère, sœur*) toute politique, étant d'usage entre patriotes, Simone, bien qu'elle en eût tous les droits, n'en devait prendre aucune autre avant la levée des scellés apposés chez Marat, 13-25 juillet 1793.

le caractère et les nobles sentiments pour braver la réprobation des sots et les sarcasmes des méchants; femme assez grande par le cœur pour t'attacher de préférence au persécuté et braver la misère; honneur à toi! Par ton patriotisme, ton dévouement, ton abnégation, tu as payé ton tribut à l'ami du peuple; maintenant, aux vrais amis de la patrie à payer désormais le leur à ta mémoire.

Pour nous, cette dette sacrée, c'est l'hommage de notre modeste travail; c'est la mise au grand jour du secret de deux nobles cœurs, et qui nous donne à tous le droit de te nommer la digne épouse de Marat, en dépit même des décisions du barreau, des corrompus hypocrites et des sottes impertinences de tous les autres. Ce document, enfin, c'est la promesse de mariage, laissée manuscrite par Marat à Simonne Evrard, sa bienfaitrice. Le voici :

« *Les belles qualités de Mlle Simonne Evrard ayant captivé mon cœur dont elle a reçu l'hommage, je luy laisse pour gage de ma foy, pendant le voïage que je suis forcé de faire à Londres, l'engagement sacré de luy donner ma main, immédiatement après mon retour, si toute ma tendresse ne luy suffisait pas pour garant de ma fidélité.*

« *Que l'oubly de cet engagement me couvre d'infamie.*

« *A Paris, ce 1er janvier* 1792.

« J.-P. MARAT, *l'ami du peuple.* »

Lequel écrit a été remis à la citoyenne Simonne Evrard, après avoir été paraphé et signé *ne variature* par les citoyens Drouet, Guffroy, Dubois, Hébert,

Bergot et autres, lors de la levée des scellés apposés chez Marat, après sa mort, et que nous extrayons du procès-verbal, en date des 13-25 juillet 1793; document inédit, déposé aux Archives nationales de France, et que nous reproduisons *in extenso*, aux pièces justificatives, sous le n° 6.

Mais ce n'est point assez pour les pudibons qui ne connaissent que la légalité municipale, et à qui il manque la consécration solennelle et publique des témoins pour rendre l'union légitime. Eh bien! voici maintenant cette déclaration des frère et sœurs de Marat, telle qu'elle a été insérée au *Journal de la Montagne*, le 26 août 1793.

« Quoique déjà convaincus des importants services
« rendus par la citoyenne Evrard au citoyen Marat,
« son époux, nous avons cru nécessaire, pour donner
« à cet acte toute l'authenticité qu'exige notre re-
« connaissance, d'appeler en témoignage les personnes
« qui ont connu la situation où était réduit notre
« frère, par les sacrifices qu'il avait faits pour coopérer
« à la Révolution.

« Pénétré d'admiration et de reconnaissance pour
« notre chère et digne sœur, nous déclarons que c'est
« à elle que la famille de son époux *doit la conser-*
« *vation des dernières années de sa vie; que sans elle,*
« *il eût succombé dans l'abandon et la misère.* Puis-
« que la famille de Marat ignorait alors l'état où
« était cette infortunée victime, que ce n'est pas
« seulement pour avoir consacré sa fortune et ses
« soins à sa conservation, avoir partagé héroïquement
« ses périls, et l'avoir soustrait pendant longtemps par
« sa vigilance aux piéges que l'aristocratie lui tendait,
« et à l'opprobre dont elle cherchait à le couvrir, mais

« pour avoir rendu cet infatigable citoyen à la dignité
« de ses fonctions ; nous déclarons donc que c'est avec
« satisfaction que *nous remplissons les volontés de
« notre frère en reconnaissant la citoyenne Evrard
« pour notre sœur*, et que nous tiendrons pour
« infâmes ceux de sa famille, s'il s'en trouvait quelqu'un
« qui ne partageât pas les sentiments d'estime et de
« reconnaissance que nous lui devons ; et si, contre
« notre attente, il pouvait s'en trouver, nous demandons
« que leurs noms soient connus, afin de ne pas par-
« tager leur infamie.

« Fait à Paris, ce 22 août, l'an II de la République
« française.

« Marie-Anne MARAT, femme OLIVIER ; Albertine
« MARAT ; Jean-Pierre MARAT. »

— Peuple, ton bon génie permit qu'une femme divine dont l'âme ressemblait à celle de Marat, consacrât sa fortune et son repos pour te conserver ton ami. Femme héroïque, reçois l'hommage que tes vertus méritent ; oui, nous te le devons. Enflammée du feu divin de la liberté, tu voulus conserver son plus ardent défenseur ; tu partageas son sort et ses tribulations ; rien ne put arrêter ton zèle ; tu sacrifias à l'ami du peuple et la crainte de ta famille et les préjugés de ton siècle. Forcée ici de me circonscrire, j'attendrai l'instant où tes vertus paraîtront dans tout leur éclat (Extrait de : RÉPONSE AUX DÉTRACTEURS DE L'AMI DU PEUPLE, par Albertine Marat).

Ces titres légitimes, irrécusables, la Convention nationale, les réactionnaires de 1795 eux-mêmes les ont respectés, et jusque dans l'état civil de la ville de Paris, ils sont consacrés. Nous étions donc fondé à dire : Simone Evrard est à tous égards la digne, la légitime épouse de Marat (1).

Aidé du concours des souscripteurs et de Simone Evrard ; encouragé par le Club des Cordeliers, le Club électoral, la Société des Jacobins et des autres Sociétés patriotiques, Marat, après une interruption de quatre mois, reprit la publication de l'*Ami du peuple,* le jeudi 12 avril 1792.

Dans l'intervalle de quatre mois, des faits importants se sont accomplis.

D'abord, Gilbert Mottier, marquis de Lafayette, n'est plus à la tête des gardes nationales de Paris, depuis le 10 octobre 1791, et le commandement général est exercé à tour de rôle par les six chefs de divisions. Bailly est remplacé, à la mairie de Paris, par le patriote Pétion, depuis le 20 novembre, et l'administration municipale a subi d'heureuses transformations. D'autre part, la guerre qui se montrait chaque jour plus imminente, est devenue un fait

---

(1) Nous prévenons MM. les amateurs d'autographes qu'il existe dans le cabinet de l'un d'eux une *fausse lettre*, adressée à Camille Desmoulins, sous la date du 25 septembre 1793 et la signature de : *Veuve Marat.* Cette lettre commence ainsi :

« Permets, citoyen, que sans te connaître je réclame tes bontés pour
« moi, ... (et se termine par cette phrase) : ..... Ne m'abandonne
« pas, il est doux pour un cœur républicain de protéger l'innocence
« opprimée. »

Sans entrer dans l'examen du contenu de cette *fausse lettre*, qu'une médiocre connaissance de la biographie de la veuve Marat suffit à démontrer *archi-fausse*, nous la denonçons au public comme l'œuvre d'un indigne spéculateur.   *(Note du bibliographe de Marat.)*

positif; une loi du 1ᵉʳ janvier 1792 déclare en état d'accusation les frères du roi et les chefs des émigrés; le 14, Louis XVI est sommé par l'Assemblée nationale de demander des explications à l'Empereur sur ses dispositions hostiles, et ses réponses sont considérées, par le gouvernement français, comme une déclaration de guerre; le 7 février, l'Autriche et la Prusse font alliance offensive et défensive contre la France, la Russie promet son adhésion. Pendant que Louis XVI, contraint par l'Assemblée, négocie avec les puissances coalisées, son complice Bouillé presse l'armement des émigrés rebelles et donne aux Capets fugitifs l'assurance que le roi de Suède doit les seconder. Le 1ᵉʳ mars, Léopold II, empereur d'Allemagne, l'un des chefs de la coalition, meurt subitement; le 29, Gustave III, roi de Suède, qui devait se mettre à la tête des émigrés français, meurt assassiné. Les 10, 11, 16, 23 mars, destitution de Narbonne, ministre de la guerre, et nomination de Degrave; mise en accusation de De Lessart, ministre de l'intérieur, et nomination de Roland de La Plâtrière; enfin, nomination de Dumouriez aux relations extérieures; de Garnier (Germain) au ministère de la justice, et Clavière (Étienne) à celui des finances.

Cette courte analyse de la situation des affaires politiques, que Marat examine tout au long dans sa feuille du 12 avril et suivantes, est précédée d'un arrêté du club des Cordeliers dont voici la substance : « La Société des Droits de l'Homme et du Citoyen, connaissant la pénétration, les principes et l'ardent civisme de l'ami du peuple, regarde sa retraite comme une vraie calamité publique. Aujourd'hui plus que jamais, sentant tout le besoin de sa plume énergique,

..... elle conjure l'ami du peuple de la reprendre au plus tôt..... En conséquence, voulant éviter que des imposteurs soudoyés n'abusent encore du nom de Marat pour égarer le public, la Société a cru devoir lui adresser le présent arrêté pour être mis en tête de ses premiers numéros, comme une preuve irrécusable que c'est réellement lui qui les publie..... »

Le lendemain, et huit jours durant, nouvelle insertion, en tête des numéros de l'*Ami du peuple,* d'un extrait du procès-verbal de la séance du club des Cordeliers; puis suppression définitive le 20 avril, avec adhésion de toutes les Sociétés patriotiques qui avaient invité Marat à reprendre la plume. Par ces témoignages authentiques, on mettait les folliculaires dans l'impossibilité de produire un seul *faux numéro;* et en même temps le public se trouvait informé que le vrai *Ami du peuple* avait repris sa publication par le n° 627, du 12 avril 1792.

Nous laisserons sans les examiner les observations de Marat à l'égard du nouveau ministère jacobin, dont le titre est peu de chose à ses yeux, quand il songe à l'allure anti-patriotique de ses meneurs actuels; nous laisserons également le tableau que fait Marat du sieur Mottier, accouru dans la capitale pour s'opposer inutilement à la fête civique donnée par les Parisiens aux soldats de Château-Vieux, échappés au massacre de Nancy; nous laisserons de même celui du triomphe de la cause de la liberté dans les départements du sud, par les fédérés marseillais en marche sur Paris, pour nous occuper exclusivement du sujet qui préoccupe tous les esprits : *la guerre.*

« Voilà donc enfin la guerre déclarée aux Français par les puissances conjurées contre la liberté. Or, qui ne voit que toutes ces prétendues négociations ministérielles avec les cours étrangères n'avaient d'autre but que d'amuser la nation et de gagner du temps, jusqu'à ce que toutes leurs batteries fussent prêtes et qu'ils fussent en mesure ? Qui ne voit que tous ces préparatifs belliqueux, ordonnés par l'Assemblée, n'avaient pour but que d'endormir la nation dans une profonde sécurité? Qui ne voit que tous ces renvois au pouvoir exécutif des dénonciations des ministres malversateurs et ces réclamations des soldats citoyens entassés sur les frontières et laissés sans munitions, sans armes, sans vêtements, sans solde, n'avaient d'autre but que de laisser la patrie sans moyens de défense, de laisser l'État en proie aux machinations de la cour, aux entreprises des conjurés fugitifs, aux attaques des satellites étrangers ?

« La guerre aura-t-elle lieu ? Tout le monde est pour l'affirmative. On assure que c'est l'avis qui a prévalu dans le Cabinet, d'après les représentations du sieur Mottier, qui sans doute l'a donné comme l'unique moyen de distraire la nation des affaires du dedans pour l'occuper des affaires du dehors ; de faire oublier les dissensions intestines pour des nouvelles de gazettes ; de dissiper les biens nationaux en préparatifs militaires ; d'écraser l'État sous le poids des impôts, et d'égorger les patriotes de l'armée de ligne et de l'armée citoyenne en les conduisant à la boucherie, sous prétexte de défendre les barrières de l'Empire.......

« Si la guerre a lieu, quelle que soit la bravoure des défenseurs de la liberté, il ne faut pas être un aigle pour prévoir que nos armées seront écrasées à la première campagne. Je conçois que la seconde sera moins désastreuse et que la troisième pourra même être glorieuse ; car il est impossible que nous ne nous instruisions pas à nos dépens..... Mais pour arracher la victoire à nos ennemis, il faudra essuyer une guerre longue et désastreuse. Or, c'est rester au-dessous du vrai que d'évaluer nos pertes, durant trois campagnes, à un milliard, et à cinq cents mille combattants.

« Comment réparer la perte de tant de braves soldats, la fleur des citoyens français? Et quel sera le prix de tant de sang versé, dont toutes les têtes couronnées du monde ne valent pas une goutte? Pour l'empêcher de couler, ce sang précieux, j'ai proposé cent fois un moyen infaillible, c'est de tenir en ôtages parmi nous Louis XVI, sa femme, son fils, sa fille, ses sœurs, et de les rendre responsables des événements.

« Voici le langage que lui aurait tenu un sénat fidèle à la patrie : Roi des Français, c'est en vain que vous vous cachez dans les détours d'une politique tortueuse, pour nous envelopper dans les désastres de la guerre ; vous n'échapperez point au bras vengeur du peuple. Nous vous déclarons, au nom de la nation, que nous ne voulons point traiter avec vos confrères, les princes de l'Europe ; que nous ne voulons faire aucun préparatif de guerre. Transigez ou ne transigez pas avec eux, vous en êtes le maître ; le soin de rappeler vos frères et vos cousins rebelles vous regarde, de même que celui de détourner vos confrères de toute entreprise hostile ; les barrières de l'État resteront ouvertes ; mais soyez sûr qu'à la nouvelle certaine du premier corps d'ennemis qui les aura franchies, votre tête coupable roulera à vos pieds, et votre race entière sera éteinte dans son sang.

« Mais un sénat, fidèle à la patrie, est moins trouvable encore qu'un roi patriote. Que le peuple n'a-t-il assez de sens pour sentir la nécessité de se choisir enfin un dictateur suprême, dont les pouvoirs soient circonscrits de manière que, sans autorité pour dominer, il en ait une illimitée pour abattre les chefs des conspirateurs, désignés par la voie publique; pour forcer le législateur corrompu à mettre à prix la tête des rois, des princes et des généraux qui viendront en armes contre nous, pour offrir des sommes d'or à leurs troupes qui nous les livreront morts ou vifs, et pour les recevoir au nombre des enfants de l'État; bientôt on verrait leurs légions nombreuses accourir avec armes et bagages sous les drapeaux de la liberté, et la France serait pour toujours délivrée de ses ennemis..... » (*Ami du peuple*, n° 634).

Les représentants de la nation étaient bien loin, hélas! des vues de l'ami du peuple; car le 20 avril, jour où Louis XVI vint, par l'organe de Dumouriez, proposer la guerre, jamais l'Assemblée n'offrit de scènes plus scandaleuses de délire, de captation et de prostitution, jamais ministère ne donna plus de preuves de sa politique artificieuse.

« Il est douloureux de penser que tout le poids d'une guerre entreprise pour asservir la patrie retombe sur ses enfants; mais il est affligeant de voir les meilleurs citoyens s'empresser seuls à en faire les frais, et non contents de payer de leur bourse, offrir encore leur sang pour assurer le triomphe de leurs ennemis. Mais ce qui doit désoler les amis de la liberté, c'est que nous avons plus encore à redouter les succès que les revers. Avec le malheureux penchant des Français à s'engouer de tout, il est à redouter que quelqu'un de nos généraux ne soit couronné par la victoire, et qu'au milieu de l'ivresse des soldats et de la populace, il ne ramène l'armée victorieuse contre la capitale pour faire triompher le despote » (*Ami du peuple*, n° 639).

L'histoire est là pour témoigner en faveur des pronostics de l'ami du peuple ; mais c'était moins perspicacité que sage application de l'expérience et connaissance parfaite du mobile de tous les ambitieux.

« Jetons ici un coup-d'œil sur les hommes qui se trouvent actuellement à la tête de nos armées. C'est un Luckner, officier de fortune, créature de la cour et bas valet du monarque ; c'est un Rochambeau, vil courtisan, couvert des hochets de la cour ; c'est un Mottier, aussi connu par ses affreuses machinations contre la liberté publique, que par ses honteuses prostitutions à la cour ; c'est un Gouvion, âme damnée de Mottier et complice de tous ses attentats ; c'est un Lameth, lâche courtisan, couvert de honte et d'opprobre par son hypocrisie et ses trahisons ; c'est un Narbonne, enfant de cour, expulsé du ministère par la voix publique, comme le plus audacieux des conspirateurs » (*Ami du peuple*, n° 640).

Si nous reportons nos regards vers la municipalité parisienne, nous voyons Pétion, le maire patriote, compromettre sa réputation par sa pusillanimité à dévoiler les malversations du comité des subsistances, complice de Necker, Bailly et les Constituants, au moment ou l'Assemblée législative s'apprête à renouveler ces infernales machinations contre les malheureux habitants d'Étampes ; par la pusillanimité avec laquelle il a souffert que des mouchards et coupe-jarrets de l'état-major parisien insultassent, dans ses fonctions, et sous ses yeux le procureur-syndic de la municipalité, le brave Danton, qui réclamait l'exécution d'une loi juste, et qui défendait avec courage la cause de la liberté; par ses accointances avec de mauvais citoyens, des fonctionnaires publics décriés, d'infidèles représentants de la nation, un Lasource, un Rhœderer, un Brissot.

Quant au ministère jacobin, plus soucieux de seconder les vues secrètes de la cour que jaloux de travailler au bien public, il prétexte violation du droit des gens pour déclarer la guerre au roi de Sardaigne.

Ces masques arrachés, tous les complots de la cour paraissent à découvert; la coalition du ministère avec les députés de Paris et de la Gironde, coalisés eux-mêmes avec les royalistes les plus gangrenés, cesse d'être un mystère; tous les fléaux de la guerre extérieure et de la guerre civile que le cabinet des Tuileries appellent depuis si longtemps sur la patrie sont prêts à fondre à la fois sur nous. Déjà le roi de Sardaigne s'est déclaré comme celui de Hongrie; ceux d'Espagne, de Portugal, de Naples, de Suède, vont suivre le même exemple; bientôt l'Impératrice de Russie se joindra à la ligue des despotes conjurés, et la France aura sur les bras six cent mille hommes qui l'attaqueront par mer et par terre.

Voilà donc la guerre déclarée; il ne nous reste plus qu'à attendre les évènements. En attendant, jetons un coup d'œil sur la Société des Jacobins, agitée en ce moment par une nouvelle faction dont Brissot est le chef. Ce sujet va fournir l'occasion de juger l'un par l'autre deux hommes : Robespierre et Marat, que fourbes et ignorants se plaisent à confondre.

Voici le principe de cette agitation, peu fait pour honorer les meneurs et leurs acolytes.

On se souvient que sept ou huit députés seulement

de l'Assemblée nationale constituante sont sortis purs des tentations, tant de fois offertes à leurs vertus, pour trahir leur devoir. Rappelons ici des noms chers à tous les vrais patriotes, ceux de Buzot, de Grégoire, de Pétion, à la tête desquels est celui de Robespierre. En quittant les augustes fonctions de membre du corps législatif, le soin de sa propre gloire appelait Robespierre à servir la patrie dans la retraite; parti qui lui eût fait prendre à coup sûr une profonde connaissance des hommes. Il n'écouta que les penchants de son cœur, et il resta au milieu des Jacobins, dans ce tourbillon d'intrigants (1), qu'il avait la bonhomie de regarder comme de vrais amis de la liberté.

Les hommes médiocres ne s'accoutument point aux éloges d'autrui; les hommes suspects prennent toujours de l'ombrage de la vertu austère; le public lui-même aime à changer de héros. Ces sentiments sont trop naturels au cœur humain pour qu'il soit possible de les heurter impunément. C'est pour n'en avoir tenu aucun compte que Robespierre est en butte aujourd'hui à tous les traits de l'envie. La gloire dont il s'est couvert en défendant avec constance la cause du peuple, et la faveur populaire devenue le juste prix de ses vertus civiques, offusquèrent bientôt ceux de ses collègues qui avaient démérité de la patrie; de même que les nouveaux députés, prétendus patriotes, jaloux des applaudissements qu'il recevait du public et qu'ils auraient voulu partager sans les avoir mérités.

Ils commencèrent donc les uns et les autres à lui chercher des torts; mais le plus grave reproche qu'ils

---

(1) J'excepte toujours de cette classe les citoyens qui ne s'y sont affiliés que pour s'instruire, et non pour jouer un rôle. (MARAT.)

lui fassent est de parler souvent de lui, des services qu'il a rendus à la chose publique et de ceux qu'il voudrait lui rendre encore, comme si un citoyen perpétuellement inculpé par les ennemis de la révolution, couverts d'un masque civique, n'était pas souvent réduit à la triste nécessité de se justifier. Et ce sont des députés du peuple, chargés d'acquitter leur dette envers tous ceux qui ont bien mérité de la patrie, qui s'attachent à de pareilles petitesses, pour traiter avec la plus noire ingratitude l'homme qui la servit si longtemps avec zèle, au péril même de ses jours.

Du moins s'il n'était pas en butte aux lâches menées de la faction Guadet, Brissot, pour avoir combattu, au sein même de Jacobins, le projet de guerre que le sieur Mottier y fit proposer par ces mêmes faux patriotes.

Tandis que Brissot accuse Robespierre d'être chef de parti et de diriger les tribunes; tandis qu'il le calomnie et le fait calomnier par cent plumes vénales, Guadet, digne acolyte des nouveaux meneurs vendus à Mottier, se redresse sur ses ergots pour lui décocher quelques ruades. Cet intrigant met au nombre des griefs qu'il allègue contre Robespierre « celui d'être devenu, soit par ambition, soit par malheur, l'idole du peuple; de chercher tous les jours à le devenir davantage; d'avoir déserté le poste où la confiance et l'intérêt du peuple l'avaient appelé (1), et celui de ne s'être pas imposé à lui-même la loi de l'ostracisme »; comme si un simple citoyen, ayant à peine six cents livres de rente et n'ayant pas un sol de la liste civile, avait d'autres moyens de gagner le peuple, dont il défend les

---

(1) Accusateur public près le Tribunal de cassation.

droits et les intérêts, que ses seules vertus civiques; comme s'il pouvait servir la chose publique dans un tribunal où il ne se trouve pas deux hommes intègres; comme s'il pouvait rester à son poste et s'imposer en même temps la loi de l'ostracisme; comme si un individu qui n'a pour toute puissance que sa faible voix, dont les intrigants, les hypocrites, les fourbes sont toujours attentifs à le condamner au silence, et toujours prêts à le huer lorsqu'il entreprend de les démasquer, pouvait jamais devenir redoutable; comme si un homme qui n'a d'autre empire sur un peuple ignorant, léger, inconstant et frivole, que celui de la raison, pouvait jamais mettre en danger la liberté publique par son crédit et être appelé pour l'assurer à quitter sa patrie.

Enfin, et c'est le comble de la démence, Guadet accuse Robespierre « de faire écrire dans le journal l'*Ami du peuple*, dont il dispose, que le moment est venu de donner un dictateur à la France; au moment même où il cherche à affaiblir la confiance du peuple dans la majorité de ses représentants. » Ce dictateur, c'est sans doute Robespierre lui-même, comme un compère de Guadet vient bêtement d'accuser l'ami du peuple de l'avoir indiqué dans sa feuille.

Cette inculpation, dit Marat, me regarde personnellement. Or, je dois ici une réponse précise et catégorique aux citoyens trop peu éclairés pour en sentir l'absurdité. Je déclare donc que non-seulement Robespierre ne dispose point de ma feuille, quoiqu'elle ait souvent servi à lui rendre justice; mais je proteste que je n'ai jamais reçu aucune note de lui, que je n'ai jamais eu avec lui aucune relation directe ni indirecte, que je ne l'ai même jamais vu de mes jours qu'une seule fois; encore cette fois-là notre entretien servit-il à faire naître des idées et à manifester des sentiments diamétralement opposés à ceux que Guadet et sa clique me prêtent.

Le premier mot que Robespierre m'adressa fut le reproche d'avoir en partie détruit moi-même la prodigieuse influence qu'avait ma feuille sur la Révolution, en trempant ma plume dans le sang des ennemis de la liberté, en parlant de cordes, de poignards, sans doute contre mon cœur, car il aimait à se persuader que ce n'étaient là que des paroles en l'air, dictées par les circonstances.

Apprenez, lui répondis-je à l'instant, que l'influence qu'a eue ma feuille sur la Révolution ne tenait point, comme vous le croyez, à ces discussions serrées où je développais méthodiquement les vices des funestes décrets préparés par les comités de l'Assemblée constituante ; mais à l'affreux scandale qu'elle répandait dans le public, lorsque je déchirais sans ménagement le voile qui couvrait les éternels complots tramés contre la liberté publique par les ennemis de la patrie, conjurés avec le monarque, le législateur et les principaux dépositaires de l'autorité ; mais à l'audace avec laquelle je foulais aux pieds tout préjugé destructeur ; mais à l'effusion de mon âme, aux élans de mon cœur, à mes réclamations violentes contre l'oppression, à mes sorties impétueuses contre les oppresseurs, à mes douloureux accents, à mes cris d'indignation, de fureur et de désespoir contre les scélérats qui abusaient de la confiance et de la puissance du peuple pour le tromper, le dépouiller, le charger de chaînes et le précipiter dans l'abîme. Apprenez que jamais il ne sortit du Sénat un décret attentatoire à la liberté, et que jamais fonctionnaire public ne se permit un attentat contre les faibles et les infortunés, sans que je m'empresse de soulever le peuple contre ces indignes prévaricateurs. Les cris d'alarme et de fureur, que vous prenez pour des paroles en l'air, étaient la plus naïve expression dont mon cœur était agité. Apprenez que si j'avais pu compter sur le peuple de la capitale, après l'horrible décret contre la garnison de Nancy, j'aurais décimé les barbares députés qui l'avaient rendu. Apprenez qu'après l'instruction du Châtelet sur les événements des 5 et 6 octobre, j'aurais fait périr sur un bûcher les juges iniques de cet infâme tribunal. Apprenez qu'après le massacre du Champ-de-Mars, si j'avais trouvé deux mille hommes animés des sentiments qui déchiraient mon sein, j'aurais été à leur tête poignarder le général au milieu de ses bataillons de brigands, brûler le despote dans son palais et empaler nos atroces représentants sur leurs siéges, comme je le leur déclarai dans le temps.

Robespierre m'écoutait avec effroi, il pâlit et garda quelque temps le silence. Cette entrevue me confirma dans l'opinion que j'avais toujours eue de lui : qu'il réunissait aux lumières d'un sage sénateur l'intégrité d'un véritable homme de bien et le zèle d'un vrai patriote ; mais qu'il manquait également et des vues et de l'audace d'un homme d'État.

Pendant que la Société des Jacobins est en proie aux dissensions intestines, un grand exemple de justice populaire qui peut sauver la patrie vient d'avoir lieu dans nos armées du nord.

Le 28 avril dernier, Rochambeau, avec quinze mille hommes, devait attaquer Mons. Théobald Dillon avait sous ses ordres trois mille hommes, qui devaient se porter sur Tournay, pour faire une diversion ; mais au lieu de seconder l'ardeur des troupes qu'il conduisait, il les a lâchement trahies, en donnant dans une embuscade. Cinq cents soldats sont restés sur le terrain. Cette petite armée, quoique livrée, commençait à se remettre de sa déroute, et à remporter quelques avantages, lorsque le général a donné le signal de la retraite. Rentré à Lille, toute l'armée l'a accusé hautement. Le peuple indigné s'en est emparé, il l'a déchiré en morceaux, et son aide-de-camp a été pendu.

Au su de cette affaire, Degrave, ministre de la guerre, se présente à l'Assemblée nationale pour en imposer sur les faits, vanter le patriotisme de Dillon, et réclamer que les généraux soient mis sous la protection de la loi.

On est scandalisé de voir avec quelle effronterie le Ministre préconise Dillon, insigne courtisan et favori de la reine ; avec quelle impudence il donne ce traître pour un défenseur de la patrie, un martyr de la liberté. On est indigné de voir avec quelle légèreté cet agent royal ose présenter le massacre de cinq cents citoyens menés à la boucherie par leur chef comme un petit revers que *le dévouement et le patriotisme de tous les bons Français réparera bientôt*. On est révolté des fausses couleurs sous lesquelles il a représenté cet événement, et la fermentation qu'il a produit à Lille ; et cela, dans la vue d'arracher à l'Assemblée un barbare décret qui établisse dans l'armée les jugements prévôtaux. C'est là où le cabinet ministériel en veut venir, pour pouvoir égorger impunément tous les patriotes qui s'y trouvent.

Si ce barbare décret était proposé, vous le verriez appuyé par la faction Brissot; car rien ne peut mieux déconcerter les projets de la Cour, que de voir les chefs de l'armée dans l'impossibilité de trahir la nation. Si l'Assemblée avait la témérité d'accorder le funeste décret aux vœux insensés de la Cour, elle ne tarderait pas à faire elle-même une triste expérience de sa perfidie. Béni soit le Ciel, le temps des vengeances est enfin arrivé; les scélérats qui sont à la tête de nos troupes vont enfin expier leurs perfidies, comme Dillon et Chaumont, son aide-de-camp. Puissent ces exemples salutaires se multiplier d'une manière effrayante pour la Cour; puissent nos généraux payer bientôt de leur sang la trame criminelle de leurs longues machinations; puissent tous les officiers vendus au despote couvrir la terre de leurs cadavres sanglants; puisse le fer de nos soldats purger bientôt l'armée de tous les traîtres à la patrie; puisse la Cour, épouvantée de se voir enfin sans satellites, succomber à son désespoir et périr de douleur; puisse l'armée, ramenée dans ses foyers, exterminer jusqu'au dernier suppôt du despotisme; puisse enfin la nation tout entière, soulevée contre les ennemis du dehors, se venger des tyrans ligués contre sa liberté, en rompant les fers de leurs sujets, en les rendant hommes libres.

Mais prévenons les vengeances secrètes de la Cour: que la petite armée que commandait Dillon ne souffre pas qu'on la divise, car ce serait livrer séparément ses différents corps aux fureurs de Mottier, de Luckner et de Rochambeau. Qu'elle ne souffre pas impunément que l'on parle de rechercher ceux qui ont puni les scélérats qui voulaient la faire égorger.

Le *salus populi* de l'imperturbable ami du peuple,

que la Constituante avait si vainement combattu, va réveiller les haines, les fureurs, l'esprit de vertige des nouveaux mandataires, et provoquer contre Marat de nouvelles persécutions.

Le jeudi 3 mai, le ministre de la guerre vient à l'Assemblée nationale rendre compte des premières opérations militaires. Les détails en sont alarmants : nos troupes ont été repoussées sur plusieurs points. Ne sachant comment justifier ce premier échec prédit par l'ami du peuple, on met tout en œuvre pour lui en attribuer la cause.

Le député Beugnot monte à la tribune : — Le premier devoir de l'Assemblée, dit-il, lorsqu'il se manifeste un grand désordre public, est d'en rechercher soigneusement la cause et d'en tarir la source. Non-seulement les factieux jettent le trouble dans l'armée, non-seulement ils y provoquent le meurtre des généraux; mais dans la capitale, sur la terrasse des Tuileries, à la porte de cette enceinte, on colporte, on proclame un écrit atroce, sous le titre l'*Ami du peuple*, par Marat. Le voilà ce libelle exécrable, écoutez et frémissez.

Beugnot lit un article de l'*Ami du peuple*, dans lequel Marat rappelait que depuis plus de six mois il avait prédit que la majorité de l'Assemblée serait composée de créatures du Cabinet, de suppôts du despotisme, de traîtres à la nation; puis un autre où il présage que nos généraux, bas valets de la cour, trahiront la patrie et mèneront à la boucherie les bataillons nationaux; que son vœu le plus sincère est que l'armée ouvre enfin les yeux, et qu'elle sente que ses chefs perfides sont les premières victimes à immoler.

A ces mots, tous les députés royalistes et contre-révolutionnaires crient au blasphème, en volant à la tribune d'un air menaçant. Il est temps, ajoute Beugnot, de savoir quelle autorité doit l'emporter de celle qui est établie pour faire respecter les lois ou de celle qui nous déchire. Je demande que le ministre de la justice soit mandé, séance tenante, et qu'il lui soit enjoint d'ordonner aux accusateurs publics de poursuivre les auteurs et distributeurs des écrits qui provoquent la désobéissance aux lois, ainsi que les violences et voies de fait contre les magistrats.

Bazire convient que le reproche adressé à l'ami du peuple est grave ; mais il observe qu'il y a une loi et qu'il est inutile d'en rendre une nouvelle.

Vaublanc se déchaîne contre l'ami du peuple, qui invitait le peuple à porter le fer et le feu sur les membres gangrenés de l'Assemblée nationale pour assurer le salut public.

Girardin, afin de voiler aux yeux du public l'acharnement des fripons de l'Assemblée contre l'*Ami du peuple*, demande qu'on lui associe l'*Ami du roi*.

Lostalat, petit esprit des Basses-Pyrénées, déclare qu'un homme revêtu de la livrée du roi lui a offert l'*Ami du peuple* pour rien.

Lasource dit bêtement que Marat, auteur de l'*Ami du peuple*, et Royou, de l'*Ami du roi*, sont des scélérats soudoyés par la même main pour provoquer la guerre civile, la défection de nos armées et la désorganisation sociale, et il conclut à ce qu'un décret d'accusation soit porté contre Marat et Royou.

Cette conclusion est appuyée avec force par l'impudique Guadet. Après une longue agitation et un tumulte d'environ trois heures, le décret d'accusation a été porté individuellement contre les deux écrivains.

L'infâme Dumolard, craignant de perdre le fruit de

cet accès de démence, demande qu'on s'assure à l'instant de la personne des accusés.

Cette proposition adoptée, les meneurs décident que les scellés seront mis au domicile et chez les imprimeurs de ces deux journalistes.

Il faudrait être bien aveugle pour ne pas voir que l'Assemblée n'a lancé un décret d'accusation contre Marat que pour anéantir la liberté de la presse, en écrasant les écrivains patriotes dans la personne de l'ami du peuple. Et qui ne sent qu'elle ne lui a accolé le contre-révolutionnaire Royou qu'afin de donner le change au public, en faisant passer pour patriote son lâche persécuteur, odieux artifice bien digne des mandataires qui abusent des pouvoirs et de la confiance du peuple.

Les preuves de cette fourberie sont sans réplique : c'est qu'on n'a pas fait la moindre démarche, ni contre Royou, ni contre son imprimeur; tandis qu'on a mis sur pied cinq cents mouchards pour découvrir Marat, et qu'on a saccagé l'imprimerie de son éditeur; c'est que Royou est tranquillement chez lui à continuer ses feuilles anti-patriotiques, que Dumas, Chéron, Vaublanc, Lagrevole, Pastoret Jaucourt, Ducastel, font régulièrement passer dans tous les départements, sous le couvert de l'Assemblée nationale; tandis que tous les alguazils de la pousse sont aux trousses de Marat et de son publicateur; c'est que l'Assemblée a enjoint au ministre de la justice de dénoncer Marat, et qu'elle ne lui a pas fait la moindre injonction contre Royou qu'elle protége; c'est que le ministre de la justice a dénoncé au commissaire du roi, près le Tribunal criminel de Paris, le n° 645 de l'*Ami du peuple*, et qu'il a gardé le silence sur les écrits de l'*Ami du roi*.

Il est donc démontré que les faux patriotes et les fripons de l'Assemblée nationale ne sont entrés en fureur contre l'ami du peuple, que parce qu'il leur arrachait le masque; que parce qu'il éventait leurs complots et faisait échouer leurs machinations contre-révolutionnaires. Il est donc évident qu'ils n'ont feint de lui associer un écrivain prostitué au despotisme, que pour en imposer au peuple sur le compte de Marat, son incorruptible défenseur. Il est donc notoire que tout en se livrant à leur rage, ces indignes mandataires n'ont pas laissé que de jouer une scène de tartuffes pour voiler leurs scélératesses et immoler l'ami du peuple avec le glaive des lois. Mais admirez leur inconséquence, leur perfidie. Ils ne se sont réservé le droit de porter un décret d'accusation que contre les crimes de lèse-nation; et le prétendu délit de l'ami du peuple n'a pu être rangé dans cette classe que pour le faire périr plus sûrement; au lieu de le traduire devant la haute cour nationale, chargée d'en connaître, ils le traduisent devant le Tribunal criminel de Paris. Dans ce cas, le corps législatif a donc usurpé les fonctions de juré d'accusation, après avoir rempli celles de délateur ministériel.

Ce décret n'est pas moins honorable pour moi, ajoute Marat, qu'il est honteux pour ceux qui l'ont rendu; si j'en deviens la victime; je périrai en martyr de la liberté, dont je fus toujours l'apôtre. En attendant, la prudence veut que je me mette à couvert de leurs griffes, et l'amour de la patrie me fait un devoir d'achever de les couvrir d'opprobre.

Comme de fait, Marat va continuer la publication de sa feuille, en dépit même du décret d'accusation, des recherches de la police, et des difficultés à trouver un nouvel imprimeur.

C'était bien déclarer aux ennemis du bien public que la guerre entre eux et lui serait sans paix ni trève, tant que les dépositaires de l'autorité machineraient contre la liberté et les droits du peuple.

Marat vient d'être odieusement accusé, et pas une voix dans l'Assemblée des représentants, pas un citoyen qui se soit levé pour le défendre. Mais ce n'est pas assez d'avoir décrété d'accusation l'ami du peuple, sous prétexte de pourvoir à la sûreté publique, les ministériels de l'Assemblée viennent de renouveler le honteux stratagème employé par l'Assemblée constituante, après le massacre du Champ-de-Mars, pour découvrir l'asile de l'ami du peuple. « Tous les citoyens et habitants de Paris seront tenus de déclarer au comité de leur section les Français ou étrangers qui demeureront chez eux, sous peine d'une amende et de trois mois de prison. Tout portier, concierge ou logeur, dont les propriétaires seront absents, feront la même déclaration, sous peine d'être condamnés à 100 livres d'amende et à trois mois de prison. Le délai de huit jours est accordé pour faire ces déclarations. »

« Parisiens, rappelez-vous qu'après le massacre du Champ-de-Mars, on prétendait que les hôtels étaient remplis d'émigrés..... Tout Paris fut fouillé, excepté les hôtels des émigrés, car on ne voulait que découvrir l'asile des défenseurs intrépides de la patrie. Aussi n'arrêta-t-on pas un seul des hommes sans aveu qui infestaient Paris; mais on jeta dans les fers une foule de citoyens qui s'étaient distingués par leur zèle pour la patrie, et on ne cessa ces recherches inquisitoriales, au bout de six semaines, que lorsqu'on eut désespéré de déterrer l'ami du peuple. N'en doutez pas, les nouvelles recherches que vont ordonner les pères conscrits ont précisément le même but, elles auront les mêmes suites.

Après le décret d'accusation rendu contre Marat, il ne restait à l'ami du peuple d'autre ressource pour se soustraire au glaive de ses ennemis, qu'à reprendre la vie souterraine à laquelle il avait été contraint tant de fois depuis qu'il avait entrepris, comme publiciste, la grande œuvre de la revendication des droits du peuple. Ainsi donc qu'il l'avait annoncé, il va continuer à couvrir d'opprobre les lâches machinateurs qui conspirent en faveur du despotisme royal. Sa feuille continuera de paraître, mais que d'obstacles l'auteur aura à surmonter pour livrer au public, tous les deux ou trois jours, un nouveau numéro pendant le mois de mai, et pour en faire paraître cinq seulement durant tout le mois de juin 1792. Aux entraves apportées par la police, se joindra le défaut de lumière ou de patriotisme de l'éditeur, qui tronquera, intervertira, mutilera à son gré des feuilles que l'ami du peuple ne peut ni revoir ni corriger ; Marat verra même, sans pouvoir y remédier à temps, son journal servir à faire l'éloge de Servan, ministre de la guerre, par l'éditeur lui-même, à l'instigation de quelque sot clubiste ou de quelque meneur ministériel ; il verra ses confrères en journalisme abuser indignement de son absence forcée, faire cause commune avec la faction qui l'a décrété d'accusation et insulter à son malheur en dénaturant ses intentions les plus pures, en éveillant des doutes sur son patriotisme, son courage ; et pour comble à ce martyre sans cesse renaissant, il verra ces fameux Jacobins, ces Cordeliers si patriotes, si enthousiastes en mars 1792, et qui juraient de le défendre au péril de leur vie, rester muets, impassibles, depuis le décret d'accusation.

Nous ne rappellerons pas ici tous les brocards dont Marat fut gratifié tant de fois, sans sujet, par les journalistes ; mais, pour s'en faire une idée, voyons les témoignages d'inconvenance et d'ingratitude d'un frère d'armes qui passe dans l'opinion publique pour un patriote.

« L'Assemblée a consumé la moitié de la séance de jeudi à porter gravement un décret d'accusation contre Marat, écrit Prudhomme dans ses *Révolutions de Paris* du 5 mai 1792. Marat partage avec le roi de Hongrie et les émigrés la sollicitude de l'Assemblée nationale », et le faiseur des *Révolutions de Paris* taxe d'exagérations banales, auxquelles le public même ne prend point garde, les dénonciations de Marat contre les généraux qui trahissent et livrent nos soldats au fer de l'ennemi.

Poursuivons. « Quel parti va prendre Marat? Qu'il soit de bonne foi ou non, peu importe pour l'hypothèse actuelle. Il va rentrer dans son souterrain, il y transportera ses presses ; au lieu de tirer à 3,000 exemplaires, il ne tirera qu'à 500 ; mais au lieu de vendre ses numéros deux sols la pièce, il les débitera à tous prix, et il sera lu avec une avidité proportionnée à la difficulté de se les procurer, et on le lira avec plus d'attention, et son audace ou son courage prendra un nouveau degré de force, voilà ce que va produire le décret d'accusation. »

Ne dirait-on pas un ennemi de la patrie donnant des leçons de prudence à ses confrères qui siégent dans le sénat? Ne dirait-on pas un folliculaire à qui la jalousie de métier fait faire un sot calcul? Mais que ces Messieurs se rassurent : depuis la saisie de ses presses, le 22 janvier 1790, l'ami du peuple a toujours livré son manuscrit à un imprimeur, sous la condition que chaque numéro ne serait jamais vendu qu'un sol aux colporteurs, quoique dans nombre de crises certains colporteurs l'aient vendu jusqu'à *dix-huit livres.* Quant à la bonne foi de l'ami du peuple, il en a un sûr garant que ne saurait donner le sieur Prudhomme de la sienne; car quoiqu'il ait été dans une bien autre passe pour faire une brillante fortune, il est dans la pauvreté, et depuis trente mois il écrit la tête sur le billot.

Le dénigrement de Marat, par l'auteur des *Révolutions de Paris,* se termine ainsi : « Marat ne s'est pas trouvé chez lui, on s'attendait à une autre contenance de sa part. » Mais, répond Marat, qui est-ce qui est venu chez moi et où est mon domicile? Croit-on que je sois assez sot pour en avoir un connu dans Paris, depuis trois années que cinq cents mouchards sont sans cesse sur mes traces, et que deux mille coupe-jarrets sont payés pour me massacrer? Mais quand cela ne serait pas, quel homme, jouissant de sa raison, oserait trouver mauvais que je n'attende pas dans mon domicile les alguazils de robe-courte et les pousse-culs nationaux, depuis que la municipalité a tenu bureau ouvert pour soudoyer des mouchards chargés de me lanterner, depuis que Mottier a eu la précaution de se faire accompagner jusque chez moi par douze mille hommes, infanterie, cavalerie et artillerie?

Par rapport à Marat, il était utile de faire connaître la boutique des *Révolutions de Paris* et la figure de l'excellent spéculateur qui en soignait les intérêts; mais hâtons-nous de tourner le dos à cette réputation imméritée, car jamais les dangers qui menacèrent le salut public ne furent plus imminents, et jamais la sécurité du peuple ne fut plus profonde.

« Les généraux conduisent nos armées à la boucherie; nos régiments désertent avec armes et bagages; les commandants de nos places et de nos camps passent du côté de l'ennemi, après s'être ménagé des intelligences avec les traîtres du dedans; la plupart des corps administratifs paraissent s'entendre avec les états-majors de nos troupes, pour ouvrir aux ennemis les barrières de l'État. Tous les points du royaume sont bouleversés par le fanatisme et l'anarchie, ou désolés par la misère et la disette; de toutes parts éclatent des conjurations, les fonctionnaires publics favorisent les désordres au lieu de les réprimer, les Tribunaux ne poursuivent que les amis de la liberté. La capitale regorge de contre-révolutionnaires travestis; nos gardes soldés, attachés aux barrières, assassinent impunément les citoyens pour les dépouiller. Nos régiments étrangers arborent la cocarde blanche. Quarante mille espions et assassins répandus parmi nous forcent au silence les bons patriotes, en attendant le moment de les égorger. La garde du roi insulte à la patrie et menace ses défenseurs. Le roi, couvrant ses perfides desseins du masque de l'hypocrisie, se dispose à fuir de nouveau. L'Assemblée nationale, depuis six mois prostituée au despote et conjurée avec lui pour remettre la nation sous le joug, s'est hautement déclarée pour les contre-révolutionnaires. Jusqu'à ce jour, elle n'a décerné contre les rebelles fugitifs et les prêtres factieux que des peines illusoires ; elle a repoussé la plupart des dénonciations contre les machinateurs ; elle a jeté un voile épais sur les machinations d'une infinité de traîtres ; elle en a fait remettre plusieurs en liberté ; elle leur a ménagé tous les moyens d'allumer les feux des dissensions civiles ; elle a fermé l'oreille aux réclamations des bataillons citoyens, laissés sans armes et sans munitions ; elle a fermé les yeux sur les malversations des ministres, pour laisser les citoyens sans aucun moyen de défense ; elle a souscrit au complot du Cabinet, de plonger la nation dans les horreurs d'une guerre désastreuse ; elle a livré le trésor public aux dilapidations des ministres, sous prétexte de faire les préparatifs de la guerre ; elle a couvert les trahisons des chefs de nos armées ; elle a frappé d'anathême l'écrivain courageux qui dévoilait ses noirs complots ; elle a baillonné les journalistes patriotes qui seraient tentés d'imiter son exemple ; elle a suspendu le glaive sur la tête des soldats qui ne verront pas en silence leurs chefs consommer la ruine de la patrie. Pour assurer aux généraux les moyens de conduire impunément leurs troupes à la boucherie, de livrer les places fortes, de favoriser les opérations des ennemis, de ramener leurs armées contre la capitale et de rétablir le despotisme, elle les a investis du pouvoir absolu de vie et de mort contre quiconque s'opposera à leurs affreux desseins, sur quiconque osera les dévoiler ; enfin pour faire périr arbitrairement les défenseurs de la liberté dans toutes les villes frontières, elle va les déclarer villes de guerre et suspendre le cours des lois pour y faire régner le despotisme militaire. Après tant d'attentats qui auraient dû soulever contre elle l'indignation publique, comment n'est-elle pas proscrite comme le plus criminel ennemi de la liberté !

« Peuple insensé, tu applaudis au décret qui licencie les gardes du prince, frémis plutôt en voyant ces dangereux ennemis partir avec leurs armes, se réunir dans Meudon à dix-huit cents hommes de cavalerie allemande, retranchés dans le château, pour y attendre le moment de la fuite de leur maître et le signal du carnage. Tant qu'ils étaient attachés au prince, un décret salutaire les déclarait criminels de lèse-nation, s'ils l'aidaient à fuir, s'ils s'éloignaient eux-mêmes à vingt lieues du Sénat. Les voilà dégagés de tout devoir ; le décret qui les licencie leur laisse la liberté de prendre parti dans l'armée même des princes rebelles, il leur laisse les moyens de se joindre aux brigands armés qui favorisent la fuite de la famille Capet, et qui mettront la capitale à feu et à sang. Paris est cerné par plus de vingt mille hommes ; encore quelques jours, et les habitants qui refuseront d'encenser le despote périront par le glaive de la tyrannie. »

Cette peinture navrante et malheureusement trop vraie des maux de la patrie n'ayant pu émouvoir le peuple parisien, six jours après, le 9 juin 1792, l'ami du peuple découragé disait : « Pourquoi s'obstiner encore à faire une résistance aussi vaine que périlleuse ? Tout est perdu, chers amis de la patrie, tout est perdu, si Louis XVI vient à prendre la fuite, si le peuple continue à se laisser endormir par ses perfides mandataires, et si la nation ne se soulève pas à la fois contre les suppôts du despotisme, conjurés pour la remettre aux fers. Sans une insurrection générale, c'en est fait de nous pour toujours. »

Après avoir démontré, dans cette feuille du 9 juin,

que toujours le Corps législatif favorisa secrètement les complots des contre-révolutionnaires; que le plan de la cour est de faire périr par le fer, le feu ou la faim, tous les citoyens amis de la liberté; après avoir démontré que le plan de la Cour est de faire périr prévôtalement tous les patriotes qui échapperont à la faim ou au fer de l'ennemi; après avoir rappelé que les prétendus pères de la patrie sont dénoncés au peuple, comme des traîtres conjurés avec les ministres et les généraux, pour ouvrir à l'ennemi les barrières du royaume et mener les soldats à la boucherie; Marat signale un attentat plus révoltant encore : « Plusieurs soldats des Cent-Suisses viennent au Comité de surveillance dénoncer quinze de leurs camarades partant pour Coblentz, où la maison du roi va être rétablie, pour rentrer en France avec les émigrés et les Autrichiens. Ces fugitifs sont supposés porteurs de lettres aux princes révoltés. Le sieur Lecointre, alors seul au Comité, et n'ayant pas le temps d'assembler ses collègues avant le départ de la poste, croit devoir avertir la municipalité d'arrêter ces émigrants à leur passage. Ils le sont en effet ; bientôt ils réclament la protection des pères conscrits contre-révolutionnaires. A l'instant, la démarche de prudence et de devoir du sieur Lecointre est représentée par les traîtres comme un horrible attentat contre la liberté individuelle. Et l'Assemblée déhontée se soulève contre cette prétendue violation des principes, ordonne leur élargissement, et envoie en prison le seul de ses membres qui avait rempli officiellement les nobles fonctions d'ange tutélaire de la patrie. Et le peuple, aussi lâche que stupide, a laissé tranquillement consommer cet attentat... Après cela, comment de simples citoyens pourraient-ils encore combattre pour elle avec succès ? Comment pourraient-ils épouser sa cause impunément ?

« Enfin, voici le dernier trait de scélératesse, couvert du voile de l'amour du bien public, du zèle pour le triomphe de la liberté.

« Le nouveau ministre de la guerre (Servan), fourbe adroit, s'il en fut jamais, après s'être concerté avec les meneurs de l'Assemblée, prend le masque du plus pur civisme pour porter le coup de mort à la patrie ; il peint les dangers qui menacent le salut public ; il s'écrie que le moment est venu pour la nation (1) de se soulever à la fois contre ses oppresseurs, les suppôts du despotisme, les ennemis de sa liberté. Et, pour conjurer les dangers qui menacent l'État, il propose de convoquer à Paris vingt mille gardes nationaux, choisis par le peuple dans le royaume, pour former un camp autour de Paris, sûr que ce projet ne sera pas adopté tel qu'il le propose » (*Ami du peuple*, n° 665).

(1) Comment le public éclairé a-t-il pu être dupe de cet artifice ? Le sieur Servan a joué le rôle d'un patriote exalté, il a fait entendre, il a conseillé à la nation de se soulever à la fois contre ses oppresseurs, contre le cabinet des Tuileries, contre son maître par conséquent, et cependant il reste en place et il est en faveur. Ce seul trait ne démontre-t-il pas clairement que ses prétendus élans civiques n'étaient qu'un jeu pour mieux en imposer. D'ailleurs, quelle nécessité de ces gardes, tandis que Paris renferme *cent cinquante mille* citoyens qui en font les fonctions ?

« Ceci me ramène à un article inséré, à mon insu, dans ma feuille n° 651, sur ce valet de la cour, par l'éditeur de mon journal. Je l'ai désavoué immédiatement dans un numéro qui aurait paru le surlendemain s'il ne l'avait pas retenu dans ses mains depuis plus d'un mois, de même que plusieurs autres, et notamment celui sur Brissot. C'est ce retard cruel auquel je n'ai pu remédier dans la malheureuse position où je me trouve qui est la cause du décousu de ma feuille depuis mon dernier décret d'accusation. »

« Aussitôt les fripons royalistes qui n'étaient pas dans le secret jettent les hauts cris ; ils s'élèvent contre le choix populaire de ces gardes nationaux ; ils le disent inconstitutionnel..... Qu'en auraient-ils donc à redouter, s'il était vrai que la nation a sanctionné leurs décrets ? Mais voyez avec quelle astuce les pères conscrits rassurent ces trembleurs, en décrétant que la nomination des gardes nationaux sera faite par les départements et en renvoyant au comité militaire le mode d'exécution. Or, soyez sûrs que l'écume des gardes nationaux, c'est-à-dire les plus affreux ennemis de la révolution, seront choisis pour en former un camp au nord de Paris.....

« Le lecteur trop confiant, qui refuse de croire que l'Assemblée ait des vues sinistres dans la formation de ce camp, peut s'en convaincre en voyant les ministériels les plus gangrenés (1) fulminer contre ceux qui prennent ombrage de ce camp, auquel ils n'ont d'abord feint de s'opposer que pour mieux en imposer au public.....

« Pour faire réussir leur projet, ces traîtres ne pouvant tenir un bandeau sur tous les yeux, ont senti la nécessité d'enchaîner toutes les plumes ; et c'est pour

---

(1) J'ai dit quelque part que la faction de la Gironde et de Paris était toute-puissante, et cela est vrai. J'ai ajouté qu'elle menait l'Assemblée, et cela est vrai encore ; mais il ne faut pas croire qu'elle soit l'âme des décrets désastreux qu'elle fait passer, non assurément, elle n'en est que la porteuse ; la preuve en est que la plupart de ces décrets sont calculés pour faire triompher les ennemis de la Révolution, rétablir pleinement le despotisme et les exposer eux-mêmes à ses fureurs. Cette faction scélérate, qui s'est si lâchement prostituée à la cour, est donc le jouet du cabinet des Tuileries, qui l'a fait adroitement servir à ses complots, et qui finira par l'immoler à ses vengeances, quand le moment sera venu, si le ciel ne prend plaisir à confondre ses machinations.

y parvenir qu'ils viennent de jouer une pantalonnade concertée dans le cabinet. Delfaux demande la parole, Lacroix a soin de prévenir que c'est pour une dénonciation qui intéresse la sûreté du Corps législatif et du roi. Mais cette farce grossière n'a pour objet que d'amener en scène *l'ami du peuple,* qui continue à épouvanter les traîtres, et de provoquer un décret contre la liberté de la presse.

— Je me plains, s'écrie le fripon ministériel Delfaux, de ce que le ministre de la justice ne nous a point rendu compte des poursuites qu'il devait faire pour empêcher la circulation d'un virulent écrit qui porte le titre de l'*Ami du peuple*. Cet écrit circule encore ; il diffame l'Assemblée nationale et les généraux, auxquels il voudrait ôter la confiance du soldat. Puis vient le sieur Duranton, qui se plaint de ce que le ministre de la justice ne tient pas de la loi les mesures répressives nécessaires pour purger l'État des libelles qui égarent l'armée et les citoyens. Aussitôt, à la demande de Bigot, l'Assemblée ordonne que le Comité de législation fera, sous trois jours, un rapport sur les moyens de réprimer les abus de la presse, c'est-à-dire d'en détruire la liberté.

« Voilà le coup mortel qui restait à porter à la patrie. Le moment est arrivé où l'esprit public anéanti permet aux pères conscrits de consommer cet affreux attentat, vainement entrepris par leurs prédécesseurs. Demain est le jour qui doit éclairer ce dernier outrage. Un peu d'audace dans les fidèles représentants du peuple suffirait pour le prévenir ; mais vous verrez leurs voix étouffées par les hurlements des royalistes gangrenés. La faction toute-puissante de la Gironde et de Paris, Vergniaud, Ducos, Crétée, Lasource,

Gensonné, Brousonnet, Condorcet, Hérault, Guadet, Brissot, garderont un criminel silence ou ne feront que de ridicules efforts. Le funeste décret passera; dès lors plus de censeurs publics à redouter, et l'atroce Assemblée, libre de tout frein, machinera à son gré dans les ténèbres et marchera à pas de géant vers l'époque fatale où elle décrétera la contre-révolution » (*Ami du peuple*, n° 666).

L'Assemblée et le ministre prirent de telles mesures qu'à compter de ce moment, 15 juin, au samedi 7 juillet, Marat ne put faire paraître un seul numéro de l'*Ami du peuple*.

« Ceux qui m'ont vu redoubler d'audace à mesure que l'Assemblée traîtresse redoublait de fureur contre moi et que les dangers s'accumulaient sur ma tête, loin d'être surpris de ma retraite, ne s'étonneront plus que de ma constance. Elle passera pour entêtement aux yeux des lecteurs instruits, qui sentent les avantages des ennemis de la Révolution sur les amis de la liberté, et pour folie aux yeux des lecteurs judicieux qui connaissent l'ignorance, les mœurs et le caractère des Français.

« Citoyens! il y a longtemps que je mesure avec effroi toute la profondeur de l'abîme dans lequel vous ont entraîné vos perfides représentants; votre insouciance les a encouragés au crime, et votre lâcheté a redoublé leur audace. Persuadé que vous seriez éternellement dupes et victimes de leur vénalité, de leur perfidie, de leur scélératesse, si quelque homme de bien ne se dévouait pour votre salut, j'ai cru que le ciel m'appelait à ce généreux sacrifice. Au triomphe de votre liberté me paraissait tenir celui de tous les peuples du monde, le bonheur du genre humain. La gloire de combattre pour une si belle cause enflammait mon courage et la grandeur des intérêts que j'avais à défendre m'élevait au-dessus de toute crainte. Tout le temps que j'ai resté dans l'arène, j'ai veillé à votre salut sans relâche ; aucun des piéges qui vous ont été tendus par vos ennemis ne m'a échappé ; j'ai dévoilé tous leurs complots, j'ai déjoué la plupart de leurs sinistres projets, j'ai démasqué les traîtres et j'ai défendu votre cause avec le saint zèle d'un martyr de la liberté.

« Inaccessible à tous les artifices de séduction, ni l'or, ni les menaces, ni les périls ne m'ont jamais fait varier un instant ; les attentats des ennemis de la patrie n'ont fait qu'augmenter mon audace, et à quelque excès que se soit porté leur fureur, mon courage s'est élevé au-dessus. J'ai sacrifié à votre salut mon repos, mes veilles, ma santé, mon état, le soin de mes jours. Pendant trois années consécutives, sans cesse environné de périls et d'alarmes, je n'ai pas eu un jour serein, pas une nuit tranquille. Pendant dix-huit mois, le glaive de la tyrannie a été levé sur mon sein ; aujourd'hui encore, il est suspendu sur ma tête.

« Qu'ai-je retiré de ce dévouement patriotique, que la calomnie des ennemis de la liberté, la haine des méchants, la persécution des suppôts du despotisme, la perte de mon état, l'indigence, l'anathème de tous les grands de la terre, la proscription et les dangers d'un supplice ignominieux ? Mais, ce qui me touche encore le plus, c'est la noire ingratitude du peuple, le lâche abandon des patriotes. Où sont ces faux braves qui affichaient tant de zèle, tant d'audace dans leurs clubs, qui avaient fait serment de me défendre au péril de leur vie, de verser pour moi tout leur sang ? Ils ont disparu à la vue du danger ; à peine me reste-t-il quelques amis, à peine me reste-t-il un asile. Saint amour de la patrie, dans quel abîme affreux tu m'as précipité. Mais non, je ne souillerai point par de tristes regrets la pureté de mes sacrifices. Quelque horrible que soit mon sort, j'étais déterminé à le subir ; dès l'instant où j'ai épousé votre cause, je m'étais dévoué à tous les malheurs pour vous rendre heureux. Dans l'excès de mon infortune, le seul chagrin qui m'accable est la perte de la liberté. Que les ennemis de la patrie qui savent à quel point je la chérissais, et qui m'ont fait un crime de mon zèle, ne peuvent-ils être témoins de mon désespoir, ils trouveraient que les dieux m'ont trop puni.

« J'ignore ce que l'avenir me réserve, mais le seul parti qui me soit laissé aujourd'hui, est de fuir mes ennemis qui sont ceux de la patrie ; si le destin barbare me faisait tomber entre leurs mains, je ne m'abaisserai point à leur demander grâce, je ne m'avilirai point à plaider ma cause, convaincu de toute leur atrocité, je présenterai le cou au fer de ces assassins, et je périrai martyr de la liberté, après en avoir été longtemps l'apôtre, fier du témoignage de ma conscience, et sûr d'emporter avec moi dans la tombe les regrets de tous les gens de bien, l'estime même de mes persécuteurs.

« Il me reste ici à repousser quelques reproches que m'ont fait les ennemis de la liberté, reproches qui ont fait sensation sur les esprits faibles. Ils me font un crime d'avoir poussé le peuple à se défaire des traîtres à la patrie. Mais s'ils ne se sont fait eux-mêmes aucun scrupule de massacrer le peuple et d'égorger les patriotes, pourquoi trouveraient-ils mauvais que le peuple use de représailles? Et pourquoi le peuple, qui est le souverain, n'aurait-il pas le droit de faire périr des machinateurs? Si le salut du peuple est la première des lois, pour l'assurer, tout moyen est légitime; or, je le répète, je n'en vois aucun autre que faire main-basse sur tous les conspirateurs.

« Ils me font un crime pareillement d'avoir conseillé la désobéissance aux lois vexatoires et oppressives. Pourquoi non? puisque le premier des droits de l'homme, qu'ils ont consacré, est la résistance à l'oppression; or, quelle plus affreuse oppression, que celle des lois tyranniques? Mais non, les lois ne peuvent point exercer de tyrannie, elles sont toujours justes; ce sont les décrets du Corps législatif dont j'ai voulu parler, et ce sont ses décrets tyranniques que j'ai conseillé de fouler aux pieds, car de son aveu même, *ses décrets ne sont pas des lois; la loi n'étant que l'expression de la volonté générale,* des décrets ne pourraient être devenus des lois qu'autant que le peuple aurait concouru à leur confection par lui-même ou par ses représentants. Mais il est notoire que la moitié des membres de l'Assemblée constituante étaient les représentants des ordres privilégiés, et que l'autre moitié avait été choisie par la cabale de la Cour; l'Assemblée constituante ne représentait donc pas le peuple, et l'eût-elle représenté, ses décrets ne pouvaient être revêtus du caractère sacré des lois, qu'autant qu'ils auraient obtenu la sanction du peuple, sanction dont ne peuvent jamais tenir lieu ces adresses d'approbation que les membres corrompus de l'Assemblée avaient si grand soin de mendier pour donner le change à l'opinion publique; témoins, tous les artifices qu'ils ont fait jouer pour empêcher le peuple de s'assembler, d'examiner leurs décrets, et de prononcer en souverain.

« L'Assemblée actuelle ne représente pas non plus le peuple, car elle a été élue par les corps électoraux, nommés par les seuls citoyens actifs, qui ne sont pas la sixième partie des membres de l'État. A s'en tenir à la qualité des électeurs et à la composition de cette législature, ses membres ne peuvent être regardés presque tous que comme un ramassis de suppôts du despotisme choisis par la cabale de la Cour.

« Laissons là les formes, et attachons-nous au fond. Quel homme assez ennemi de l'ordre ne serait pénétré de respect pour un législateur éclairé et intègre, consacrant ses veilles au bien général, et recherchant de bonne foi les moyens les plus convenables d'assurer la liberté, la paix et la félicité publique. Si du moins les représentants du peuple Français avaient réellement consacré ses droits ; si, jaloux de s'honorer à ses yeux, ils avaient cherché à établir sur la justice le règne de la liberté, tous les cœurs honnêtes auraient volé au-devant d'eux, les auraient environné d'amour et de respect, et l'ami du peuple aurait été le premier à leur payer le juste tribut d'éloges qu'inspire la vertu. Mais quel sentiment de vénération pourrait leur porter tout homme sensé et impartial, témoin de leurs discussions. A les voir s'agiter en forcenés, lorsqu'il est question d'empêcher quelque droit du peuple d'être établi ; à les voir s'élancer de leurs places, trépigner, grincer des dents, courir les uns sur les autres, se menacer du geste ; à les entendre s'apostropher, se quereller, s'invectiver, se honnir, pousser des hurlements furieux, et se livrer à tous les transports de la rage. Comment ne pas reconnaître dans ces prétendus représentants du peuple des factieux divisés d'intérêts, et acharnés à se disputer la puissance ? Et quand on sait que la plupart d'entre eux sont des créatures de la Cour, des suppôts du despotisme, presque tous occupés à trafiquer avec le despote des droits et des intérêts du peuple, comment ne pas s'indigner contre ces prétendus législateurs ? Comment ne pas éprouver à leur vue l'horreur qu'inspirent toujours de vils fripons, d'atroces scélérats ?

« Disons-le enfin sans détour : Français, vous n'avez point de législateurs, vos prétendus représentants ne sont que les délégués d'une poignée d'entre vous, et ces délégués infidèles ne sont presque tous que des suppôts du despotisme, qui vous font ouvertement la guerre. A part la seule *Déclaration des droits* que leur arracha la crainte dans quelques exécutions populaires des premiers jours de la Révolution, tous leurs décrets ne tendent plus ou moins qu'à vous opprimer, qu'à vous remettre sous le joug. Vous n'aurez de vrais représentants que lorsque tous les membres de l'État, en âge de raison et de bonnes mœurs, concourront librement au choix de vos délégués ; et vous n'aurez de véritables lois que lorsque les décrets de vos représentants auront reçu la sanction de tous les membres de l'État.

« Si par quelque miracle inattendu, la liberté venait à renaître de ses ruines, j'ai une dernière offrande à faire à la patrie, le développement de tous les vices de la Constitution, et le tableau de tous les décrets à réformer pour assurer la liberté » (*Ami du peuple,* n° 676).

L'ami du peuple, néanmoins, n'abandonna pas le

gouvernail avec lequel, tant de fois depuis la Révolution, il avait protégé la liberté contre les écueils qui l'avaient mise en péril. Et d'ailleurs, pouvait-il se détacher entièrement d'une cause à laquelle il avait sacrifié toute sa vie et pour laquelle, depuis trois ans, il s'était immolé tout entier ? Les lecteurs qui auront suivi avec attention l'ami du peuple dans la voie que la nature et son cœur lui avaient tracée, ne pourront le croire ; son destin était donc d'y mourir, afin que le sang du martyr scellât les principes révolutionnaires qu'il avait posés.

L'esprit public anéanti presque sans ressource, le plan de la Révolution est donc absolument manqué par le peuple. Tel est, du moins, le langage que Marat tînt aux Parisiens après la déplorable échauffourée du 20 juin 1792, où, maître un moment des pouvoirs publics constitués, il n'a pas su profiter de ses avantages.

« Depuis trois ans, nous nous agitons pour recouvrer notre liberté, et cependant nous en sommes plus éloignés qu'au premier jour.

« La Révolution ayant tourné contre le peuple est pour lui le plus grand des malheurs. La liberté qu'il regardait comme le principe de tous biens est devenue dans l'État une source intarissable de violences, de désordres, de désastres, de calamités. Dès l'origine, la Révolution n'a été pour la cour et les suppôts qu'un motif éternel de séduction, de captation, de corruption, de machinations, de piéges, d'attentats, de complots désastreux. Bientôt elle fut pour les intrigants une occasion perpétuelle d'hypocrisie, d'astuce, de menées, d'artifices, de bassesse et de crimes. Elle devint peu après, pour les fonctionnaires publics, un sujet toujours nouveau de vexation et d'oppression. Elle n'a été pour le législateur lui-même qu'une occasion de prévarications, de fourberies, de friponneries, de perfidies, de tyrannie. Et déjà elle n'est plus pour les riches et les avares qu'une occasion de gains illicites, de monopoles, d'accaparements, de fraude, de spoliations ; affreux brigandages qui ont ruiné le peuple et placé la classe innombrable des indigents entre la crainte de périr de misère et la nécessité de se vendre.

« ..... Grâces aux institutions perfides de nos chargés de pouvoirs, jamais nous n'eûmes autant sujet de nous plaindre de nos anciens tyrans que nous en avons aujourd'hui de nous récrier contre la barbarie de nos propres délégués. Insensés que nous sommes ! consumerons-nous donc la vie entière à nous garantir des atteintes de nos ennemis du dedans et du dehors, à nous défendre des attentats des fonctionnaires publics et à gémir sous les coups de nos oppresseurs, pour tomber enfin épuisés de veilles, de fatigues, d'ennuis, de chagrins et de misère, après avoir souffert sous le prétendu règne de la liberté plus de maux cent fois que nous n'en avions à redouter sous celui du despotisme ?

« Ne craignons pas de le redire, nous sommes plus loin de la liberté que jamais ; car non-seulement nous sommes esclaves, mais nous le sommes légalement par une suite de la perfidie de nos législateurs, devenus les complices du despote réhabilité. C'est donc folie que de s'obstiner plus longtemps à vouloir ressaisir un bien déjà trop loin de nous ; le peuple est mort, et pour lui la liberté est perdue sans retour. Mais, avant de quitter la patrie, du fond du théâtre où nous sommes, considérons encore quelques moments la scène, examinons le jeu des acteurs et recherchons les principales causes qui se sont opposées parmi nous à l'établissement de la liberté, après que nous eûmes un instant terrassé le despotisme.

« Jetons un coup-d'œil sur le théâtre de l'État. Les décorations seules ont changé ; mais ce sont toujours les mêmes acteurs, les mêmes masques, les mêmes intrigues, les mêmes ressorts ; toujours un despote environné de suppôts ; toujours des ministres vexateurs et oppresseurs ; toujours un législateur inique ; toujours des dépositaires de l'autorité infidèles et prévaricateurs ; toujours des courtisans avides, rampans, oppresseurs et machinateurs ; toujours de petits ambitieux, d'effrontés intrigants, de lâches hypocrites, d'adroits fripons ; toujours des hommes dévorés de la soif de l'or et sourds à la voix du devoir, de l'honneur, de l'humanité, poursuivant les faveurs de la fortune, au mépris de la justice, et cherchant à s'emparer de tous les emplois aux dépens du mérite. Mais la première, la grande raison de l'impuissance de nos efforts pour arriver à la liberté, est tirée de la nature même de la Révolution.

« Poussés au désespoir par l'excès de la tyrannie, les peuples ont tenté cent fois de rompre leurs fers. Ils y parviennent toujours, lorsque la nation entière se soulève contre le despotisme. Ce cas est très-rare ; mais rien n'est plus commun que de voir la nation partagée en deux partis qui se déclarent, l'un pour, et l'autre contre le despote. Lorsque chacun de ces partis est composé de différentes classes de la société, celui qui se déclare contre le despotisme parvient assez souvent à l'écraser, parce qu'il réunit alors plus d'avantages pour l'attaquer que celui qui le défend n'en a pour le maintenir. Mais cela n'arrive jamais, lorsque la plèbe, c'est-à-dire les classes inférieures de la nation sont seules à lutter contre les classes élevées. Au moment de l'insurrection, elle écrase bien tout par sa masse; mais quelque avantage qu'elle ait d'abord remporté, elle finit toujours par succomber; car, se trouvant toujours dénuée de lumières, de richesses, d'armes, de chefs, de plan d'opérations, elle est sans moyens de défense contre des conjurés pleins de finesse, d'astuce, d'artifices; contre des machinateurs éternels, qui ont à leur disposition richesses, armes, munitions, toutes les places de confiance, tous les moyens que donnent l'éducation, la politique, la fortune et l'autorité... C'est précisément là le cas de la Révolution française; car il n'est pas vrai que la nation entière se soit soulevée contre le despote, puisqu'il est toujours resté entouré de ses suppôts, de la noblesse, du clergé, de la robe, de la finance et de leurs créatures. Si les hommes instruits, aisés et intrigants des classes inférieures ont pris d'abord parti contre le despote, ce n'a été que pour se tourner contre le peuple, après s'être entourés de sa confiance et s'être servi de ses forces pour se mettre à la place des ordres privilégiés qu'ils ont proscrits. Ainsi, la Révolution n'a été faite et soutenue que par les dernières classes de la société, par les ouvriers, les artisans, les détaillistes, les agriculteurs, par la plèbe, par ces infortunés que la richesse impudente appelle *canaille* et que l'insolence romaine appelait des *prolétaires*. Mais ce qu'on n'aurait jamais imaginé, c'est qu'elle s'est faite uniquement en faveur des petits propriétaires fonciers, des gens de loi, des suppôts de la chicane.

« Le plan de la Révolution a été manqué complétement. Puisqu'elle se faisait contre le despotisme, il fallait commencer par suspendre de toutes leurs fonctions le despote et ses agents, conférer le gouvernement à des mandataires du peuple, décréter qu'il y aurait interrègne tout le temps que la constitution ne serait point faite. Une fois achevée, on l'aurait présentée au prince, qu'on aurait déclaré déchu du trône, s'il avait refusé de jurer obéissance aux nouvelles lois et fidélité à la nation. Rien n'était si aisé aux représentants du peuple le lendemain de la prise de la Bastille. Mais pour cela, il fallait qu'ils eussent des vues et des vertus. Loin d'être des hommes d'État, ils n'étaient presque tous que d'adroits fripons qui cherchaient à se vendre, de vils intrigants qui affichaient leur faux civisme pour se faire acheter à plus haut prix. Aussi ont-ils commencé par assurer les prérogatives de la couronne avant de statuer sur les droits du peuple. Ils ont fait plus, ils ont débuté par remettre au prince le pouvoir exécutif suprême, par le rendre l'arbitre du législateur, par le charger de l'exécution des lois et par lui abandonner les clefs du trésor public, la gestion des biens nationaux, le commandement des flottes et des armées et la disposition de toute la force publique, pour lui assurer les moyens de s'opposer plus efficacement à l'établissement de la liberté et de bouleverser plus facilement le nouvel ordre de choses.

« Les premiers représentants du peuple doivent donc être regardés comme les arcs-boutants des contre-révolutionnaires, comme ses plus mortels ennemis.

« Du moins, si le peuple avait connu ses droits, s'il avait su apprécier la conduite perfide de ses chargés de pouvoirs et sentir la nécessité d'arrêter au premier faux pas ses infidèles délégués, de réprimer vigoureusement les mauvais citoyens, de se défaire des traîtres et de se réserver en plein l'exercice de la souveraineté dans la sanction des lois ; mais il n'a pas même songé aux moyens de n'être pas remis sous le joug. Au lieu de s'armer complètement, il a souffert qu'une partie seule des citoyens le fût ; puis il s'est abandonné à la foi de ses mandataires, et il a pris avec les ennemis de la Révolution précisément le contre-pied de ce qu'il devait faire. Loin de les attaquer sans délai et de les accabler sans relâche, il s'est tenu lui-même sur la défensive ; et, par cette fausse mesure, il a stupidement renoncé à tous ses avantages, car le pis qui puisse arriver à des machinateurs, c'est de ne pas toujours réussir ; en échouant, ils ne perdent même que du temps, quitte à mieux prendre leurs mesures la première fois. Or, il est impossible d'être toujours sur ses gardes, et la moindre négligence devient souvent fatale. Jugez où doivent mener l'incurie et le sommeil léthargique du peuple.

« Tous ceux qui prétendent nous rassurer sur notre situation déchirante attribuent nos malheurs au *défaut de lumière du peuple;* et je le crois comme eux, pourvu qu'ils n'en fassent pas une cause exclusive. Puis, pour nous animer de l'espoir qui repose au fond de leur cœur, ils ajoutent *qu'il est dans la nature des choses que la marche de la raison soit lente et progressive.* Cela est vrai pour le petit nombre des hommes qui pensent ; mais il n'est point de progrès, de raison et de lumières pour la masse du peuple, quoiqu'elle paraisse quelquefois renoncer à certains préjugés ou plutôt en changer. Elle manque et manquera toujours de sagacité pour découvrir les piéges de ses ennemis. Et les discussions politiques ont toujours été, sont et seront toujours au-dessus de sa partie. Supposez en sa faveur le concours des circonstances les plus favorables, jamais elle ne sera en état d'analyser un décret, d'apercevoir ce qu'il y a de captieux, d'en déduire les conséquences, d'en prévoir les suites et d'en présager les effets. S'il fallait ici un exemple tranchant de cette triste vérité, je dirais qu'en dépit des discours éternels de nos sociétés patriotiques et de ce déluge d'écrits dont nous sommes inondés depuis trois ans, le peuple est plus éloigné de sentir ce qu'il lui convient de faire pour résister à ses oppresseurs, qu'il ne l'était le premier jour de la Révolution. Alors il s'abandonnait à son instinct naturel, au simple bon sens qui lui avait fait trouver le vrai moyen de mettre à la raison ses implacables ennemis.

« Dès lors, endoctriné par une foule de sophistes payés pour cacher, sous le voile de l'ordre public, les atteintes portées à sa souveraineté, pour couvrir du manteau de la justice les attentats contre ses droits, pour lui présenter, comme moyen d'assurer sa liberté, les mesures prises pour la détruire; leurré par une foule d'endormeurs intéressés à lui cacher les dangers qui le menacent, à le repaître de fausses espérances, à lui recommander le calme et la paix; égaré par une foule de charlatans intéressés à vanter le faux patriotisme des fonctionnaires publics les plus infidèles, à prêter des intentions pures aux machinateurs les plus redoutables, à calomnier les meilleurs citoyens, à traiter de factieux les amis de la Révolution, de séditieux les défenseurs de la liberté, de brigands les ennemis de la tyrannie; à décrier la sagesse des mesures proposées pour assurer le triomphe de la justice, à faire passer pour des contes les complots tramés contre la patrie, à bercer le peuple d'illusions flatteuses, et à cacher sous l'image trompeuse du bonheur le précipice où l'on cherche à l'entraîner ; trompé par les fonctionnaires publics coalisés avec les traîtres et les conspirateurs pour retenir son indignation, étouffer son ressentiment, brider son zèle, enchaîner son audace en. lui prêchant sans cesse la confiance dans ses magistrats, la soumission aux autorités constituées et le respect aux lois ; enfin, abusé par ses perfides représentants, qui le berçaient de l'espoir de venger ses droits, d'assurer sa souveraineté, d'établir le règne de la liberté et de la justice, il s'est laissé prendre à tous leurs piéges. Le voilà enchaîné au nom des lois, tyrannisé au nom de la justice ; le voilà constitutionnellement esclave ; et aujourd'hui qu'il a renoncé à son bon sens naturel, pour se laisser aller aux discours de tant d'imposteurs, il est loin de regarder comme ses plus mortels ennemis ses lâches mandataires et tous ces scélérats qui ont abusé de sa confiance ; il est loin de regarder comme la source de tous les maux ces décrets funestes qui lui ont enlevé sa souveraineté, qui ont réuni entre les mains du monarque tous les pouvoirs, qui ont rendu illusoire la *Déclaration des Droits ;* il est loin de fouler aux pieds cette constitution monstrueuse pour le maintien de laquelle il va bêtement se faire égorger chez l'ennemi ; il est loin de sentir que l'unique moyen d'établir la liberté et d'assurer son repos, était de se défaire sans pitié des traîtres à la patrie et de noyer dans leur sang les chefs des conspirateurs » (*Ami du peuple,* n° 667).

« J'ai développé tant de fois les vices de la constitution, je me suis récrié tant de fois contre les moyens de séduction placés dans les mains du prince, je me suis élevé tant de fois contre la vénalité des fonctionnaires publics, j'ai prédit tant de fois que la nouvelle machine du gouvernement ne marchera point ou ne marchera que pour écraser les amis de la liberté, que cette vérité, toujours confirmée par de cruels événements, commence à percer dans le peuple. Aussi quelques écrivains patriotes se sont-ils hasardés, dans ces derniers temps, à proposer une Convention nationale pour réformer la constitution contre la lettre de la constitution elle-même. Mesure trop tardive; il n'est plus temps de songer à cet expédient, que je n'ai cessé de conseiller lorsqu'on pouvait encore y recourir avec succès. Aujourd'hui les ennemis de la liberté ont mille moyens de s'y opposer, mille moyens de le faire tourner contre la nation elle-même, par le mauvais choix de ses représentants extraordinaires. Et fût-il excellent ce choix, le prince ne trouverait-il pas moyen de corrompre les membres d'une Convention nationale, comme il a trouvé celui de corrompre les membres du Corps législatif? Enfin, les mêmes obstacles qui s'opposent à la formation d'un Corps législatif pur s'opposent encore plus à la formation d'une Convention nationale incorruptible ; car où trouver onze cents hommes éclairés et vertueux, onze cents apôtres de la liberté, onze cents sages ?

« Amis de la patrie ! sachez d'abord ce que vous devez attendre de vos concitoyens, et proposez-nous ensuite vos vues. Quoi! vous supposez dans la masse du peuple un civisme soutenu, aussi ardent qu'éclairé ? Mais qu'est-ce que la liberté pour l'aveugle multitude condamnée sans retour à passer sa vie dans la peine, et que la crainte de périr de faim réduit toujours à une espèce de servitude ?

« A l'égard des citoyens qui ont quelque aisance, mais qu'une éducation négligée éloigne des emplois, les besoins de la vie les rendent tous cupides, avares et rampants. Quant à ce petit nombre de citoyens sans ambition et qui ne veulent pas rompre, s'ils ont d'abord montré quelque patriotisme, l'indigne traitement qu'ils ont éprouvé de leurs propres mandataires, et les dangers qu'ils ont courus à se déclarer pour la patrie, les ont bientôt détachés d'une cause qui flattait leur cœur et les ont forcés au silence, s'ils ne leur ont pas même inspiré des sentiments anti-civiques.

« Parmi cette foule d'intrigants qui s'agitaient dans les assemblées pour afficher un faux civisme et capter les suffrages, s'en est-il trouvé un seul qui n'ait cherché son avancement dans sa vénalité, qui n'ait apostasié aussitôt qu'il a pu se vendre, et qui n'ait grossi sa fortune en trafiquant des droits du peuple et de ses intérêts les plus chers ? C'est donc se reposer sur des chimères que de supposer des vertus dans les fonctionnaires publics et les représentants du peuple ; comme c'est bâtir sur le sable que de supposer dans le peuple un civisme éclairé et soutenu. Au lieu que les moyens que j'ai proposés pour établir et cimenter la liberté étaient aussi simples que pratiques. Je n'attendais de la plèbe que quelques accès de fureur civique, tels que ceux qui l'avaient saisie tant de fois ; mais j'exigeais qu'on la laissât faire. Or, elle connaissait parfaitement ses implacables ennemis, et elle avait toujours sous la main les moyens de s'en débarrasser. C'est donc la garde nationale seule qui a perdu la liberté par son empressement stupide à s'opposer aux exécutions populaires. Pour lui inspirer ce zèle aveugle, un décret captieux lui en fit d'abord un devoir. J'avais réussi à dissiper le prestige, et déjà la partie saine de l'armée parisienne avait senti la nécessité d'abjurer la funeste doctrine de l'obéissance aveugle, et d'opposer elle-même la résistance à l'oppression. La preuve irrésistible que ce moyen était le seul efficace qui nous fût laissé, c'est la terreur qu'il inspira toujours aux ennemis de la patrie, la frayeur où sont encore les traîtres de l'Assemblée nationale qu'il ne soit adopté, et les fureurs où le Corps législatif est entré tant de fois contre le patriote clairvoyant qui osa les proposer. Mais est-il besoin d'autres preuves que l'heureux essai que nous en avons fait dans les premiers temps de la Révolution? C'est aux exécutions populaires des 14 et 19 juillet que nous devons la soumission spontanée des ordres privilégiés, la *Déclaration des Droits;* et c'est aux exécutions populaires des 5 et 6 octobre que nous devons l'acceptation de ce décret fameux.

« Quel moyen nous reste-t-il donc aujourd'hui de mettre un terme aux maux qui nous accablent? Je le répète, il n'en est aucun autre que les exécutions populaires; et il faudra bien y avoir recours après cinquante ans d'anarchie, de dissensions et de désastres, si nous voulons être libres un jour; avec cette différence que quelques gouttes de sang versées à propos eussent, dans le principe, coupé le mal par la racine, au lieu que pour en arrêter à la fin le cours, il faudra faire couler le sang à grands flots.

« Ce n'est pas assez, dit-on, d'envisager cette ressource de son côté favorable, il faut encore en faire voir les inconvénients. Mais on ne lui a jamais opposé que deux objections de peu de poids : l'une qu'il serait impossible de trouver un seul citoyen qui voulût remplir aucun emploi, s'il avait perpétuellement à redouter les exécutions populaires. Je réponds qu'il est un moyen infaillible de les éviter, c'est de se montrer bon patriote; la crainte de la vindicte publique n'écartera donc des emplois que ceux qui veulent tromper impunément le peuple, vendre ses droits et s'enrichir de ses dépouilles. L'autre est qu'il serait dangereux d'abandonner à elle-même une multitude aveugle. Mais qui empêchait de lui donner un chef clairvoyant, ferme, intègre, incorruptible? — Où le trouver? — Faut-il vous le dire, vous connaissez un homme qui n'aspirait qu'à la gloire de s'immoler au salut de la patrie, vous l'avez longtemps vu à l'œuvre, mais je me serais bien donné de garde de laisser soupçonner son désintéressement, s'il pouvait jamais devenir l'objet de votre choix, et s'il n'avait lui-même perdu jusqu'à l'espoir de servir plus longtemps votre cause » (*Ami du peuple*, n° 668).

Après avoir développé toutes les causes qui établissent d'une façon péremptoire que le plan de la Révolution est absolument manqué par le peuple, examiné en philosophe, en moraliste, en politique, les obstacles insurmontables qui s'opposent parmi nous à l'établissement de la liberté, et montré le Français comme le peuple le moins fait pour être libre, sujet qui embrasse à lui seul sept numéros de l'*Ami du peuple*, Marat rompt tout à coup avec les trop pusillanimes Parisiens, et adresse ses conseils aux gardes nationaux fédérés des départements, que la patrie en danger fait affluer vers la capitale.

Les dangers toujours croissants de la patrie, la présence des fédérés à Paris, les manifestations hostiles du pouvoir qui vient de suspendre de leurs fonctions le patriote Pétion et le procureur syndic de la Commune, accusés d'avoir favorisé la levée de boucliers le 20 juin, vont changer la face des événements.

C'est dans ces conjonctures que l'ami du peuple, s'adressant aux fédérés, s'écrie : « Français, vous avez donc ouvert les yeux sur le sieur Mottié (Lafayette); depuis quelques jours vous voilà parvenus à voir ce qu'un citoyen clairvoyant n'a cessé de vous montrer depuis le principe de la Révolution.

« Jetez un regard autour de vous. Rochambeau est un traître fieffé, qui a battu en retraite dès qu'il s'est vu démasqué. Luckner n'est pas moins un traître avéré, assez vil pour couvrir du mensonge ses noires perfidies. Tous nos prétendus ministres patriotes n'ont-ils pas, à l'exemple de leurs prédécesseurs prostitués à la Cour, laissé nos places fortes démantelées, nos camps sans munitions, nos bataillons citoyens sans armes, sans habits, sans pain, et nos armées sous la conduite de chefs anti-révolutionnaires ?

« La campagne s'est ouverte par trois défaites. Conduites à la boucherie par ces chefs perfides, nos légions ont été massacrées, nos défenseurs de la liberté ont fui devant des esclaves soudoyés et nos armées ont été déshonorées.

« Quant à l'Assemblée nationale, qui ignore qu'elle a décrété la guerre offensive, pour décharger la Cour de tout blâme à cet égard; qui ignore que c'est elle qui a encouragé les ministres à ne point armer les citoyens, en renvoyant au pouvoir exécutif toutes les réclamations des bataillons; qui ignore que c'est elle qui a pris soin de fournir les magasins ennemis des munitions de bouche et de guerre qu'elle nous laissait enlever; qui ignore que c'est elle qui a autorisé toutes les prévarications des agents du pouvoir exécutif, en leur assurant l'impunité? Il y a six semaines qu'elle remet à déclarer la patrie en danger, pour donner le temps aux Autrichiens, aux Prussiens et aux Impériaux d'arriver; aujourd'hui qu'ils sont prêts à percer jusqu'à nous pour rétablir le despotisme à main armée, elle vient de se mettre à couvert de l'indignation publique en accordant le fameux décret.

« O Français! si vous aviez le bon sens de nommer un tribun pour vous faire justice des ennemis conjurés à votre perte, et qu'un homme de tête fût l'objet de votre choix, sa première opération serait sans doute d'arrêter le despote, ses ministres et tous vos députés, à quelques-uns près, qui vous sont encore fidèles; puis de les enchaîner par le pied à un boulet et de leur adresser ce peu de mots : — « Perfides mandataires, vous n'échapperez point par la fuite au sort affreux que vous nous avez préparé, le moment est venu où vous allez recevoir le prix de vos lâches forfaits; en attendant, comblez la mesure et soyez assurés que l'ennemi n'aura pas plus tôt franchi nos barrières que je ferai rouler vos têtes à vos pieds. »

« C'est sur vous, fédérés des départements, que repose tout l'espoir des patriotes de la capitale. O nos amis! on vous loge chez les ennemis de la Révolution qui chercheront à vous séduire. On s'empresse d'afficher un faux zèle, en demandant pour vous un décret qui vous assigne trente sols par jour, jusqu'à ce que vous partiez pour les frontières; n'allez point vous laisser prendre à ce piége qui vous oblige à partir. N'allez pas non plus vous prendre à ceux que la Cour vous tendra; peut-être cherchera-t-elle à vous gagner par de fausses caresses et des banquets. Mais c'est surtout contre les perfidies de l'Assemblée nationale que vous devez être en garde. O mes amis! connaissez ses noirs projets et frémissez d'horreur. Jusqu'à ce jour, le fer de l'ennemi n'a moissonné que la fleur des patriotes : les bataillons citoyens du Jura, de la Côte-d'Or, de la Drôme, etc.; le plan des contre-révolutionnaires est de faire égorger tout ce que la France renferme d'amis de la liberté. Vous êtes de ce nombre, et c'est vous qu'ils destinent à périr, vous, citoyens établis, chefs de maison, tous étrangers au métier des armes, vous dont les bras sont l'unique patrimoine de vos enfants, vous dont la perte entraînerait celle d'une infinité de familles; c'est vous qu'ils dévouent à la mort, tandis qu'ils laissent à Paris et dans la plupart des villes du royaume cinquante mille hommes de troupes de ligne pour opprimer le peuple.

« Frères et amis, vous êtes venus parmi nous pour contribuer à sauver la patrie; lorsqu'elle est en danger, *le salut public est la loi suprême,* l'unique loi de tout bon citoyen : réunissez-vous à tous vos compatriotes de Marseille, que vos cœurs brûlent des mêmes feux, concertez-vous ensemble, demandez unanimement la révocation immédiate des décrets les plus funestes, ceux de la *loi martiale, des citoyens inactifs, du veto, de l'indépendance de vos députés au Corps législatif, de l'inviolabilité du prince, des commissaires royaux, de la nomination du pouvoir exécutif aux emplois.* Demandez pareillement la punition immédiate de tous les conspirateurs détenus à Orléans, l'anéantissement du bureau central, la réforme de la police correctionnelle, la destitution du département à Paris, celle des généraux du Rhin, celle de tous les états-majors des trois armées. Si l'Assemblée refuse, écrivez dans vos départements, dévoilez les dangers qui menacent la patrie, sonnez l'alarme, que la nation entière se lève, qu'elle abolisse de sa pleine puissance tous les décrets funestes, qu'elle pourvoie elle-même à sa sûreté, en abattant ses ennemis intérieurs, les seuls qu'elle ait à redouter.

« Quant à vous, nos amis, restez dans nos murs, et prenez avec nos bataillons patriotes la garde du roi, de son fils et de sa femme, que vous tiendrez en ôtages pour répondre à la nation des événements de la guerre désastreuse dans laquelle la cour l'a plongée avec tant d'astuce et de scélératesse » (*Ami du peuple*, n° 674).

Déjà la persistance invincible de l'ami du peuple, rappelant sans cesse aux principes révolutionnaires, commence à percer le roc de l'indifférence.

Le maire de Paris et le procureur-syndic de la Commune, qui avaient été suspendus de leurs fonctions le 11, sont réintégrés le 13 juillet, grâce au peuple. Le 15, nouveau décret, dû à la fermentation populaire, qui oblige les troupes de ligne à évacuer Paris sous trois jours. Le 18 juillet, des fédérés, à la barre de l'Assemblée nationale, demandent la suspension du pouvoir exécutif dans la personne du roi, la mise en accusation du conspirateur Lafayette, la destitution des états-majors de l'armée, la punition des directoires de départements, et le renouvellement des corps judiciaires.

Ces dispositions tiennent assurément par plusieurs points à celles que Marat avait prescrites; mais qu'elles sont loin encore du programme de l'ami du peuple.

Néanmoins, il est facile de constater que l'esprit public se réveille au fur et à mesure que les dangers de la patrie deviennent plus imminents. Cette heureuse transformation n'échappe point à l'ami du peuple. Le 20 juillet 1792, s'adressant encore aux fédérés, il leur dit : « Mes chers compatriotes, nous avons le même amour pour la patrie, le même zèle pour le triomphe de la liberté, la même idée des droits du peuple et des citoyens, le même attachement aux principes d'une bonne Constitution, les mêmes notions sur les devoirs des autorités constituées, les mêmes sentiments sur l'infidélité des représentants de la nation, la même opinion de la perfidie de la Cour, des machinateurs au timon des affaires, des traîtres qui commandent nos armées, des administrateurs de district et de département, des juges et autres fonctionnaires publics, conjurés avec le Cabinet des Tuileries, la même crainte des dangers qui menacent la chose publique, la même persuasion que le salut public doit être, dans les temps de crise, la loi suprême de l'État.

« C'est pour concourir à sauver la patrie que vous vous êtes rendus dans la capitale. Votre présence y fait pâlir les ennemis du bien public, qui ne sont plus occupés qu'à imaginer quelque artifice pour faire échouer vos généreux desseins. Déjà la Cour vous a fait circonvenir par ses émissaires, déjà ses suppôts ont cherché à vous endoctriner, déjà les nombreux essaims des contre-révolutionnaires ont travaillé à vous égarer par mille impostures, comme ils ont fait dans toutes les affaires importantes.

« De la sagesse et de la fermeté du parti que vous allez prendre dépend le salut public.

« Quelques-uns d'entre vous ont demandé, dans leurs pétitions, la suspension du pouvoir exécutif, un décret d'accusation contre le traître Mottié (Lafayette), le licenciement des états-majors de l'armée, la destitution des directoires de districts et de départements, le renouvellement des ordres judiciaires; de plus, que la Constitution ne serve plus à détruire la liberté.

Quelque nécessaires que soient ces mesures, elles doivent céder actuellement à des mesures plus urgentes.

« Je vous le répète, les puissances n'entreprendront rien contre nous, si nous tenons en ôtage le roi, sa femme et son fils; le seul moyen que vous ayez d'assurer le salut public *est donc d'en prendre la garde avec les bataillons patriotes de Paris*. Demandez aussi qu'un décret déclare traîtres à la nation les députés qui viendront à quitter leur poste, et qu'il soit licite de les assommer, s'ils y dérogent, à moins qu'ils ne soient chargés d'une mission publique. En attendant, demandez un renfort de bons patriotes dans vos départements, et faites sentir à vos concitoyens la nécessité de s'emparer de tous les arsenaux pour armer complétement le peuple » (*Ami du peuple*, n° 675).

Les conseils de l'ami du peuple portent enfin leurs fruits : les patriotes et les fédérés se concertent, partout on sent qu'il faut en finir ; ceux-ci, avec toutes les autorités conjurées avec le monarque contre les droits du peuple ; ceux-là, avec les patriotes, dans le sang desquels il faut étouffer l'esprit de liberté qui, chaque jour, pousse des racines plus profondes.

Le besoin de se reconnaître fait lever tous les masques, grand avantage pour le peuple qui peut enfin compter le nombre de ses ennemis. De son côté, la royauté plus compromise se prépare au combat : les Suisses, casernés *extra muros*, sont appelés aux Tuileries ; les partisans dévoués s'y rendent secrètement ; les engins de guerre y sont accumulés ; plusieurs portes sont murées et crénelées ; le château n'est plus le temple du fétiche royal, c'est la forteresse du despotisme qui se dresse menaçante contre le peuple souverain. Le dévouement des satellites restés fidèles, le zèle des royalistes, la puissance des moyens de répression, tout annonce une lutte prochaine et acharnée.

Le 28 juillet, au milieu de cette agitation fébrile, apparaît un manifeste menaçant. Le généralissime des armées austro-prussiennes, au nom de l'empereur et du roi de Prusse, enjoint au peuple français « ... *d'arrêter les attaques portées au trône et à l'autel, de rétablir le pouvoir légal, de rendre au roi la sûreté et la liberté dont il est privé, et de le mettre en état d'exercer l'autorité qui lui est due. — Sinon: — Que les membres des départements, des districts et des municipalités seront responsables sur leur tête. Que les habitants des villes, bourgs et villages qui oseraient se défendre contre les troupes de leurs majestés impériale et royale et tirer sur elles, soit en rase campagne, soit par les fenêtres, portes et ouvertures de leurs maisons, seront punis de mort et leurs maisons démolies ou brûlées.*

« *Tous les habitants de Paris, sans distinction, seront tenus de se soumettre sur-le-champ et sans délai au roi, etc., ou seront responsables de tous les événements et jugés militairement sans espoir de pardon. Si le château est forcé, s'il est fait la moindre violence au roi ou à la famille royale, il sera tiré une vengeance exemplaire et à jamais mémorable, en livrant la ville de Paris à une exécution militaire et à une subversion totale.* »

Ce manifeste atroce et ridicule produisit un effet extraordinaire, mais tout opposé à celui qu'en attendaient leurs auteurs. Aussitôt les hommes timides, mais bien intentionnés, se groupent pour la défense commune autour des braves patriotes et des fédérés; la municipalité parisienne, menacée de la vengeance du

Don-Quichotte austro-prussien, brise les derniers liens qui l'attachent encore au pouvoir royal et se fait populaire; les Sections déclarent que Louis XVI a perdu leur confiance, qu'elles ne le reconnaissent plus pour roi des Français, jurent de vivre libres ou de mourir, et protestent que si l'Assemblée nationale ne prononce pas dans la journée la déchéance du roi, le peuple entier se lèvera.

A l'excès d'impudence des despotes ligués pour rétablir le parjure Louis XVI, vient s'ajouter celle des représentants du peuple français prostitués au monarque. Le 8 août, à la majorité de 480 voix contre 206, le conspirateur Mottier, marquis de Lafayette, est absous par l'Assemblée nationale, contrairement au vœu du peuple. Le 9, l'endormeur Condorcet fait ajourner la question de déchéance.

Plus de doute, les royalistes conjurés comptent sur l'invasion étrangère combinée avec un mouvement dans Paris; leurs actes sont autant de défis jetés au peuple.

Dans ces conjonctures périlleuses, les Sections s'assemblent pour reconstituer la municipalité, et un comité insurrectionnel est formé pour diriger les opérations. Santerre est nommé au commandement général de l'armée parisienne. Partout le travail est suspendu, partout dans les Sections on s'organise militairement. Panis, à la Commune, fait distribuer 5,000 cartouches. Le bataillon marseillais quitte ses quartiers, trop éloignés, et se réunit à la section des Cordeliers. Santerre et Westermann sont au faubourg Antoine; Fournier au faubourg Marceau; Héron et Lajouski rassemblent les fédérés; Danton et Desmoulins sont aux Cordeliers; le tocsin sonne, tout s'ébranle pour la lutte suprême, malheur aux vaincus!...

Le lendemain 10 août 1792, après un combat des plus meurtriers pour les assaillants, la monarchie française cessait d'exister.

A l'occasion de cette levée de boucliers, des irréfléchis ou malveillants reprochèrent à Marat de n'avoir pas pris part à la lutte. A ces scrupules, ou plutôt à cette insinuation perfide, qui tendait à laisser planer sur Marat un soupçon de lâcheté, est-il besoin de répondre par des faits : de rappeler ses actes de la grande semaine, en 1789 ; son courageux civisme vis-à-vis de la municipalité parisienne ; sa persistance patriotique à dénoncer les mandataires infidèles, les ministres prévaricateurs, le despote lui-même, malgré les décrets de prise de corps, les envahissements et le pillage de son domicile ou de son imprimerie. A tant de motifs, dont un seul suffirait à justifier la retraite forcée de l'ami du peuple, ajoutons que la faction royaliste qui avait provoqué contre lui le dernier décret d'accusation, était toute-puissante encore au sein de la Législative quand le peuple se leva ; si puissante que, moins d'un mois après la victoire du 10 août, elle pourra affronter les vainqueurs en faisant renvoyer à sa commission la demande faite par la section de Marseille du rapport du décret arraché par les fayettistes contre Marat. Mais quand tous ces motifs ne seraient pas encore ce qui retenait dans sa retraite l'ami du peuple, n'était-il pas fondé à dire : « Je crois ma plume plus nécessaire au triomphe de la liberté qu'une armée de cent mille hommes. » — Quelque prétentieuse que paraisse cette opinion, l'expérience a prouvé qu'il ne s'abusait pas sur son mérite. Nous reviendrons en temps et lieu sur cette banale accusation de lâcheté.

Par la victoire du peuple, Marat va recouvrer sa

liberté ; on jugera à nouveau si le courage civique de l'ami du peuple le cède en rien à la valeur du soldat citoyen.

Pendant que les derniers nuages de la poudre se dissipent dans les airs, pendant qu'on relève morts et mourants dans les cours du Château, pendant que l'Assemblée nationale transige avec les vainqueurs et place Danton au ministère de la justice, Monge à celui de la marine, Lebrun aux relations extérieures, conservant Roland à l'intérieur, Servan à la guerre et Clavière aux finances, un écrit patriotique circule dans les rangs des vainqueurs.

Voyons de quoi il s'agit.

L'AMI DU PEUPLE

Aux Français patriotes.

(In-8° de 7 pages.)

« Mes chers compatriotes,

« Un homme qui s'est longtemps fait anathème pour vous s'échappe aujourd'hui de sa retraite souterraine pour tâcher de fixer la victoire dans vos mains.

« Jaloux de vous prouver qu'il n'est pas indigne de votre confiance, permettez-lui de vous rappeler qu'il est encore sous le glaive de la tyrannie pour vous avoir dévoilé les affreuses machinations de vos atroces ennemis.

« Il vous a prédit que vos armées seraient conduites à la boucherie par leurs perfides généraux, et trois honteuses défaites ont signalé l'ouverture de la campagne; il vous a prédit que la majorité pourrie de l'Assemblée nationale trahirait éternellement la patrie, et la perfidie de ses deux derniers décrets, en mettant le comble à l'indignation publique, a enfin amené les cruels, mais nécessaires événements de ce jour; il vous a prédit que vous seriez éternellement vendus par vos infidèles agents, les fonctionnaires, jusqu'à ce que vous fissiez couler le sang pour sauver la patrie, et vous venez de mettre le sceau à cette triste vérité.

« Mes chers concitoyens, croyez-en un homme qui connaît toutes les intrigues et complots des complots et qui, depuis trois années, n'a jamais cessé un instant de veiller à votre salut.

« La glorieuse journée du 10 août 1792 peut être décisive pour le triomphe de la liberté, si vous savez profiter de vos avantages. Un grand nombre de satellites du despote a mordu la poussière, vos implacables ennemis paraissent consternés, mais ils ne tarderont pas à revenir de leurs transes et à se relever plus terribles que jamais. Souvenez-vous de la procédure du Châtelet sur les événements des 5 et 6 octobre. Tremblez de vous laisser aller à la voix d'une fausse pitié. Après avoir versé votre sang pour tirer la patrie de l'abîme, tremblez de devenir les victimes de leurs sourdes menées; tremblez de vous voir arracher de vos couches dans les ténèbres de la nuit par une soldatesque féroce, et d'être jetés dans des cachots où vous serez abandonnés à votre désespoir jusqu'à ce qu'ils vous fassent périr sur l'échafaud.

« Redoutez la réaction, je vous le répète, vos ennemis ne vous épargneront pas, si le dé leur revient. Ainsi, point de quartier; vous êtes perdus sans retour si vous ne vous hâtez d'abattre les membres pourris de la municipalité, du département, tous les juges de paix anti-patriotes et les membres les plus gangrenés de l'Assemblée nationale; je dis de l'Assemblée nationale, et par quel funeste préjugé, quel fatal respect seraient-ils épargnés? On ne cesse de vous dire que toute mauvaise qu'elle est, il faut se rallier autour d'elle; c'est prétendre qu'il faut se rassembler sur la mine couverte sous vos pas et remettre le soin de vos destinées à des scélérats déterminés à consommer votre ruine. Considérez que l'Assemblée est votre plus redoutable ennemie; tant qu'elle sera sur pied, elle travaillera à vous perdre, et aussi longtemps que vous aurez les armes à la main, elle cherchera à vous flatter et à vous endormir par de fausses promesses; elle machinera sourdement pour enchaîner vos efforts, et lorsqu'elle en sera venue à bout, elle vous livrera au glaive des satellites soudoyés; souvenez-vous du Champ-de-Mars.

« Personne plus que moi n'abhorre l'effusion du sang; mais pour empêcher qu'on en fasse verser à flots, je vous presse d'en verser quelques gouttes. Pour accorder les devoirs de l'humanité avec le soin de la sûreté publique, je vous propose donc de décimer les membres contre-révolutionnaires de la municipalité, des juges de paix, du département et de l'Assemblée nationale. Si vous reculez, songez que le sang versé dans ce jour le sera en pure perte, et que vous n'aurez rien fait pour la liberté.

« Mais sur toutes choses, tenez le roi, sa femme et son fils en ôtages, et, jusqu'à ce que son jugement définitif soit prononcé, qu'il soit montré chaque jour quatre fois au peuple. Et comme il dépend de lui d'éloigner pour toujours nos ennemis, déclarez-lui que si sous quinze jours les Autrichiens et les Prussiens ne sont pas à vingt lieues des frontières pour n'y plus reparaître, sa tête roulera à ses pieds. Exigez de lui qu'il trace de sa main ce terrible jugement, et qu'il le fasse passer à ses complices couronnés ; c'est à lui à vous en débarrasser.

« Emparez-vous aussi des ex-ministres, et tenez-les aux fers. Que tous les membres contre-révolutionnaires de l'état-major parisien soient suppliciés, tous les officiers anti-patriotes expulsés des bataillons ; désarmez les bataillons pourris de St-Roch, des Filles-St-Thomas, de Notre-Dame, de St-Jean-en-Grève, des Enfants-Rouges. Que tous les citoyens patriotes soient armés et abondamment pourvus de munitions.

« Enfin, faites rapporter le décret qui innocente le perfide Mottier ; exigez la convocation d'une Convention nationale pour juger le roi et réformer la Constitution ; et surtout que ses membres ne soient pas nommés par un Corps électoral, mais par les Assemblées primaires.

« Faites décréter le renvoi immédiat de tous les régiments étrangers et suisses qui se sont montrés ennemis de la Révolution.

« Enfin, faites mettre à prix par l'Assemblée de vos atroces oppresseurs, les Capet fugitifs et rebelles. Tremblez, tremblez de laisser échapper une occasion unique, que le génie tutélaire de la France vous a ménagée pour sortir de l'abîme et assurer votre liberté.

« Paris, ce 10 août 1792.

« MARAT, *l'ami du peuple.* »

Ni revers, ni triomphe, ne peuvent modifier les

principes de cette volonté de bronze : *Salus populi suprema lex,* est la loi invariable de l'ami du peuple ; *surveillance* des fonctionnaires publics, *dénonciation* des agents infidèles, traîtres, lâches ou ineptes, le mobile de sa politique ; *couronnes civiques, triomphes populaires* aux incorruptibles défenseurs des droits du peuple ; *la honte, l'opprobre, l'échafaud* même, aux corrompus, aux machinateurs, à tous les suppôts de tyrannie. Comme digue aux envahissements des pouvoirs constitués, une *Déclaration des Droits imprescriptibles de l'Homme et du Citoyen,* des lois sages et justes ; comme frein à la tyrannie autoritaire, *un tribunal équitable, des juges intègres, la justice sévère et inflexible,* mais impartiale ; sinon *les vengeances populaires.*

Encore quelques jours, et Marat deviendra fonctionnaire public à son tour ; nous verrons s'il remplira le mandat qu'il imposait aux autres ; si, devenu lui-même un des dépositaires de l'autorité, il n'en abusera pas pour se venger de ses ennemis personnels ; s'il ne sera pas entraîné enfin par quelqu'une des passions criminelles dont la calomnie n'a cessé d'outrager sa mémoire.

Avant de donner suite aux événements politiques dont cette époque est fertile, il est bon de rappeler qu'après l'Adresse de *L'Ami du peuple aux Français patriotes,* sur les moyens de fixer la victoire, Marat songea à revenir au plus tôt sur son ancien district du Théâtre-Français, devenu après le 10 août *Section de Marseille,* et le plus près possible du *Club des Cordeliers,* Société des droits de l'Homme et du Citoyen, dont Danton et lui étaient l'âme.

A cet effet, Simonne Evrard quitte le logement qu'elle occupe avec sa famille et Marat, rue St-Honoré, et vient prendre, à son nom, possession d'un appartement au premier étage, rue des Cordeliers, n° 30, dans la maison du citoyen Lafondée, chirurgien-dentiste, y demeurant (1), c'est-à-dire à quelques pas seulement des Cordeliers, où l'ami du peuple, légalement autorisé par la Commune révolutionnaire du 10 août, va faire transporter quatre presses, caractères et ustensiles de l'ex-imprimerie royale, et fonder, cette fois bien réellement, une *imprimerie Marat*, pour remplacer celles que les Necker, Bailly et Lafayette lui ont enlevées ou brisées dans les honteuses expéditions militaires faites contre lui.

Ces renseignements biographiques consignés, reprenons notre sujet.

On se souvient que Marat, le 10 août, signalait au glaive révolutionnaire non-seulement les membres pourris de la municipalité, du département, des justices de paix, de l'état-major parisien, mais aussi et tout particulièrement les membres les plus corrompus de l'Assemblée nationale. Nous n'avons pas besoin de revenir sur les considérants de l'ami du peuple ; mais il est nécessaire de ne point perdre de vue la versatile Assemblée nationale dont les deux tiers, le 9 août, se montraient effrontément contre-révolutionnaires, et le 10, bons patriotes, brûlant de zèle pour l'égalité qui les désespère, dévoués au salut de la patrie dont ils

---

(1) Procès-verbal d'apposition et de levée des scellés chez Marat, 13-25 juillet 1793. Voyez Documents justificatifs, n° 6.

Depuis le percement du boulevard St-Germain, 1877, la maison où Marat a été assassiné n'existe plus. Sur cette maison historique, voyez notre *Index bibliographique*, pages 436-437.

machinaient la ruine. Que dis-je, le 10, à neuf heures du matin, ils se montraient effrontés oppresseurs du peuple, et quelques heures après ils s'en déclaraient les défenseurs imperturbables.

« Vous vous extasiez de ce merveilleux changement, disait l'ami du peuple, vous applaudissez à ce beau zèle, vous bénissez les tendres soins de leur sollicitude paternelle et vous chantez victoire ; ô Français, serez-vous donc toujours de vieux enfants, toujours d'aveugles visionnaires ? Et d'où, je vous prie, serait venue cette étrange métamorphose des pères conscrits ? Du bruit de quelques coups de canon qui ont frappé les oreilles de ces traîtres ; de la vue des têtes de quelques-uns de leurs complices, promenées autour de leur enceinte ? Sans doute, la peur peut bien les forcer à se couvrir du masque de l'hypocrisie ; mais refond-elle le cœur des scélérats, leur donne-t-elle une âme nouvelle ? Quoi, des contre-révolutionnaires qui, la veille, voulaient livrer le peuple au fer de la soldatesque stipendiée et ensevelir Paris sous ses ruines, seraient tout à coup devenus des hommes intègres, des citoyens vertueux, des délégués incorruptibles ? N'en doutez pas, les ennemis de la liberté seront éternellement les suppôts du despotisme, et les traîtres à la patrie machineront éternellement sa perte. Ainsi, tant que le glaive de la justice populaire sera levé sur la tête criminelle de vos infidèles députés, il pourra bien suspendre leurs machinations ; mais le danger ne sera pas plus tôt passé qu'ils en reprendront insolemment le cours. Que dis-je, ils l'ont déjà repris, ou plutôt ils ne l'ont pas quitté un instant. Au moment même où le canon foudroyait le palais du despote, ils machinaient pour le soustraire à la justice du peuple qu'il faisait égorger ; ils travaillaient à dérober aux regards du public les preuves irrécusables de ses noires perfidies, contenues dans des papiers trouvés aux Tuileries; ils savaient, par l'organe du procureur-général syndic, le sieur Rœderer, que le département avait requis les Suisses et les grenadiers contre-révolutionnaires de garde aux Tuileries, de faire feu sur le peuple s'il se présentait au château, et au lieu de mettre ce vil scélérat avec tout le département en arrestation, il leur accorde les honneurs de la séance; enfin il a fallu que la Section de Mauconseil demande que le roi et la famille royale soient gardés en ôtages pour que cette mesure salutaire fût décrétée.

« Mais c'est dans la manière dont l'Assemblée s'y est prise, pour rendre illusoire la Convention nationale, qu'il faut admirer sa profonde scélératesse. Pour séduire le peuple, elle avait débuté par décréter, sauf rédaction, à la demande d'un patriote, « que tout citoyen français, âgé de 25 ans, sera admis sans distinction à voter pour la formation de la Convention nationale, et que tout membre de l'Assemblée constituante et de l'Assemblée actuelle sera déclaré inéligible. » Ce n'était là qu'un leurre, car ces sages dispositions ont disparu à la rédaction, sous prétexte de légalité, et le système des élections à deux degrés, décrété par la Constituante, a prévalu.

« Quel est donc ce prétendu respect pour les lois, qui ne craint pas de violer la Constitution, en admettant les citoyens *inactifs*, et qui tremble de violer la Constitution en abolissant le corps électoral, toujours si fatal à un bon choix de députés; car il est facile de corrompre un corps d'électeurs, mais il est impossible de corrompre les Assemblées primaires. Voyez la composition de l'Assemblée constituante et celle de l'Assemblée actuelle ; tremblez de n'avoir qu'une Convention nationale tout aussi corrompue, si le funeste décret n'est pas révoqué, et s'il n'est pas arrêté que l'élection des députés se fera par le peuple en corps, et s'il n'est pas statué que non-seulement tout membre de l'Assemblée constituante et de l'Assemblée actuelle, mais tout citoyen ayant appartenu à quelque ordre ci-devant privilégié, ou ayant tenu quelque emploi de la cour, sera inadmissible à la Convention, c'en est fait du salut de la patrie.

« O vous, dignes commissaires des Sections de Paris, vrais représentants du peuple, gardez-vous des piéges que vous tendent les infidèles députés, gardez-vous de leurs séductions ; c'est à votre civisme éclairé et courageux que la capitale doit en partie les succès de ses habitants et que la patrie devra son triomphe. Restez en place pour notre repos, pour votre gloire, pour le salut de l'Empire. Ne quittez le timon de l'autorité publique, remis en vos mains, qu'après que la Convention nationale nous aura débarrassés du despote et de sa race indigne ; après qu'elle aura réformé les vices monstrueux de la Constitution, source éternelle d'anarchie et de désastres ; après qu'elle aura assuré la liberté publique sur des bases inébranlables. Mais pour cela, faites révoquer le funeste décret sur l'élection des députés appelés à la composer ; éclairez le peuple, convoquez toutes les Sections à ce sujet, qu'il déploie sa puissance, et qu'il fasse descendre dans la tombe les scélérats qui osent machiner de nouveau et s'opposer à son bonheur » (*Ami du peuple,* n° 678).

Nous verrons bientôt les mandataires de la Commune révolutionnaire mériter les éloges de l'ami du peuple, toujours sur la brèche pour stimuler leur zèle patriotique. Quelle différence à l'Assemblée nationale, dont nous avons constaté les dispositions anti-révolutionnaires, et auxquelles vient de s'ajouter un fait ministériel qui peut compromettre la victoire, si le peuple n'y prend garde. Le 11 août, le lendemain même du triomphe populaire, Danton le patriote, Danton ministre de la justice, paraît à la tribune de l'Assemblée nationale pour y prêter le serment d'usage. Il saisit l'occasion pour rappeler que *l'expérience a prouvé à la nation française qu'il n'est aucun retour à espérer des anciens oppresseurs. La nation va rentrer dans ses droits*, ajoute Danton, *mais là où commence l'action de la justice, là doivent cesser les vengeances populaires. Je prends l'engagement de protéger les hommes qui sont dans cette enceinte; je marcherai à leur tête et je réponds d'eux.*

On ne saurait être plus habile; aussi, royalistes et patriotes, tous applaudissent.

Mais quoi, Danton va couvrir de son égide ces mêmes ennemis du peuple contre lesquels il combattait hier, et dont les menées, les artifices, les conjurations incessantes ont amené la patrie et la liberté jusque sur le bord de l'abîme : O logique inflexible ! il est donc vrai que tu ne résides essentiellement que dans l'ami du peuple. Danton! la puissance en impose déjà à ton cœur; hâte-toi de briser cette nouvelle chaîne, reprends l'esprit révolutionnaire qui t'a fait grand, incline-toi devant la nécessité, respecte la volonté souveraine, ou tremble d'être un jour la victime des traîtres que tu veux protéger.

Nous en avons assez dit pour marquer la ligne de démarcation entre la politique de Danton et celle de Marat. C'est l'histoire en main que la postérité prononcera.

Avant d'aborder l'importante question des élections à la Convention nationale, jetons un dernier regard sur la journée à jamais mémorable du 10 août 1792 ; voyons les causes, apprécions les résultats.

« Grâce soit rendue à l'esprit de délire du Conseil des Tuileries, à la lâcheté des nationaux contre-révolutionnaires et de l'état-major des Suisses, à l'ineptie et à la platitude de Louis Capet, à la conversion des gendarmes, à la témérité du peuple, à la valeur des fédérés et des braves sans-culottes ; la victoire a couronné la cause de la justice, elle a atterré le despote et ses suppôts, consterné la majorité du Sénat, arrêté le cours de ses machinations audacieuses, donné de la consistance aux députés patriotes de la Commune, affermi leur autorité, renversé celle du département, des tribunaux et des juges de paix prostitués à la Cour, anéanti l'état-major contre-révolutionnaire, épouvanté les ennemis de la Révolution, rendu la liberté aux bons citoyens, et donné au peuple les moyens de signaler son pouvoir, en faisant tomber sous le glaive de la justice la tête des machinateurs. Mais les fruits de cette éclatante victoire seraient bientôt perdus, si les députés patriotes de la Commune ne restaient en place, et s'ils ne déployaient pas toute leur énergie jusqu'à ce que la liberté soit cimentée.

« Louis Capet est en ôtage avec sa famillle ; ne permettre à aucune de ses créatures de l'approcher, et le garder à vue, est le vrai moyen de couper les fils de toutes les trames criminelles des contre-révolutionnaires.

« Mettre à prix, par un décret, les têtes des Capet fugitifs, traîtres et rebelles, *six millions sur chacune*, serait le vrai moyen de s'assurer de ces conspirateurs, de faire déserter les régiments ennemis avec armes et bagages, de mettre fin à toute guerre étrangère, de prévenir la dilapidation des biens nationaux, et d'éviter l'effusion du sang des patriotes.

« Une mesure non moins urgente est de décréter l'ouverture des arsenaux, pour armer sans délai tous les citoyens amis de la Révolution. C'est au ministre de la guerre à solliciter un décret à ce sujet. C'est à la Commune à faire armer immédiatement tous les bons citoyens de la capitale, et à les faire exercer au maniement des armes, pour mettre Paris en état de défense contre les coups de désespoir des ennemis, s'ils étaient assez osés pour jouer de leur reste. C'est à la Commune aussi de hâter la formation du camp aux portes de Paris, et de faire occuper au plus tôt toutes les hauteurs adjacentes. C'est à elle encore à presser le jugement des traîtres détenus à l'Abbaye, et à prévenir qu'on arrache au glaive de la justice l'état-major des gardes Suisses. C'est à elle à empêcher que le décret qui ordonne la vente des biens des émigrés ne soit dérisoire, en faisant vendre sans délai ceux qui se trouvent dans la capitale ; en faisant rentrer le Luxembourg dans les mains de la nation ; en demandant la moitié du produit de ces biens, pour être partagée entre les infortunés qui ont concouru à la prise du château des Tuileries et à ramener la victoire à la patrie.

« C'est à tous les bons citoyens à inviter les troupes de ligne de réclamer le droit de nommer leurs officiers.

« C'est à la Commune parisienne à porter le flambeau dans l'administration des subsistances, à pourvoir abondamment à celles de la capitale, et à faire la guerre aux accapareurs.

« C'est au ministre de la justice à poursuivre le prompt châtiment du scélérat colonel qui a violé la fille du fermier de Compiègne ; châtiment cent fois plus nécessaire, pour le maintien de la discipline, que tous les décrets atroces que l'Assemblée a rendus contre les efforts du civisme des soldats.

« La patrie vient d'être retirée de l'abîme par l'effusion du sang des ennemis de la Révolution, moyen que je n'ai cessé d'indiquer comme le seul efficace. *Si le glaive de la justice frappe enfin les machinateurs et les prévaricateurs, on n'entendra plus parler d'exécutions populaires,* cruelle ressource que la loi de la nécessité peut seule commander à un peuple réduit au désespoir et que le sommeil volontaire des lois justifie toujours.

« Les commissaires de la Commune marchent à merveille. S'ils continuent avec la même énergie jusqu'à ce que la Constitution soit réformée par la Convention nationale, si les ministres se montrent bons patriotes, et si le peuple les surveille avec sollicitude, je regarderai le salut public comme assuré, je dormirai sur les deux oreilles, et je ne reprendrai la plume que pour travailler à la refonte de la Constitution. Et de fait, quelle autre tâche me resterait à remplir ? Je faisais la guerre aux mandataires infidèles du peuple, aux traîtres à la patrie, aux fonctionnaires prévaricateurs, aux machinateurs, aux fripons de tous les genres ; mais les scélérats se cachent pour ne plus se montrer ou pour se montrer citoyens paisibles et soumis aux lois. C'est tout ce que je pouvais désirer » (*Ami du peuple,* n° 679).

Où donc est l'homme d'État, si consommé qu'il soit dans l'art de gouverner, qui montre autant de patriotisme avec un cœur aussi pur, aussi désintéressé, une connaissance plus profonde du genre humain et de la science politique? On chercherait en vain dans notre histoire nationale un citoyen plus digne, plus courageux, plus dévoué; un publiciste plus éclairé, plus véhément, plus clair, plus concis; un politique plus clairvoyant, plus incorruptible, plus infatigable, plus sincèrement attaché et dévoué à la cause du peuple; un défenseur plus intrépide dans la lutte, plus modeste dans le triomphe.

Ici, quoique la chronologie commande de faire intervenir l'arrêté de la Section du Théâtre-Français, *dite de Marseille*, en date du 27 août 1792, arrêté qui conclut à ce que des commissaires pris dans son sein se présenteront à Roland, ministre de l'intérieur, à l'effet de lui demander, *à titre d'avance*, sur les 100,000 livres votées par l'Assemblée nationale pour l'impression et la propagation d'ouvrages patriotiques, la somme nécessaire à l'impression de trois nouveaux ouvrages dont Marat se propose de gratifier la patrie; nous réservons ce document inédit jusqu'après les élections, afin de le réunir à d'autres, qui compléteront ce sujet. Alors nous démontrerons jusqu'à quel point les *Mémoires* de Madame Roland sont de peu de valeur historique auprès des documents authentiques, et nous rétablirons la vérité sur des faits odieusement et perfidement travestis par ce bas-bleu politique, dont la fidélité conjugale plus que suspecte (1)

---

(1) « Si on peut soulever le voile du cœur de cette femme *vertueuse* (a dit son admirateur le plus enthousiaste), on reste convaincu que son penchant instinctif avait été un instant pour Barbaroux, mais que sa tendresse réfléchie était pour Buzot » *(Histoire des Girondins*, par A. de Lamartine).

se révèle dans ses sarcasmes érotiques, comme dans sa propre correspondance.

Puisque l'homme se peint par ses œuvres, reprenons notre sujet historique, et occupons-nous enfin des élections à la Convention nationale, sujet nouveau par rapport à Marat, sujet toujours éludé faute de documents, et qui constitue dans toutes ses biographies une lacune regrettable au point de vue historique; parce que, du 21 août 1792 au 13 septembre suivant, les écrits de Marat, au lieu d'être publiés comme précédemment dans le format *in-octavo*, le furent *in-plano*, c'est-à-dire en affiches ou placards, les 28 et 30 août, les 2, 8 et 10 septembre. Deux autres affiches parurent encore les 18 et 20 septembre, mais chacune fut réimprimée le lendemain dans le format ordinaire du journal l'*Ami du peuple,* sous les numéros 683, du mercredi 19, et vendredi 21 septembre 1792.

Voyons enfin la part réelle de l'ami du peuple dans cette nouvelle période si fertile en émotions populaires.

MARAT, *l'ami du peuple,*

A SES CONCITOYENS.

(28 août 1792. In-plano à 3 colonnes.)

« Il est notoire que les juges des tribunaux, les administrateurs de districts et de départements, et les autres fonctionnaires publics, nommés par des corps électoraux, sont presque tous contre-révolutionnaires;

tandis que les municipaux, nommés par les Assemblées primaires, sont généralement bons patriotes.

« L'amour de la patrie aurait dû engager l'Assemblée à conférer aux seules Assemblées primaires le choix des députés à la Convention nationale. Elle l'eût fait, disent ses apologistes, si elle eût trouvé un mode d'exécution convenable. Mais rien n'était plus aisé ; il ne s'agissait que de former, dans chaque département, un tableau des candidats les plus recommandables par leur civisme, après l'avoir épuré par la récusation motivée des bons citoyens ; puis de l'afficher dans chaque municipalité, pour en tirer le nombre de députés que doit fournir le département, en comptant la majorité des suffrages de chaque municipalité pour une voix. Par ce moyen, on aurait simplifié le jeu de la machine politique, et on aurait conservé aux citoyens l'exercice du droit d'élection immédiate, le plus précieux de leurs droits.

« Des vues cachées et perfides ont déterminé les Brissot, les Condorcet, les Guadet, les Lacroix, les Lasource, les Vergniaud, les Ducos et autres meneurs de l'Assemblée, à conserver les corps électoraux, malgré le vœu du peuple, afin de ménager aux ennemis de la patrie les moyens de porter à la Convention nationale des hommes dévoués à leurs principes, et de s'y faire porter eux-mêmes.

« L'eût-on pensé ? Ces infâmes ont porté la scélératesse jusqu'à écrire, dans tous les départements, que l'Assemblée nationale est sous le couteau de la Commune de Paris, dirigée par une trentaine de factieux, afin de faire choix de quelque ville gangrenée d'aristocratie pour siège de la Convention nationale, qu'ils se flattent de mener à leur gré.

« C'est à vous, citoyens, à déjouer les menées des intrigants couverts d'un masque civique, en n'appelant aux fonctions électorales que des hommes éclairés et purs, connus par des actes notoires d'un patriotisme ardent et soutenu. Arrêtez donc préalablement que tout candidat déclinera les noms et qualités qu'il avait avant le 14 juillet 1789, sous peine d'exclusion infamante; puis, repoussez avec inflexibilité tout homme ayant appartenu à quelque ordre privilégié, tout ex-noble, ex-robin, ex-financier, tout homme ayant occupé quelque place dépendante de la Cour, les banquiers, financiers et agioteurs, les procureurs, notaires, grippe-sous du palais, inspecteurs ou exempts de police; tout homme connu par son incivisme depuis la Révolution, et surtout les électeurs de la Sainte-Chapelle, les membres du club feuillantin, les municipaux acolytes de Bailly; les municipaux qui ont voté en 1792 pour la conservation du buste de Lafayette, tous les membres du département, tous les membres de l'état-major, tous les officiers fayétistes de l'armée parisienne, et tous les membres de l'Assemblée constituante qui ont protesté contre le décret sur les procédures des événements du 5 et du 6 octobre, tous ceux de l'Assemblée actuelle qui ont absous Mottier.

« Citoyens, du bon choix de vos électeurs dépend le bon choix de vos députés à la Convention nationale, dont dépendent votre salut, le prompt établissement du règne de la justice et de la liberté, la paix et la félicité publiques, l'anéantissement de l'esclavage chez tous les peuples du monde.

« Tremblons de nous endormir, l'abîme est encore ouvert sous nos pieds. Les aristocrates se remontrent effrontément dans les sections et dans la Commune ; les endormeurs et les intrigants y cabalent ; déjà ils ont commencé à réélire des commissaires et des juges de paix ; déjà les mouchards et coupe-jarrets soudoyés courent les rues pour y exciter des émeutes contre les meilleurs citoyens qu'ils traitent de factieux ; déjà les conjurés tiennent des conciliabules ; déjà ils disent hautement que la journée du 10 n'a été qu'un coup de main qui peut être détruit par un autre coup de main, qu'ils se préparent à exécuter au premier jour.

« Aujourd'hui que la famille Capet est gardée à vue, vous avez cru coupés tous les fils des trames des conspirateurs ; ils sont renoués toutefois avec plus d'art que jamais dans des conciliabules secrets. Leur point de ralliement est l'indigne commission extraordinaire de l'Assemblée nationale ; et c'est dans la majorité pourrie, qui se montrait audacieusement contre-révolutionnaire avant la journée du 10, qu'est le foyer de toutes les nouvelles machinations. Leur projet est d'éloigner de Paris les fédérés et les gardes-françaises, ces braves défenseurs de la liberté, sous prétexte de former un camp à quelques lieues de la capitale, mais à l'effet de laisser le champ libre aux mauvais bataillons et aux brigands cachés dans nos murs. Que dis-je, ils les envoient aux frontières pour les faire égorger par des satellites allemands, et peut-être par les soldats de Luckner et de Biron, qu'ils maintiennent perfidement en place.

« Le sieur Verrières, que la reconnaissance des nouveaux gendarmes a porté au commandement d'une de leurs légions, égaré sans doute par un faux zèle et par une folle ambition, s'agite en ce moment pour presser leur départ. En le voyant de la sorte favoriser aveuglément les vues perfides des contre-révolutionnaires, on le croirait secrètement vendu aux ennemis de la patrie, d'autant plus qu'il cherche à séduire les nouveaux gendarmes, en leur promettant d'avance le paiement de leur premier quartier. Mais j'ose espérer que son cœur est pur, bien qu'agité par de petites passions indignes d'un véritable ami de la liberté. Quoi qu'il en soit, j'augure trop bien du civisme de nos chers frères les fédérés et les gardes-françaises, pour craindre un instant qu'ils se laissent prendre à ce piége; ils doivent sentir que leur poste est à Paris, où leur présence est indispensable. Que l'Assemblée nationale ne se flatte donc pas de nous les enlever par son perfide décret nocturne; si elle croit devoir former un camp loin de Paris, qu'elle y envoie les compagnies de grenadiers et de chasseurs de tous les bataillons suspects, dont nous nous passerons à merveille.

« Citoyens, c'est de vous seuls que dépend votre salut : chassez de la municipalité provisoire les ennemis de l'égalité qui s'y sont produits à découvert dans la séance du 25; n'oubliez jamais que, dans les temps de crise alarmante, le salut public est la loi suprême de l'État, et que votre devoir est de fouler aux pieds les décrets suspects ou funestes de vos représentants, lorsqu'ils se sont montrés si longtemps indignes de votre confiance. »

On imagine facilement l'effet inattendu et l'influence que produisirent sur les électeurs ce premier placard de l'ami du peuple; mais quelques jours nous séparent à peine des élections, les événements politiques affluent et se pressent, hâtons-nous de les faire connaître.

Nous sommes au 30 août 1792, à deux jours seulement de la publication du premier placard, et déjà une nouvelle affiche de Marat tapisse dès l'aurore les murs de la capitale. Les citoyens s'y portent en foule ; les patriotes, les électeurs surtout veulent connaître les nouveaux avis de leur incorruptible ami. Écoutons.

MARAT, *l'ami du peuple*,

AUX AMIS DE LA PATRIE.

(30 août 1792. — In-plano à 3 colonnes.)

« Mes chers amis,

« Vous dire que du choix de vos représentants à la Convention nationale dépendent votre sûreté, votre liberté, votre repos, votre bonheur, la prospérité et le salut de l'empire, c'est vous remettre sous les yeux une grande vérité, que l'exemple de vos indignes députés à l'Assemblée constituante et à la législature actuelle ne vous permet plus de révoquer en doute ; une vérité douloureuse que les malheurs, les dangers, les désastres, qui sont depuis si longtemps les fruits amers de leur corruption, transmettra d'âge en âge aux siècles à venir.

« Il ne s'agit donc plus de vous engager à n'accorder votre confiance qu'à des hommes éclairés et purs ; vous y êtes trop intéressés, mais à vous indiquer parmi les candidats qu'on vous propose les hommes qui sont dignes de vos suffrages, et les hommes qui en sont indignes ; car, songez-y bien, si les travaux de la Convention nationale sont manqués, vous n'avez plus à attendre qu'anarchie, misère et désolation.

« *Liste des sujets déméritants proposés par l'auteur de* LA SENTINELLE, *dans la vue de servir la faction des ennemis de la liberté* (1).

(1) Note du bibliographe. Barbaroux lui-même a dit dans ses Mé-

« *Barrère de Vieuzac*, homme nul, sans vertu et sans caractère.

« *Boutidoux*, sableur de champagne, qui a attendu au 13 juin dernier à jouer le patriote en dénonçant Mottier, et en demandant la place toute chaude de Carle, qu'il est bien digne d'occuper.

« *Garat, le jeune*, intrigant dangereux et royaliste masqué.

« *Durand de Maillane*, patriote sans vues et sans énergie.

« *Kervelegan*, homme sans caractère, vrai opineur de la culotte.

« *Lépaux*, inconnu dans la Révolution.

« *Rabaut de Saint-Étienne*, faux patriote, l'un des coopérateurs des plus funestes décrets des pères conscrits constituants.

« *L'abbé Siéyès*, auteur du projet de décret contre la liberté de la presse, et coopérateur du comité constitutif, anti-révolutionnaire.

« *Sillery*, l'ex-comte de Genlis, plus connu par ses escroqueries au jeu que par son affectation à singer le patriote; en 1784, un édit du conseil annula un billet d'honneur de 800,000 livres que ses co-associés, les brelandiers du Palais-Royal, avaient arraché à un enfant prodigue du Parlement.

« *Vadier*, bien connu par sa honteuse rétractation du discours énergique qu'il prononça après la fuite des Capets à Montmédy.

« *Audouin*, le journaliste, fameux par la lâche protestation qu'il fit de n'appartenir à aucune société

---

moires que Roland payait l'impression de *La Sentinelle*, rédigée par Louvet (voyez *Mémoires* de Pétion, Buzot et Barbaroux, 1 vol. in-8°, publié par Dauban, 1866, page 436).

patriotique, le lendemain du massacre du Champ-de-Mars.

« *L'abbé Audouin*, pendant du journaliste.

« *Boisguyon*, apologiste et souteneur du traître Mottier.

« *Bonneville*, flagorneur soudoyé de Bailly et Mottier.

« *Bourdon*, inconnu.

« *Carra*, fanatique, ou endormeur selon le vent.

« *Champfort*, secrétaire du traître Condé.

« *Chepy*, vil parasite, flagorneur des Lameth, et puis louangeur Brissotin.

« *J.-B. Clootz*, dit l'orateur du genre humain, mouchard Berlinois.

« *Collin* jeune, inconnu.

« *J. Deflers*, vil intrigant.

« *Girey-Dupré*, bas valet de la faction Brissotine.

« *Gorsas*, flagorneur aux gages de Necker, puis de Bailly, puis de Mottier; depuis la journée du 10, il se dit démocrate.

« *Lanthenas*, intrigant inepte, pantin de la femme Roland, ministre de l'Intérieur.

« *Louvet*, auteur de LA SENTINELLE, intrigant aux gages de la faction Brissotine.

« *Milscent*, aveugle journaliste, flagorneur des Brissot, des Lasource, de Lacroix, etc.

« *Réal*, ancien gripe-sol du palais, antagoniste forcené de Robespierre, et Brissotin pour de l'argent.

« Je ne parle ici, ni des *Brissot*, ni des *Guadet*, *Lasource, Condorcet, Lagrevole, Vergniaud, Pastoret*, et autres députés infidèles, que leurs suppôts ci-dessus dénommés veulent porter à la Convention. Pour les en exclure, il suffit de ne pas oublier que ce sont eux qui ont fait déclarer la guerre pour servir Mottier, et que ce sont eux qui ont destitué la Commune pour usurper l'autorité suprême.

« *Liste des hommes qui ont le mieux mérité de la patrie :*

    I. *Robespierre.*
    II. *Danton.*
    III. *Panis.*
    IV. *Billaud-Varennes.*
    V. *Fréron.*
    VI. *Vitet, maire de Lyon.*
    VII. *Merlin.*
    VIII. *Chabot.*
    IX. *Paris, greffier.*

« Il suffit de les nommer, ce sont là de vrais apôtres de la liberté ; malheur à vous, s'ils ne sont pas les premiers objets de vos suffrages.

    X. *Manuel.*
    XI. *Deforgues.*
    XII. *Jourdeuil.*
    XIII. *P.-J. Duplain.*
    XIV. *Raffron du Trouillet.*
    XV. *Fauchet, homme de lettres.*
    XVI. *Guermeur.*

« Vrais défenseurs de la liberté ; non-seulement ils sont dans les grands principes de la Révolution, mais ils l'ont défendue les armes à la main.

    XVII. *Boucher de Saint-Sauveur.*
    XVIII. *Camille Desmoulins.*
    XIX. *Guesdon.*
    XX. *Robert, homme de lettres.*
    XXI. *Tallien.*
    XXII. *Brune.*

« Excellents patriotes, qui marcheront toujours avec les intrépides défenseurs de la patrie.

« Mes amis,

« Je finirai par vous rappeler l'*ami du peuple ;* vous connaissez ce qu'il a fait pour la patrie, peut-être ignorez-vous ce qu'il fera encore pour votre bonheur ; la gloire d'être le premier martyr de la liberté lui suffit, tant pis pour vous si vous l'oubliez. »

On sent que la lutte est acharnée ; c'est que pour chacun il y va de la vie. Si les patriotes triomphent au scrutin, c'en est fait des suppôts de la royauté et du principe monarchique ; si au contraire ce sont les royalistes qui l'emportent, c'en est fait des meilleurs patriotes, c'en est fait de la démocratie et de la liberté.

Les 31 août et 1er septembre 1792 sont employés à la discussion publique des candidats ; la fièvre politique s'accentue chaque jour davantage ; toutes les espérances se tournent vers les électeurs.

Le dimanche 2 septembre, nombre d'électeurs se rendent à l'assemblée électorale ; chacun brûle du désir de justifier la confiance de ses concitoyens, de manifester son droit, de faire triompher les candidats qui représentent le mieux ses idées, ses principes politiques. Chacun a dressé sa liste . . . . Mais, que se passe-t-il ?... Des groupes nombreux et animés encombrent les abords du lieu de réunion ; chacun se presse, et la foule devenue compacte, immobile, semble écouter un orateur... Non, c'est un citoyen qui fait à haute voix la lecture d'un nouveau *Placard* de l'ami du peuple qui se termine par un Avis au corps électoral (1).

MARAT, *l'ami du peuple*,

A LOUIS-PHILIPPE-JOSEPH D'ORLÉANS,

Prince français.

(2 septembre 1792. — In-plano à 3 colonnes.)

« Peu après la prise de la Bastille, ayant à combattre la municipalité parisienne, qui s'élevait contre la hardiesse de ma censure, je lui déclarai que j'étais *l'œil du peuple*, et que je croyais ma plume plus nécessaire à la liberté qu'une armée de cent mille hommes. Les sommes immenses, que les fripons au timon des affaires ont dilapidées pour empêcher la circulation de mes écrits et en détruire l'influence, n'ont que trop justifié cette opinion.

« Trois ouvrages, jugés de la plus grande utilité dans les conjonctures actuelles, tant pour préparer les travaux de la Convention nationale, que pour former l'esprit public et souffler dans tous les cœurs le feu sacré de la liberté, en éclairant la nation sur ses droits, sur les artifices employés par ses infidèles mandataires pour la remettre sous le joug, sur les moyens de faire cesser les désordres de l'anarchie, d'arrêter le cours des machinations et d'établir enfin le règne de la justice, n'attendent pour paraître que les fonds nécessaires à leur impression ; car j'ai déjà obtenu ou plutôt conquis

(1) Bien que la question électorale prime celle du prince français, nous n'avons pas voulu, dans l'intérêt même du document qui va suivre, mutiler cette nouvelle affiche de Marat, une des plus rares et des plus curieuses relativement aux absurdes accusations de la femme Roland.

une imprimerie nationale. Ils auraient dû m'être accordés sur les 100,000 livres mises à la disposition du ministre de l'Intérieur pour les écrivains qui travaillent à l'instruction publique.

« Je m'étais flatté que le sieur Roland, si empressé de favoriser les illuminés et les endormeurs (1), barbouilleurs de papier dévoués à ses ordres, saisirait avec empressement l'occasion que je lui fournissais de s'honorer aux yeux de la nation, par un emploi judicieux et vraiment civique d'une partie de cette somme, surtout après s'être compromis en montant une imprimerie aristocratique, car il passe pour certain qu'il a fourni sept presses aux frères Reigner, imprimeurs du Cercle social.

« Qu'à fait le bonhomme ? Il n'a pas repoussé directement ma demande, mais il a mis en avant mille prétextes ministériels. Pressé par Fréron de concourir à la publication de mes écrits patriotiques, il parut céder un moment, et la femme Roland, qui mène les affaires, sous son directeur Lanthenas, convint avec Fréron de couper court à toute difficulté, en faisant appuyer ma demande par ma Section pour l'absolution de son mari auprès de ses confrères Brissotins. Le 28 du mois dernier, l'assemblée générale de la Section de Marseille prit à cet égard l'arrêté de nommer six commissaires pour porter son vœu au ministre de l'Intérieur, arrêté aussi honorable pour l'ami du peuple que pressant pour l'automate ministériel. Fréron étant absent, Danton le remit à Roland, en renouvelant ses instances. Roland le porta au conseil exécutif, qui

---

(1) Les Lanthenas, les Girey-Dupré, les Louvet et autres écrivailleurs Brissotins (note de Marat).

décida, pour couvrir sa malveillance, de renvoyer à l'examen de la Section mes manuscrits, qui étaient entre les mains du ministre de l'Intérieur; c'était me renvoyer aux calendes de mars, ou plutôt au jugement dernier, vu la grandeur de ces ouvrages et la multiplicité des affaires dont ma Section est accablée.

« Comme je n'aime point perdre le temps à valeter, je romps ici avec Roland, pour m'adresser à vous, Louis-Philippe d'Orléans, vous que le ciel a comblé des dons de la fortune, vous à qui la nature donna en partage l'âme d'un simple citoyen, vous à qui la sagesse doit donner le cœur d'un franc patriote; car, comment se le dissimuler, dans l'état actuel des choses, vous ne pouvez plus faire votre salut qu'avec les sans-culottes?

« Vous en êtes l'émule, soyez-en le bienfaiteur; au nom de la patrie, concourez aujourd'hui à la propagation des lumières nécessaires au salut public, en fournissant à l'ami du peuple les moyens de mettre ses ouvrages au jour sans délai. La modique somme de 15,000 livres suffira pour l'achat du papier et à la paie de la main-d'œuvre; qu'elle soit confiée au Comité de surveillance de la section de Marseille, qui la délivrera à mesure, en justifiant de l'emploi. Si vous le trouvez bon, un nombre d'exemplaires équivalent à cette somme, et portés au prix coûtant, sera distribué gratis, et en votre nom, aux citoyens de tous les départements hors d'état d'en faire l'acquisition, ou bien la somme vous sera remboursée sur le produit de la vente; l'ami du peuple ne demande ces secours qu'à titre d'avances, et il se flatte de les obtenir de votre civisme. Dénués d'argent pour le service de leurs maîtres, les généraux espagnols trouvaient des sommes considérables sur leurs moustaches; pour toute sûreté, l'ami du peuple vous engage sa réputation civique. Sera-t-il refusé de vous?

« *AVIS AU CORPS ÉLECTORAL*.

« En faisant la liste des candidats que j'ai proposés, j'ai éprouvé non l'embarras des richesses, mais la détresse de la misère. Après avoir désigné treize patriotes bien prononcés, qui ne s'étaient jamais démentis, j'ai été aux informations et j'ai indiqué, sur la garantie de plusieurs citoyens sûrs, quelques candidats que j'ai vus dès lors à l'œuvre, et quelques autres auxquels doivent être préférés des hommes plus instruits et plus énergiques, dont les noms me sont revenus.

« Je viens d'apprendre que le sieur *Tallien* a toujours été l'âme damnée de Rœderer, qu'il s'est opposé, dans le temps, avec fureur à la fête de Château-Vieux; qu'il a combattu avec opiniâtreté la proposition, faite au corps électoral, de manifester son vœu pour la proscription des trophées élevés à la mémoire de l'indigne maire d'Étampes et déposés au Panthéon. Si mon jugement est de quelque poids auprès des amis de la liberté, je dirai que depuis quatre jours que j'examine sa conduite dans les assemblées du corps électoral, je n'en ai été guères moins scandalisé que de celle de *Dugazon;* leur manière de se produire, quelques motifs qu'ils lui donnent, ne passera jamais que pour le manége d'intrigants cupides qui cherchent des places et qui sont au désespoir de les voir échapper.

« Je rétracte pareillement mon suffrage à *Vitet*, à *Coffinhal* et à *Margueré*.

« Je recommande donc à mes frères les électeurs :

« *Panis,* l'un des sauveurs de la patrie la nuit du 9, lequel a rallié les fédérés aux patriotes des faubourgs, fait distribuer 5,000 cartouches aux Marseillais, contre les réclamations de son collègue *Sergent*, qui s'est montré ensuite assez chaud patriote depuis le 10.

« *L'abbé Verteuil,* qui a servi la patrie de sa plume et de son bras, qui n'a jamais dévié un moment, et qui ne marche pas moins le premier à la tête d'un canon, qu'il ne démasque les traîtres dans ses écrits.

« *Fréron,* l'orateur du peuple, digne collègue de l'ami du peuple, ayant partagé partie de ses dangers, et, comme lui, frappé plusieurs fois d'anathème.

« Le père *Raffron du Trouillet*, qui conserve, en dépit des ans, la ferveur du civisme et la vigueur de la raison.

« *Laignelot ; J. Pierre Duplain ; Paris, le greffier ; Lhuillier, de la section de Mauconseil ; Fauchet, homme de lettres ; Boucher de Saint-Sauveur ; Fourcroy, médecin ; Vachard, électeur ; Deforgues ; Guermeur ; David, peintre.*

« Citoyens, Pétion va donner sa démission ; l'homme le plus digne de le remplacer dans un emploi aussi important à la sûreté publique, et dont les fonctions épineuses n'exigent pas moins d'énergie que de talents, est *Panis*, l'administrateur. Son civisme s'est conservé pur à travers tous les orages de la Révolution. Citoyens, votre triomphe dépend du choix que vous ferez, car vous êtes encore environnés d'ennemis redoutables, qui n'attendent que l'élection de quelque patriote faible et suspect, pour se relever et vous écraser. »

— En attendant que le dépouillement du scrutin fasse connaître les nouveaux députés de Paris à la Convention nationale, portons nos regards sur un grand événement qui s'accomplit en ce moment même dans les prisons de la capitale, où les satellites du despote et les conspirateurs sont massacrés par le peuple, las de n'être pas vengé par la justice régulière.

Il n'est aucun événement de la Révolution qui soit plus controversé, sous le rapport des motifs qui l'ont amené; aucun dont la cause retombe plus directement sur Marat que celui-ci. Aussi, laisserons-nous reposer dans l'oubli les appréciations partiales des contemporains, et celles plus partiales encore de leurs commentateurs.

Ouvrons les annales de l'histoire, citons les faits; que le grand jury national se forme, son verdict sera celui de la postérité.

L'Assemblée nationale, battue par la tempête révolutionnaire du 10 août 1792, décréta le 11 qu'une cour martiale serait instituée pour juger les satellites du despote pris les armes à la main, contre le peuple, dans la journée du 10. Mais, revenue peu à peu des transes que lui avait causées la victoire du peuple, elle ne chercha plus qu'à gagner du temps, et traîna si bien les choses en longueur, que le 14 elle n'avait rien organisé encore relativement au tribunal suprême.

Exaspéré de ce sommeil volontaire du Législateur, quatre députations de la Commune et des fédérés se présentent successivement à l'Assemblée nationale dans la séance du 14, au soir, pour presser l'Assemblée de faire connaître le mode définitif d'après lequel on doit enfin juger les conspirateurs et les traîtres de la journée du 10; mesure d'autant plus urgente, que

540 passe-ports délivrés dans la matinée même, démontrent que les coupables cherchent à se soustraire, par la fuite, au châtiment qui les attend.

Le lendemain matin, 15 août, le décret est enfin rendu. Décret contre lequel la Commune vient réclamer le soir même, attendu qu'il ne frappe que les seuls coupables de la journée du 10, mettant ainsi les principaux et les plus redoutables conspirateurs à l'abri du glaive de la justice populaire.

La mesure dilatoire prise par l'Assemblée, et contre laquelle les commissaires de la Commune viennent de réclamer, favorisait au mieux la fuite des conspirateurs, et montre clairement l'intention du Législateur d'éluder la Cour martiale, qu'il a d'abord décrété; ses actes subséquents vont lever le voile qui cache encore cette triste vérité. Dans la même séance, l'Assemblée adopte à l'unanimité la proclamation d'une *Adresse aux citoyens de Paris;* laquelle expose les inconvénients qui résulteraient d'un tribunal suprême, et conclut à renvoyer les prévenus devant le tribunal criminel ordinaire, assisté d'un nouveau jury, nommé par les sections, sans recours en cassation.

Glissons sur les plates flagorneries adressées au peuple dans cette Adresse; elles décèlent la bassesse de Brissot, son rédacteur, et celle aussi de ceux qui l'ont votée. Par contre, elles font sentir plus que jamais aux amis de la patrie la nécessité de contraindre les mandataires du peuple à rentrer dans le devoir.

Le 17, à dix heures du matin, un représentant de la Commune se présente à la barre de l'Assemblée nationale : « — Comme citoyen, dit-il, comme magistrat du peuple, je viens vous annoncer que ce soir, à minuit, le tocsin sonnera, la générale battra. Le peuple est las de n'être pas vengé. Craignez qu'il ne fasse justice à lui-même. Je demande que sans désemparer vous décrétiez qu'il sera nommé un citoyen par chaque Section pour former le Tribunal criminel. Je demande qu'au château des Tuileries soit établi ce tribunal. »

Vers la fin de cette même séance, une députation des citoyens nommés pour former le nouveau jury d'accusation et de jugement paraît à la barre : « — Je suis député par le jury d'accusation, dont je suis membre, pour venir éclairer votre religion, car, dit l'orateur, vous paraissez être dans les ténèbres sur ce qui se passe dans Paris. Un très-petit nombre de juges du Tribunal criminel jouit de la confiance du peuple. Si avant deux ou trois heures le directeur du jury n'est pas nommé, si les jurés ne sont pas en état d'agir, de grands malheurs se promèneront dans Paris. Nous vous invitons à ne pas vous traîner sur les traces de l'ancienne jurisprudence. C'est à force de ménagements que vous avez mis le peuple dans la nécessité de se lever. »

Pour ceux que les faits de la journée du 17 août ne convaincraient pas du mauvais vouloir de l'Assemblée nationale et de l'extrême mécontentement du peuple, nous n'avons rien de plus à dire.

Affronter l'opinion qu'on a soulevée contre soi ou demander de nouveaux délais, c'était se perdre, l'Assemblée ne s'y méprit pas; aussi le décret demandé avec instance, par les mandataires de la Commune, fut-il aussitôt adopté.

Nous avons suivi, jour par jour, le Législateur dans ses actes; voyons maintenant comment fonctionne son Tribunal criminel, qu'une Cour martiale devait remplacer et qu'un Tribun populaire eût remplacé mieux encore.

A la date du 30 août 1792, on lit au *Moniteur* : « Depuis que le jury spécial pour juger les conspirateurs du 10 août est en activité, quatre jugements seulement ont été rendus à ce Tribunal. D'Anglemont, convaincu d'embauchage; Laporte, intendant de la liste civile, convaincu de conjuration; Durosoy, auteur d'une feuille royaliste intitulée : *La Gazette de Paris,* ont été exécutés; d'Ossonville, agent de l'ancienne police, prévenu de complicité avec d'Anglemont, a été acquitté.

Le *Moniteur* publie aussi, d'après tous les journaux, que d'Affry, colonel des Suisses, a été également acquitté.

Enfin, le *Moniteur* du 1er septembre annonce officiellement que Montmorin, gouverneur du château royal de Fontainebleau, inculpé d'après une lettre trouvée aux Tuileries, est déchargé d'accusation par le jury spécial. Ajoutons immédiatement que cet acquittement souleva si fort l'indignation du peuple contre les juges, que ceux-ci durent faire reconduire Montmorin dans sa prison et le ministre de la Justice ordonner la révision du procès.

Aux motifs de mécontentement que donne un Tribunal qui ne fonctionne pas selon les terribles nécessités du moment; à l'inquiétude que cause un Législateur secrètement dévoué à la monarchie, et au despote qu'il a soustrait à la vengeance du peuple, se joint une anxiété générale, causée par la crainte de l'invasion étrangère.

Au milieu d'une agitation toujours croissante, on apprend à Paris, le 25 août, au soir, la capitulation honteuse de Longwy. Aussitôt un cri de douleur et d'indignation s'élève de toutes parts. Comment se fait-il

8

que l'ennemi se soit si promptement emparé d'une place qui devait être pour lui un obstacle redoutable ? Il est aisé de percer ce mystère...

A la nouvelle de cette lâche trahison, Marat, Deforgues, Leclerc, Duffort et Cally sont adjoints au Comité de salut public de la Commune révolutionnaire, qui ordonne la fermeture des barrières, le désarmement et l'incarcération des suspects. L'Assemblée nationale prononce peine de mort contre quiconque parlera de se rendre à l'ennemi; décrète, en outre, une levée immédiate de 30,000 hommes dans Paris et les environs. Le pouvoir exécutif ordonne que les 3,600 grenadiers et chasseurs de la garde nationale parisienne se tiennent prêts à partir; que les fédérés marseillais, bretons et autres, ainsi que les 2,000 hommes de gendarmerie nationale, qui tous ont si puissamment concouru à la victoire du 10 août, se joindront au premier corps. — « Il faut, dit Danton, que ceux qui sont armés volent aux frontières. Comment les peuples qui ont conquis la liberté l'ont-ils conservée ? Ils ont volé à l'ennemi et ne l'ont point attendu. Que dirait la France si Paris, dans la stupeur, attendait l'arrivée des ennemis ? »

Le 1er septembre, l'ennemi qui a franchi nos frontières s'avance sur Verdun. Encore quelques étapes, et ils sont au cœur de la France, dans le sein même de Paris, qu'ils ont menacé d'une subversion totale.

Le 2 septembre au matin, Danton, à l'Assemblée nationale, occupe la tribune : — « Il est bien satisfaisant, Messieurs, pour les ministres du peuple libre, d'avoir à lui annoncer que la patrie va être sauvée. Tout s'émeut, tout s'ébranle, tout brûle de combattre. Vous savez que Verdun n'est point encore au pouvoir de nos ennemis. Vous savez que la garnison a juré d'immoler le premier qui proposerait de se rendre.

« Une partie du peuple va se porter aux frontières, une autre va creuser des retranchements, et la troisième, avec des piques, défendra l'intérieur de nos villes. Paris va seconder ces grands efforts. Les commissaires de la Commune vont proclamer, d'une manière solennelle, l'invitation aux citoyens de s'armer et de marcher pour la défense de la patrie. C'est en ce moment, Messieurs, que vous pouvez déclarer que la capitale a bien mérité de la France entière.... Le tocsin qu'on va sonner n'est point un signal d'alarme, c'est le pas de charge sur les ennemis de la patrie. Pour les vaincre, Messieurs, il nous faut de l'audace, encore de l'audace, toujours de l'audace, et la France est sauvée. »

— Au même moment est affichée sur les murs de Paris la proclamation de la Commune :

« Aux armes !.. citoyens... Aux armes ! l'ennemi est à nos portes.

« Le Conseil général arrête :

« 1° Les barrières seront à l'instant fermées ;

« 2° Tous les chevaux en état de servir à ceux qui se rendent aux frontières seront sur-le-champ requis ;

« 3° Tous les citoyens se tiendront prêts à marcher au premier signal ;

« 4° Tous les citoyens qui, par leur âge ou leurs infirmités, ne peuvent marcher en ce moment, déposeront leurs armes à leur Section, et on armera ceux qui se destinent à marcher aux frontières ;

« 5° Tous les hommes suspects ou qui, par lâcheté, refuseraient de marcher, seront à l'instant désarmés ;

« 6° Vingt-quatre commissaires se rendront sur-le-champ aux armées pour leur annoncer cette résolution, et dans les départements voisins pour inviter les citoyens à se réunir à leurs frères de Paris et marcher ensemble à l'ennemi ;

« 7° Le comité militaire sera permanent... ;

« 8° Le canon d'alarme sera tiré à l'instant, la générale sera battue dans toutes les Sections pour annoncer aux citoyens les dangers de la patrie. »

A deux heures précises la générale bat, le tocsin sonne, le canon d'alarme se fait entendre. De tous côtés on s'agite, on s'empresse, on s'arme ; de tous côtés rayonnent sur le visage des défenseurs de la patrie l'enthousiasme de la liberté et le désir de la vengeance ; dans quelques groupes, on commente avec inquiétude la nouvelle de la veille, on calcule avec effroi le peu de distance qui sépare encore de la capitale les ennemis qui s'avancent triomphants. Dans les prisons, les conspirateurs, à la nouvelle de nos désastres, font éclater une joie féroce et des menaces qui révèlent aux amis de la patrie de terribles représailles. Alors, les défenseurs de la patrie, que des périls imminents pressent de toutes parts, exaspérés contre les suppôts de la tyrannie qui les menacent audacieusement, s'écrient : *Marchons à l'ennemi, mais ne laissons pas derrière nous ces brigands pour égorger nos femmes et nos enfants.* Et, n'écoutant que la voix impérieuse de la nécessité et du salut public, se précipitent furieux dans les prisons et font eux-mêmes justice des nombreux traîtres qu'elles renferment.

Telles sont, au vrai, les causes qui successivement ont provoqué et amené les massacres de septembre. Où donc, jusqu'à présent, est la part si directe que l'on a faite à Marat dans ces vengeances populaires ?

Résulte-t-elle de ses écrits comme publiciste politique ? Non, car Marat n'a cessé, depuis la Révolution, de réclamer un tribunal d'État pour faire justice des ennemis du peuple, et de guerre lasse, un tribun populaire pour marquer les seuls traîtres à immoler au salut public, afin d'éviter les malheurs qu'entraîne avec soi le désespoir et l'aveugle vengeance d'un peuple réduit à la cruelle nécessité de se faire justice à lui-même. « Si le glaive de la justice frappe enfin les machinateurs et les prévaricateurs, on n'entendra plus parler d'exécutions populaires », disait encore Marat, le 16 août, lorsqu'il espérait de l'Assemblée nationale un tribunal équitable et inflexible. Mais les juges se sont montrés faibles, lâches ou corrompus; le peuple leur a arraché le glaive et a fait justice lui-même, « cruelle ressource que la loi de la nécessité peut seule commander à un peuple réduit au désespoir et que le sommeil volontaire des lois justifie toujours. »

Qui de Marat ou de l'Assemblée nationale avait jugé logiquement ? Il ne tenait qu'à celle-ci que prompte justice soit rendue au peuple; mais, craignant pour elle-même, elle a fait violence au vœu et au droit du vainqueur; cette félonie a préparé l'hécatombe qui a englouti ses complices, elle la couvrira d'un opprobre éternel aux yeux de l'impartiale postérité.

Tour à tour nous avons examiné les actes de la Commune, de l'Assemblée et du Tribunal; pour compléter cet ensemble de documents historiques et pour corroborer les faits, il nous reste à produire la pièce officielle qui les résume sous leur vrai jour.

Le document qui va suivre est une lettre circulaire du Comité de salut public, séant à la Mairie de Paris, adressée au peuple français le 3 septembre 1792 :

« FRÈRES ET AMIS,

« Un affreux complot tramé par la Cour pour égorger tous les patriotes de l'empire français, complot dans lequel un grand nombre de membres de l'Assemblée nationale se trouvent compromis, ayant réduit, le 9 du mois dernier, la Commune de Paris à la cruelle nécessité de se ressaisir de la puissance du peuple pour sauver la nation, elle n'a rien négligé pour bien mériter de la patrie, témoignage honorable que vient de lui donner l'Assemblée elle-même. L'eût-on pensé ! Dès lors, de nouveaux complots non moins atroces se sont tramés dans le silence ; ils éclataient au moment même où l'Assemblée nationale, oubliant qu'elle venait de déclarer que la Commune de Paris avait sauvé la patrie, s'empressait de la destituer pour prix de son brûlant civisme. A cette nouvelle, les clameurs publiques élevées de toutes parts ont fait sentir à l'Assemblée nationale la nécessité urgente de s'unir au peuple, et de rendre à la Commune, par le rapport du décret de destitution, les pouvoirs dont il l'avait investie.

« Fière de jouir de toute la plénitude de la confiance nationale qu'elle s'efforcera toujours de mériter de plus en plus, placée au foyer de toutes les conspirations, et déterminée à s'immoler pour le salut public, elle ne se glorifiera d'avoir pleinement rempli ses devoirs que lorsqu'elle aura obtenu votre approbation, objet de tous ses vœux, et dont elle ne sera certaine qu'après que tous les départements auront sanctionné ses mesures, pour sauver la chose publique.

« Professant les principes de la plus parfaite égalité,

n'ambitionnant d'autres priviléges que celui de se présenter la première à la brêche, elle s'empressera de se remettre au niveau de la Commune la moins nombreuse de l'État, dès l'instant que la patrie n'aura plus rien à redouter des nues de satellites féroces, qui s'avancent contre la capitale.

« La Commune de Paris se hâte d'informer ses frères de tous les départements, qu'une partie des conspirateurs féroces détenus dans ses prisons a été mise à mort par le peuple : actes de justice qui lui ont paru indispensables pour retenir par la terreur les légions de traîtres cachés dans ses murs, au moment où il allait marcher à l'ennemi; et sans doute la nation entière, après la longue suite de trahisons qui l'ont conduite sur les bords de l'abîme, s'empressera d'adopter ce moyen si nécessaire de salut public, et tous les français s'écrieront comme les parisiens : nous marchons à l'ennemi; mais nous ne laisserons pas derrière nous ces brigands, pour égorger nos enfants et nos femmes.

« Frères et amis, nous nous attendons qu'une partie d'entre vous va voler à notre secours, et nous aider à repousser les légions innombrables de satellites des despotes conjurés à la perte des Français. Nous allons ensemble sauver la patrie, et nous vous devrons la gloire de l'avoir retirée de l'abîme.

« Les administrateurs du Comité de salut public, et les administrateurs adjoints réunis :

Pierre J. DUPLAIN; PANIS; SERGENT; LENFANT; JOURDEUIL; MARAT, *l'ami du peuple ;* DEFORGUES; LECLERC; DUFFORT; CALLY; *constitué par la Commune, et séant à la mairie.*

« A Paris, ce 3 septembre 1792. »

— En l'état de choses, il n'y avait que deux situations possibles : accepter franchement le fait accompli, comme fit la Commune de Paris ; ou caviller indignement comme fit l'Assemblée nationale, qui d'abord garda prudemment le silence, et ensuite se déchaîna contre la Commune et tous les patriotes qui avaient justifié en fait et cause les massacres de septembre.

Voici enfin sur ce sujet, et l'opinion et les actes de Marat.

« L'événement désastreux des 2 et 3 septembre, que des perfides stipendiés attribuent à la municipalité, ont été uniquement provoqués par le déni de justice du Tribunal criminel qui a blanchi le conspirateur Montmorin ; par la protection qu'il annonçait ainsi à tous les autres conspirateurs ; par l'indignation du peuple qui a craint de se voir esclave de tous les traîtres qui ont si longtemps causé ses désastres et ses malheurs.

« On prétend que ce sont des brigands qui ont massacré les traîtres et les scélérats détenus dans les prisons. Si cela était, Pétion serait criminel d'avoir laissé paisiblement des brigands consommer leurs forfaits pendant deux jours consécutifs dans toutes les prisons de Paris ; sa coupable inaction serait le plus affreux des crimes, et il mériterait de perdre la tête pour n'avoir pas mis sur pied toute la force armée pour s'y opposer. Il vous dira, sans doute pour se disculper, que la force armée n'a pas voulu obéir, et que tout Paris était à l'expédition, et c'est un fait. Convenez donc que c'est une imposture, que d'avoir rejeté sur des brigands cette opération malheureusement trop nécessaire. C'est donc parce que les conspirateurs étaient soustraits au glaive de la justice, qu'ils sont tombés sous la hache du peuple. En faut-il davantage pour repousser l'insinuation perfide de rejeter ces exécutions populaires sur le Comité de surveillance de la mairie. Mais sa justification ne finit pas là ; on va voir ce que les principaux membres de ce Comité ont fait pour empêcher qu'aucun innocent, aucun débiteur, aucun coupable de petits délits ne fût enveloppé dans les dangers dont étaient menacés les grands scélérats.

« Je me trouvai au Comité de surveillance, lorsqu'on y annonça que le peuple venait d'arracher des mains de la garde, et de mettre à mort plusieurs prêtres réfractaires, prévenus de machinations, envoyés à la Force par le Comité, et que le peuple menaçait de se porter aux prisons. A cette nouvelle Panis et moi nous nous écriâmes, comme par inspiration : Sauvons les pauvres débiteurs, les prisonniers pour rixe, et les petits délinquants.

« Le Comité donna l'ordre sur-le-champ à différents geôliers de les séparer des grands malfaiteurs et des traîtres contre-révolutionnaires, afin que le peuple ne fût pas exposé à immoler quelque innocent. La séparation était faite, lorsque les prisons furent forcées ; mais la précaution se trouva inutile, par l'attention qu'eut le juge du peuple qui faisait les fonctions de tribun dans cette expédition, de vérifier les écrous, et de relâcher tous ceux qu'avait fait séparer le Comité de surveillance. Attention que n'aurait pas eue le despote s'il eût triomphé le 10 août. Voilà des faits à opposer à la calomnie qui a dénaturé le récit des événements des 2 et 3 septembre » (*Journal de la République*, n° 12).

Nous en avons assez dit sur cet événement pour le faire connaître sous son vrai jour ; jetons un voile funèbre sur les nombreuses victimes de ces cruelles nécessités politiques, mais réservons notre pitié pour ces milliers d'obscurs amis de la patrie tombés sous le fer des oppresseurs du peuple, pour le triomphe de la liberté.

Après la sanglante hécatombe causée par l'incurie des mandataires du peuple ; par les propres fautes des contre-révolutionnaires ; par les démonstrations atroces des suppôts de la monarchie, appelant de tous leurs vœux les bayonnettes étrangères pour réduire la nation, et se réjouissant publiquement de nos défaites ; on éprouve le besoin de se rasséréner un moment par quelque sujet moins pénible, pour reprendre avec plus de calme la suite des événements.

Les faits historiques que nous allons examiner intéresseront par la variété, l'étrangeté et la nouveauté ; ils sont appelés aussi à rétorquer des insinuations perfides, dont les historiens peu scrupuleux se sont faits les échos.

Au préalable, rappelons pour mémoire des faits déjà cités, ou seulement signalés.

On se souvient, par le prospectus de *L'École du Citoyen*, que les Cordeliers et Marat, le 18 mars 1792, proposèrent cet ouvrage par souscription, l'auteur ne pouvant en réaliser les fonds nécessaires à sa publication. Sans nous arrêter aux causes déjà expliquées, disons tout de suite que l'ouvrage ne parut point.

On se souvient encore, qu'après la victoire des patriotes et le renversement du trône, au 10 août 1792, l'Assemblée nationale législative vota *cent mille livres*, destinées à l'impression et à la propagation d'ouvrages patriotiques ; et que, sous la date du 27 août, même année, la section du Théâtre-Français, *dite de Marseille*, prit un arrêté par lequel des commissaires pris dans son sein devaient se rendre auprès de Roland, ministre de l'Intérieur, à l'effet de lui demander, au nom de la section, et à titre d'avance, la somme nécessaire à la publication de trois nouveaux ouvrages politiques dont Marat, privé de ressources, se proposait de gratifier la patrie.

Enfin, par l'affiche de *Marat à Louis-Philippe-Joseph d'Orléans,* en date du 2 septembre 1792, on sait comment Roland éluda la demande, et dans quels termes et à quelles conditions l'Ami du peuple fit publiquement à d'Orléans une demande de 15,000 livres, pour la publication des trois ouvrages précités.

Comme la femme Roland a qualifié les écrits de Marat de *fatras,* sa demande à d'Orléans *d'impudence,* et l'obtention légale de quatre presses de l'ex-imprimerie royale, *d'usurpation individuelle de la propriété publique,* nous allons rétorquer cette calomnie d'autant plus indigne, que la Roland n'en pouvait douter, puisque le girondin Guadet va figurer comme signataire du dépôt légal. Cette déloyauté flagrante nous fournit l'occasion de faire connaître un nouveau document inédit dans la publication de l'arrêté honorable pour l'Ami du peuple, de la *Section de Marseille;* et de plus, les titres certains des trois ouvrages signalés, mais non dénommés; enfin, des renseignements intéressants relativement aux quatre presses confiées à Marat peu après le 10 août 1792.

EXTRAIT *du registre des délibérations de la section du* THÉATRE-FRANÇAIS, *dite de* MARSEILLE.

« Ce jourd'hui, vingt-sept août mil sept cent quatre-vingt-douze; l'an IVe de la Liberté, le 1er de l'Égalité.

« La Section du Théâtre-Français, dite de Marseille, a pris l'arrêté suivant, qui a été adopté à l'unanimité.

« La Section du Théâtre-Français, dite de Marseille :

« Considérant que de la Convention nationale dépend la liberté inexpugnable, ou l'esclavage éternel de la France.

« Qu'on ne saurait réunir trop de faisceaux de lumière pour éclairer les travaux des nouveaux plénipotentiaires de la Nation, afin que le nombre infini de décrets qui dans l'acte Constitutionnel ne dérive point immédiatement de la Déclaration des Droits en soit retranché sans pitié.

« Qu'il faut asseoir sur cette base sacrée un Gouvernement qui assure notre félicité au dedans, et imprime l'inviolabilité du respect à toutes les puissances de l'univers.

« Considérant que pour découvrir et faire disparaître les taches innombrables qui souillent l'ouvrage de l'Assemblée constituante, et les remplacer par des lois sages et fondées sur la justice éternelle, le patriotisme tout seul ne suffit point, mais qu'il faut y joindre encore des méditations profondes sur la législation.

« Que Marat, l'ami du peuple, non content d'avoir, du fond des souterrains où les poignards de Lafayette le retenaient enseveli, fait toujours entendre dans son journal patriotique une voix fière et indépendante, et proclamé les grandes vérités politiques dont l'éclat frappe aujourd'hui tous les yeux, si longtemps couverts d'épaisses ténèbres; non content d'avoir, presque seul, démasqué sans relâche le traître Lafayette, quand Paris et la France entière étaient prosternés aux pieds de l'idole, et a encore trouvé le temps de produire des ouvrages qui ont surtout pour objet le but que doit se proposer une Convention nationale.

« Considérant que Marat, l'ami du peuple, riche de vertus civiques, mais pauvre comme l'était Rousseau, s'est vu enlever plusieurs fois par les satellites du despotisme les fruits de ses veilles, et ravir sa fortune dont il ne lui est resté que des dettes honorables.

« Considérant enfin qu'il est digne d'une nation de faire les frais d'ouvrages uniquement entrepris pour le triomphe de la grande cause de la Liberté et de l'Égalité.

« ARRÊTE : Que quatre commissaires pris dans son sein se retireront dès demain par devant le pouvoir exécutif, et notamment auprès de M. Roland, ministre de l'Intérieur, auquel l'Assemblée nationale a remis, par décret, un fond de *cent mille livres* destiné à l'impression et à la propagation d'ouvrages patriotiques, à l'effet de lui demander, à titre d'avance, la somme nécessaire pour les frais de papier, d'impression, etc., de trois nouveaux écrits dont Marat, l'ami du peuple veut gratifier la patrie.

« La Section de Marseille a nommé pour commissaires les citoyens Buisson, Fréron, Dufour, Peyre, pour porter à M. Roland, ministre de l'Intérieur, l'expression de son vœu contenu dans le présent arrêté.

Signé : « DANTON, président.
« MOMORO, vice-président.
« BRUNE, vice-président.
« FABRE D'ÉGLENTINE, secrétaire. »

— Comme on a pu le remarquer, l'arrêté de la Section de Marseille ne mentionne aucunement le titre des ouvrages en question, mais la femme Roland qui a vu, qui a fureté les documents déposés au ministère de l'Intérieur, fait connaître par ses Mémoires, qu'il y avait un traité des *Chaînes de l'esclavage*. D'autre part, nous savons par le prospectus, que *l'École du Citoyen*, proposée par souscriptions, en mars 1792, n'attendait que les fonds nécessaires pour paraître. Enfin, le troisième et dernier des ouvrages mentionnés, c'est le *Développement de tous les vices de la Constitution, dite de* 1791 ; *suivi du tableau de tous les décrets à réformer pour assurer la liberté* (Voyez l'*Ami du peuple*, n° 676, du 22 juillet 1792).

Toujours dans ses Mémoires, la femme Roland prétend encore que Marat, le lendemain du 10 août, a fait enlever par *son* peuple quatre presses à l'Imprimerie royale. Et l'historien Michelet, se faisant le commentateur du bas-bleu politique, affirme à son tour que Marat avait, par droit de conquête, pris telles presses, tels caractères, et emporté le tout chez lui (1). Grâce aux documents, l'historien vraiment digne de ce nom ne marchera désormais que le flambeau à la main. On voit par ces tristes écarts, dont aucun n'est exempt, que nous n'avons pas encore trouvé le Tacite de la Révolution française.

C'est à l'aide d'un dossier de pièces officielles, que nous allons éclairer cette nouvelle calomnie Roland-Michelet ; dossier qui a fait autrefois partie de la riche collection Laroche-Lacarelle, et dont M. Gabriel Charavay a possédé une copie conforme.

---

(1) Voyez son *Histoire de la Révolution française*, tome IV, page 69.

Voici ce curieux document publié pour la première fois par M. Louis Combes (1).

« Convention nationale, séance du 4 ventôse an III (22 février 1795).

« Un des secrétaires donne lecture d'une lettre de l'agence des lois. Elle instruit la Convention qu'au mois d'août 1792, quatre superbes presses de l'Imprimerie nationale exécutive furent enlevées par Marat, muni d'un ordre de la municipalité. Une de ces presses a coûté plus de 6,000 livres. Les ustensiles et caractères à l'usage de ces presses furent également enlevés. Le tout fut transféré aux Cordeliers, et est resté entre les mains de la veuve Marat, qui, dans ce moment, les fait rouler dans son domicile. L'agence demande à être autorisée à reprendre ces presses.

« La Convention nationale, après avoir entendu la lecture d'une lettre de l'agence de l'envoi des lois à son Comité des décrets et archives, du 2 de ce mois, décrète :

« I. Que l'agence de l'envoi des lois fera transporter de suite, dans ses ateliers, les quatre presses, ustensiles et caractères de l'Imprimerie nationale du Louvre, enlevés par Marat, d'après un arrêté du Comité de surveillance de la Commune de Paris, emplacés dans la maison nationale des ci-devant Cordeliers, et restés, depuis sa mort, à la disposition de sa veuve.

« II. L'agence des lois, sur sa responsabilité, prendra toutes les mesures nécessaires pour faire restituer ceux des ustensiles et caractères d'imprimerie, appropriés aux dites presses, qui auraient pu être divertis.

(1) Dans les *Éphémérides de l'Imprimerie*; réimprimé dans l'*Ami du peuple* du 24 septembre 1868, et dans le journal *Le Réveil* du 18 juillet 1869

« III. L'agence de l'envoi des lois déposera sur-le-champ au Comité des décrets et des archives les pièces probantes de l'enlèvement dont il s'agit. »

« — L'an III⁰ de la République française une et indivisible, le 4ᵉ jour de ventôse, heure de midi, nous Joseph La Croix-Chaube, membre de l'agence de l'envoi des lois, et Philippe-Daniel Duboy-Laverne, inspecteur général de l'Imprimerie nationale des lois, nous sommes transportés au Comité civil de la Section du Théâtre-Français, nous y avons requis l'assistance de deux membres dudit Comité pour l'exécution du décret ci-dessus. Et de suite nous sommes rendus avec les citoyens Charles Tuillier et Nicolas-Jean-Baptiste Delaunay, membre dudit Comité, chez la citoyenne veuve Marat, demeurant rue de l'École-de-Santé; nous lui avons donné lecture du décret ci-dessus, auquel elle a obtempéré, et nous conduisant dans la maison des ci-devant Cordeliers, où étaient lesdites quatre presses nationales à platines de cuivre désignées dans ledit décret, dont elle nous a fait la délivrance et que nous avons fait enlever au même instant, après avoir constaté l'identité, ainsi que les ustensiles en dépendant. Quant aux caractères, châssis et autres ustensiles de composition dont la réintégration est également ordonnée, la citoyenne veuve Marat nous ayant observé et nous étant nous-même assuré par la vérification que nous avons faite, qu'ils se trouvent en ce moment mêlés avec les caractères qui lui appartiennent, ou formant des pages en composition d'un ouvrage (1) dont elle désirait pouvoir achever le tirage, nous avons sursis à l'enlèvement jusqu'au

---

(1) *Plan de législation criminelle,* par Marat (note du bibliographe).

départ desdits caractères et au tirage des formes qu'elle s'est engagée à faire dans un bref délai. Et de tout ce que dessus avons dressé le présent procès-verbal que nous avons signé et dont nous avons délivré expédition à ladite citoyenne veuve Marat pour sa décharge. Signé : Tuillier, Delaunay, commissaires, Chaube, Duboy-Lavergne. Et le 16 ventôse, nous soussignés, ci-dessus qualifiés, nous sommes transportés de nouveau au domicile de la citoyenne veuve Marat, laquelle nous a fait la remise et délivrance de treize cent soixante-dix livres de caractères, tant cicéro que petit-romain, saint-augustin et petit-canon, de deux alphabets en grosses lettres de fonte, de huit paires de casses, de quatre paires de châssis, treize galées, un marbre, une forme et autres ustensiles qui avaient été délivrés au citoyen Marat par le directeur de l'Imprimerie nationale du Louvre, ainsi qu'il est énoncé aux divers reçus du citoyen Marat, dont nous devons faire le dépôt au Comité des décrets, suivant l'article 3 du décret ci-dessus. A Paris, les jours et an que dessus. Signé : Chaube, Duboy-Lavergne.

« — Inventaire des pièces qui ont été déposées par l'agence des lois au Comité des décrets, procès-verbaux et archives de la Convention nationale, conformément à l'article 3 du décret du 4 ventôse de l'an III de la République française une et indivisible.

« 1° Lettre du Président de la Commission extraordinaire de l'Assemblée nationale à Anisson-Duperron, directeur de l'Imprimerie nationale du Louvre, du 23 août 1792, demandant à connaître l'ordre des commissaires du Comité de surveillance de la municipalité de Paris, et la décharge donnée par Marat des presses et caractères par lui enlevés au Louvre.

« 2° Certificat en date du 23 août 1792, signé Guadet, du dépôt fait ledit jour par Anisson-Duperron à la Commission extraordinaire de l'ordre du Comité de surveillance de la municipalité, pour l'enlèvement de quatre presses et du reçu de Marat.

« 3° Note relative au poids et à la nature des caractères qui ont été délivrés à Marat le même jour 23 août, en vertu de l'ordre de la municipalité.

« 4° Reçu donné par Marat, le 5 septembre 1792, de divers ustensiles d'imprimerie provenant du Louvre.

« 5° Autre reçu donné par Marat le 18 septembre 1792, de caractères saint-augustin et petit-canon.

« 6° Autre reçu donné par Marat, le 3 octobre 1792, de divers assortiments de caractères.

« 7° Autre reçu de Marat, du 6 octobre 1792, d'assortiments de caractères à lui précédemment remis par l'Imprimerie du Louvre.

« 8° Trois lettres de Marat à Anisson-Duperron, contenant des demandes de diverses sortes de caractères, espaces, interlignes, en date des 9 et 25 avril 1793.

« Note indicative des caractères qui ont été livrés à Marat, en conséquence des demandes ci-dessus.

« 10° Copie de la décharge donnée par l'agence de l'envoi des lois à la veuve Marat, les 4 et 16 ventôse, en retirant de ses mains les presses et caractères ci-dessus énoncés, conformément au décret du même mois. — Reçu pour le Comité des décrets les pièces désignées ci-dessus et de l'autre part. Paris, le 24 ventôse an III de la République française une et indivisible. Signé Giraud, chef des bureaux. »

Toutes ces pièces sont authentiques, originales, émanant des pouvoirs publics, dit M. Louis Combes; on ne pourrait désirer un ensemble de preuves plus concluantes. Il est donc incontestable que Marat n'a ni volé, ni fait enlever triomphalement par *son* peuple, ni même acquis par droit de conquête ou à titre de restitution, les quatre presses dont il se servit après le 10 août 1792, pour imprimer son journal.

En résumé, l'imputation de la femme Roland se réduit à une calomnie qui ne pouvait séduire que des esprits politiques de sa trempe.

Si l'on envisage les conséquences de ce décret du 4 ventôse, elles apparaissent comme une félonie du Législateur à l'égard de Marat, dont la veuve préparait la réimpression complète des œuvres politiques de l'ami du peuple (1).

Déjà cette nouvelle édition, annotée par les soins de Simonne, corrigée, expurgée des faux écrits publiés sous le nom de Marat, allait bientôt paraître, selon le

(1) Cette édition aura donc, outre l'avantage de ne contenir que ce qui est vraiment sorti de la plume de Marat et de n'être plus confondue avec les fausses productions, celui d'être augmentée d'un grand nombre de notes et de remarques et celui d'être rétablie dans sa première intégrité. Cette édition, à laquelle on donnera les soins les plus scrupuleux, contiendra tous les ouvrages politiques sortis de la plume de l'ami du peuple avant et durant la Révolution, savoir :

1° *Plan de législation criminelle ;*
2° *Les chaînes de l'esclavage ;*
3° *Offrande à la patrie*, avec son supplément ;
4° Deux dénonciations contre Necker ;
5° *Appel à la nation ;*
6° Les 685 numéros, outre leurs suppléments, de l'*Ami du peuple* ou le *Publiciste parisien*. Plusieurs numéros qui n'ont point paru par les motifs qui seront expliqués ;
7° Les 242 numéros du *Journal de la République française*, ainsi que plusieurs feuilles détachées qui seront insérées dans les volumes, suivant l'ordre du temps où elles ont paru. Une table des matières sera placée à la fin de chaque volume ;
8° L'*École du citoyen*, ouvrage posthume.

Éditrice de cette impression, jalouse de remplir sa tâche envers la

vœu exprimé par les Cordeliers et celui du Législateur de 1794 ; déjà le *Plan de législation criminelle* allait sortir de dessous la presse, quand le honteux décret du 4 ventôse de l'an III vint y poser le *veto* absolu des représentants contre-révolutionnaires de 1795. Sans doute il est permis de croire que ces hommes, contre lesquels Marat avait lutté sans relâche, pour le salut public, redoutaient assez ses principes pour s'opposer à leur réimpression ; mais n'étaient-ils pas surtout intéressés à laisser subsister, parmi les œuvres de Marat, cette multitude de *faux Amis du peuple*, de faux écrits, de libelles impudents pleins de théories absurdes, de principes dangereux qu'ils y avaient eux-mêmes glissés sous son nom pour le compromettre ? Ils étaient donc essentiellement intéressés à faire disparaître les témoignages publics de l'opprobre dont ils s'étaient couverts, et dont l'Ami du peuple plus d'une fois leur avait imprimé le cachet. A cette lie en décomposition politique vint s'ajouter les patriotes timorés, les lâches, les apostats ; groupe autrefois fanfaron, et depuis si indigne, si affamé de repos, de richesse, de jouissances : tels on a vu un Legendre ; un Alexandre Rousselin, devenu comte de St-Albin ; un Brune, devenu maréchal de l'Empire ; un Fréron, qui s'enorgueillait d'être le disciple de Marat, devenir l'argousin de la jeunesse dorée qu'il conduira contre le peuple ; un M.-J. Chénier, qui le 25 novembre 1793 demande pour Marat les

---

mémoire de l'ami du peuple, la veuve Marat n'a point voulu confier à d'autres qu'à elle-même un devoir si sacré.....

Le prix de chaque volume broché, de 480 pages, sera de 5 livres pour Paris, même prix pour les départements, sauf le port... On s'abonne chez la citoyenne veuve Marat, rue Marat, n° 30, à Paris, ainsi que chez tous les libraires (extrait du Prospectus, pages 6 à 8).

honneurs du Panthéon, et le 8 mars 1794 propose le rappel de la faction des *hommes d'État* que Marat avait terrassés au 31 mai.

Quoi qu'il en soit des motifs qui ont dicté le décret, la conséquence pour Simonne, qui avait consacré sa fortune à Marat pour la revendication des Droits du peuple, fut la misère durant de longues années, quelques tracasseries sous tous les règnes, la fosse commune, l'ingratitude et l'oubli.

Ces différents sujets, éclairés aujourd'hui par la publication de documents peu ou point connus, reprenons notre marche à travers les événements.

Le lundi soir, 3 septembre 1792, une députation de la Section de Marseille demande à l'Assemblée nationale le rapport du décret arraché par les fayettistes contre Marat. Leur pétition est renvoyée à la commission, c'est-à-dire ajournée indéfiniment, car l'Assemblée n'a point oublié que Marat en a voué la majorité corrompue à la justice révolutionnaire.

A cette même séance, on lit une lettre du ministre de l'Intérieur, lettre astucieuse où Roland ne semble justifier les massacres qui viennent de s'accomplir, que pour se ménager les moyens de reprendre à la Commune révolutionnaire du 10 août la puissance souveraine dont le peuple l'avait investie, pour mettre un terme aux machinations contre-révolutionnaires de l'Assemblée nationale et sauver la patrie de l'invasion étrangère.

« Hier, dit Roland, fut un jour sur les événements duquel il faut peut-être laisser un voile ; je sais que le peuple, terrible dans sa vengeance, y porte une sorte de justice : il ne prend pas pour victimes tout ce qui se présente à sa fureur, il la dirige sur ceux qu'il croit avoir été trop longtemps épargnés par le glaive de la loi, et que le péril des circonstances lui persuade devoir être immolés sans délai... Mais le peuple, docile à la voix de ses législateurs, dès qu'ils sont au niveau des circonstances, éclairé par eux sur ses intérêts, rappelé par eux à la marche régulière qu'il doit tenir, sentira bientôt qu'il doit honorer son propre ouvrage, et obéir à ses représentants jusqu'à l'époque qui va les renouveler avec de plus grands pouvoirs ; ..... »

— C'est à cette voix pateline et traîtresse que va répondre l'Ami du peuple.

MARAT, *l'ami du peuple*,

AUX BONS FRANÇAIS.

(8 septembre 1792. — In-plano à 3 colonnes.)

« Il n'est que trop vrai, mes chers compatriotes, que vos malheurs n'auront aucun terme, tant que le peuple n'aura pas exterminé jusqu'au dernier des suppôts du despotisme, jusqu'au dernier des Ordres naguères privilégiés. Lisez et frémissez :

Copie d'une lettre datée de Luxembourg le 20 août 1792, et trouvée dans la poche d'Antoinette.

J'ai reçu votre lettre, datée du 15 ; bien sensible d'apprendre que nous avons le dessous. C'est une chose incompréhensible ; d'après la lettre que M. Lafayette nous a fait passer, la chose était immanquable. Mandez-moi de quelle manière on traite la famille

Royale, et rendez-moi réponse le plus tôt possible, car nous allons partir pour Louv... Le traité que l'Empereur a fait avec le Roi de Prusse est achevé, et nous espérons être dans deux ou trois mois à Paris.

« Les commandants de la place de cette ville nous assurent le passage; et nous attendons M. Lafayette, ainsi que M. L. R. R. : nous espérons bientôt délivrer la famille Royale de l'esclavage. Je vous fais part d'un mot du traité entre le Roi de Prusse et l'Empereur. Ce traité consiste en ce que le Roi de Prusse marchera avec toutes ses forces; l'Empereur lui laisse les Pays-Bas, et le pillage est promis à ses troupes, dans les endroits révoltés, surtout à Paris. Ce n'est que dans ce dessein qu'il marche avec nous; selon le projet qu'il nous présente, nous ne pouvons que réussir, si nous ne sommes pas trahis. J'ai reçu la lettre en question des Messieurs de l'Assemblée, qui nous marquent de prendre un peu de patience, jusqu'à ce que les factieux ayent passé leur fureur; que les choses vont bien pour nous, car ils n'ont point d'armes et de munitions; qu'aussitôt que leur fureur sera passée, ils nous feront dire ce qu'il convient. Le décret est passé pour les ornements d'églises, et les cloches sont à bas. Monsieur F. 82. R. nous a promis qu'il s'arrangerait. Je vous prie d'y passer vous-même pour lui remettre la lettre que vous trouverez ci-incluse. Mandez-moi si madame R. 10. C. peut voir la Reine, vous lui ferez passer cette petite lettre de la part de M. C. D.; c'est la seule chose que je vous demande; tenez un profond secret et ne gardez aucune de mes lettres. Vous donnerez de mes nouvelles à M. Lahr. M. Mas.

« *Signé:* A. R. R.

« Trahis par les suppôts de la Cour, nous le sommes encore par la majorité gangrenée de l'Assemblée nationale elle-même. Si elle n'était pas d'intelligence avec nos ennemis, serait-elle si tranquille à leur approche? A la vue du sang des traîtres que fait couler la justice du peuple, chercherait-elle encore à le leurrer? Si elle n'avait pas le dessein de gagner du temps, jusqu'à ce que le fatal moment soit arrivé, enverrait-elle des commissaires à toutes les Sections pour les séduire? Chercherait-elle à élever une barrière entre les Sections et le peuple, et à les soulever contre lui, ou plutôt contre elles-mêmes, pour allumer la guerre civile, sous prétexte d'arrêter le cours des vengeances populaires? Si elle n'avait le projet de prolonger sa défaillante existence, aurait-elle arrêté d'envoyer dans les départements un décret portant invitation à tous les citoyens de se rallier plus que jamais autour d'elle? Aurait-elle mandé à sa barre les municipaux parisiens pour jurer le maintien de l'égalité et de la liberté, dont elle feint d'être jalouse? Aurait-elle imposé le même serment aux présidents de Sections, aux autorités constituées, à tous les citoyens du royaume, elle qui n'a plus que quelques jours à exister? Si elle n'avait l'espoir de triompher en captant les esprits, aurait-elle eu la bassesse de colporter ce décret dans les Sections?

« Aurait-elle joint à ce décret une adresse fondue par le compère Guadet, dans laquelle chacun de ses membres jure, non comme représentant, mais comme citoyen, de combattre de tout son pouvoir les rois et la royauté; décret qui atteste ses lâches parjures, en faisant de chaque député un double sosie, dont le *moi député* jure fidélité au roi, et dont le *moi citoyen* jure d'anéantir le roi.

« Passerait-elle de la sorte tout son temps à faire des décrets prêts à être proscrits, si elle ne comptait sur l'arrivée des ennemis dans nos murs ; car on ne peut croire qu'elle ait à cœur de vérifier le présage de l'Ami du peuple, qui ne s'est jamais lassé de dire que ses décrets n'étaient que des chiffons.

« Tous les décrets du corps législatif, depuis le 10, viennent donc à l'appui de la lettre trouvée dans la poche d'Antoinette.

« On doit en dire autant de la conduite du Conseil exécutif provisoire, dont les différents membres, *excepté le patriote Danton*, paraissent tous des malveillants, pour ne pas dire des machinateurs uniquement occupés à paralyser les mesures prises pour sauver la chose publique. Dans la vue de les faire charrier droit, il n'y a pas de jour que Danton ne rompe quelque lance avec eux. Encore n'en peut-il venir à bout. Ils s'étaient engagés à remplacer les courtisans par des patriotes dans les principaux emplois militaires, de ne confier le commandement des places et des armées qu'à des hommes d'un civisme éprouvé ; cependant les traîtres restent en pleine activité, et ce sont eux qui livrent l'une après l'autre nos villes à l'ennemi. Demandez-leur par quels exploits se sont signalés Luckner, Kellermann et Dumouriez, si ce n'est par la perfidie avec laquelle ils ont livré nos frontières et nos forteresses. Attendent-ils à repousser l'ennemi, qu'il soit prêt à entrer dans nos murs ?

« Si vous prenez les ministres individuellement, quelle confiance peut mériter un Clavière, vil agioteur, enrichi par de honteuses spéculations, et dévoué à la faction Brissot, qui l'a remis en place.

« Monge n'est connu que par sa coalition avec Clavière, qui l'a poussé au ministère de la marine.

« Lebrun est accusé de favoriser les traîtres ; on assure qu'il existe dans le Comité de surveillance de la Mairie un ordre exprès donné par ce ministre de relâcher un prévenu de machinations dont il a épousé la cause envers et contre tous.

« Qu'a fait Servan pour notre défense ? Fait-il travailler à fortifier les hauteurs qui dominent Paris ? Il n'y songe pas. Fait-il armer les volontaires qui brûlent de combattre ? Il n'y songe pas. Fait-il forger des piques et des poignards ? Il n'y songe pas. Incapable de remplir les devoirs de sa place, il se met à pleurer comme un enfant à la vue des dangers, et il ne prend aucune mesure pour les conjurer. S'il était vraiment patriote, sentant son incapacité, il aurait remis son portefeuille, le premier jour de son avénement au ministère ; ou plutôt, il ne l'eût point accepté ; mais il restera en place, jusqu'à ce que nous soyons perdus sans ressources.

« Enfin, Roland de La Plâtrière n'est occupé qu'à machiner avec la faction Brissot. Voyez sa *Lettre à l'Assemblée nationale*, qui s'est empressée de décréter l'envoi aux 83 départements ; qu'est-elle, qu'un chef-d'œuvre d'astuce et de perfidie, pour égarer la nation sur le compte de la Commune de Paris, qui a sauvé la France ?

« Que faire ? Forcer ces ineptes à la retraite, et remettre à des hommes purs, éclairés, courageux, le timon des affaires. Le département de l'Intérieur, si important au salut public, convient mieux à Danton, que celui de la Justice ; donner celui de la Guerre à quelque militaire, homme de génie et franc patriote ; celui de la Justice, à quelque homme de loi intègre ; constituer Danton président du Conseil exécutif, avec

voix délibérative, et voix prépondérante dans les cas
d'équilibre, serait à mes yeux le moyen le plus prompt
et le plus efficace de faire marcher la machine, dont
toutes les roues sont enrayées. »

— Le 9 septembre, jour qui suivit la publication de
l'affiche ci-dessus, le procès-verbal de l'assemblée des
électeurs de Paris constatait que 420 suffrages, c'est-à-
dire 40 voix au-delà de la majorité, constituait Jean-
Paul Marat député à la Convention nationale. Mais
l'ami du peuple, en récusant les candidats suspects
présentés aux suffrages par Louvet, rédacteur du
journal intitulé *La Sentinelle,* avait une fois encore
soulevé contre lui les basses vengeances de ses ennemis.

C'est ici que nous devons rappeler au lecteur les
calomnies dirigées contre Marat, à l'instigation du persécuteur de Mlle F..., dont il a été parlé le 20
septembre 1791, au moment même où l'ami du peuple
était obligé, par les circonstances politiques, et des
chagrins domestiques de toute espèce, de quitter la
France.

Ce rarissime document va faire connaître les noms
des principaux personnages qui ont figuré dans cette
affaire, dont le scandale vibre encore sous la plume
des modernes détracteurs de l'ami du peuple.

MARAT, *l'ami du peuple,*

A SES CONCITOYENS LES ÉLECTEURS.

(10 septembre 1792. — In-plano à 4 colonnes.)

« Depuis quatre années que j'exerce les fonctions
de censeur public pour le salut de la patrie, j'ai démasqué une foule de traîtres et de conspirateurs.
Dans le nombre des ennemis de la liberté couverts

d'un masque civique, qui m'étaient dénoncés, il est possible que quelques hommes équivoques, quelques innocents même dont le civisme était mal prononcé ayent été confondus dans la foule. Quel que soit mon respect pour l'innocence et mon amour pour la vérité; quelque soin que j'aie pris de prévenir mes correspondants de signer duement leurs dénonciations; quelque attention que j'aie eue de rejeter celles qui étaient anonymes; comment du fond des souterrains, où j'ai été si longtemps condamné à vivre, aurais-je pu me procurer tous les renseignements convenables pour n'être jamais induit en erreur? Que me reste-t-il donc à faire, que de me rétracter aussitôt que l'équité m'en faisait un devoir? Ce devoir sacré je l'ai rempli constamment, même à l'égard des citoyens les moins dignes : les feuilles de l'*Ami du peuple* en font foi; car il est dans mes principes de rendre justice même au diable. D'après les motifs qui ont dirigé mes dénonciations, et les mesures que j'ai prises pour arriver au vrai, il me semble que les sujets inculpés, quel que soit leur ressentiment, ne sauraient, sans renoncer à toute raison, me considérer comme calomniateur; car la malveillance seule est le cachet de la calomnie. Lors donc qu'ils se trouvent inculpés sans fondement, tout au plus peuvent-ils m'accuser d'être mal informé, chercher à se laver de l'inculpation, et me plaindre de m'être trouvé dans la triste situation de ne pouvoir m'assurer de leur innocence.

« Instruit que quelques citoyens inculpés dans mon placard sur les élections se récriaient hautement, je me suis présenté à la tribune du corps électoral pour demander qu'ils fussent entendus contre moi; une voix réclame l'ordre du jour, à l'instant les applaudissements du corps entier me ferment la bouche et me rappellent à ma place. Quelque flatteur qu'ait été ce témoignage honorable rendu à la droiture de mes intentions, il a tourné contre moi : le sieur Deflers en a profité pour répandre furtivement un écrit scandaleux, dans lequel, sans songer à se laver de l'inculpation que je lui ai faite, il s'étend avec complaisance sur la gloire qu'il a acquise à servir les grands seigneurs, et il finit par faire pleuvoir sur ma tête les imputations les plus fausses et les plus absurdes; il m'accuse d'avoir voulu frustrer mes créanciers, d'avoir enlevé la femme et les meubles d'un bienfaiteur.....

« Plus juste que le sieur Deflers, je ne le traiterai pas de calomniateur; je l'accuserai seulement d'avoir ramassé quelques mensonges publiés par des malveillants et embellis par mes nombreux ennemis.

« Pour détruire ces imputations odieuses, je ne lui opposerai pas le cours entier de ma vie depuis la Révolution. Mais a qui fera-t-il croire qu'un homme que n'a pu séduire l'or de la Cour, que n'ont pu faire dévier un instant ni les décrets d'anathême; ni les poignards des assassins; qui a sacrifié à la défense de la liberté le soin de ses affaires, le fruit de ses travaux, son repos, sa santé; qui s'est immolé tout entier au salut public, et à qui il ne reste aujourd'hui que des dettes et la gloire d'avoir combattu pour la patrie, soit un homme à se couvrir d'opprobre par des tours de fripon? Mais il n'est pas dans mes principes d'opposer de simples inductions à des charges directes; je vais donc suivre mon dénonciateur, repousser ses inculpations, éclairer le public abusé.

« Loin de faire un crime au sieur Deflers de m'avoir dénigré, je le remercie de m'avoir fourni l'occasion de détruire des bruits faux répandus contre moi par les ennemis de la patrie, et de faire éclater mon innocence. A des preuves que je produirai, s'il n'a pas renoncé à toute pudeur, il sera sans doute le premier à rougir de sa diatribe, et à regretter la publicité que je m'empresse moi-même de lui donner. »

« Pétition *présentée au Corps Électoral par* A.-C. Deflers, *contre* J.-P. Marat.

« Citoyens Électeurs,

« Un de vos membres s'est rendu coupable d'un grand crime à mon égard, je viens vous demander justice, c'est vous engager à me prêter toute votre attention.

« Dans le moment où les dangers de la patrie font une vertu de la dénonciation, user de cette arme terrible pour calomnier est le plus grand attentat que puisse commettre le lâche qui la prostitue ainsi, puisque l'effet de sa lâcheté est de faire perdre, à la victime qu'il frappe, l'estime de ces concitoyens.

« Marat, le prétendu ami du peuple, a sali les murs de la capitale d'une liste de diffamation, dans laquelle je me trouve compris. J'y suis traité de *vil intrigant, dénoncé comme machinateur*. Mon genre de défense sera simple, l'exposé de ma vie depuis 1777, et l'exposé de celle du dénonciateur Marat depuis 1789.

« Né dans cette classe heureuse, la seule où sous l'ancien régime se conserva le feu sacré de la vertu; dans cette classe où, à l'abri des tentations de la pauvreté, on pouvait se passer des ressources de l'intrigue; une éducation soignée fut un des biens les plus précieux que m'a transmis une mère adorée. Idolâtre à l'excès de la liberté, et ennemi de l'intrigue dès l'âge le plus tendre, ces dispositions m'éloignèrent également des emplois où il fallait sacrifier l'une ou employer l'autre. Il fallait cependant être quelque chose, c'était la manie du siècle; on acheta pour moi, dans la maison de la ci-devant comtesse d'Artois, une charge qui me forçait à surveiller les opérations financières des grands seigneurs.

« Avec du caractère et de la probité, je ne pouvais tarder à devenir un surveillant très-incommode. Me renvoyer était cependant difficile ; on supprima la charge que j'occupais, et en me remerciant de mes services, on me combla de brevets d'honneur et de pension.

« Père de famille à cette époque, parfaitement indépendant du côté de la fortune ; l'éducation de mes enfants, l'étude des sciences naturelles et de la philosophie employèrent tous mes instants jusqu'en 1788, que la déroute d'une maison de banque alliée à la famille de mon épouse, entraînant quelque désordre dans mes affaires personnelles, me força à passer en Brabant et en Angleterre pour recueillir les débris de ma fortune prête à s'échapper. Ce fut dans ce moment que le fugitif d'Artois, passant par le Brabant, me fit les offres les plus brillantes pour m'attacher à l'éducation de ses enfants. L'amour de mon pays, la haine que je portais toujours aux grands, dictèrent mon refus et déterminèrent la remise que je fis alors des brevets d'honneur et de pension auxquels je renonçai à cette époque.

« De retour en France en 1790, mon premier devoir fut de partager avec mes concitoyens les travaux de la Révolution dans la garde nationale, sans vouloir profiter des avantages qui tenaient à la division des citoyens en deux classes. Rangé parmi les Sans-Culottes, dès 1790, je n'entrai dans aucune assemblée de section, qu'avec eux le 10 août 1792. — (O patriote du 10 août!).

« Admis dans la société des amis de la Constitution, je m'aperçus bientôt que les Barnave, les Lameth et autres intrigants de cette espèce, faisaient tous leurs efforts pour rendre cette société l'instrument de leurs intrigues. La publicité seule pouvait les déjouer; constamment ils s'opposèrent à cette mesure. Ce fut alors que pour combattre leurs funestes projets, j'entrepris le journal de la Société, entreprise qui, outre les sacrifices de travail et d'argent, m'a coûté celui de l'amour-propre, puisque sans cesse occupé à faire briller les talents de mes concitoyens, j'ai toujours été forcé de renoncer à faire l'essai des miens.

« Six semaines de détention après le massacre du Champ-de-Mars on dû prouver qu'au moins je n'étais pas du parti des intrigants d'alors. Une santé affaiblie par les suites de cette détention et un travail continu depuis cette époque, m'auraient, je pense, ôté tous les moyens d'intriguer, quand même j'en aurais eu le goût.

« Voilà, citoyens électeurs, celui que Marat, le prétendu ami du peuple, a l'impudeur de traiter de *vil intrigant, dénoncé comme machinateur.* J'ai rempli la première et la plus pénible portion de la tâche que je m'étais imposée, je vous ai parlé de moi; je passe à la seconde, et j'accuse devant vous et en sa présence, Marat, le prétendu ami du peuple ; je l'accuse d'incivisme, de mauvaise foi et d'immoralité.

« Lié d'intérêt avec les personnes qui depuis 1789,

ont été dans la plus intime relation avec cet homme, je peux mieux que qui que ce soit fournir les preuves de ce que j'avance ici. Hé bien, fort de ces preuves, fort de ma conscience, fort du mépris profond que j'ai voué de tout temps aux calomniateurs, je m'adresse à Marat, et lui dis : quelle idée aurais-tu, toi qui te dis l'Ami du peuple, quelle idée aurais-tu d'un homme qui, le 26 novembre 1790, aurait refusé de recevoir en paiement pour une très-petite portion de sa solde (il s'agissait de 30 liv.), non pas des assignats qui à cette époque perdaient 5 pour cent, mais des coupons d'assignats qui ne perdaient rien ? Quelle idée aurais-tu du civisme d'un homme qui aurait renvoyé avec mépris cette monnaie nationale ? Réponds, et prononce ta condamnation, car j'ai mes témoins à produire si tu as l'impudence de nier le fait.

« Quelle idée aurais-tu d'un homme qui, débiteur envers un bienfaiteur, et sachant que son créancier aurait mis opposition entre les mains d'un citoyen dépositaire de ses fonds, aurait été proposer à ce dépositaire de nier le dépôt ? Réponds et prononce ta condamnation ; car le créancier est le citoyen Saint-Sauveur ; le patriote Legendre est le dépositaire que tu as cherché à corrompre, et toi tu es le vil corrupteur.

« Quelle idée aurais-tu d'un homme qui, se croyant proscrit et obligé de vivre dans les caves, recevrait pendant plus de deux ans les soins les plus tendres d'un citoyen peu fortuné et de sa femme, et qui pour récompense de ces soins et de ces sacrifices, éloignant l'homme par une commission feinte, profiterait de son absence pour lui enlever sa femme et ses meubles ? Réponds et prononce ta condamnation, car c'est le citoyen Maquet qui par ma bouche t'accuse de ces vols qu'ils dénonça en présence de mille témoins prêts à se présenter.

« Voilà, citoyens électeurs, l'homme qui me dénonça ; vous me connaissez, maintenant jugez et prononcez qui de lui ou de moi a droit à votre estime. Je vous demande justice, je vous demande vengeance, et si contre mon attente je n'obtenais de vous ni l'une ni l'autre, je me verrais forcé de me rappeler que comme l'insurrection est pour le peuple le plus saint des devoirs, la résistance à l'oppression est pour le citoyen le plus imprescriptible de ses droits.

« A. C. Deflers. »

« Vous m'accusez sur des bruits absurdes, répandus par les ennemis publics, d'avoir enlevé la femme et les meubles du graveur Maquet, lequel dites-vous à tout fait pour moi.

« Moi, que les assassins de Mottier forçaient de vivre dans un souterrain, enlever la femme et les meubles d'un homme en liberté ! y songez-vous, M. Deflers, et est-il bien vrai que vous ne rêvez pas ? Encore faut-il pour dénigrer les autres avoir soi-même un grain de sens commun ; mais voyons. D'abord le sieur Maquet n'a jamais été marié, comment donc aurais-je enlevé sa femme ? Bien, est-il vrai qu'il a eu chez lui Mademoiselle Fouaisse, âgée de 35 à 36 ans, dont il faisait sa fille d'établi et sa servante, dont il retenait depuis plusieurs années, et les meubles et les honoraires, sans avoir daigné lui en donner une simple reconnaissance, dont il abusait de la timidité naturelle, en la retenant par la crainte à l'attache après l'avoir excédée de coups. Spectacle révoltant dont j'ai été témoin plus d'une fois, tandis qu'elle m'avait en pension. Comme cette bonne patriote s'était chargée de faire tenir mes manuscrits à mon imprimeur, et qu'elle me rendait tous les autres bons offices que j'aurais pu attendre du meilleur citoyen dans ma captivité, je m'intéressai à son sort. La voyant désolée de ne point recevoir des nouvelles du sieur Maquet, au bout de trois semaines d'absence employées à courir la Picardie, pour se procurer des autorisations à postuler la place d'inspecteur de marée à la halle de Paris, je la pressai de m'en apprendre la cause. Elle y consentit, en me demandant conseil. Je lui indiquai le moyen d'obtenir de son tyran et la reconnaissance de ses meubles, et un billet du montant de ses honoraires.

« Comme j'étais sur mon départ pour Londres, après l'anéantissement de la liberté, par le massacre du Champ-de-Mars, elle me pria de lui chercher une place de gouvernante d'enfant ; Maquet, craignant qu'elle ne partît avec moi, la tint en chartre privée, et fit tout ce qui dépendit de lui pour me faire tomber entre les mains des assassins de Lafayette, sans cependant trop se compromettre. Indigné de ces horribles procédés, j'écrivis à Mademoiselle Fouaisse, par la voie de mon journal, *d'ouvrir sa croisée, de crier au secours, et de traduire devant le magistrat l'homme indigne qui la traitait en esclave.* Voyez le n° 555 de *L'Ami du peuple.* Qu'en pensez-vous, M. Deflers, est-ce en sonnant le tocsin et en s'adressant aux magistrats que se font les enlèvements ? Deux jours après, je publiai un avis au persécuteur de Mademoiselle Fouaisse (*Ami du peuple*, n° 557); le sieur Maquet tremblant de voir sa conduite dévoilée au grand jour, écrivit sur-le-champ à cette femme infortunée de venir retirer ses meubles. Ce qu'elle fit. Je lui avais conseillé de faire appeler le commissaire de section ; si elle l'eût fait, elle n'eût pas perdu six cens livres ; car l'honnête homme ne lui compta que la moitié du billet qu'il lui avait fait; mais il eut soin de tirer reçu du total. J'invoque ici le témoignage de Mademoiselle Fouaisse, de la veuve Meugnier, et du commissionnaire chargé du transport des meubles.

« Je renvoie mes concitoyens aux numéros de *l'Ami du peuple,* en date des 20 et 22 septembre 1791, où toute l'histoire du sieur Maquet est développée ; pièces authentiques qui valent mieux que les bruits ténébreux propagés par des ennemis en démence. J'y renvoie M. Deflers lui-même ; qu'il les lise de sang-froid, s'il le peut, et s'il ne rougit pas de sa scandaleuse sortie, je ferai des vœux pour le retour de sa raison.

« Au demeurant, je ne sais ce que le sieur Maquet a fait pour me sauver ; mais je sais bien ce qu'il a fait pour me perdre.

« Vous m'accusez d'avoir voulu corrompre le sieur Legendre, pour frustrer M. Boucher de Saint-Sauveur de sa créance. Legendre est absent ; je m'engage à son arrivée de vous faire donner de sa main un démenti formel. En attendant, voici un témoignage de la femme, et de M. Boucher ; vous ne le récuserez pas, je m'assure :

— « Comme mon mari n'a point de secrets pour moi, je déclare d'honneur que les inculpations faites dans la pétition de M. Deflers, contre M. Marat, sont fausses et calomnieuses.

« A Paris, ce 8 septembre 1792.

« Femme Legendre.

— « Je déclare être absolument étranger, et même ignorer les faits allégués dans l'imprimé de M. Deflers. Si j'ai obligé M. Marat, j'ai fait ce que j'ai pu et dû envers un homme opprimé par les ennemis de la patrie. Je n'ai jamais eu d'inquiétude pour mes avances, puisque par l'événement, les meubles de M. Marat se trouvent chez moi. Si j'ai cessé de voir M. Marat, que j'avais cultivé bien avant la Révolution comme ami des sciences, c'est qu'ayant sa confiance, je me suis quelquefois permis d'adoucir quelques traits trop amers dans ses feuilles; ce qui lui a déplu; mais ce sont là des malentendus qui ne touchent ni à l'honneur, ni à l'estime réciproques.

« Ce 9 septembre 1792.

« BOUCHER DE SAINT-SAUVEUR.

« Enfin, vous m'accusez d'avoir refusé en paiement des assignats qui ne perdraient que 5 pour 100; je vous observe qu'à cette époque les assignats perdaient 20 pour 100. Au demeurant, je n'ai aucun souvenir de ce refus; mais si mon chargé d'affaires l'a fait à mon insu, c'est que sachant très-bien que je n'avais pour subsister et payer les personnes attachées à ma correspondance que les faibles honoraires que je retirais de mon travail, il lui paraissait dur que des sangsues qui s'enrichissaient à mes dépens me fissent encore supporter la perte que faisait le papier monnoyé. Que trouvez-vous donc là d'incivique?

« Voilà, je pense, de valables réponses à votre diatribe. J'espère qu'elles suffiront pour vous faire revenir de votre égarement, et je fais des vœux pour votre retour à la sagesse.

« Apprenez, Monsieur, à mieux connaître l'ami du

peuple. Vous lui avez été dénoncé comme fréquentant le café du sieur D...... (1), repaire d'aristocrates, près la cour des Petits-Pères; si c'est sans fondement, éclairez sa religion, justifiez-vous et réclamez sa justice; il est prêt à se rétracter. Point d'humeur, M. Deflers, l'ami du peuple que vous avez invectivé sur paroles désire vous trouver innocent ; il n'a de haine que pour les ennemis de la liberté et de la patrie. »

— Marat n'en appela jamais autrement des inculpations dirigées contre lui, tant que ses ennemis respectèrent ce principe démocratique. « J'abandonne aux dénonciateurs, disait-il, l'examen de ma vie entière. Qu'ils épluchent mes mœurs, mes principes et ma conduite politique; quelles que soient leurs imputations, qu'ils soient sûrs que je ne les citerai jamais à aucun autre tribunal qu'à celui du public. »

A l'égard des faits relatifs aux élections, il nous reste à dire que la nomination de Robespierre, Danton, Camille Desmoulins, Raffron, Panis, Robert, Fréron, Laignelot, et surtout celle de Marat, fut un tel coup pour la faction royaliste, qu'elle mit tout en œuvre dans les Sections pour faire exclure de la Convention nationale ces défenseurs de la liberté, prélude des agitations scandaleuses auxquelles nous allons bientôt assister. « Je n'ignore pas, disait Marat, les menées de la faction Brissot contre l'ami du peuple. Elles sont dignes de la bassesse de ses ennemis, mais il dédaigne d'employer le temps à les déjouer; l'ami du peuple n'a rien à dire, si ses titres à la confiance publique peuvent

---

(1) Sur l'affiche, il est écrit Deflers, que nous remplaçons par l'initiale, pensant que le nom de Deflers, si souvent répété, l'a été cette fois par erreur (note du bibliographe).

encore être révoqués en doute. Le seul devoir qu'il ait à remplir envers ses concitoyens, les patriotes de toutes les Sections, qui pourraient être induits en erreur, c'est de leur déclarer que le plus ardent de ses vœux est qu'ils trouvent beaucoup d'autres représentants qui ayent mieux mérité de la patrie. »

Avant d'en finir avec l'Assemblée législative, qui agonise; pendant que les nouveaux représentants, dans toute la France, se dirigent vers Paris, siége de la Convention nationale, suivons l'ami du peuple dans ses fonctions de censeur patriote et de publiciste politique; nous connaîtrons, par ses écrits, la situation critique et douloureuse dans laquelle était plongée la France par les machinations des suppôts de la royauté.

MARAT, *l'ami du peuple*,

AUX AMIS DE LA PATRIE.

(18 septembre 1792. — In-plano à 3 colonnes, papier bleu.)

« Il y a trois semaines que le citoyen Danton, ministre de la justice, donna l'assurance solennelle à l'Assemblée générale de la Section de Marseille que tous les généraux et états-majors de nos armées allaient être licenciés, pour leurs éternelles perfidies. Il y a quinze jours qu'il assura le Comité de surveillance séant à la Mairie, que les ordres pour leur licenciement étaient prêts à partir. Il y a trois jours qu'il assura plusieurs électeurs, dans la salle des Jacobins, que les ordres étaient partis pour licencier Luckner. Ses collègues se sont sans doute joués de lui, puisque Luckner est toujours en place. Voici des preuves de la scélératesse de ce généralissime, auquel sont confiées les destinées du peuple français :

« EXTRAIT *d'une lettre écrite par le sieur Frochot au sieur Blanchot, et communiquée au Comité de surveillance de la Section des* AMIS DE LA PATRIE, *ci-devant du* PONCEAU, *en date du* 15 *septembre* 1792.

« Celle-ci est pour vous donner des nouvelles de mon arrivée à Châlons, où nous avons été très-mal reçus des bourgeois et de Luckner, parce que nous lui avons fait voir qu'il trahissait la nation. Voyant former un camp autour de Meaux par les troupes en habit rouge, tant Petits-Suisses qu'Irlandais, nous en avons arrêté et désarmé deux cents à Épernay, avec un tonneau de cocardes blanches, lesquelles sont de cuir et viennent de chez le sieur Anglos, rue Guérin-Boisseau, cour du chantier. Nous les avons conduits à Châlons devant Luckner, qui a voulu nous faire camper tout de suite, sans aucuns préparatifs; il paraît très-fâché que nous ayons ramené tous les volontaires qu'il renvoyait de l'armée avec des passe-ports, pour se réunir en grand nombre vers Paris, auxquels nous avons fait rebrousser chemin. Les bourgeois de Châlons sont tous gangrenés d'aristocratie. Nous n'avons pu leur faire crier une seule fois *vive la nation*. Ils nous écorchent tous vifs. Tout est hors de prix : le vin à dix-huit sous, la viande à onze sous, le pain, quatre sous et demi la livre; enfin, on ne peut pas y vivre. Je crois que nous devons partir pour Metz au premier moment, pour former la queue de l'armée avec beaucoup de volontaires, et nous n'avons que six pièces avec nous. Nous sommes déjà vendus, à ce que je prévois, par la trahison qui y règne. Rien autre chose à vous apprendre, sinon des têtes que nous avons fait couper à Meaux et à Châlons.

« Cette lettre est timbrée de Châlons, n° 49, et datée du 11 septembre 1792.

« Fait au Comité de surveillance des *Amis de la patrie*, ci-devant du *Ponceau*.

« Signé : Dupré, commissaire. Pour copie conforme à l'original, enregistré B., n° 60. Signé : Dupont, commissaire.

« Nous prévenons les administrateurs que l'on doit nous donner des renseignements des ouvriers qui ont travaillé aux cocardes chez ledit sieur Anglos.

« Citoyens, nous sommes trahis de toutes parts, tous les projets désastreux de Lafayette sont renoués et poursuivis avec une ardeur opiniâtre. La levée du camp de Mauldé en est un exemple alarmant. Effectuée par les ordres de Labourdonnaye et de Moreton (1), Chabrillan, sans aucune raison d'utilité et de nécessité, elle ne l'a été que pour faire tomber entre les mains de l'ennemi nos magasins d'avoine et de fourrages, dont il manquait absolument (2), faire égorger la faible

---

(1) Au lieu d'avoir commencé par mettre à couvert les magasins, on les a laissés sous une faible garde. A trois heures, on a levé le camp, en laissant 1,200 hommes pour défendre Saint-Amand ; deux heures après, on a retiré 900 hommes ; dans la nuit, les 300 hommes restants ont été massacrés et 2,000 chariots d'avoine et de fourrage ont été enlevés. Faits certifiés par deux commissaires sur lesquels on peut faire fond.

(2) Le citoyen Lapoipe assure que les ordres ont été donnés par le

garde qu'on y a laissée, découvrir le pays, morfondre les troupes qui s'y rendaient et qui n'ont plus retrouvé leurs bataillons.

« Ce n'est pas tout : Maubeuge est investi, on en a retiré les troupes de ligne, et on n'y a laissé qu'un bataillon de volontaires.

« Voyons leurs projets. On nous annonce chaque jour des succès brillants, on fait mille éloges de Dumouriez pour le populariser, on nous assure que nos armées réunies ont cerné les Prussiens; le fait est que nous n'avons que peu de forces à leur opposer. Six cent mille gardes nationaux ont marché aux frontières, à peine s'y en trouve-t-il cent cinquante mille, encore la plupart mal armés. Que sont devenues ces immenses légions? Le voici : au lieu de les organiser à Paris, on les a fait rejoindre en détail; nombre de mauvais citoyens se sont enrôlés pour escroquer les quarante livres d'engagement. Nombre de bons citoyens ont été détournés sur les routes par des embaucheurs aristocrates; nombre de volontaires ont été renvoyés chez eux par les généraux traîtres à la patrie; enfin, nombre de scélérats déguisés en gardes nationaux ont passé à l'ennemi. C'est ainsi que nos armées se sont fondues.

« Observez bien que le camp de Soissons est composé de douze mille recrues, dont quatre mille seulement sont en état de porter les armes et dont à peine six cents sont armées. N'oubliez pas que c'est l'infâme Chadlas qui en est le commandant et le scélérat Orly qui en est le commissaire. Ces scélérats disent aux volontaires : retournez dans vos foyers.

---

conseil de guerre, composé de Moreton, de Gelin, de Lamarlière, Beurnonville, et Malus, commissaire ordonnateur.

« Observez bien encore que ce n'est que depuis trois jours que l'on commence à préparer les effets de campement dans nos armées.

« Ainsi, jusqu'à ce jour nous avons été trahis par les ministres, les corps administratifs, les officiers généraux, les commissaires des guerres et la majorité pourrie de l'Assemblée nationale, centre de toutes les trahisons. Nous le sommes actuellement par nos états-majors et peut-être par le ministre de la guerre. Servan n'est-il qu'inepte ? C'est ce que je ne veux point décider encore.

« Poursuivons :

« L'horrible complot d'exterminer les amis de la liberté est renoué, il éclate de toutes parts. Enfanté dans les conciliabules nocturnes du royalisme expirant, il paraît avoir son foyer dans la commission extraordinaire et dans le cabinet du sieur Roland, ministre de l'Intérieur; il paraît étendre ses ramifications dans nos armées, dans les directoires de départements, dans les cliques aristocratiques des Sections de la capitale; il paraît se mûrir dans l'ombre du mystère jusqu'à ce qu'il soit prêt à être consommé.

« Amis de la patrie, suivez le fil de ces faits.

« Pour consommer votre perte, il faut avant tout vous plonger dans une fatale sécurité, vous enlever vos défenseurs, et vous séduire par les marques d'une fausse pitié qu'ils ont fait éclater en faveur des ennemis de la Révolution.

« Depuis longtemps Roland l'endormeur (1), con-

---

(1) Roland n'est qu'un frère coupe-choux que sa femme mène par l'oreille ; c'est elle qui est le ministre de l'Intérieur, sous la main de son directeur, l'illuminé Lanthenas, agent secret de la faction Guadet-Brissot (note de Marat).

Barbaroux avoue, dans ses Mémoires, que *c'est à sa femme que Ro-*

juré avec les traîtres de l'Assemblée nationale, vous verse l'opium à pleines mains.

« *N. B.* La femme Roland, ministre de l'Intérieur, sous son directeur Lanthenas, espérant invalider les dénonciations de l'ami du peuple et démentir les faits, a eu l'impudeur d'insinuer que mes écrits ne sont pas de moi, mais de quelque méchant qui usurpe mon nom et qui pourrait bien être payé par Brunswick. Ce petit tour de bâton ministériel ne lui réussira pas, et voici pourquoi : c'est que ne voulant pas voler l'argent de Brunswick et des Capets fugitifs dont ce général défend la cause, je conjure tous les amis de la patrie de solliciter un décret qui mette à prix la tête des Capets et de Brunswick. Que dites-vous de mon ingratitude, dame Roland ?

« Citoyens, comparez ces nouvelles alarmantes à l'opium du Bulletin de l'Assemblée, aux déceptions du Conseil provisoire, et jugez dans quelles mains sont remises vos destinées.

« *Un mot à la femme Roland.*

« Vous êtes priée de ne plus dilapider les biens de la nation à soudoyer deux cents mouchards pour arracher les affiches de l'ami du peuple.

« Citoyens, vous êtes requis, au nom de la patrie, de corriger ces mouchards, s'ils ont l'audace de reparaître.

---

land *a dû son courage et ses talents* (voyez Mémoires de Pétion, Buzot et Barbaroux, 1 vol. in-8°, publié par Dauban, 1866, p. 339). — Note du bibliographe de Marat.

« *Piége redoutable.*

« Le projet des membres gangrenés de la législature actuelle est de placer la Convention nationale dans la salle du manége des Tuileries, dont les tribunes ne contiennent que trois cents spectateurs, et qui se trouveraient toujours remplies de trois cents mouchards des pères conscrits contre-révolutionnaires et des ministres corrompus.

« Il importe que la Convention nationale soit sans cesse sous les yeux du peuple, afin qu'il puisse la lapider si elle oublie ses devoirs. Ainsi, pour la maintenir dans le chemin de la liberté, il faut indispensablement une salle dont les tribunes contiennent quatre mille spectateurs. Cette salle devrait déjà être faite, je demande qu'on y travaille sans relâche. »

— Le résultat des élections à la Convention nationale offrait alors autant d'inquiétude que les affaires de l'État et le théâtre de la guerre.

A l'ouïe du mode d'élection des députés à la Convention, l'ami du peuple avait jeté les hauts cris. Il avait prévu les cabales odieuses qui agiteraient les électeurs, les moyens de séduction qui seraient employés pour les corrompre, et il avait résous l'objection élevée contre les nominations faites immédiatement par les citoyens assemblés dans leurs sections, en présentant un mode d'élection qui réunît à sa précieuse simplicité l'avantage inestimable de prévenir la perte de temps, les scènes scandaleuses qu'entraîne presque toujours la discussion des candidats, les sophismes dont ils se servent pour repousser les inculpations, et la fausse opinion qu'en prennent ordinairement les électeurs.

Aussi Marat pouvait-il dire : « Ce que j'ai prévu est arrivé dans tous les points de l'empire : l'intrigue, la fourberie et la vénalité se sont réunies pour influencer les corps électoraux et porter à la Convention nationale des hommes flétris par leur incivisme, des hommes pervers, l'écume de l'Assemblée constituante et de l'Assemblée législative. Qui croirait qu'au nombre des députés se trouvent des Malouet, des Rabaut, des Thouret, des Target, des Pastoret, des Condorcet, des Dumolard, des Castel, des Vergniaud, des Guadet, des Lacroix, des Brissot.

« Français, qu'attendez-vous d'hommes de cette trempe? Ils achèveront de tout perdre, si le petit nombre des défenseurs du peuple appelé à les combattre n'ont le dessus et ne parviennent à les écraser. Si vous ne les environnez d'un nombreux auditoire, si vous ne les dépouillez du talisman funeste de l'inviolabilité, si vous ne les livrez au glaive de la justice populaire dès l'instant qu'ils viendront à manquer à leurs devoirs, abuser de votre confiance et trahir la patrie, c'en est fait de vous pour toujours. Gardez-vous donc de placer la Convention nationale dans l'air pestiféré du manége des Tuileries. Préparez-lui un local assez vaste, parfaitement à découvert et absolument sans gardes, de manière que les députés soient sans cesse sous la main du peuple et n'aient jamais d'autre sauvegarde que leur civisme et leur vertu...

« Citoyens, qui fondez tout votre espoir sur la Convention nationale, souvenez-vous que la bonté de ses opérations dépend uniquement de l'énergie que vous montrerez pour être libres. Si vous êtes déterminés à tout braver pour le devenir, vous le serez enfin sous peu de jours ; votre audace seule peut étouffer tous les complots et couper le fil à toutes les machinations tramées pour vous remettre sous le joug. Soyez donc debout jusqu'à ce que la Constitution soit refondue, et pressez-en l'achèvement par votre ardeur. C'est l'affaire de six mois, si vos représentants veulent s'entendre, et vous seuls pouvez les forcer à ne pas consumer le temps en vaines altercations. Voici la plus glorieuse époque de la Révolution ; elle en sera la plus salutaire si vous ne vous laissez pas égarer par les ennemis cachés de la patrie, qui s'agitent de mille manières pour vous diviser et vous priver de vos plus zélés défenseurs. N'oubliez donc jamais que si le travail de la Convention nationale est manqué, vous allez tomber dans la plus affreuse anarchie. Déchiré par des factions intestines, l'État sera en proie à toutes les horreurs de la misère, de la famine, de la guerre civile ; et après cinquante ans de désastres et de calamités, vous serez enfin forcés de vous reposer sous le despotisme, si vous ne devenez auparavant les esclaves ou les victimes des tyrans ligués pour vous remettre dans les fers.

D'événements en événements, nous voici arrivé au 19 septembre 1792 ; deux jours seulement nous séparent de l'ouverture de la Convention nationale, de qui va dépendre et le salut de la patrie et celui de la liberté. En attendant les actes importants qui vont se produire, faisons trêve aux généralités historiques pour faire connaître une nouvelle affiche de Marat, la dernière qui soit connue, et qui, réimprimée sous le numéro 685 de l'*Ami du peuple,* forme aussi le dernier numéro de cette première série du journal de Marat.

MARAT, *l'ami du peuple*,

à maître Jérôme Pétion, *maire de Paris.*

(19 septembre 1792. In-plano à 3 col., papier jaune ocre.)

« Quelques sages, surpris de vous voir toujours si bien frisé, dans ces temps d'alarmes, me prient de vous faire souvenir du prix du temps, surtout pour un premier magistrat municipal, dont tous les moments appartiennent au peuple.

« Plusieurs bons patriotes, alarmés de vous voir abandonner depuis si longtemps la Commune et les bureaux de la mairie, pour vous renfermer avec Brissot, Guadet, Vergniaud, Lacroix, Mindouze (1) et autres intrigants de leur espèce, me témoignent leurs craintes sur vos liaisons dangereuses.

« Une foule d'excellents citoyens, scandalisés de vous voir courir à la maison Commune pour dénigrer l'ami du peuple, en le peignant comme *un fou atrabilaire, un ennemi de la nation*, dans le temps même que les émissaires des Mindouze, des Lacroix, des Vergniaud, des Guadet, des Brissot, courent les sections pour les soulever contre lui et le faire exclure de la Convention nationale, demandent quelles sont vos vues en abusant de la sorte d'un reste de popularité pour diffamer le plus zélé défenseur du peuple. Serait-ce aveuglement ou lâche complaisance pour une faction qui vous conservait à la tête de la Commune, en demandant l'expulsion de la municipalité provisoire?

---

(1) Encore dimanche dernier 16 septembre, Pétion a dîné chez Mindouze, avec la clique Brissot.

« Je cède à leurs instances et vous fais ce placard amical ; il formera ma confession de foi sur le bon homme Pétion.

« Avant le 1ᵉʳ août 1792, je ne vous connaissais encore que par votre conduite publique, dans laquelle je cherchai en vain des vues politiques, des vertus prononcées, de la fermeté, de l'énergie. Dans le cours de votre carrière sénatoriale, j'eus sujet plus d'une fois de vous rappeler aux principes. Vous vous êtes relevé avec éclat après le massacre du Champ-de-Mars, et la couronne civique vous fut décernée, à ma demande, par les bons citoyens, malgré l'opposition du sieur Mottier.

« A la nouvelle de votre élévation à la Mairie, j'éprouvai un sentiment douloureux ; vous n'étiez pas à mes yeux l'homme qu'il nous fallait pour faire triompher la liberté ; je prévis la manière dont vous rempliriez les fonctions de cette magistrature, je rendis l'augure public par mes discours et mes écrits. *C'est un bon homme*, répondaient les citoyens instruits, et j'eus la douleur de voir que vous n'étiez pour eux qu'un pis aller.

« L'événement n'a que trop justifié mes tristes présages : vous vous êtes continuellement montré comme un homme indécis, faible, pusillanime, ennemi déclaré des mesures de vigueur que commandaient les dangers de la patrie, un homme sans vues, sans desseins, sans caractère ; vous avez même été au-delà du prognostic, en donnant dans tous les piéges des ennemis de la Révolution, en vous mettant vous-même en ôtage, la nuit du 9, dans le château des Tuileries. C'en était fait de nous ce jour-là, si quelques députés ne vous eussent appelé à la barre, et si la Commune, qui connaissait votre timidité naturelle, ne vous eût consigné. Mesure vigoureuse qui fit trembler vos amis Brissotins; aussi se mirent-ils à cajoler le peuple et à le pousser à redemander *son magistrat chéri;* car ils savent très-bien qu'il n'y a que vous pour avancer leurs affaires.

« Au commencement d'août dernier, je vis Pétion pour la première fois. Sachant très-bien qu'il était continuellement obsédé par la faction Brissot, je voulus le sonder; en conséquence, je lui demandai un rendez-vous, sous prétexte d'obtenir un passe-port : il tint conseil et me renvoya au lendemain matin; je fus reçu avec cette jovialité niaise qui le caractérise : *c'est bien lui! ô c'est bien lui!* s'écriait le bon homme, en me tenant dans ses bras. J'étais un peu surpris de ses caresses, je les attribuai à l'espoir qu'il avait de me voir partir bientôt; ma conjecture se changea en certitude, lorsque je vis son air se rembrunir, en m'entendant lui annoncer que je ne partais pas et en le pressant de me donner deux presses saisies chez Durosoy.

« L'aveugle sécurité qu'il témoigna dans notre entretien eut lieu de m'étonner. Nous touchions au moment des grands événements; il repoussa, en goguenardant, la nouvelle de l'invasion des Prussiens, de l'inaction desquels il se portait garant; il repoussa de même l'idée des perfidies des machinateurs du dedans, et en vrai donneur d'opium, selon sa louable coutume, il assura que le vrai moyen d'être enfin libres, invincibles et heureux, était de nous tenir tranquilles et unis, c'est-à-dire de laisser faire nos ennemis, en nous entendant avec eux. Il a fallu les cruels événements du 10 pour prouver au public qu'il n'était qu'un rêveur, dont la sotte confiance nous avait exposés à être tous égorgés.

« Pétion est un bon homme, un homme probre, j'en conviens; il figurerait à merveille dans une place de juge de paix, d'arbitre, de caissier municipal, de recteur de collége, de receveur de district ; mais il a des yeux qui ne voient rien, des oreilles qui n'entendent rien, une tête qui ne médite rien ; il blanchit à la vue d'un sabre nu ; il veut réprimer les contre-révolutionnaires en les sermonant ; il prétend assurer le triomphe des patriotes en les attelant à des aristocrates, et sauver la patrie en criant aux uns et aux autres : *paix là, Messieurs, entendons-nous et soyons frères.*

« Il m'a peint comme un fou (1) atrabilaire ou un ennemi cruel de la nation ; n'est-il pas étrange que ma folie m'ait fait dévoiler et déjouer tous les complots des conspirateurs, complots que sa sagesse ne lui avait pas même permis de soupçonner ? et n'est-il pas singulier que ma haine pour la nation m'ait porté à m'immoler pour la patrie, tandis que son civisme ne l'a pas même engagé à courir le moindre danger ?

« Qu'on me permette ici une observation. Après plusieurs traits de pusillanimité funestes, Pétion se montre une seule fois avec énergie, et l'ami du peuple, du fond de son cachot, s'empresse de demander la couronne civique pour ce défenseur du peuple. Après trois ans de vie souterraine, environné d'espions, d'assassins, de misère et de tribulations, l'ami du peuple, respirant enfin en liberté, est appelé à soulager ses

(1) C'est l'épithète que les Marmontel, les Dalembert, les Condorcet et autres charlatans encyclopédiques donnaient à Jean-Jacques.

frères du Comité de surveillance. A peine y est-il admis que les faux patriotes en prennent ombrage, que les ennemis de la patrie jettent les hauts cris; et c'est Pétion, devenu leur organe sans s'en douter, qui met l'ami du peuple sous le couteau des faux patriotes, en le peignant comme un fou atrabilaire et le plus perfide des ennemis de la nation.

« Glissons sur ce cruel procédé, il y a trop longtemps que je suis abreuvé d'amertumes pour m'arrêter à cette peccadille.

« Le maire de Paris est mal entouré : voilà la source de sa conduite bizarre, incertaine, pusillanime; voilà le principe de sa funeste sécurité.

« Quitte ta place, Pétion, et remets-la à des mains plus habiles et plus fermes; ta bonhomie, ta faiblesse, ta crédulité, ton aveugle confiance ont fait longtemps notre malheur, elles finiraient par nous perdre. Les Brissotins te mènent par le nez, ils te tiennent le bandeau sur les yeux; si l'ami du peuple ne se hâte de l'arracher, ils finiront par te faire demander la contre-révolution.

« Encore un mot.

« Une seule réflexion m'accable, c'est que tous mes efforts pour sauver le peuple n'aboutiront à rien sans une nouvelle insurrection. A voir la trempe de la plupart des députés à la Convention nationale, je désespère du salut public. Si dans les huit premières séances toutes les bases de la Constitution ne sont pas posées, n'attendez plus rien de vos représentants. Vous êtes anéantis pour toujours, cinquante ans d'anarchie vous attendent, et vous n'en sortirez que par un Dictateur vrai patriote et homme d'État. O! peuple babillard, si tu savais agir! »

— Si l'aveugle Pétion prêtait, sans le vouloir, le flanc aux contre-révolutionnaires de l'Assemblée nationale expirante; si le patriote Danton, espérant les convertir, leur avait assuré, le 11 août, une protection conditionnelle, Marat seul, qui les avait jugés à leur juste valeur, ne leur avait point pardonné leurs continuelles machinations; aussi comprirent-ils mieux que tout autre l'intention que dissimulait ces dernières paroles de Marat, adressées au peuple, dans le placard à Pétion : « O! peuple babillard, si tu savais agir! »

Nous allons bientôt assister aux conséquences naturelles qu'elles devaient avoir.

Avec le 21 septembre 1792 s'ouvrit une ère nouvelle pour la France : la Convention nationale, assemblée en première séance, décrétait l'abolition de la royauté et proclamait la République.

Danton résigne ses fonctions de ministre, et Marat va inaugurer l'ère nouvelle par la fondation d'un nouveau journal appelé à faire suite à l'AMI DU PEUPLE; il portera le titre de JOURNAL DE LA RÉPUBLIQUE, par Marat, l'ami du peuple, député à la Convention nationale. En voici le premier article, intitulé : *Nouvelle marche de l'auteur*.

« Depuis l'instant où je me suis dévoué pour la patrie, je n'ai cessé d'être abreuvé de dégoûts et d'amertume; mon plus cruel chagrin n'était pas d'être en butte aux assassins, c'était de voir une foule de patriotes sincères, mais crédules, se laisser aller aux perfides insinuations, aux atroces calomnies des ennemis de la liberté sur la pureté de mes intentions et s'opposer eux-mêmes au bien que je pouvais faire. Longtemps mes calomniateurs m'ont représenté comme un traître qui vendait sa plume à tous les partis; des milliers d'écrits répandus dans la capitale et les départements propageaient ces impostures ; elles se sont évanouies en me voyant attaquer également tous les partis anti-populaires, car le peuple, dont j'ai toujours défendu la cause aux dépens de ma vie, ne soudoye jamais ses défenseurs.

« Cette arme meurtrière, je l'ai brisée dans les mains de mes calomniateurs ; mais ils n'ont cessé de m'accuser de vénalité que pour m'accuser de fureur ; les lâches, les aveugles, les fripons et les traîtres se sont réunis pour me peindre comme *un fou atrabilaire*. Trois cents prédictions sur les principaux événements de la Révolution, justifiées par le fait, m'ont vengé de ces injures ; les défaites de Tournay, de Mons, de Courtrai ; le massacre de Dillon, de Sémonville, l'émigration de presque tous les officiers de ligne, les tentatives d'empoisonnement au camp de Soissons, les destitutions successives de Mottier, de Luckner, de Montesquiou ont mis le sceau à mes tristes présages, et le fou patriote a passé pour prophète.

« Que restait-il à faire aux ennemis de la patrie pour m'ôter la confiance de mes concitoyens ? Me prêter des vues ambitieuses, en dénaturant mes opinions sur la nécessité d'un *tribun militaire,* d'un *dictateur* ou d'un *triumvirat* pour punir les machinateurs protégés par le corps législatif, le gouvernement et les tribunaux, jusqu'ici leurs complices, ou plutôt comme le prête-nom d'une faction ambitieuse composée des patriotes les plus chauds de l'empire. Imputations absurdes ! Ces opinions me sont personnelles, et c'est un reproche que j'ai souvent fait aux patriotes d'avoir repoussé cette mesure salutaire, dont tout homme instruit de l'histoire des révolutions sent l'indispensable nécessité, mesure qui pouvait être prise sans inconvénient, en limitant sa durée à quelques jours et en bornant la mission des préposés à la punition prévôtale des machinateurs ; car personne au monde n'est plus révolté que moi de l'établissement d'une autorité arbitraire, confiée aux mains mêmes les plus pures pour un terme de quelque durée. Au demeurant, c'est par civisme, par philanthropie, par humanité que j'ai cru devoir conseiller cette mesure sévère, commandée par le salut de l'empire. Si j'ai conseillé d'abattre cinq cents têtes criminelles, c'était pour en épargner cinq cent mille innocentes. Que n'a-t-elle été prise à temps, cent mille patriotes ne seraient pas menacés de l'être, nos campagnes ne seraient pas remplies de veuves et d'orphelins réduits au désespoir ; la disette et la misère n'auraient pas désolé l'État quatre années consécutives, il ne serait ni bouleversé par les factions, ni déchiré par des hordes barbares d'ennemis, après l'avoir été si longtemps par ses enfants dénaturés.

« Quant aux vues ambitieuses qu'on me prête, voici mon unique réponse : je ne veux ni emplois, ni pensions. Si j'ai accepté la place de député à la Convention nationale, c'est dans l'espoir de servir plus efficacement la patrie, même sans paraître. Ma seule ambition est de concourir à sauver le peuple ; qu'il soit libre et heureux, tous mes vœux sont remplis.

« Le despotisme est détruit, la royauté est abolie, mais leurs suppôts ne sont pas abattus ; les intrigants, les ambitieux, les traîtres, les machinateurs sont encore à tramer contre la patrie ; la liberté a encore des nuées d'ennemis. Pour la faire triompher, il faut découvrir leurs projets, dévoiler leurs complots, déjouer leurs intrigues ; il faut les démasquer et les réprimer dans nos camps, dans nos sections, nos municipalités, nos directoires, nos tribunaux, dans la Convention même. Comment y parvenir, si les amis de la patrie ne s'entendent, s'ils ne réunissent leurs efforts ? Ils pensent tous qu'on peut triompher des malveillants sans s'en défaire. Soit ; je suis prêt à prendre les voies jugées efficaces par les défenseurs du peuple, je dois marcher avec eux. Amour sacré de la patrie, je t'ai consacré mes veilles, mon repos, mes jours, toutes les facultés de mon être; je t'immole aujourd'hui mes préventions, mon ressentiment, mes haines; à la vue de leurs outrages contre ses enfants, j'étoufferai, s'il se peut, dans mon sein les mouvements d'indignation qui s'y élèveront; j'entendrai, sans me livrer à la fureur, le récit du massacre des vieillards et des enfants égorgés par de lâches assassins ; je serai témoin des menées des traîtres à la patrie, sans appeler sur leurs têtes criminelles le glaive des vengeances populaires. Divinité des âmes pures, prête-moi des forces pour accomplir mon vœu ; jamais l'amour-propre ou l'obstination ne s'opposera chez moi aux mesures que prescrit la sagesse; fais-moi triompher des impulsions du sentiment, et si les transports de l'indignation doivent un jour me jeter hors des bornes et compromettre le salut public, que j'expire de douleur avant de commettre cette faute. »

Aux moyens pacifiques imposés à Marat par ses collègues patriotes de la Convention, pour triompher des malveillants, qui ne reconnaît l'esprit de la députation de Paris en 1792, et de cette kyrielle de patriotes sans vues, sans énergie, sans audace, qui ne savent qu'ergoter à la tribune ou gémir sur les malheurs publics ? Mais il fallait pour assurer l'union que Marat donnât à ses collègues un témoignage de sa bonne volonté, qu'il cédât à leurs instances, bien convaincu d'ailleurs que la logique ou la nécessité les ramèneraient au bon sens et leur ferait sentir l'infaillibilité et la justice des moyens qu'il revendiquait et qu'il n'avait cessé de proposer. Vous croyez, avait répondu Marat aux plus influents, aux mieux convaincus, vous croyez qu'on peut triompher des ennemis publics sans les exterminer jusqu'au dernier, soit; je suis prêt à vous suivre, quoique je ne partage point cette opinion. Mais cette disposition à la clémence est-elle aussi celle des ennemis du peuple, de tous ceux qui regrettent la royauté, les priviléges, et qui intriguent ou conjurent dans l'ombre pour rétablir le monarque déchu? Désarmer en présence d'un ennemi féroce et redoutable, ce n'est ni sagesse, ni humanité, ni clémence; c'est duperie, faiblesse ou lâcheté; l'histoire est là pour répondre; que la responsabilité retombe sur vous seuls.

Nous allons bientôt voir qui de Marat ou de ses collègues patriotes sera le premier à rompre le faisceau qui seul, selon eux, pouvait assurer le triomphe du peuple.

CONVENTION NATIONALE

1792 - 1793.

Pénétrés des dispositions pacifiques de la députation de Paris, entrons dans cette Convention, qui compte à peine cinq jours d'existence.

Lasource occupe la tribune. « ..... Oui, dit-il, il existe un parti qui veut se défaire de tous les membres de la Législative qui ont montré de l'énergie, qui aspire au pouvoir dictatorial, et qui veut despotiser la France..... »

Osselin s'élève contre le faux bruit répandu par des ignorants ou des scélérats pour faire croire qu'il s'est formé dans la députation de Paris un parti contre la liberté et la République ; il invite ses collègues de le suivre à la tribune pour y jurer le maintien de la liberté, l'égalité et la République.

Danton s'y présente, non pour repousser les calomniateurs, couvrir de ridicule leurs inculpations, mais pour protester de son amour pour l'égalité, se défendre d'avoir jamais été l'instigateur des écrits de Marat, l'abandonnant à la fureur de la faction qui convoite sa tête, et demandant la peine de mort contre quiconque se déclarerait en faveur de la dictature.

Robespierre, allant mieux au but, remercie le dénonciateur, qui lui fournit l'occasion de se justifier en présentant le tableau de sa vie politique.

Barbaroux insiste sur la dénonciation de Lasource; il rapporte que Panis avait désigné Robespierre comme le meilleur patriote à élever à la dictature.

Panis repousse les inculpations de Barbaroux par l'exposé des faits qui ont amené la journée du 10 août, et termine en donnant un démenti formel à ses accusateurs.

Marat se dirige vers la tribune; une foule de députés, parmi lesquels nous reconnaissons Chambon, Goupilleau, Rebecqui, l'environnent avec des gestes menaçants; de toutes parts des cris *à bas! à bas de la tribune* se font entendre; l'Assemblée, agitée par les meneurs de la faction anti-populaire, est dans le plus grand désordre.

C'est au milieu de ce soulèvement général que Marat se présente à la tribune.

Hommes justes et bons, qui connaissez le cœur de l'ami du peuple, les motifs qui ont toujours conduit sa plume, la pureté de son dévouement à la patrie, vous tremblez de voir l'innocence immolée à la fureur d'une bande d'hommes barbares, vous tremblez de voir le plus ardent défenseur du peuple traîné au supplice comme un atroce machinateur; déjà vous vous le représentez expirant sous le glaive de la tyrannie et sa tête livide à la main du bourreau. Rassurez-vous. Calme au milieu d'eux, fort de sa conscience, se reposant sur la justice de sa cause et sur son courage indomptable, sur la justice de la majorité des membres de la Convention, sur le sens droit des tribunes, sur le pouvoir irrésistible de la vérité, il brave en souriant de pitié les clameurs forcenées de ses ennemis.

« — Messieurs, dit Marat, j'ai dans cette assemblée un grand nombre d'ennemis personnels (ici les trois quarts de l'assemblée se lèvent en criant : *Nous le sommes tous ; oui, tous !*). J'ai dans cette assemblée, reprend froidement Marat, un grand nombre d'ennemis personnels ; je les rappelle à la pudeur ; ce n'est point avec des clameurs, des menaces, des outrages, que l'on prouve à un homme inculpé qu'il est coupable ; ce n'est point en criant haro sur un défenseur du peuple qu'on peut lui démontrer qu'il est criminel.

« Je rends grâce à la main cachée qui a jeté au milieu de vous un vain fantôme pour effrayer les hommes timides, diviser les bons citoyens et mettre en défaveur la députation de Paris. Je rends grâce à mes persécuteurs de m'avoir fourni une occasion de vous montrer mon âme tout entière.

« On accuse certains membres de la députation d'aspirer à la dictature, au tribunat, au triumvirat ; cette inculpation absurde ne peut trouver de partisans que parce que je fais partie de cette députation ; eh bien, Messieurs, je dois à la justice de déclarer que mes collègues, notamment Danton et Robespierre, ont constamment repoussé toute idée de dictature, de tribunat et de triumvirat, lorsque je la mettais en avant ; j'ai même eu à rompre à ce sujet plusieurs lances avec eux.

« Je crois être le premier écrivain politique, et peut-être le seul en France depuis la Révolution, qui ait proposé un dictateur, un tribun militaire, des triumvirs, comme le seul moyen d'écraser les traîtres et les conspirateurs. Si cette opinion est répréhensible, je suis seul coupable ; si elle est criminelle, c'est sur ma tête seule que j'appelle les vengeances de la nation. Je m'offre donc moi-même comme une victime dévouée ; mais, avant de me condamner, daignez m'entendre.

« Mes opinions sont consignées dans des écrits signés de moi, imprimés et colportés publiquement depuis près de trois ans, et c'est aujourd'hui qu'on entreprend de les métamorphoser en crime de lèse-nation. Hé quoi ! des opinions avouées hautement et soumises à l'examen des lecteurs peuvent-elles donc être regardées comme des délits ? Non, sans doute ; fussent-elles fausses, elles ne seraient jamais que de simples erreurs ; fussent-elles extravagantes, leur auteur ne passerait jamais que pour un aveugle ou un insensé. C'est dans les ténèbres que se cachent les traîtres, que se trament les complots, et jamais machinateur ne prêcha sa doctrine sur les toits. J'ai soumis mes opinions à l'examen du public ; si elles sont dangereuses, c'est en les combattant par des raisons solides, et non en me vouant à l'anathème, que mes ennemis doivent les proscrire ; c'est en les réfutant, et non en levant sur ma tête le glaive de la tyrannie, qu'ils doivent en détruire la funeste influence.

« Au demeurant, Messieurs, que me reprochez-vous ? Lorsque les trahisons éternelles d'une Cour perfide et de ses créatures, lorsque les complots sans cesse renaissants des ennemis de la Révolution, lorsque les trames sanguinaires des suppôts du despotisme menaçaient d'anéantir la liberté ; lorsque les infidèles représentants du peuple, les iniques dépositaires de l'autorité, les indignes ministres des lois, conjurés avec un prince atroce, conduisaient la patrie sur les bords de l'abîme ; lorsque les législateurs vendus, prostituant leur ministère auguste à faire des lois tyranniques, enchaînaient le peuple pour l'égorger ; lorsque les fonctionnaires publics n'étaient occupés qu'à favoriser les traîtres, lorsque les magistrats couvraient de l'égide sacrée de la justice les ennemis de l'État, tandis qu'ils égorgeaient avec le glaive de la tyrannie les amis de la patrie, les défenseurs de la liberté ; lorsque par les attentats concertés de ces scélérats, la patrie était prête à périr, qui de vous, Messieurs, eût osé me faire un crime d'avoir, dans les transes de mon désespoir, appelé sur leurs têtes criminelles la hache des vengeances populaires ? Qui de vous osera me faire un crime d'avoir recommandé le seul moyen de salut public qui nous fût laissé ? Le peuple, sans obéir à ma voix, a eu le bon sens de sentir que c'était effectivement là toute sa ressource, il l'a employé plusieurs fois pour s'empêcher de périr. Ce sont les scènes sanglantes des 14 juillet, 6 octobre, 10 août, 2 septembre qui ont sauvé la France ; que n'ont-elles été dirigées par des mains habiles ! Redoutant moi-même ces terribles mouvements d'une multitude effrénée ; désolé de voir la hache frapper indistinctement tous les coupables et confondre les petits délinquants avec les grands scélérats ; désirant la diriger sur la tête seule des principaux contre-révolutionnaires, j'ai cherché à soumettre ces mouvements terribles et désordonnés à la sagesse d'un chef, à la fois patriote intègre et homme d'État, qui aurait recherché et mis à mort les principaux conspirateurs, pour couper d'un seul coup le fil à toutes les machinations, épargner le sang, ramener le calme et cimenter la liberté. Suivez mes écrits ; c'est dans cette vue que j'ai demandé que le peuple se nommât un dictateur, un tribun militaire. Pour prévenir les abus et les dangers d'une pareille mission, j'ai recommandé qu'elle fût restreinte au pouvoir de punir capitalement les chefs des machinateurs, que la durée en fût limitée à quelques jours, et que le citoyen jugé digne de la remplir fût enchaîné par le pied à un boulet, afin qu'il fût lui-même à chaque instant sous la main du peuple, au cas qu'il vînt à oublier ses devoirs.

« Si cette mesure salutaire eût été employée immédiatement après la prise de la Bastille, que de désastres eussent été prévenus! Si on eût alors fait tomber cinq cents têtes traîtresses, cent mille patriotes n'auraient pas été égorgés, cent mille patriotes ne seraient pas menacés de l'être, l'État n'eût pas été si longtemps déchiré par des factions, bouleversé par des séditions, livré aux troubles, à l'anarchie, à la misère, à la famine, à la guerre civile; il n'eût pas été menacé de devenir la proie des hordes de barbares de tant de despotes ligués contre nous.

« Les penseurs, Messieurs, sentiront tous la justesse de cette mesure; si sur cet article vous n'êtes pas à ma hauteur, tant pis pour vous; des flots de sang vous feront un jour sentir votre erreur, et vous déplorerez avec amertume votre fatale sécurité.

« Souffrez que je vous dise un mot de moi. On a eu l'impudence de m'accuser de vues ambitieuses. Je ne m'abaisserai pas à repousser cette ridicule inculpation. Que ceux qui seraient encore tentés de la faire jettent les yeux sur ma conduite politique. Si j'avais voulu mettre un prix à mon silence, je serais gorgé d'or, et je suis dans la pauvreté; je n'ai jamais demandé ni pensions, ni emplois; pour mieux servir la patrie, j'ai bravé la misère, les dangers, les souffrances, j'ai été poursuivi chaque jour par des légions d'assassins; pendant trois ans je me suis condamné à une vie souterraine, et j'ai plaidé la cause de la liberté la tête sur le billot. Parlez, lâches calomniateurs, est-ce là la conduite d'un ambitieux ?

« Cessons, Messieurs, de consumer un temps précieux en vaines altercations, en débats scandaleux. Craignons de donner de la consistance à des bruits absurdes, adroitement répandus par les ennemis de la patrie, dans la vue de retarder le grand œuvre de la Constitution; et pour les mettre eux-mêmes à une épreuve pénible, souffrez que je vous presse de consacrer la Déclaration des Droits, de poser les bases sacrées d'un gouvernement juste et libre, qui doit faire les destinées de la France, cimenter la liberté et assurer le bonheur du peuple, pour lequel je suis prêt à chaque instant de donner ma vie. »

L'orage qui grondait sur la députation de Paris, et menaçait tout particulièrement l'ami du peuple, semble se dissiper sous le souffle irrésistible de son patriotisme; chacun reste interdit, les patriotes se regardent et semblent se reprocher leur illogisme; Danton et Robespierre ne peuvent dissimuler la honte de leur impolitique et coupable abandon. De son côté, la Gironde, qui n'a soufflé mot durant le discours, mais qui a observé la conduite de ses adversaires, a senti qu'un faible lien unit les patriotes à Marat. Il faut le rompre, se disent-ils, il faut le rompre à tout prix. Et Vergniaud paraît à la tribune.

— « S'il est un malheur pour un représentant du peuple, c'est pour mon cœur celui d'être obligé de remplacer à cette tribune un homme chargé de décrets de prise de corps qu'il n'a pas purgés » (Un murmure désapprobateur annonce à Vergniaud sa maladresse).

— « Je m'en fais gloire, répond Marat. — Et la tête de la Gironde se trouve comme écrasée sous cette réplique audacieuse, aussi soudaine qu'imprévue. Alors Boileau, témoin de la défaite honteuse de son collègue, se présente pour réparer l'échec. Il escalade la tribune, et là, un numéro de l'*Ami du peuple* à la main, dont il a soin de taire la date, il en déclame les conclusions. Je demande, ajoute Boileau, que ce monstre soit décrété d'accusation. A cette motion sanguinaire, c'est à qui des contre-révolutionnaires renchérira sur celle de Boileau. L'orage n'avait paru s'apaiser un moment que pour gronder avec plus de force sur la tête de Marat. Voici sa défense.

« On vient de me reprocher comme un titre de réprobation des décrets de prise de corps lancés contre moi par les suppôts du despotisme, des décrets d'accusation provoqués à cette tribune par les représentants du peuple prostitués à la Cour ; ce sont des brevets d'honneur dont je suis fier ; quant à ceux qui ne sauraient pas les apprécier, j'observe que le peuple, en m'appelant ici à défendre ses droits, a annulé ces décrets arbitraires, a jugé ma cause et m'a déclaré pur.

« On vient de m'accuser comme un perfide, un traître et un machinateur, le numéro 685 de l'*Ami du peuple* à la main, et cela en donnant en preuve de la délation le dernier article perfidement commenté. On vous a dit que je voulais bouleverser l'État, le jeter dans le trouble et la confusion en faisant égorger la Convention nationale. Ce perfide commentaire ne peut avoir d'autre but que d'égarer la Convention et de la soulever contre moi. Qui sont les auteurs de ce complot atroce ? Des hommes pervers que j'ai longtemps dénoncés comme les plus mortels ennemis de la patrie, les membres de la faction Brissot ; les voilà devant moi, ils ricanaient à l'instant même au bruit des cris forcenés de leurs accolytes, qu'ils osent me fixer maintenant.

« Mon délateur a produit contre moi un numéro de l'*Ami du peuple,* imprimé sur l'affiche à Pétion, il y a dix jours. Quand cet article ne serait pas l'exposé simple de mes craintes, toujours serait-il vrai que je n'y juge de la composition de l'Assemblée que d'après la nomination alarmante d'un grand nombre de députés infidèles des deux législatures, puisqu'elle n'était point encore constituée. Voyez, Messieurs, le jugement que j'en porte aujourd'hui, après l'avoir vu à l'œuvre; il est contenu dans un nouveau journal que je viens de publier sous le titre de *Journal de la République française.* »

Lecture faite dudit numéro, elle suffit pour détruire pleinement les impressions terribles que les délateurs de Marat étaient parvenus à inspirer à toute l'assemblée.

Marat reprend en ces termes :

« Souffrez, Messieurs, que je vous rappelle à vous-mêmes, après les accès de fureur auxquels vous venez de vous livrer à mon égard. Quoi, si par la négligence de mon imprimeur, ma feuille de ce jour n'avait point paru, vous m'auriez donc livré au glaive de la tyrannie ! Mais non, je n'aurais point péri en lâche ; n'en doutez pas, si le fatal décret eût été lancé, je me serais soustrait à la rage de mes persécuteurs en me brûlant la cervelle sous vos yeux (ici le pistolet était appuyé sur son front).

« On vous a demandé (1) un décret d'accusation contre ceux qui proposeront la dictature, le tribunat

---

(1) Danton.

ou le triumvirat ; c'est une fausse démarche dans laquelle on voudrait vous engager ; cette ressource de salut public dépend en dernière analyse du peuple seul. S'il la juge jamais nécessaire, il la prendra malgré vos décrets, comme il en a prises de plus terribles encore malgré les décrets de l'Assemblée constituante, et vous n'auriez fait que compromettre sans fruit comme sans besoin votre autorité. »

Vergniaud revient à la charge ; il est hué. Boileau, Cambon, Goupilleau, Rebecqui, etc., veulent suivre son exemple ; l'assemblée leur ferme la bouche en passant à l'ordre du jour.

Telle fut la séance à jamais mémorable du 25 septembre 1792, où les patriotes, ceux surtout qui prétendaient qu'on pouvait triompher des malveillants sans les anéantir, purent se convaincre qu'en révolution, comme le disait Marat, un parti ne saurait subsister longtemps s'il n'a écrasé l'autre. Vérité terrible, dont l'histoire de tous les peuples offre le plus irréfragable témoignage.

Dans cette séance orageuse, la faction Guadet-Brissot s'est complètement démasquée elle-même ; Marat ne négligea rien aussi pour la montrer à découvert. S'il avait succombé dans sa défense, c'en était fait de la députation de Paris, les coryphées auraient été écrasés, et Marat lui-même égorgé par des brigands apostés. Deux de ces scélérats le suivirent au sortir de la salle, depuis l'avenue du Manége jusqu'au guichet du Carrousel, marchant à ses côtés ; il fallut, pour qu'il s'en débarrassât, qu'il leur fît donner la chasse par une dizaine de fédérés qui se trouvèrent là fort à propos. Le même soir, Marat apprit qu'il avait été consigné aux portes de la salle, qu'il l'avait été même à la tribune. Par qui ces ordres arbitraires avaient-ils été donnés, sinon par la faction elle-même ?

Vaincue par Marat dans la séance du 25 septembre, la faction se retourna furieuse contre le comité municipal de surveillance, ne pouvant lui pardonner le rôle subalterne qu'elle avait été forcée de jouer dans la législative expirante, en face de la commune révolutionnaire du 10 août. Mais cette fois encore, il lui fallut compter avec l'ami du peuple, son plus redoutable antagoniste ; le voile qui cachait leurs ténébreuses menées fut encore déchiré.

C'est à propos de ce nouvel échec que les députés des Bouches-du-Rhône, dignes émules de ceux de la Gironde, firent afficher un énorme placard rempli d'invectives contre Marat. Les voilà bien ces hommes qui sont toujours les premiers à crier au moindre mot de bonhomie : « *Nous sommes républicains, tout ce qui n'est pas grand et sublime n'est pas digne de nous.* » Messieurs, leur répondait Marat, soyez d'abord d'honnêtes gens ; après cela, vous serez des Camille, des Régulus, des Caton, si vous le pouvez.

A quelque temps de cette affaire, dans les premières semaines de la Convention, comme un déluge de lettres de nos généraux annonçaient à l'envi les brillants succès de nos armées et excitait la plus vive allégresse, les endormeurs en profitèrent adroitement pour combler d'éloges nos généraux et plonger le public dans une sécurité qui pouvait devenir fatale en jetant les membres de la Convention hors des bornes. Alors Marat, rappelant au principe de surveillance, disait : « Sans doute, il faut aujourd'hui de la confiance dans nos généraux ; mais doit-elle être aveugle ;

après toutes les trahisons dont nous avons été jusqu'ici les victimes ? La prudence ne doit-elle pas toujours marcher à ses côtés ; ne devons-nous pas sans cesse avoir les yeux ouverts et sur nos chefs d'armée et sur nos ministres, pour les enchaîner à leur devoir et leur ôter jusqu'à la pensée de dévier ? »

Les faits qui vont suivre vont démontrer une fois de plus combien est nécessaire l'application de ce principe au point de vue de l'intérêt public et de l'intérêt particulier.

Deux bataillons de volontaires parisiens étaient accusés par le général Dumouriez d'avoir massacré à Réthel quatre déserteurs prussiens qui venaient se ranger sous les drapeaux français.

En conséquence de ce fait dénoncé à Dumouriez par le général Chazot, voici l'ordre du jour qui fut publié, exécuté, et adressé, par ordre de Dumouriez à la Convention :

Copie de l'ordre donné par le général Dumouriez aux deux bataillons, le Mauconseil et le Républicain.

« Hommes criminels, que je ne puis nommer ni citoyens, ni soldats, la France entière s'irrite de votre crime. Livrez vos armes ; si vous résistez, j'emploierai contre vous la force. . . . . Aucun de vous ne peut en aucun cas servir la patrie, car ceux qui ne sont pas des scélérats sont des lâches qui n'ont pas eu le courage de s'opposer à un crime. Vos habits et vos armes seront distribués à de vrais soldats. »

Le général Dumouriez a ensuite ordonné au général Beurnonville de les faire lier et garrotter, de les faire conduire à Paris, escortés de cent gendarmes qui les livreront à la Convention, qui décidera de leur sort. Quant au drapeau, il sera confié au commandant de l'escorte, pour être remis à des citoyens plus dignes de défendre la patrie.

Observez, écrit Marat, qu'on ne voit point ce qui peut, dans cette affaire, avoir provoqué le massacre de quatre prisonniers de guerre; c'est là une omission très-suspecte, et même criminelle, si elle est volontaire. Quoi qu'il en soit, général Dumouriez, vous devez connaître les véritables causes qui ont provoqué ce massacre. Or, s'il arrivait que vous en eussiez imposé à cet égard à la nation, et que vous eussiez connivé avec vos collègues, Roland et sa clique, pour écraser les patriotes du Mauconseil et du Républicain, soyez sûr que l'ami du peuple vous arrachera le masque, et qu'il vous poursuivra sans relâche jusqu'à ce que l'indignation publique ait fait justice de vous, comme de l'infâme Mottier.

Impatient d'acquérir des lumières, Marat s'adresse au Comité militaire. On lui répond qu'on ne connaît pas le fond de l'affaire; l'un d'eux, Châteauneuf-Randon, dit qu'on l'a assuré que les quatre soi-disant déserteurs prussiens n'étaient autres que des émigrés français pris les armes à la main. Marat se rend aux Jacobins, dévoile cet abus de pouvoir, demande que deux commissaires distingués par leur civisme l'accompagnent chez Dumouriez, pour être témoins des interpellations et des réponses.

Après quelques démarches infructueuses, ils apprennent que le généralissime des armées de la République assiste à une fête chez Talma.

En entrant dans le salon, rapporte Marat, je m'aperçus très-bien que ma présence troublait la gaieté; Dumouriez surtout paraissait déconcerté. Je le priai de passer avec nous dans une autre pièce pour l'entretenir en particulier. Voici notre entretien mot pour mot. « Comme membres de la Convention nationale, nous venons, Monsieur, vous prier de nous donner des éclaircissements sur le fond de l'affaire des deux bataillons le Mauconseil et le Républicain, accusés par vous, d'avoir assassiné de sang-froid quatre déserteurs prussiens; nous avons parcouru les bureaux du Comité militaire et ceux du département de la Guerre, nous n'y avons pas trouvé la moindre preuve du délit; personne ne peut mieux nous instruire de toutes ses circonstances que vous. » — « J'ai envoyé toutes les pièces au ministre, répond Dumouriez. » — « Nous vous assurons, Monsieur, que nous avons entre les mains un mémoire fait dans ses bureaux et en son nom, portant qu'il manque absolument de faits pour prononcer sur ce prétendu délit, et qu'il faut s'adresser à vous pour en avoir. » — « Mais, Messieurs, j'ai informé la Convention, et je me réfère à elle. » — « Permettez-nous, Monsieur, de vous observer que les informations données ne suffisent pas, puisque les Comités de la Convention, auxquels cette affaire a été renvoyée, ont déclaré dans leur rapport qu'ils étaient dans l'impossibilité de prononcer, faute de renseignements et de preuves du délit dénoncé. Nous vous prions de nous dire si vous êtes instruit du fond de l'affaire. » — « Mais, Messieurs, quand je dis quelque chose, je crois devoir être cru. » — « Nous avons, Monsieur, de grandes raisons de douter, plusieurs membres du Comité militaire nous ayant informé que ces quatre prétendus déserteurs prussiens sont quatre français émigrés. » — Hé bien, Messieurs, quand cela serait ? » — « Cela, Monsieur, changerait absolument l'état de la chose, et sans approuver d'avance la conduite des bataillons, peut-être sont-ils innocents. » — « Comment, Monsieur, vous approuvez donc l'insubordination des soldats ? » — Non, Monsieur, mais je déteste la tyrannie des chefs; or, la manière dont vous les avez traités est révoltante. » Ici Dumouriez se sentant trop vivement pressé, s'est tiré d'embarras en nous quittant. »

Suivons les faits. Le 18 octobre, Marat se présente à la tribune de la Convention, et, malgré les clameurs de la clique Roland qui avait applaudi au décret d'accusation contre les volontaires parisiens, malgré la partialité révoltante du président pour étouffer la vérité, Marat s'élève énergiquement contre le décret au sujet des bataillons incriminés, il démontre la perfidie de Chazot, de Dumouriez, et demande contre ces deux généraux un décret d'accusation.

Les Comités furent chargés d'un plus ample informé; après deux mois de persévérants efforts, la Convention, à la demande de Marat, ordonne la lecture du rapport de ses Comités sur l'affaire de Réthel.

Le rapporteur : « Je viens au nom de vos Comités militaires et de sûreté générale payer un tribut à la vérité, et ramener l'opinion sur *deux bataillons recommandables par leur vertu et leur patriotisme......* Une punition flétrissante prive depuis deux mois la France de ces braves défenseurs. Ils sont punis comme s'ils étaient coupables, et soixante d'entre eux gémissent dans les cachots. Quelle réparation ne leur doit-on pas s'ils sont innocents ? »

C'est en effet ce que démontre le rapport, à savoir que ces soi-disant déserteurs prussiens qui venaient se ranger sous le drapeau français n'étaient autres que des émigrés pris en flagrant délit d'espionnage (1). Lecture faite du rapport, voici le décret qui fut proposé : « La Convention nationale déclare que c'est à tort que les deux bataillons le Mauconseil et le Républicain ont été inculpés... décrète en conséquence que ces deux bataillons reprendront à l'armée leur rang et leur service ; que les volontaires détenus seront remis en liberté et réintégrés dans leurs grades respectifs ; que le ministre de la guerre rendra compte dans quinzaine de l'exécution de cet article ; enfin, que le présent décret sera envoyé aux Sections de Paris, aux 84 départements et aux armées. »

Sans doute vous pensez, lecteurs, que les mandataires qui avaient si fort applaudi à la dénonciation faite par Dumouriez et au décret d'accusation contre ces braves volontaires, vont, cette fois, faire acte d'impartialité et de civisme en votant le projet de décret des Comités réunis ? Détrompez-vous. Un sieur Rewbell le combat parce qu'il donne des louanges aux bataillons et qu'il inculpe les généraux qui les ont persécutés. Albitte s'attache à démontrer que les soldats ont péché par la forme et le général par le fond. Mais voilà que pendant qu'il abreuve l'Assemblée de l'opium de sa thèse, des applaudissements subits partent de toutes les galeries et interrompent l'orateur... C'est Marat qui traverse la salle et s'avance vers la tribune, que lui dispute Thuriot pour demander que l'Assemblée se borne à décréter purement et simplement la mise en liberté des volontaires patriotes et la réintégration de

---

(1) Les lecteurs désireux de connaître ce rapport le trouveront au *Moniteur* du jeudi 20 décembre 1792.

leurs bataillons dans l'armée. Marat demande à appuyer le décret présenté par le rapporteur au nom des Comités. Aussitôt la majorité de l'assemblée fait fermer la discussion, et sans vouloir entendre Marat, adopte avec empressement les vues de Thuriot. « Et ce sont des représentants du peuple qui refusent une justice éclatante à ces martyrs obscurs de la patrie. O forfaits ! Et c'est sous le prétendu règne de la justice et de la liberté que se passent impunément de pareilles scènes de tyrannie ! Et ce sont des généraux, se disant patriotes, qui en sont les auteurs ! Et ce sont les soldats de la liberté qui les souffrent ! Et ce sont les députés du peuple qui repoussent les dénonciations qui en sont faites ? Et c'est le législateur lui-même qui les consacre par des décrets de sang ! Hommes petits et vains, ou plutôt hommes présomptueux et corrompus, qui avez la sottise de vous croire des sages, de vous proclamer républicains, de vous dire des Brutus, des Socrate, des Licurgue, rendez-vous justice, et apprenez que ce n'est point avec de vieux esclaves, tels que vous, que l'on fera jamais des hommes libres. Avant que la liberté soit triomphante parmi nous, il faut que la génération entière des hommes qui vous ressemblent soit anéantie, et que la génération naissante vous remplace par des hommes simples et intègres » (*Journal de la République*, n° 28).

L'odieuse tyrannie de Chazot et Dumouriez criait justice et vengeance. Justice, pour ces valeureux citoyens qui abandonnèrent spontanément leurs foyers, leurs intérêts, leurs familles, pour arrêter l'invasion, ou faire à leurs survivants un rampart de leurs cadavres mutilés. Vengeance, de ces généraux traîtres et conspirateurs, qui bientôt vont passer à l'ennemi. Mais non, la majorité de cette Convention avait déjà la gangrène au cœur : elle aurait voté une nouvelle *loi martiale*, innocenté Louis Capet, rétabli la monarchie, supprimé un à un tous les droits de l'homme et du citoyen ; mais rendre justice aux simples soldats de la patrie, eux, ces suppôts de despotisme, ces complices de Dumouriez ? Fi donc, c'est le comble de l'horreur, pensaient avec la majorité Rewbell et Thuriot. Allons, méprisables faiseurs de décrets, prononcez votre infamie sous les regards du peuple qui vous observe ; amnistiez, ouvrez malgré vous ces cachots que vous avez verrouillés en souriant, rendez la liberté à vos victimes, vous ne sauriez faire moins sans vous démasquer entièrement ; mais les pièces de cette affaire, mais le rapport, mais l'évocation de l'ami du peuple appartiennent à l'histoire ; ces témoignages authentiques seront le monument impérissable élevé à votre abjection.

Les principes que Marat, comme publiciste, n'avait cessé de prêcher depuis le commencement de la Révolution, comme représentant du peuple, il les mettait en pratique, et par là, donnait lui-même à ses collègues patriotes de la Convention l'exemple dans l'application du droit de chaque citoyen à l'égard des mandataires du peuple. Ce principe fondamental de toute bonne Constitution, que Marat s'efforçait d'inculquer dans l'esprit public, souleva contre lui, non-seulement les royalistes, mais partie de ces républicains équivoques désignés alors sous le nom de faction Brissot, Guadet, Vergniaud, et autres.

A voir les sourdes et perfides menées de ces machinateurs ambitieux qui rêvaient pour la France une république fédérative, et qui voulaient maîtriser l'Assemblée conventionnelle, on sent combien la présence d'un censeur aussi clairvoyant, aussi incorruptible, devait être gênante.

On se rappelle que ces meneurs ont tout fait pour exclure de la Convention l'ami du peuple, en soulevant contre lui les Sections de Paris. On sait qu'ils ont tout fait pour le faire périr sous le glaive de la tyrannie, sous prétexte qu'il avait prêché la *Dictature*, le *Triumvirat*, le *Tribunat*. On sait enfin qu'ils ont formé le noir complot de l'assassiner. Jusqu'ici tous leurs complots ont été déjoués; forcés de tourner dans ce cercle étroit de scélératesse, ils viennent d'en recommencer le cours. Profitant d'une indisposition qui retenait chez lui l'ami du peuple, ils ont poussé le commandant du bataillon de la Corrèze à se présenter dimanche dernier (21 octobre 1792) pour réclamer la punition des volontaires du Mauconseil et du Républicain, déclarer qu'il est impossible de punir l'indiscipline, si la Convention conserve dans son sein Marat, le sanguinaire, Marat qui prêche sans cesse le meurtre, et demande qu'il soit jugé par un tribunal quelconque.

Ici, ajoute Marat, j'ai des observations à faire à mes persécuteurs sur leurs inculpations aussi ridicules que calomnieuses. C'est sans doute pour me punir de mon zèle à empêcher les tribunaux, les corps administratifs et les généraux protecteurs des émigrés de marque, des traîtres et des conspirateurs, de persécuter, d'opprimer et de faire périr les défenseurs de la patrie, qu'il m'accusent de prêcher le meurtre.

Ils égorgent dans les ténèbres les amis de la liberté; las d'invoquer vainement la justice, et désespéré de voir les ministres des lois devenir des instruments de tyrannie, j'ai quelquefois appelé sur leurs têtes les vengeances du peuple. Le peuple s'est vu réduit plus d'une fois à se faire justice ; ils tremblaient à la vue de ses trop justes vengeances, et loin d'oser élever des cris d'improbation, ils s'empressaient de les sanctionner ; de quel front viennent-ils donc aujourd'hui me faire un crime d'avoir conseillé des mesures salutaires, dont ils ont été même les apologistes ?

Mais à supposer que je sois dans l'erreur, en disant que c'est au peuple de se sauver lui-même, lorsqu'il est lâchement trompé par ses agents perfides ; que c'est à lui à reprendre le glaive de la justice, lorsque les juges ne sont plus occupés qu'à protéger les coupables et à opprimer les innocents ; est-ce donc en me persécutant, en m'accablant d'invectives, en provoquant contre moi des décrets sanguinaires, en me livrant à des inquisiteurs d'état, en m'égorgeant, qu'ils prouveront la fausseté de mes opinions ? Hé quoi, ces magistrats intègres, ces grands capitaines, ces généraux patriotes, ces sages législateurs n'ont donc à m'opposer que les armes de la tyrannie ? Pour m'empêcher d'exciter le peuple à se faire justice, pour empêcher la patrie de périr, ces profonds philosophes, ces éloquents orateurs, ces censeurs philanthropes qui inondent la France de leurs brochures, de leurs libelles ; qui tapissent les murs des villes de leurs placards soporifiques ou diffamatoires, ne sauront-ils donc que m'égorger ?

Ce qui démontre péremptoirement que la démarche du commandant de la Corrèze n'était qu'un coup d'essai pour sonder les dispositions de l'Assemblée contre Marat, c'est la nouvelle trame ourdie contre l'ami du peuple à la Convention trois jours après. Dans la séance du 24, Lasource, au nom du Comité diplomatique, fit lecture d'un mémoire dans lequel on représentait comme les principaux et les seuls ennemis de la nation, de la liberté et de la paix, les intrépides dénonciateurs des agents infidèles de l'autorité, qu'il désigne sous le nom d'agitateurs et de perturbateurs du repos public ; maximes absurdes dont Marat ne sentait que trop les malignes allusions et qu'à la tribune il réfuta en ces termes :

« Messieurs, les ennemis des nations, de la liberté et du repos public, ne sont pas les citoyens obscurs qui ont le courage de dénoncer, au péril de leur vie, les malversateurs, les traîtres et les conspirateurs, quelque violentes que soient leurs réclamations pour le salut commun, quelque animés que soient les traits que leur civisme inspire à leur plume ; mais les despotes sanguinaires, mais leurs infâmes courtisans, leurs vils suppôts, leurs féroces satellites ; mais les juges prévaricateurs qui font servir l'autorité des lois à protéger le crime et à opprimer l'innocence ; mais les généraux perfides qui tournent contre la patrie les armes de ses enfants ou qui conduisent ses défenseurs à la boucherie, pour livrer à l'ennemi les frontières de l'État ; mais les administrateurs infidèles qui spéculent sur l'embarras des affaires pour ruiner la fortune publique et réduire le peuple à l'indigence ; mais les indignes représentants du peuple, qui abusent de sa confiance pour remettre tous les pouvoirs entre les mains du monarque, qui, à la faveur d'un massacre concerté, dénaturent la Constitution pour anéantir la liberté, qui se retranchent ensuite contre le peuple et s'environnent de satellites pour rétablir le despotisme ; mais les ministres atroces qui abusent de leur puissance pour persécuter les amis de la patrie qui s'élèvent contre les actes arbitraires de l'autorité et qui s'en rendent coupables eux-mêmes, qui lancent encore des lettres de cachet proscrites par les lois. En voici une, Messieurs, qui a été décernée par Roland il y a peu de jours ; je demande qu'un secrétaire en fasse la lecture (1).

A peine Barbaroux eut-il fait lecture de la lettre, qu'il s'empressa de demander que le ministre fût mandé pour rendre raison des motifs qui l'avaient déterminé à décerner cet ordre arbitraire ; motion que j'avais à proposer ; puis, tirant de sa poche un papier, il s'écrie : « Citoyens, j'ai à vous dénoncer, à mon tour, un homme qui court les bataillons pour les soulever ; cet homme, c'est Marat. » A ces mots, nombre d'acolytes de la faction de la république fédérative me montrent le poing, en criant : *Un décret d'accusation ! un décret d'accusation !* Brissot, d'un air ricaneur, et ses confrères du bureau, Buzot, Gensonné, Sieyès et Guadet se distinguent dans cette noble farce. Je vois leurs menaces, et j'écoute leurs invectives de sang-froid et en leur levant les épaules de pitié. Barbaroux reprend : « Voici, citoyens, le procès-verbal d'un bataillon des Marseillais que Marat a été visiter dans leurs casernes, par où il est prouvé que ce matin il a été demander trois volontaires par compagnie pour aller déjeuner chez lui, les corrompre..... »

Comme Barbaroux achevait son charitable commentaire, un acolyte, dont j'ignore le nom, se lève pour

---

(1) Elle était contre la nommée La Roche, ne désignant pas le délit dont la prévenue était accusée et ne requérant pas la présence d'un fonctionnaire public ; conséquemment, ne pouvant être considérée que comme un acte d'autorité aussi alarmant qu'arbitraire.

s'écrier que Marat lui a dit, dans la salle, en présence de témoins, qu'il était impossible que la tranquillité fût jamais rétablie, sans que deux cent mille têtes fussent abattues..... Vacarme affreux. Je m'élance à la tribune, je demande la parole, que Guadet s'efforce de m'ôter, je l'obtiens enfin, et lorsque le calme est rétabli, je repousse mes délateurs en ces mots : « Richelieu disait qu'avec des commentaires il pourrait trouver dans le *Pater* de quoi faire le procès à tous les saints du paradis »; et il avait raison. Or, Messieurs, il n'est pas moins absurde qu'atroce de métamorphoser en projets politiques et en délits d'État de simples honnêtetés civiques (1).... Que les soldats de ce bataillon, prévenus défavorablement, aient mal répondu à mes procédés honnêtes, cela est tout simple; mais comment des officiers patriotes ont-ils pu se prêter à l'indignité de dresser un procès-verbal d'une visite de fraternité, pour peindre comme un factieux le seul homme en France qui se soit toujours mis à la brèche pour les Marseillais! Et comment Barbaroux a-t-il eu l'atrocité de les engager à cette lâche démarche, pour me traduire devant la Convention comme un criminel d'État? Je l'abandonne à ses remords, s'il en est susceptible, et à la honte, s'il peut encore rougir; c'est là toute ma vengeance.

« A l'égard de l'inculpation des deux cent mille têtes à abattre, la manière dont elle vous est présentée est une perfidie. Voici le fait. J'ai dit en pleine assemblée, et je le répète, car telle est ma façon de voir, qu'il y

---

(1) Ici, Marat rapporte tout au long, dans sa feuille du samedi 27 octobre 1792, l'entretien qu'il a eu avec les Marseillais, casernés aux Cordeliers.

avait dans l'État deux cent mille ennemis de la Révolution qui passent leur vie à machiner ; que leur pis-aller étant d'être destitués lorsqu'ils étaient pris, nous avions la sottise de souffrir qu'ils passassent tour à tour de la municipalité aux directoires de district ou de département, des directoires aux tribunaux, des tribunaux à la haute cour nationale, de la haute cour au corps législatif, du corps législatif à l'armée, de l'armée au ministère, du ministère aux corps administratifs ; tant que la nation n'en aurait pas fait justice, c'était en vain que nous espérions la paix et le bonheur, parce qu'ils étaient intéressés à entraver sans cesse la machine politique. Telle est, Messieurs, l'une de mes opinions publiques ; m'en faire un crime est une absurdité, autant vaudrait m'empêcher de penser. Mes opinions tiennent à la manière dont je suis affecté par les rapports des objets, et il ne dépend pas plus de moi de penser différemment sur celui-là, que d'empêcher qu'il ne fasse jour lorsque le soleil est sur l'horizon. Tout ce dont je puis répondre, c'est de la pureté de mes intentions ; or, il n'y a que des insensés ou des malveillants qui puissent m'asservir à leurs vues. On parle sans cesse parmi nous de faction ; oui, Messieurs, il y en a une violente dans votre sein : c'est celle qui m'outrage chaque jour avec acharnement ; mais où serait la mienne, je suis seul de mon bord. Une preuve que je n'en ai aucune, c'est qu'il n'y a pas un seul homme parmi vous qui ait le courage de parler pour moi. Les hommes atroces qui s'acharnent à ma perte savent cela comme moi, ils ne lâcheront pas prise que je n'aie succombé. Eh bien ! s'il leur faut mon sang, qu'ils m'égorgent. »

La dénonciation faite par Barbaroux contre Marat

fut renvoyée au Comité de législation, comme la dénonciation contre Roland. Celle-ci y restera ensevelie, celle-là y enfantera bientôt quelque monstre, enfant de la perfidie.

En retournant à sa place, l'ami du peuple rencontra Camille Desmoulins qui lui dit : Pauvre Marat, tu es de deux siècles au-delà du tien.

L'enfant perdu de la Révolution, le bon et spirituel, mais trop frivole Camille, n'eut jamais plus de pénétration et de sagacité que ce jour-là. Au moment de la plus grande déflagration de colère contre Marat, Camille s'adressant aux meneurs Brissotins, leur dit : « Vous direz tout ce qu'il vous plaira ; Marat, contre qui vous demandez un décret d'accusation, est peut-être le seul homme qui puisse sauver la République.... Il n'y a qu'à rire de vos efforts contre la Montagne, tant que vous nous attaquerez par le *marais* et le *côté droit*. On ne peut nous prendre que par les hauteurs, et en s'emparant du sommet comme d'une redoute, c'est-à-dire en captant les suffrages d'une multitude imprudente, inconséquente, par des motions plus populaires encore que celles des vieux Cordeliers, en suscitant des patriotes plus chauds que nous, et de plus grands prophètes que Marat..... Heureusement nous avons Marat qui, par sa vie souterraine et ses travaux infatigables, est regardé comme le maximum du patriotisme, et a cette possession d'état si bien établie, qu'il semblera toujours au peuple qu'*au-delà de ce que propose Marat il ne peut y avoir que délire et extravagance*..... Voilà le service immense que lui seul, peut-être, est en mesure de rendre à la République. Il empêchera toujours que la contre-révolution se fasse en bonnets rouges. »

Un jour Marat, l'ami du peuple, tombera sous le fer d'un assassin, et la contre-révolution en bonnets rouges enverra Danton avec Camille sous le couteau de la guillotine de Maximilien Robespierre.

La faction de la République fédérative, bien convaincue qu'elle ne pourrait jamais consommer ses desseins désastreux, tant qu'elle n'aurait point abattu l'argus patriote, souleva contre lui le corps entier des dragons casernés à l'École militaire, qui vint à la Convention présenter une pétition contre Marat. En attendant que les pétitionnaires fussent admis, une partie des soldats se dispersa autour de la salle, proférant mille imprécations contre l'ami du peuple, et jurant qu'ils le couperaient en morceaux partout où ils le trouveraient. Quelques membres de la faction, témoins des rumeurs du peuple, craignant que le moment d'agir ne fût pas favorable, firent rayer, dans la pétition, tout ce qui regardait Marat personnellement et y substituèrent des inculpations générales.

Le coup était manqué, mais ce n'était que partie remise. Le lendemain soir, au Palais-Royal, une foule d'émissaires affichèrent contre Marat un placard atroce, provoquant tous les citoyens à l'assassiner et menaçant de la corde ceux qui auraient le courage de l'arracher; néanmoins, la Commune donna ordre de mettre la force armée sur pied et de le faire arracher à l'instant même; des mandats d'amener furent décernés contre plusieurs scélérats qui s'étaient annoncés comme déterminés à l'assassiner.

Pendant que les coupe-jarrets de la faction étaient en l'air, ses acolytes proposaient, par l'organe de Buzot, un projet de sang contre les prétendus agitateurs, c'est-à-dire contre les patriotes qui ont le courage de réveiller le peuple de sa léthargie et de démasquer les traîtres et leurs complots. En voici les dispositions principales :

1° Quiconque par des clameurs, affiches, écrits et discours prononcés ou colportés, aura conseillé ou provoqué directement et à dessein le meurtre et l'assassinat, sera puni de douze ans de fers, si le crime provoqué n'a pas été commis, et de mort, si le crime a suivi sa provocation.

2° Quatre ans de chaînes contre l'imprimeur, et dix mois de détention contre le colporteur qui aurait imprimé ou colporté un des écrits mentionnés au premier article.

Si ce projet de décret vient à passer, écrit Marat, j'en demanderai l'exécution et contre les membres de la clique qui ont opiné dans le conciliabule de Dumouriez que l'on m'assassinât, et contre les officiers et soldats des dragons bleus qui se sont déclarés mes assassins, et contre les auteurs, imprimeurs et afficheurs du placard qui provoquait à m'assassiner. J'attends là mes ennemis implacables, et je ne doute pas que la Convention ne soit bientôt mise à une cruelle épreuve.

La conséquence de ce déchaînement contre Marat, qui se sentait sans cesse sous le coup de quelque émissaire des Bouches-du-Rhône ou de la Gironde, fut l'abandon momentané de ses fonctions de député du peuple, retraite dont se ressentit aussi la publication de sa feuille qui, après le 2 novembre 1792, ne reparut que le 7 suivant. Laissons à Marat lui-même le soin de peindre aux yeux de la postérité l'affligeant tableau de ses luttes, de ses angoisses, de ses misères.

« Frères et amis, c'est d'un souterrain que je vous

adresse mes réclamations. Le devoir de conserver pour la défense de la patrie des jours qui me sont enfin devenus à charge peut seul me déterminer à m'enterrer de nouveau tout vivant pour me soustraire au poignard des lâches assassins qui me poursuivent sans relâche. L'auriez-vous imaginé? Dans ces jours prétendus de triomphe et de gloire, un de vos députés est outragé par nombre de ses collègues, au sein même du sénat, pour avoir dévoilé les complots tramés contre le salut public. Eh quoi! pour se garantir des noirs attentats d'une horde de factieux qui en veulent à sa vie, un représentant de la nation sera-t-il donc réduit à demander vainement secours à ses concitoyens, à chercher un asile dans un sombre caveau pour se mettre à couvert du fer des brigands (1) qui souillaient un corps de militaires égaré par des chefs perfides, tandis que sa maison est menacée des flammes par une foule de ces militaires pris de vin (2)?

« Qui de vous se serait attendu que des gardes nationaux, aux ordres de cette faction atroce, eussent provoqué, par d'horribles placards, le peuple entier à égorger l'un de ses plus fidèles défenseurs, accusé par

---

(1) L'examen que j'ai provoqué sur la légion de cavalerie, cantonnée à l'École militaire, vient d'y faire découvrir une trentaine de scélérats flétris par la main du bourreau, tous échappés des galères, et qui viennent d'être traduits dans les prisons de la Conciergerie.

(2) Mercredi soir, plusieurs centaines de Marseillais et de dragons de l'École militaire ont défilé dans la rue des Cordeliers, en s'arrêtant devant mes croisées pour vomir mille imprécations contre la députation de Paris, et notamment contre l'ami du peuple, crier : *Marat à la guillotine!* et menacer de mettre le feu à sa maison. Voilà, je pense, des provocateurs au crime sous la direction des factieux conventionnels; mais au diable si la Convention donne la moindre suite à la dénonciation de ces attentats.

la calomnie comme agitateur et dénigré par des scélérats pour des opinions dont la multitude prévenue n'est pas en état d'apprécier la justice? Mais quoi! si l'Assemblée constituante a eu la constance d'entendre d'un bout à l'autre un affreux système de contre-révolution débité du haut de la tribune par Depresmenil, la Convention nationale, qui a consacré la liberté illimitée des opinions, me fera un crime de quelques maximes politiques dont l'adoption populaire a tant de fois sauvé la patrie. La force publique s'est déployée nombre de fois pour protéger Maury, Cazalès et Malouet, ces ennemis déclarés de la liberté contre l'indignation publique, laissera-t-elle l'ami du peuple toujours exposé, sans défense, au poignard des assassins soudoyés, que la perfidie rassemble aux portes même de la Convention? Quel vacarme l'Assemblée n'aurait-elle pas fait si de pareils outrages eussent été dirigés contre quelques-uns de ses membres dévoués au cabinet ministériel, au tartuffe Roland!

« L'atroce faction n'est pas seulement acharnée contre Marat, mais contre tous les autres députés qu'elle désespère pouvoir jamais amener à composer avec les principes et le devoir : tels que Robespierre et Panis, auxquels elle vient d'accoler Danton et Santerre, comme la Constituante accola, dans le temps, Camille à Marat, et la Législative l'*ami du roi* à l'*ami du peuple,* pour donner le change au public et lui faire croire qu'on n'en voulait pas uniquement au plus zélé soutien de la patrie. Ajoutons à la liste des proscrits qu'elle a dressée les membres du Comité de surveillance de la mairie et les membres de la municipalité du 10 août. Comment! les libérateurs de la France seraient livrés aux poursuites inquisitoriales de cette faction royaliste, aux attentats des ministres, au fer des assassins; et les ennemis de la Révolution, les membres contre-révolutionnaires de la commune, du département et des tribunaux du 9, les Menou, les Chambon, les Borie, les Rœderer, ces traîtres infâmes qui auraient porté la peine de leurs crimes le jour de la prise des Tuileries, sont tranquilles dans leurs lits, et bravent aujourd'hui le ressentiment du peuple sous les auspices de leur patron Roland et de ses valets de la faction conventionnelle. Les libérateurs de la patrie seront-ils donc les premières victimes que les lâches suppôts du conspirateur du Temple lui offriront en sacrifice expiatoire. Hé, par quels ennemis publics sont donc poursuivis les ardents défenseurs de la patrie? Par ces mêmes hommes qui, dans l'Assemblée constituante, ont sacrifié à la Cour les droits et les intérêts du peuple; je veux dire les Camus, les Grégoire, les Chassey, les Roland, les Sieyès, les Buzot; par ces mêmes hommes qui, dans l'Assemblée législative, ont connivé avec le pouvoir exécutif, ont fait décréter une guerre désastreuse, ont blanchi Motier, Narbonne, Rochambeau, Duport, Chambonnas, Lajarre; ont favorisé l'émigration de presque tous les officiers de nos armées; ont nommé au ministère les Servan, les Clavière, les Roland, les Dumouriez, et qui le 9 voulaient transférer l'Assemblée à Rouen pour y décréter la contre-révolution. Je parle des Lasource, des Lacroix, des Morisson, des Fauchet, des Gensonné, des Chambon, des Vergniaud, des Kersaint, des Brissot, des Guadet; enfin, par ces vils mannequins conventionnels, les Dulaure, les Biroteau, les Rebecqui, les Barbaroux, les M.-J. Chénier, les Lanthenas, les Gorsas, les Louvet et autres très-humbles libellistes, les coqs de la faction criminelle. Ce sont ces hommes pervers qui voudraient égorger les patriotes incorruptibles dont ils redoutent les regards perçants, qu'ils ne peuvent réduire au silence et avec lesquels ils sentent qu'ils ne pourront jamais machiner. Ce sont eux à qui les conspirateurs Necker, Bouillé et Mottier paraissent avoir légué leurs haines et leurs vengeances, d'après l'acharnement avec lequel ils ont présenté ces défenseurs des droits du peuple dès l'ouverture de la Convention.

« Depuis la fameuse séance du 25 septembre, dans laquelle ils firent éclater l'odieux complot d'écraser la députation de Paris par des imputations absurdes, chaque jour ils ont renouvelé leurs menées odieuses, malgré leur honteuse défaite, après en avoir préparé l'exécution par d'éternelles impostures et des dénonciations calomnieuses, faites à la tribune, répandues dans le public et propagées dans les départements, calomnies qui ont été détruites dans Paris, et qui le seraient également dans toute la République, si les postes n'étaient encore dans les mains du traître et perfide Roland ; car, tandis que les libellistes à gages de ce fourbe inondent et infectent l'État de leurs puants mensonges, ce cafard prépare le succès de ses atroces projets, en interceptant à la poste les missives patriotiques.

« Tous ces artifices, néanmoins, pour en imposer au peuple ne serviront de rien ; la vérité percera malgré lui, et ses efforts pour la tenir captive n'auront servi qu'à mieux le démasquer.

« Voilà une légère esquisse des basses menées, des trames sourdes et des noirs complots des scélérats conjurés contre la patrie et ses défenseurs. Je dois la vérité à mes commettants, je la leur dirai tout entière ; c'est pour mieux y parvenir que j'ai cherché un asile loin des atteintes des coupe-jarrets soudoyés. En attendant, qu'ils sachent qu'il est impossible de déjouer les traîtres et de sortir de l'affreuse position où nous nous trouvons, s'ils ne se hâtent de donner du pied au cul des ministres actuels et de les remplacer par de vrais patriotes.

« Des citoyens irréfléchis ou perfides ont osé me faire un crime de m'être rejeté dans mon souterrain pour échapper au poignard des nuées d'assassins soudoyés et au fer d'une multitude de soldats égarés, que soulevaient contre moi leurs chefs contre-révolutionnaires. Qu'eussent donc fait à ma place ces plaisants censeurs, s'ils eussent été poursuivis aux portes du sénat par les pelotons qui en cernaient l'enceinte? S'ils eussent été insultés dans leurs maisons par cinq à six cents forcenés qui menaçaient d'y mettre le feu? S'ils eussent été dévoués à périr par la multitude de scélérats qui provoquaient le peuple à me massacrer? S'ils eussent vu les orgies d'une soldatesque féroce demandant leur tête à grands cris?...

« Je ne doute pas de leur héroïsme; mais je les invite à se montrer comme moi dans les grandes occasions, où le sacrifice de la vie n'est pas en pure perte, et à venir faire mon rôle à la Convention. Lorsque ma mort pourra cimenter la liberté et assurer le bonheur du peuple, je leur permets d'insulter à mon courage s'ils me voient pâlir. Mais lorsqu'elle n'aurait fait qu'assurer le triomphe des ennemis publics, quel homme sensé osera me reprocher d'avoir conservé des jours qui peuvent encore être utiles à la patrie? »

Après cette petite digression nécessitée par des imputations dont Camille Desmoulins, parfois si enthousiaste de l'ami du peuple, s'était déjà fait l'écho, Marat reprend sa narration en ces termes :

« Depuis l'ouverture de la Convention, les membres de la faction criminelle qui me poursuit sans relâche, me dénoncent chaque jour comme un *agitateur et un perturbateur du repos public;* mais je les défie de trouver en France aucun homme digne de foi, qui puisse affirmer m'avoir jamais vu dans aucun groupe, dans aucun rassemblement, dans aucune assemblée, agiter les citoyens et les pousser au désordre. Qui ne sait que pendant trois années entières j'ai mené une vie souterraine pour échapper au fer des assassins soudoyés par les ministres conspirateurs, par le traître Lafayette, par les pères conscrits prostitués à la Cour, et par les plus audacieux suppôts du despotisme que j'avais démasqués.

« Depuis le 15 août, où j'ai quitté mon souterrain, je n'ai paru dans aucune société publique, si ce n'est cinq à six fois au corps électoral pour y donner ma voix aux députés à la Convention; deux fois à la société des Jacobins pour y dénoncer les persécutions atroces dirigées par Chazot et Dumouriez contre les bataillons le Mauconseil et le Républicain; une fois à la section de Mauconseil pour lui demander des renseignements sur l'affaire de Réthel, et une fois à la section de Marseille pour m'opposer aux mesures violentes que quelques citoyens alarmés proposaient au sujet du projet de décret sur la force armée, dont les factieux conventionnels se sont environnés avant même qu'il ait été discuté.

« Aux moments employés à ces démarches, si l'on ajoute les heures que j'ai données à mes devoirs de député, tout le reste du temps je l'ai passé dans mon cabinet, et je n'ai pris part aux affaires publiques que par mes écrits. Ces écrits sont tous signés de moi, et ils

ont tous été rendus publics par la voie de l'impression.
Je ne puis donc être attaqué que comme écrivain politique par mes accusateurs. Reste à savoir dans quel pays libre et à quel tribunal éclairé pourrait être traité en *agitateur* et en *perturbateur du repos public*, un homme dont le salut du peuple fut toujours la loi suprême; un homme qui, pour défendre la liberté, crut ne devoir jamais cesser d'appeler la surveillance du citoyen sur les fonctionnaires publics; un homme qui ne dénonça jamais les infidèles dépositaires de la puissance que sur les réclamations dûment signées des opprimés; un homme qui ne répandit jamais l'alarme sur des complots trop réels, que d'après des indices incontestables; un homme qui, poursuivant avec intrépidité les prévaricateurs, les machinateurs et les traîtres, se fit toujours une loi de respecter la vérité à l'égard de ses plus mortels ennemis; un homme qui, sans acception de personnes, rendrait justice même au diable, et qui s'empressa toujours de se rétracter toutes les fois qu'il craignit avoir été induit en erreur.

« On me reproche d'avoir souvent dénoncé sans preuves. Distinguons bien ici deux choses : les prévarications et les machinations. Or, je n'ai jamais dénoncé aucun prévaricateur que sur les réclamations de la partie lésée ou opprimée, et lors seulement que repoussée de toutes parts par les ministres des lois, elle ne pouvait obtenir justice.

« Quant aux machinations contre la liberté publique, je m'en suis tenu aux indices notoires qui suffisaient pour les constater aux yeux d'un politique exercé, seul genre de preuves que l'on puisse exiger raisonnablement pour éventer les complots, dont il ne reste souvent aucune trace; car les machinateurs ne transigent pas entre eux par actes passés devant notaire. Attendre à les dénoncer qu'on ait des preuves juridiques, c'est laisser aux traîtres le temps d'en assurer le succès : ces preuves ne s'acquérant presque jamais qu'après que le complot est couronné et qu'il n'est plus temps de s'y opposer. Exiger des preuves juridiques du dénonciateur de quelque trahison, c'est donc compromettre le salut public; il n'y a que des traîtres qui veulent se ménager l'impunité ou les moyens d'échapper qui puissent en faire un précepte et prêcher cette funeste doctrine.

« Je ne sais quelle étrange idée mes accusateurs se font des droits et des devoirs du citoyen. Ignorent-ils qu'en tout pays c'est un délit irrémissible que de taire le moindre mot qui peut tendre à éventer des machinations contre la sûreté de l'État? Ignorent-ils que, dans les républiques, le simple soupçon, étayé d'un seul indice, suffit non-seulement pour dénoncer un complot, mais pour s'assurer des auteurs? Et vous, représentants du peuple, vous me feriez un crime d'avoir éventé des machinations qui ont failli entraîner la patrie dans l'abîme, après en avoir fait si longtemps le malheur! Et vous prêteriez l'oreille aux clameurs de mes persécuteurs, qui vous pressent de renouveler contre moi un décret sollicité par les auteurs de ces machinations et accordé par leurs complices! Et vous me mettriez sous le glaive de la tyrannie pour me récompenser d'avoir, au péril de mes jours, travaillé à sauver le peuple, à vous sauver vous-mêmes! Non, quelles que soient les fureurs de la cabale atroce, je n'ai point à craindre de vous voir consommer ses criminels desseins.

« Désespérant réussir à faire de vous d'aveugles instruments d'oppression, ils se bornent à vous presser de m'exclure de votre sein, c'est-à-dire d'usurper pour me flétrir les droits intransmissibles du peuple et de vous rendre indépendants du véritable souverain; car à lui seul appartient d'ouvrir et de fermer à ses mandataires les portes du sénat. Je n'examinerai pas ici sur quelles raisons mensongères ces vils détracteurs affectent de provoquer mon exclusion; quelle que soit leur dédain apparent, qu'ils sachent que je rougirais de leur ressembler. Quant à vous, quelle que soit la prévention que les ennemis de la patrie ont cherché à vous inspirer contre l'un des premiers apôtres et martyrs de la liberté, j'ose croire que lorsque vous pourrez examiner avec impartialité ma conduite politique, depuis le premier instant de la Révolution, vous n'y trouverez que des titres à votre estime.

« Quelle que soit la décision de la Convention à mon égard, mon honneur ne dépend point d'elle, il dépend de moi seul; c'est l'unique bien qui me soit laissé après la paix de l'âme, et j'en serai toujours jaloux. Que ne puis-je en dire de même de mes ennemis; mais il y a longtemps qu'ils n'ont rien à perdre de ce côté-là. Au demeurant, j'aime à croire qu'ils ne parviendront jamais à entraîner la Convention dans des mesures inconsidérées. Ma seule sollicitude est de la voir adopter enfin de grandes maximes, qui seules peuvent mettre fin à ces discussions scandaleuses qui l'éloignent de l'objet de sa mission, nous mener au but et sauver la patrie.

« Représentants du peuple, vous vous dites républicains, apprenez donc à en remplir les fonctions; gardez-vous de traiter en juristes les matières d'État, et connaissez enfin les limites de vos pouvoirs. Comme législateurs, vous devez faire les lois et veiller à leur maintien. C'est par devant les tribunaux que doivent être traduits les délinquants de toute espèce; car dans un gouvernement libre, aucun citoyen ne doit être au-dessus de l'empire des lois. Vous ne pouvez donc connaître que des dénis de justice, après avoir reçu les réclamations des opprimés contre les fonctionnaires publics qui ont prévariqué et qui restent impunis. Comme mandataires de la nation, vous êtes aussi les surveillants nés de la sûreté publique ; à vous seuls appartient de connaître de tout ce qui peut y porter atteinte. Le salut du peuple étant la loi suprême de l'État, la porte doit être ouverte à toute dénonciation contre les machinateurs, les prévaricateurs et les traîtres. C'est au tribunal d'État que doivent être traduits les criminels de lèse-nation ; mais c'est au seul tribunal du public que peut être traduit l'accusateur injuste, et le mépris doit seul être la peine du calomniateur. Je sais qu'il paraîtra cruel à l'homme de bien d'être calomnié, et que la loi d'État qui l'expose ainsi à la calomnie doit lui paraître bien dure, lorsqu'il n'a pas assez de vertu pour sentir que tout intérêt particulier doit se taire devant l'intérêt général. Sans la crainte des dénonciations, ce frein salutaire qui retient dans le devoir les fonctionnaires publics, et sans l'extrême liberté de déjouer les complots contre la patrie en les dévoilant, c'est en vain que vous prétendriez sauver le peuple des attentats de cette immensité de scélérats qui machinent sa perte.

« Quelles que soient les clameurs élevées par des hommes impurs contre l'abus des dénonciations, il est bien certain qu'il est nul en comparaison des désastres qui résulteraient parmi nous des moyens de machiner avec sécurité contre la liberté publique. Les complots éventés ont sauvé la vie à trois cent mille Français; deux cent mille l'ont perdue par des machinations secrètes; et tout ce que la France renferme de citoyens amis de la liberté la perdraient bientôt, si cinq cent mille ennemis de la Révolution, qui nous travaillent jour et nuit, n'étaient pas contenus par la crainte d'être démasqués et livrés à la justice du peuple.

« On m'accuse d'être un *agitateur*, un *perturbateur du repos public*. Vaines clameurs, répétées par des citoyens crédules, d'après les ennemis de la Révolution. Sans doute, mes écrits ont fait le désespoir des faux patriotes, des intrigants, des dilapidateurs, des prévaricateurs et des oppresseurs que j'ai démasqués; des courtisans, des agents ministériels, des députés perfides, des traîtres et des conspirateurs que j'ai déjoués. Que n'ont-ils pas fait pour en contre-balancer l'influence? Non contents de les intercepter à la poste, de les saisir chez les distributeurs, de briser mes presses, de jeter dans des cachots les colporteurs, ils ont soudoyé une foule de libellistes pour me diffamer; ils ont fait circuler, sous mon nom, une multiplicité de faux écrits tendant à égarer l'opinion publique, et à l'imprégner des maximes funestes de l'aristocratie et du royalisme. Rien n'a été omis de leur part pour tromper le peuple, et il eût peut-être toujours été la dupe de ces imposteurs, si l'impatience de me perdre ne les eût jetés dans des mesures inconsidérées.

« Ils avaient soin de faire imprimer ces faux écrits par mes imprimeurs et débiter par mes publicateurs. Le maire Bailly, et deux municipaux dévoués comme lui à Mottier, en ont fait débiter par l'un de mes distributeurs, auquel ils ont offert une somme considérable pour l'engager à continuer. Le ministre de l'Intérieur les faisait distribuer gratis à Paris par des gens à la livrée du roi, après en avoir inondé le royaume. A mon retour de Londres, où l'atroce expédition du 22 janvier 1790 m'avait forcé de chercher un asile, je trouvai cinq *faux Amis du peuple*, dont les fripons de rédacteurs se disputaient mon nom et ma devise avec le titre de mon journal, en s'accablant chaque jour d'invectives dégoûtantes. Indigné d'un spectacle aussi grotesque que révoltant, je m'adressai par lettres à la police pour avoir justice de ces fripons déhontés qui desservaient la cause publique en égarant le peuple. Les agents de la police prétextèrent mon absence pour mettre de côté mes réclamations; réduit à braver et les poignards des assassins et les sbires du Châtelet, je me présentai à quelques fonctionnaires publics, pour forcer leur feinte incrédulité et obtenir d'eux l'autorisation de paralyser les presses des faussaires et d'enlever les éditions pseudonymes. Mes démarches ne furent pas toutes infructueuses : en juin 1790, je fis mettre les scellés, par le district de St-Étienne-du-Mont, sur les presses du sieur Rozé, et j'enlevai, rue Percée, une édition entière d'un faux *Ami du peuple*, laquelle fut déposée à la Mairie. Ces deux derniers faits se sont passés sous les yeux de Manuel, membre de la Convention, alors administrateur de police. Je le somme de déclarer si j'avance ici une chose qui ne soit conforme à la plus exacte vérité.

« Comme je n'ai jamais cessé de poursuivre à outrance les ennemis de la liberté, mon lot fut toujours d'en être persécuté avec fureur. Je dois le dire sans détour. Les meneurs de la clique atroce qui s'acharnent aujourd'hui à ma perte, à quelques nouveaux venus près, sont ces mêmes hommes que j'ai tant de fois dénoncés comme d'infidèles mandataires du peuple; ces mêmes hommes qui, sous le masque du patriotisme, ont si longtemps sacrifié à une Cour scélérate les droits et les intérêts de la nation. Dans le nombre sont : les Rabaut, les Buzot, les Camus, les Sieyès, les Brissot, les Vergniaud, les Lasource, les Guadet, les Gensonné, les Kersaint, les Chambon, les Barbaroux, les Biroteau, les Rebecqui, intrigants barbares et cupides, dont les uns, à la faveur d'un massacre concerté à loisir, ont laissé dénaturer la Constitution pour rétablir le despote dans sa toute-puissance, et dont les autres, à la faveur d'un nouveau massacre encore plus affreux, allaient fuir de nos murs pour s'installer à Rouen et y décréter la contre-révolution.

« Toutes les menées ténébreuses employées contre moi par les scélérats prostitués au despotisme avant la journée du 10 ont été renouvelées par les meneurs de la clique déhontée qui souille la Convention, qui s'efforce de m'en faire exclure, de me faire périr par le fer des assassins et, qui pis est, d'égarer le peuple et de m'en faire massacrer. Roland, leur patron, a fait intercepter mes écrits et ma correspondance à la poste, après avoir inondé les départements de libelles et de placards où il me diffame sans pudeur. A qui fera-t-il croire qu'il ne dilapide pas journellement les biens nationaux à stipendier une foule de libellistes pour me dénigrer, et à faire imprimer ces libelles sous toute espèce de format pour être distribués aux membres de la Convention; tandis que les suppôts de la clique égarent et soulèvent contre moi quelques-uns de mes collègues, une soldatesque égarée et les gardes nationaux qu'ils ont appelés clandestinement à Paris pour y appuyer leurs desseins criminels; tandis qu'ils s'étayent des faux écrits publiés sous mon nom pour me traiter de royaliste, ou qu'ils tronquent mes véritables écrits pour me décrier dans l'opinion publique.

« Il est démontré par les peines infinies qu'ont prises et par les sommes immenses qu'ont dilapidées le despote et ses suppôts, combien ils redoutaient l'éclat de la vérité. Cela seul suffirait pour confondre les clameurs de la faction qui me persécute avec barbarie. Mais il faut la pousser dans ses derniers retranchements et lui enlever jusqu'à l'ombre d'un prétexte de me calomnier.

« Le grand cheval de bataille de mes détracteurs est de me peindre comme un homme sanguinaire, qui est sans cesse à prêcher le meurtre et l'assassinat. Mais je les défie de faire voir autre chose dans mes écrits, si ce n'est que j'ai démontré la nécessité d'abattre quelques centaines de têtes criminelles pour conserver trois cent mille têtes innocentes, de verser quelques gouttes de sang impur pour éviter d'en verser des flots de très-pur, c'est-à-dire d'écraser les principaux contre-révolutionnaires pour sauver la patrie; encore n'ai-je conseillé les exécutions populaires que dans les accès de désespoir où me jetait la douleur de voir les lois protéger les traîtres, et les conspirateurs échapper au glaive de la justice. Or, j'invite mes détracteurs à soumettre ces conseils à un tribunal de sages, et si je n'ai pas son approbation, je consens à passer pour un cannibal. Oui, c'est le plus pur amour de l'humanité, le plus saint respect pour la justice, qui m'a fait renoncer quelques moments à la modération philosophique, pour crier haro sur nos implacables ennemis. Cœurs sensibles et justes, c'est à vous que j'en appelle contre ces hommes de glace qui verraient périr le genre humain sans s'émouvoir, sans sortir des gonds; les transports de fureur que vous éprouvez à la vue d'une nation entière entraînée dans l'abîme par une poignée de scélérats est mon apologie. Et le salut public qu'ont toujours assuré ces expéditions populaires sera la seule réponse que j'opposerai à la calomnie.

« Mes détracteurs m'accusent aussi d'avoir aspiré à la *dictature* après l'avoir prêchée. Ils s'amusent sans doute, en me faisant ce reproche. Aspirer à la dictature, moi pauvre diable, sans amis, sans partisans, sans fortune, sans moyens, sans asile; moi que mes nombreux ennemis n'ont jamais laissé jouir vingt-quatre heures entières de la bonne opinion que me donnait mon dévouement à la chose publique; moi qui suis en butte aux traits d'un million d'ennemis puissants, la plupart fonctionnaires publics; moi qui me vois depuis trois ans réduit à mener une vie souterraine pour échapper au fer des assassins; moi que la lâcheté des patriotes a tant de fois forcé de chercher un lit au milieu de la nuit; moi qui n'ai pas trouvé un seul patriote assez courageux pour se dire mon ami dans les temps de crise, seule époque où l'on pût songer à recourir à la dictature. Vils intrigants acharnés à ma perte, rougissez de vos absurdes calomnies; elles n'égareront que des imbéciles ou des hommes pris de vin. J'ai conseillé au peuple, il est vrai, de se nommer des chefs momentanés sous le nom de tribuns ou de dictateurs, et seulement pour abattre les conspirateurs que protégeaient les dépositaires de l'autorité. C'était là, selon moi, le seul moyen de sauver la patrie. Pour détruire cette erreur, si c'en était une en effet; que n'en avez-vous montré les dangers. Au lieu des armes de la raison, vous m'avez opposé celles des imposteurs et des assassins. Mais pour me réfuter, il fallait avoir sur moi les avantages d'une bonne cause, et il était bien plus facile de me faire égorger. Mais quoi, vous réclamez chaque jour la liberté illimitée des opinions pour vous et vos amis; s'agit-il de moi et de vos antagonistes, vous vous en déclarez les tyrans.

« Mes persécuteurs me reprochent d'être *un homme abominable, aux côtés duquel on ne peut prendre place sans être déshonoré; un homme que la terre a tort de nourrir et le soleil d'éclairer; un homme qui est un reproche continuel à la nature, et dont le nom seul est une injure.*

« Je n'entends rien à ce galimathias mystique; mais il paraîtra plaisant sans doute que ceux qui m'adressent ce reproche soient tous connus pour des libertins crapuleux, des intrigants sans mœurs, des hommes perfides, parmi lesquels se trouvent des escrocs et des assassins. »

Cette réfutation est triomphante aux yeux de qui connaît l'histoire de notre grande Révolution et en a étudié les hommes; mais si la bassesse des suppôts masqués du royalisme rehausse d'autant l'éclat des vertus morales et politiques de l'ami du peuple; de quel sentiment douloureux n'est-on pas pénétré au récit du long martyre de cet apôtre de la liberté. Combat suprême d'un seul contre tous, lutte acharnée durant laquelle Marat provoque par ses dénonciations patriotiques toutes les violences de ses antagonistes et la rage des fripons, rétorque leurs calomnies, dévoile leurs menées, évente leurs sinistres projets, sans négliger les droits du peuple auquel il prescrit les moyens de fonder sa liberté; sans perdre de vue un instant les trop pusillanimes députés qui mollissent devant les mesures de salut public, et fustigeant sans pitié ceux qui trahissent ; soutenant à lui seul, par son exemple, le courage chancelant des journalistes patriotes auxquels il ne cesse de recommander la surveillance des fonctionnaires publics équivoques.

Ces pénibles devoirs, Marat les a remplis trois années entières avec tout le zèle que le ciel a mis dans son âme, sans jamais calculer à la vue des dangers qui l'environnaient, sans jamais être retenu par la crainte des supplices qui lui étaient réservés ; fort du témoignage de sa conscience, fier de la cause glorieuse qu'il avait à soutenir, et se consolant des amertumes dont il était abreuvé par le sentiment du bien qu'il s'efforçait de faire. Si ses efforts pour sauver la patrie ont été quelquefois alliés aux saillies d'une imagination alarmée, aux élans d'un cœur livré au désespoir, plaignez la faiblesse de l'humanité, mais n'outragez pas la vertu pour mettre le vice à son aise.

Jusqu'ici, nous n'avons négligé aucune occasion de faire connaître Marat, de le faire revivre aux yeux de la postérité tel qu'il fut réellement, tel qu'il apparaît par ses œuvres, comme philosophe, comme moraliste, comme savant ; et par ses actes, comme politique, comme législateur. Tâche facile, car Marat, sans cesse calomnié, soumit à la censure du public et de ses ennemis mêmes ses actions, ses mœurs, sa vie tout entière. Appel candide qui n'eut point d'imitateurs et qui cloua plus d'une fois sur leurs siéges les lâches détracteurs qui l'avaient provoqué, et dont pas un se soit levé pour le confondre.

Pour parfaire cette peinture morale, appelée à dissiper les imputations sans nombre dont la mémoire de l'ami du peuple est surchargée, nous n'avons qu'à citer encore.

« Depuis que j'ai pris la plume pour la défense de la patrie, on n'a jamais pris la peine de réfuter mes opinions; mais chaque jour on a publié contre moi une multitude de libelles atroces. Qu'ont-ils produit? Rien que d'enrichir les libellistes et les imprimeurs. Quant à moi, ils ne m'ont pas fait perdre une ombre de popularité pour ceux qui peuvent m'entendre et qui savent lire.

« Je sais bien que mes écrits ne sont pas faits pour rassurer les ennemis de la patrie; les fripons et les traîtres ne craignent rien tant que d'être démasqués. Aussi le nombre des scélérats qui ont juré ma perte est-il prodigieux. Forcés de couvrir leurs ressentiments, leurs basses vengeances, leur soif de mon sang, du manteau de l'amour de l'humanité, du respect des lois, ils vomissent mille impostures atroces ou ridicules. Les seules qui ont trouvé des dupes, et qu'ils ne se lassent point de répéter, c'est que je suis un cerveau brûlé, un fou atrabilaire, ou bien un monstre sanguinaire, un scélérat soudoyé.

« Qu'ils lisent les écrits que j'ai publiés au commencement de la Révolution, l'*Offrande à la patrie*, mon *Plan de Constitution*, mon *Plan de Législation criminelle* et les cent premiers numéros de l'*Ami du peuple*, et qu'ils disent dans quels ouvrages renommés par la sagesse et la philanthropie ils trouvent plus de ménagement, de prudence, de modération, d'amour des hommes, de la liberté et de la justice.

« Ils m'accusent d'être un scélérat vendu. Mais, je pouvais amasser des millions en vendant simplement mon silence, et je suis dans la misère; j'ai perdu par la Révolution mon état, les restes de ma fortune, et il me reste pour patrimoine deux mille écus de dettes que m'ont laissés les fripons à qui j'avais donné ma confiance, qui ont abusé de mon nom et qui m'ont dépouillé.

« Ils me représentent sans cesse comme un anarchiste qui foule aux pieds toutes les lois et qui ne se plaît que dans le désordre. Eh bien! j'approche de la cinquantaine; or, depuis l'âge de seize ans, je suis maître absolu de ma conduite. J'ai vécu deux années à Bordeaux, dix à Londres, une à Dublin et à Édimbourg, une à La Haye, à Utrecht et Amsterdam, dix-neuf à Paris, et j'ai parcouru la moitié de l'Europe; qu'on compulse les registres de la police de ces divers pays, je défie qu'on y trouve mon nom pour un seul fait illicite; qu'on aille aux informations, je défie que personne sous le ciel puisse me reprocher une seule action déshonnête; or, entre-t-il dans l'esprit qu'un homme qui, en tout pays, sut respecter l'ordre établi, puisse être un anarchiste?

« Dans les explications publiques qui ont eu lieu entre les membres des deux partis qui divisent la Convention, les *hommes d'État*, interpellés de s'expliquer sur mon compte, ont été réduits à se retrancher dans un seul grief; aucun n'a osé attaquer mes mœurs, mes actions, ma conduite privée; mais tous m'ont accusé d'être trop exalté dans mes opinions, trop exaspéré dans mes discours et dans mes écrits; Buzot lui-même s'est borné à me représenter comme un homme qui pourrait être dangereux par sa popularité, par ses lumières, son audace et la véhémence de ses discours.

« Ceux qui m'accusent connaissent mieux que personne toute l'absurdité de leurs imputations; ils ne déclament sans cesse que pour me proscrire de la Convention, m'ôter les moyens de les démasquer et d'arrêter leurs projets criminels ; voilà les motifs secrets de leurs éternelles calomnies. En m'abreuvant chaque jour d'amertume, comme ils le font, il y a longtemps qu'ils m'auraient forcé à la retraite, si j'étais aussi lâche qu'ils sont hypocrites. »

On ne saurait rétorquer plus victorieusement les arguments de ses accusateurs ; dissiper d'une manière plus nette les sombres nuages dont la calomnie s'est plu à envelopper le caractère moral et politique de Marat, surtout si l'on réfléchit que l'accusé s'adressait au public par la voie de son journal, provoquant ainsi la censure de ceux-là mêmes qu'il avait dépouillés de tout prestige, comme les Necker, les Bailly, les Lafayette, les Dumouriez, les Servan, les Brissot, les Roland, les Vergniaud, les Lasource, les Guadet, les Barbaroux, les Beurnonville, pour ne citer que les plus connus parmi les nombreux suppôts mis à l'index par l'ami du peuple.

Néanmoins le portrait de Marat resterait inachevé, et l'homme passerait tôt ou tard pour une fiction populaire si nous négligions de donner un corps à cette grande âme, si nous ne le signalions aux artistes par des détails physiognomoniques propres à éclairer un jour le génie patriotique qui, dans la plastique, voudrait créer un rival au chef-d'œuvre de Louis David.

Le portrait que nous allons retracer est certainement de main de maître. Si on le compare au masque moulé sur nature morte, au buste par Deseine, aux peintures de Boze, Simon Petit, L. David, on restera convaincu qu'à part cinq ou six productions de ce genre, le surplus n'est que pure fantaisie, sans mérite ni valeur.

PORTRAIT DE MARAT,

par Fabre d'Eglantine.

(In-8° de 24 pages.)

Jean-Paul Marat était de la plus petite stature ; à peine avait-il cinq pieds de haut. Il était néanmoins taillé en force, sans être ni gros ni gras ; il avait les épaules et l'estomac larges, le ventre mince, les cuisses courtes et écartées, les jambes cambrées, les bras forts, et il les agitait avec vigueur et grâce. Sur un col assez court, il portait une tête d'un caractère très-prononcé ; il avait le visage large et osseux, le nez aquilin, épaté et même écrasé ; le dessous du nez proéminent et avancé ; la bouche moyenne et souvent crispée dans l'un des coins par une contraction fréquente ; les lèvres minces, le front grand, les yeux de couleur gris-jaune, spirituels, vifs, perçants, sereins, naturellement doux, même gracieux et d'un regard assuré ; le sourcil rare, le teint plombé et flétri ; la barbe noire, les cheveux bruns et négligés ; il marchait la tête haute, droite et en arrière, et avec une rapidité cadencée, qui s'ondulait par un balancement de hanches : son maintien le plus ordinaire était de croiser fortement ses deux bras sur la poitrine. En parlant en société, il s'agitait avec véhémence et terminait presque toujours son expression par un mouvement du pied qu'il tournait en avant, et dont il frappait la terre, en se relevant subitement sur la pointe, comme pour relever sa petite taille à la hauteur de son opinion. Le son de sa voix était mâle, sonore, un peu gras et d'un timbre éclatant; un défaut de langue lui rendait difficile à exprimer nettement le *c* et l'*s*, dont il mêlait la prononciation à la consonnance du *g*, sans autre désagrément sensible que d'avoir le débit un peu lourd; mais le sentiment de sa pensée, la plénitude de sa phrase, la simplicité de son élocution et la brièveté de son discours effaçaient absolument cette pesanteur maxillaire. A la tribune, s'il y montait sans obstacle ni indignation, il se campait avec assurance et fierté, le corps effacé, la main droite sur la hanche, le bras gauche tendu en avant sur le pupitre, la tête en arrière, tournée aux trois quarts, et un peu penchée sur l'épaule droite. S'il avait, au contraire, à vaincre à la tribune les hurlements de l'aristocratie, les chicanes de la mauvaise foi et le despotisme d'un président, il attendait le calme avec constance et la parole avec audace; il prenait une attitude hardie, croisait diagonalement ses deux bras sur sa poitrine; et, en s'effaçant vers la gauche, donnait à sa physionomie et à son regard un caractère sardonique dont il ne manquait pas d'exprimer tout le cynisme dans son discours.

« Il se vêtissait d'une manière négligée; son insouciance, sur ce point, annonçait une ignorance complète des convenances de la mode et du goût.... »

Bien que nous ayons présenté sur Marat un ensemble de faits, minutieusement décrits, qui suffiraient à le faire connaître sous son vrai jour, nous n'avons pourtant pas tari la source féconde où nous avons puisé, puisqu'il nous reste à examiner encore six à sept mois de sa vie active et laborieuse comme publiciste; puis ses actes comme représentant du peuple à la Convention nationale, cette gigantesque arène politique, nouveau théâtre des luttes et des triomphes de l'ami du peuple.

Cette Assemblée compte à peine trois mois d'existence ; à peine a-t-elle eu le temps de manifester ses tendances, si ce n'est contre la députation de Paris, la Commune révolutionnaire du 10 août, et particulièrement contre Marat, qui, il est vrai, résume plus et mieux qu'aucun autre les vrais principes pour lesquels la Révolution s'accomplit.

La République a été proclamée, dira-t-on ; oui, mais la royauté déchue et captive au Temple n'en compte pas moins de nombreux suppôts dans l'Assemblée conventionnelle et d'innombrables satellites dans l'administration, dans l'armée, parmi les nombreux privilégiés dépossédés par elle. D'ailleurs, la question du jugement de l'ex-monarque est loin déjà de la logique révolutionnaire, et les masses toujours inconséquentes semblent s'apitoyer sur le sort de Louis Capet.

C'est dans ces conjonctures qu'est présenté à la Convention nationale, les 6 et 7 novembre 1792, le projet de décret du Comité de législation sur le jugement de l'ex-roi des Français.

L'Assemblée décrète que Louis Capet peut être jugé, qu'il le sera par la Convention, que des commissaires feront un rapport énonciatif des délits dont Louis sera prévenu, que cet acte sera imprimé et que les originaux des pièces à sa charge lui seront communiqués, que la Convention fixera le jour auquel Louis comparaîtra devant elle, que l'ex-roi présentera par lui ou par ses conseils sa défense écrite ou verbale ; enfin, que le jugement sera porté par appel nominal.

Ce projet renferme une disposition capitale qui rendrait toutes les autres illusoires, si elle n'était déterminée avec précision. Je parle de celle qui concerne les suffrages de la Convention nationale érigée en tribunal suprême. Or, si les suffrages ne sont pas donnés, non-seulement à haute voix, mais par écrit de la main du votant sur des registres particuliers, la pudeur publique ne retenant plus les hommes à considération, et la crainte de l'exécration du peuple ne retenant plus les suppôts du royalisme, nul doute qu'ils ne donnent leurs voix pour absoudre l'ex-monarque, traître et conspirateur.

Au demeurant, quelque utiles que soient pour l'instruction publique les différents points de vue sous lesquels le Comité a examiné les crimes de Louis Capet, un seul doit fixer le jugement de la Convention : c'est que l'ex-monarque est un ennemi public pris en armes contre le peuple qu'il voulait égorger ou remettre sous le joug ; il ne s'agit donc point de feuilleter la Constitution pour savoir quel genre de peine il peut avoir encouru ; parmi tant de moyens d'impunité qu'elle lui avait ménagés, qui ne voit qu'il doit être jugé d'après le droit imprescriptible qu'ont les nations de punir leurs mandataires infidèles, traîtres et machinateurs.

Si les droits d'une nation pouvaient être restreints par ses représentants, l'insurrection du 10 août ayant remis le peuple français dans toute leur plénitude, on sent qu'il est le maître de punir Louis Capet du supplice dont tous les peuples du monde punissent les conspirateurs.

Voilà pour les principes ; reportons maintenant nos regards vers le peuple. Déjà des émissaires soudoyés se répandent dans les lieux publics pour s'apitoyer sur le sort d'un prince sanguinaire que ses forfaits ont placé à juste titre dans la classe des tyrans, de ces monstres que le cruel destin semble n'avoir placés sur le trône que pour les faire abhorrer du reste des humains. Déjà des folliculaires à gages inondent le public de misérables gérémiades en faveur de l'ex-monarque, hypocrite, parjure et conspirateur. Déjà de vils académiciens, naguères pensionnaires royaux, font circuler partout un plaidoyer (1) perfide sous le nom de Necker et sous le titre de : *Réflexions présentées à la nation française sur le procès intenté à Louis XVI.*

Dans cet écrit mensonger, vide de raison, rempli d'hérésies politiques, orné de pathos larmoyant et attribué à la plume de Condorcet, on a l'impudeur de faire des rois autant d'êtres d'une nature privilégiée, appelés par l'éclat de leur naissance à dominer la terre, à dévorer sur un trône brillant la substance des peuples, que l'on croit leur appartenir comme un troupeau de moutons.

On ose y mettre en question si Louis Capet n'est qu'un homme; et sans tenir aucun compte des crimes, des perfidies et des atrocités qu'il n'a cessé d'entasser pour ressaisir les rênes de l'État, sans dire un mot des nombreux massacres qu'il a ordonnés pour rétablir son

---

(1) Le rapport a été présenté le 7 novembre, et le plaidoyer en question était déjà dans le public le 15. Ainsi, le rapport du Comité aurait été expédié à Necker, en Suisse; cet ex-ministre l'aurait lu et commenté : il aurait composé une brochure de 32 pages petit-romain; il aurait fait mettre au net son manuscrit, il l'aurait fait passer à Paris, sortir de la presse et distribuer dans l'espace de huit jours; chose impossible à exécuter dans un intervalle double et triple, à moins que le rapport du Comité ne lui été communiqué d'avance. Ce qui viendrait à l'appui du sentiment de ceux qui croient que Necker dirige encore les spéculations financières de l'État.

despotisme, on ne parle que de ses mérites et de ses vertus; on érige en bienfaits la convocation des États généraux et la renonciation à certaines prérogatives de la Couronne, c'est-à-dire les expédients commandés par ses dilapidations et son désintéressement forcé des droits usurpés du souverain; on représente comme des sacrifices généreux les actes de tyrannie dont il a été forcé de s'abstenir, et le joug de la nécessité qu'il a subi en frémissant; autant vaudrait mettre au nombre des bienfaits d'un brigand terrassé les coups qu'il n'a pu repousser avant d'être abattu. De ces flagorneries dégoûtantes, on passe à des déclamations insensées. On a le front de représenter les rois comme des personnages sacrés au-dessus du jugement des hommes; l'idée d'amener en jugement un affreux despote, comme le renversement de tout sentiment de justice; le dessein de le punir comme le bouleversement de la société, l'un de ces événements horribles qui couvriraient une nation d'opprobre; le vœu du peuple opprimé pour la punition du tyran, comme des cris sanguinaires dont le ciel et la terre semblent tressaillir.

On a la stupidité de faire un crime à la nation française de ses nouvelles idées de liberté; on s'efforce de la rappeler à ses anciennes maximes de servitude, et de la ramener aux temps désastreux où elle méconnaissait ses droits, se regardait comme une victime dévouée au caprice de ses maîtres, et où elle adorait en tremblant la main barbare qui la dépouillait, la main qui faisait couler son sang goutte à goutte. On a la folie de mettre en question si Louis Capet n'est qu'un homme, et de faire intervenir l'univers à genoux pour supplier le ciel de se déclarer en faveur de ce scélérat couronné, qui ne fit jamais que se vautrer dans la fange, opprimer ses concitoyens, boire leur sang dans des coupes d'or, outrager la justice et révolter la nature.

L'audace et la démence des suppôts de la royauté ne se bornent pas là ; ils ont l'effronterie de demander dans des décrets stupides, non-seulement l'impunité du tyran, mais sa maintenue à la tête du législateur, comme ce qu'il y a de plus conforme aux intérêts de la nation. Tels sont ceux que le bureau conventionnel de distribution a eu la témérité de remettre aux députés il y a peu de jours, sous le titre de : *Premier problème à résoudre*, et de : *Suite du premier problème à résoudre*. Ces rapsodies sont d'un ex-comte, connu sous le nom de d'Amerval de La Sosotte, chevalier de St-Louis, domicilié rue des Cordeliers, n° 8, faubourg St-Germain. Ce dandin de la caste proscrite, qui n'aurait été digne que de pitié, s'il s'en fût tenu à végéter dans un coin, doit être réprimé comme un brouillon licencieux.

Cette façon de voir paraîtra fronder les préjugés reçus ; mais je ne suis pas de ceux qui réclament la liberté indéfinie des opinions ; elle ne doit être illimitée que pour les vrais amis de la patrie, et c'est un crime à mes yeux que d'agiter des questions inciviques, comme c'en est un que de prêcher la soumission à des lois oppressives. Dans le système des modérés, le salut public est sacrifié à un faux amour de l'humanité ; ils veulent qu'on laisse aux ennemis de la Révolution les moyens de fomenter des dissensions, sous prétexte de ne pas porter atteinte à la liberté de penser ; ils veulent qu'on leur laisse la liberté de bouleverser l'État, sous prétexte de ne pas gêner la liberté individuelle ; ils veulent qu'on leur laisse la liberté de conspirer à l'étranger, sous prétexte de ne pas porter atteinte à la liberté de voyager. Quand serons-nous mûrs pour un gouvernement sage et réglé ; quand adopterons-nous des maximes de politique qui assurent la liberté et la tranquillité publiques ? Quoi, tandis qu'un Roland, un Clavière et la clique ambitieuse empêchent les écrits vraiment patriotiques de circuler dans les départements, en les interceptant à la poste, nous laisserions circuler en paix des écrits serviles et pestiférés ; ce serait le comble de la folie !

La discussion relative au jugement du ci-devant roi s'ouvrit, à la Convention nationale, le 13 novembre 1792. La première question soumise à la délibération fut celle-ci : *Le roi peut-il être jugé ?* proposée par Pétion et résolue affirmativement par l'Assemblée. Question insidieuse sous une apparente impartialité ; question contre-révolutionnaire, car elle portait dans ses flancs l'embryon de la guerre civile, si le ci-devant roi était mis hors de cause ; question indigne d'une Assemblée républicaine et outrageante pour les vainqueurs du 10 août, à laquelle Morisson répondit par un long plaidoyer : *Nous ne pouvons juger le roi.*

Saint-Just, allant droit au but, réplique que le roi doit être jugé non en citoyen, mais en ennemi, d'après le droit des gens et non d'après la loi civile.

Fauchet, en vrai jésuite, est convaincu que Louis XVI a mérité plus que la mort, mais qu'on doit lui laisser la vie pour servir d'exemple aux conspirateurs.

Lefort, autre jongleur, propose le renvoi de la cause aux assemblées primaires, pour connaître le vœu du peuple entier.

Voici, quant à Marat, la substance du discours qu'il prononça à la tribune de la Convention, et qui fut reproduit peu après dans le *Journal de la République* des 4 et 5 décembre 1792.

OPINION

de Marat, *l'ami du peuple, député, etc.*, sur le jugement de l'ex-monarque.

« Mettre en question si la nation a le droit de juger et de punir du dernier supplice un fonctionnaire public élevé au premier rang, lorsqu'il s'est couvert du masque de l'hypocrisie pour machiner contre elle avec plus de sécurité ; lorsqu'il a fait servir à opprimer ses compatriotes l'autorité qui lui a été confié pour les protéger ; lorsqu'il a fait des lois un instrument de fureur pour écraser les partisans de la Révolution ; lorsqu'il a enlevé aux citoyens leur numéraire pour soudoyer leurs propres ennemis ; lorsqu'il leur a enlevé leurs subsistances pour approvisionner les hordes barbares qui venaient les massacrer ; lorsqu'il a formé des compagnies d'accapareurs et d'ouvriers de famine, pour tarir les sources de l'abondance, faire périr le peuple de misère et de faim ; lorsqu'il s'est déclaré le chef des traîtres et des conspirateurs ; lorsqu'il a tourné contre la nation les armes qu'elle lui avait remises pour la défendre ; lorsqu'il a tramé le complot de faire massacrer les défenseurs de la liberté, pour remettre le peuple à la chaîne : c'est insulter à la raison, outrager la justice et révolter la nature. Mettre en question si un despote souillé de tous les crimes, si un monstre encore tout couvert du sang des amis de la patrie, qu'il a fait égorger, peut être amené en jugement et puni du dernier supplice, c'est se jouer de l'humanité, c'est renoncer à toute pudeur.

« Non, citoyens, je ne vous ferai pas l'injure de croire qu'il se trouve parmi vous un seul homme qui révoque cette vérité en doute, à moins qu'il n'ait quelque intérêt à la repousser. Si vous en avez fait la base de la discussion, c'est moins pour éclairer un point contesté que pour fournir aux orateurs patriotes une occasion unique de mettre en évidence l'absurdité des sophismes dont se servent, pour la défendre, les créatures de l'ex-monarque, les partisans de la royauté, les suppôts du despotisme.

« Votre Comité de législation a fait voir, par une série de raisons tirées du droit naturel, du droit des gens, du droit civil, que Louis Capet doit être amené en jugement. Cette marche était nécessaire pour l'instruction du peuple : car il importe de conduire à la conviction, par des routes différentes et analogues à la trempe des esprits, tous les membres de la République. A l'égard des représentants du souverain, ils ne peuvent envisager la question que par son côté politique. »

Ici, Marat examine au point de vue philosophique et politique l'opinion de ceux qui arguent de la réciprocité des conditions stipulées entre les peuples et les princes. Puis il reprend : « Venons au fait. Après treize siècles de servitude et de tyrannie, le despotisme était abattu pour toujours, si la nation, trop longtemps courbée sous le joug, avait pu prendre une attitude imposante et soutenir avec vigueur la résolution magnanime de rentrer dans ses droits. Il était abattu pour toujours, si les mandataires du peuple avaient eu le courage de profiter de la consternation du despote et de ses suppôts, de le précipiter du trône et de rétablir la liberté ;

mais, ô douleur ! ces lâches mandataires qui, pour rester en place, avaient d'abord témoigné de la résistance aux ordres du tyran, ne se virent pas plutôt appuyés des citoyens armés qu'ils entrèrent en composition avec la Cour et ne déployèrent plus d'énergie qu'autant qu'il en fallait pour se faire acheter ; aussi ne tardèrent-ils pas à trafiquer honteusement des droits imprescriptibles du peuple. Quelques-uns même poussèrent la criminelle audace jusqu'à lui conférer l'horrible privilége de disposer des provinces et d'en vendre les habitants comme un troupeau de moutons.

« .... Qui ignore avec quelle astuce les infidèles délégués du peuple ont entassé mille sophismes pour rendre le prince sacré et inviolable, pour l'investir du pouvoir exécutif suprême, lui conférer la nomination aux principaux emplois, le rendre l'arbitre du législateur, l'élever au-dessus des lois, remettre dans ses mains les clefs du trésor national, la gestion de la fortune publique, la disposition des forces de terre et de mer et les destinées de l'État, jusqu'au moment où ces sénateurs déhontés, jetant le masque et ne connaissant plus de frein, entreprirent, à l'aide d'un massacre concerté, de tourner contre le peuple la force publique, qu'ils avaient égarée et enchaînée, dans le dessein de le faire massacrer ou de lui forger des fers ? C'est alors que ces prétendus représentants du souverain, à genoux devant un simple agent public, substituèrent à son titre de premier fonctionnaire celui de représentant-né de la nation, l'investirent de l'autorité suprême, remirent tous les pouvoirs dans ses mains et lui ménagèrent mille moyens de machiner impunément la ruine du peuple, d'anéantir de vive force la liberté ; et, s'il le fallait, de fuir pour se mettre à la tête des armées ennemies, après n'avoir porté contre lui d'autre peine que la présomption d'avoir abdiqué la couronne; peine qu'il pouvait toujours éluder par une simple négation. Et c'est de cette Constitution monstrueuse, qui, prête à passer comme un songe, fera néanmoins à jamais l'opprobre de ses auteurs, et qui paraîtrait aux yeux des sages un monument de stupidité et de démence, si elle n'était un monument de vénalité et de scélératesse, c'est de cette Constitution monstrueuse qu'on ose faire un boulevard à Louis Capet, contre la nation qu'il a trahie, et dont il a tant de fois machiné la perte, après en avoir fait si longtemps le malheur! »

Ici Marat examine tour à tour chaque article de la Constitution, dite de 91, invoqué en faveur de l'ex-monarque.

« Quant à vous, citoyens, reprend Marat, que la nation a commis non-seulement pour la venger des traîtres, mais pour remplacer, par de sages lois, la Constitution qui fit si longtemps son malheur et qui aurait enfin consommé sa perte, vous ne partirez ni des omissions concertées, ni des vices révoltants de ce monument honteux de servitude pour amener en jugement le despote précipité du trône et faire expier au tyran, par un supplice ignominieux, la longue suite de ses forfaits. C'est sur le droit imprescriptible des nations et sur les lois politiques des États que vous fondrez le jugement de Louis Capet. Nul doute que tout peuple ait le droit de punir ses coupables agents. Or, dans quel État libre les lois ne punissent-elles pas de mort les princes qui ont conspiré la perte de l'État? Je le répète, ce serait outrager à la fois toutes les lois que de les invoquer en faveur de l'ex-monarque. Toutes le condamnent comme un dilapidateur, un prévaricateur, un traître, un conspirateur; comme un tyran souillé de tous les crimes, comme un monstre encore tout couvert du sang de ses concitoyens qu'il a fait égorger.

« *Il n'est déjà que trop puni,* vous crie-t-on, *par le supplice cruel de vivre au milieu d'une nation libre, dont il était le chef, et dont il est devenu l'opprobre : qu'il vive donc, et qu'il sente à chaque instant le poids de la honte et des remords!*

« Citoyens, si la Constitution était achevée et la liberté consolidée; si les plaies de l'État étaient fermées; si la paix régnait au milieu de nous; si l'abondance, coulant par ses différents canaux, avait recommencé à vivifier l'Empire; si la nation pouvait enfin se reposer à l'ombre de sages lois et se promettre des jours heureux, peut-être pourrions-nous ne nous rappeler du fléau de la royauté que comme d'un rêve douloureux; peut-être pourrions-nous abandonner le tyran à ses regrets, au long supplice de la vie en reconnaissance des maux qu'il nous a faits, ou plutôt de la liberté qui a été la suite de ses attentats. Mais, citoyens, si vous pouviez jamais ouvrir l'oreille aux sophismes de ceux qui s'efforcent de lui conserver les jours, en retenant sur sa tête le glaive des lois; le soin d'assurer le salut public devrait seul vous faire repousser toute peine qui ne serait pas capitale; car tant que l'ex-monarque respirera et qu'un événement imprévu pourra le remettre en liberté, il sera le centre des conjurations de tous les ennemis de la patrie, et si sa prison ne devient pas le foyer de leurs éternels complots, elle deviendra sans cesse leur point de ralliement. Ainsi, point de repos, point de bonheur pour les

Français, point d'espoir pour les autres peuples de briser leur joug, que la tête du tyran ne soit abattue.

« Faut-il vous parler des scènes sanglantes, des désastres, de la dissolution de l'État, du massacre de tous les amis de la liberté, de votre propre supplice, qui serait la suite de ses affreuses vengeances, s'il venait jamais à s'échapper et à se mettre à la tête des armées ennemies qui s'apprêtent à revenir contre nous? Quelle plume pourrait les décrire et quel cœur assez dur pourrait en soutenir l'idée?...

« *L'ex-monarque doit être jugé*, cela est hors de doute ; mais par qui doit-il l'être ?

« Je répondrais : par un simple tribunal d'État, composé de délégués immédiats du peuple, si on pouvait confier une cause aussi importante à un simple tribunal et s'il n'importait au salut public qu'elle soit promptement décidée. N'en doutons plus : Louis Capet est encore le point de ralliement des ennemis de la liberté, comme il est l'objet de toutes leurs espérances. Il ne peut donc être jugé que par la Convention nationale, qui représente la nation elle-même. Reste à examiner une dernière question : *Comment l'ex-monarque doit-il être jugé?* — Avec appareil et sévérité. Loin de nous ces fausses idées de clémence, de générosité, dont on cherche à flatter la vanité nationale ; et comment les écouterions-nous sans attirer sur nos têtes le blâme de la nation et tous les malheurs qui viendraient fondre sur la patrie. Ainsi, pardonner ne serait pas simplement faiblesse, mais trahison, scélératesse et perfidie.

« Du parti que vous prendrez, Messieurs, dépend les salut des Français, l'établissement de la République; je conclus à ce que le tyran soit jugé par la Convention et à ce que sa punition soit capitale. »

Le 6 décembre, jour où une commission de vingt-et-un membres avait été nommée pour accélérer l'instruction du procès, Marat crut devoir rappeler au plus grand calme ceux de ses collègues à la Convention qui voulaient qu'on votât par acclamation la mort du tyran. — « C'est avec sagesse, leur dit-il, qu'il faut prononcer ; ne préparons pas aux ennemis de la liberté des calomnies atroces qu'ils feraient pleuvoir sur nous, si nous nous livrions aux seuls sentiments de notre force et de notre indignation. Pour connaître les traîtres avec certitude, je vous propose un moyen infaillible : c'est que la mort du tyran soit votée par appel nominal, et que cet appel soit publié. »

Le 11, Louis Capet comparaît à la barre de la Convention pour entendre la lecture de l'acte énonciatif des délits qui lui sont imputés. Le 12, après un long débat, la Convention accorde à Louis un conseil. Sur le refus de Target, Tronchet et Lamoignon-Malesherbes sont nommés. Le 13, l'Assemblée décide que, dans les vingt-quatre heures, seront expédiées toutes les pièces relatives au procès. Le 17, le citoyen Desèze est adjoint aux défenseurs de l'ex-roi. Le 26, Louis Capet et ses conseils sont admis à la barre de la Convention.

Desèze porte la parole. Il commence par vouloir apitoyer l'Assemblée sur le sort du tyran, en traçant un tableau des vicissitudes humaines et des jeux de la fortune qui replongent tout à coup dans la foule obscure ceux qui ont été si longtemps les maîtres du monde.

Après avoir cherché à pénétrer l'Assemblée de compassion pour un prince malheureux, naguère environné de gloire et de puissance, il a cherché à enchaîner la justice par la considération de l'intérêt que toutes les puissances de l'Europe prennent au sort de Louis. Jusque-là il n'y avait que de l'adresse ; bientôt il y a mis des sophismes et de la mauvaise foi.

Arguant de cette maxime : qu'aucun homme ne peut être jugé que d'après des lois antérieures à son crime, puis arguant des vices de la Constitution, il a prétendu que Louis était irrecherchable pour tout ce qu'il avait fait comme roi, sa personne ayant été déclarée inviolable et sacrée, et la loi n'ayant porté d'autres peines contre lui que la déchéance, dans le cas même où il ferait à la nation une guerre cruelle, crime atroce qui renferme tous les autres. D'où il suit que la Constitution a donné au monarque le droit de conspirer impunément contre l'État, d'anéantir la liberté, de piller, d'assassiner, d'emprisonner les citoyens et de détruire la nation elle-même par le fer et le feu.

Louis ne peut, selon son défenseur, être jugé comme ex-monarque ; mais, à supposer qu'il le puisse, il réclame en sa faveur les droits de tout citoyen ; inconséquence absurde, puisque le tyran ne doit être considéré que comme ennemi public pris les armes à la main. Dans sa nouvelle hypothèse, il a paru vouloir récuser la Convention qu'il a représentée comme s'étant érigée elle-même en tribunal criminel contre toutes les lois, et ayant cumulé des fonctions incompatibles, telles que celles d'accusateur, de jury et de juges ; puis il parcourt rapidement les divers chefs d'accusation qu'il ne repousse qu'en dénaturant les faits ; enfin, il conclut que, loin d'avoir conspiré contre la nation, Louis XVI était le meilleur citoyen du royaume.

Jetons un coup d'œil sur les moyens de défense du tyran, qui me paraissent aussi faux que captieux. D'abord, il est constant que la Convention a été constituée par la nation et revêtue de pouvoirs illimités, tant pour punir le tyran que pour sauver la chose publique déclarée en danger. Ensuite, il est faux que les maximes de jurisprudence criminelle puissent s'appliquer aux criminels d'État, aux tyrans comme à de simples particuliers ; et puis, c'est la nation entière qui accuse Louis XVI de machinations, d'attentats atroces contre la patrie, et c'est la Convention qui doit le juger. Ses crimes sont constants et notoires. Je n'en rappellerai pas la nombreuse énumération, mais j'observerai que les bons esprits ont bien senti dans cette occasion l'embarras où s'est jetée la Convention, en ne restreignant pas les chefs d'accusation au massacre du 10 août. Car les suppôts de la faction royaliste s'en sont habilement prévalus pour traîner la procédure en langueur et gagner du temps pour sauver le tyran.

A peine se fut-il retiré, que Manuel paraît à la tribune pour demander l'impression de la défense et l'ajournement à trois jours ; bientôt une foule de royalistes s'y porte avec fureur.

Lanjuinais a l'audace de s'élever contre la Convention, de la traiter de tribunal tyrannique, et de demander le rapport du décret qui déclare qu'elle jugera Louis XVI. Lehardy et Kersaint lui succèdent pour vociférer les mêmes blasphêmes.

Révolté de ce charlatanisme, Duhem demande qu'on mette aux voix, par oui ou par non, la proposition si Louis est digne de mort.

Les royalistes font un tumulte affreux, ils insistent sur l'ajournement, au mépris du règlement. Nombre de patriotes se portent au bureau pour demander l'appel nominal. Le calme se rétablit ; et, à la demande de Couthon, il est décrété que, toute affaire cessante, on s'occupera chaque jour de la discussion sur le jugement de Louis Capet.

La discussion était fermée ; Pétion, qui fait l'arrière-garde des brissotins, se porte à la tribune, insiste pour la parole, cause un affreux désordre, et finit par adhérer à la proposition de Couthon.

Pendant que les députés patriotes de la Convention rivalisent de zèle contre les suppôts de l'ex-roi, pour combattre les sophismes invoqués pour le sauver, les meneurs de la faction Roland intriguent pour soulever les sections, afin de se ménager un prétexte pour achever de diffamer les parisiens aux yeux des départements, répandre le bruit que la vie de leurs députés est menacée, et demander une force armée imposante pour les défendre. — « Laissons-les faire, dit Marat ; ils appellent de nombreux bataillons : tant mieux ! je voudrais que la nation entière fût ici ; elle jugerait par elle-même quels sont, parmi ses représentants, les vrais ou les faux amis du peuple. »

Il était urgent que Marat montât à la tribune pour dévoiler ces odieuses menées, car les mesures étaient prises pour exciter des massacres dans Paris. La nuit du 31 décembre au 1ᵉʳ janvier 1793 devait être une nuit désastreuse. D'infâmes scélérats avaient reçu l'ordre dès le matin de se répandre dans les sections et d'y provoquer les citoyens paisibles. Aussi y eut-il des scènes sanglantes dans quelques quartiers, notamment au Pont-Neuf, aux Porcherons, à la section de Popincourt, où s'est porté l'infâme Louvain, agent de l'ancienne police de Bailly et Lafayette, criant : *Vive le roi* et insultant aux citoyens. Le peuple a fait justice de ce misérable, qu'on a trouvé plastronné, preuve incontestable qu'il agissait de dessein prémédité.

Voilà un échantillon des hauts faits des meneurs de la faction Roland, de ces hommes qui sont sans cesse à déclamer contre les agitateurs; de ces indignes députés qui souillent la Convention, qui machinent sans relâche pour exclure de son sein les meilleurs patriotes, et qui sont désespérés de ne pouvoir mener à leur gré l'Assemblée pour sauver le tyran.

Revenons au procès de Louis Capet.

Le discours qui va suivre était préparé pour la tribune de la Convention, mais par une suite nécessaire du charlatanisme de la faction Roland, la discussion a été fermée au moment où Marat, inscrit pour la parole, allait aborder la tribune, accordée exclusivement aux protecteurs affidés de Louis Capet, qui en profitèrent pour revendiquer sur les amis de la liberté jusqu'à l'honneur de hâter la condamnation du tyran; car Barbaroux, le tartufe Barbaroux, s'est écrié : *Vous voyez bien que c'est Marat et Robespierre qui ne veulent pas fermer la discussion.* — « Insensé jeune homme, que je vois avec douleur marcher effrontément dans le chemin de la perfidie, de l'opprobre et de la perdition, apprends une fois pour toutes que Marat est seul de son parti, et si bien seul, qu'il n'a pas même trouvé un de ses collègues pour prendre sa défense ou appuyer ses conseils. »

Sans autre préambule, voyons la substance du discours de Marat.

DISCOURS DE MARAT

Sur la défense de Louis XVI, la conduite à tenir par la Convention et la marche alarmante que la faction royaliste s'efforce de lui faire suivre dans le jugement du tyran détrôné.

(In-8° de 22 pages.)

« Citoyens,

« Les attentats de Louis XVI sont constatés ; ils sont sans nombre comme sans excuse ; la nation vous demande vengeance, et vous ne pouvez vous dispenser d'envoyer le tyran au supplice.

« Ces vérités étaient écrites dans vos cœurs ; une faction ennemie se hérissant de scrupules, de craintes, de terreurs, et s'armant de vains sophismes, entreprend aujourd'hui de les renverser ; vous les avez vous-mêmes mises en question ; vous voilà devenus le jouet d'une poignée d'intrigants, coalisés pour sauver le despote et rétablir le despotisme.

« Mon devoir m'appelle à cette tribune, moins pour fixer vos idées sur les crimes de Louis XVI..... que pour retracer à la Convention les inconvénients de la marche qu'on lui a fait prendre dans ce grand procès, et les dangers de la marche qu'on s'obstine à lui faire suivre ; pour déchirer le voile et dénoncer aux fidèles représentants du peuple un horrible complot, qui allumerait bientôt parmi nous les torches de la guerre civile, si les véritables amis de la patrie ne s'empressaient de répandre l'alarme, s'ils ne se faisaient un devoir sacré d'arracher le masque aux machinateurs, d'imprimer sur leur front le cachet de l'opprobre.

« Eh! quels sont les hommes pervers qui ont osé tramer ces affreux complots au sein même de cette assemblée? Ce sont ces lâches intrigants qui promènent dans tous les coins de la République le souffle empoisonné de la calomnie contre les meilleurs citoyens. Ce sont ces fourbes séditieux qui crient continuellement haro sur les apôtres de la liberté, qu'ils traitent d'agitateurs. Ce sont ces vils scélérats qui provoquent des décrets d'accusation contre les défenseurs de la patrie, assez courageux pour les démasquer aux yeux de la nation. Ce sont ces hypocrites féroces qui traitent sans cesse d'incendiaires les écrivains politiques qui ne craignent pas d'appeler sur la tête des traîtres les vengeances nationales.

« Citoyens, vous les voyez chaque jour à l'œuvre au milieu de vous. Eh! qui pourrait les méconnaître encore à leur marche tortueuse, à leurs basses menées, à leurs lâches intrigues, à leurs noires manœuvres, à leurs liaisons ministérielles, à leurs honteuses profusions, à l'opulence où ils nagent au milieu de la misère publique. Les perfides tremblent d'être démasqués. Avec quelle astuce ils se sont empressés d'étouffer la voix du peuple dans l'importante discussion qui nous occupe, pour empêcher que le torrent de l'indignation publique, se tournant contre eux, ne leur fît perdre en un instant le fruit de leurs longues machinations ! . . . .

« Loin de moi le projet odieux de blesser les convenances et d'offenser de gaîté de cœur des méchants mêmes; mais je ne trahirai point mon devoir; seriez-vous moins fidèles au vôtre ? Non, citoyens, j'aurai donc le courage, pour le salut public, d'articuler ici de dures vérités, et vous aurez celui de les entendre.

« Dieu, qui connaît les cœurs, reçois mon serment : si jamais j'eus d'autre désir que celui de sauver la patrie ; si jamais aucune vue de cupidité entre dans mon âme ; si jamais je repousse des vues salutaires proposées par mes plus cruels ennemis ; si jamais je retiens captives d'utiles vérités ; puisse la terre s'entr'ouvrir sous mes pas pour m'engloutir ! Que mes lâches détracteurs mettent la main sur leur conscience, et qu'ils répètent ce serment sans rougir.

« Dès la première lecture de l'acte énonciatif des crimes du monarque, pressentant les embarras dans lesquels vous alliez vous trouver, je vous invitai à restreindre les chefs d'accusations au petit nombre de crimes dont la preuve juridique était acquise, et notamment le massacre des Tuileries. Les ennemis de la liberté n'ont paru accueillir cette proposition que pour la repousser bientôt après ; mes craintes ne se sont que trop réalisées ; vous voilà engagés dans un dédale obscur dont vous n'apercevez encore ni les détours ni les issues. »

Ici Marat rappelle la découverte de l'armoire de fer, où les preuves de toutes les trahisons du monarque et de ses agents étaient écrites ou signées de sa main ; il entre dans le détail des manœuvres employées par Roland et consorts pour opérer l'enlèvement des pièces qui pouvaient les compromettre ; il examine un à un les moyens astucieux employés par la faction de l'Assemblée pour ménager à l'accusé les moyens de se tirer d'affaire ; il examine ses réponses, retrace aux yeux de ses collègues le tableau des artifices employés pour obtenir l'impression de la défense de Louis Capet et l'ajournement du vote définitif.

« Bien instruit des menées de la faction royaliste,

continue Marat, j'avais annoncé qu'aucun des meneurs n'émettrait son opinion sur le jugement de Louis Capet et qu'ils se borneraient tous à en faire proposer une par leurs suppôts : c'est celle qu'ont établie Azéma, Ducos, Louvet, opinions dont Roland a inondé les départements, tandis qu'il interceptait celles des orateurs patriotes.

« Lorsque cette opinion eut fait quelque progrès, vous les avez vu descendre à l'envi dans l'arène pour établir des principes destructeurs de toute constitution, vrais principes d'anarchie que Guadet avait jetés en avant comme une pomme de discorde. Ainsi, déterminés à sauver le tyran de quelque manière que ce fût, ils se sont bien gardés de faire d'abord connaître leurs vrais sentiments, dans l'espoir que la doctrine de l'inviolabilité absolue prévaudrait. Mais, bientôt détrompés sur ce point, ils ont assiégé la tribune pour faire passer *l'appel au peuple*..... Dans le nombre de ces anarchistes se sont signalés : Salles, Rabaut de Saint-Étienne, Buzot, Vergniaud, Brissot, Gensonné, tous ont reconnu que le tyran est criminel de haute trahison, mais tous ont prétendu que la Convention n'a aucune mission, aucun caractère pour le juger..... »

Marat examine l'opinion de chacun des meneurs, puis il reprend :

« *L'appel au peuple,* seul moyen de faire absoudre Louis le traître, est donc l'opinion bien prononcée de ces intrigants, qui s'étaient masqués avec tant de soin et qui voulaient faire passer pour royalistes les plus chauds patriotes de la Convention.

« Quant à ceux que la pusillanimité a empêchés de fronder l'opinion publique, tel que Barbaroux, ils se sont adroitement dispensés d'énoncer leur sentiment.....

« Mais quels sont ces hommes qui s'efforcent aujourd'hui de nous empêcher de punir le tyran, en nous faisant peur des puissances ennemies ? Ce sont les mêmes qui poussaient à la guerre il y a un an, en nous inspirant du mépris pour les puissances conjurées. Hypocrites déhontés, ils ont des maximes de commande pour chaque jour ; leurs principes se plient aux circonstances, aux temps, aux lieux, aux hommes ; hier ils nous prêchaient la guerre, aujourd'hui ils nous prêchent la paix.....

« Repoussons ce vain batelage, dont la pusillanimité, la cupidité, l'ambition, la crainte du châtiment s'environnent.....

« Aux alarmes qu'ils cherchent à nous inspirer, ils ajoutent un faux zèle pour la justice..... Écoutez-les, pour ménager au monarque l'impunité, invoquer à grands cris les formes conservatrices de l'innocence, faire du monarque un simple citoyen et réclamer en sa faveur la jurisprudence ordinaire. Quel est donc ce tendre intérêt qu'ils affichent pour un affreux despote, qui exposa tant de fois le peuple aux horreurs de la famine, qui fit couler le sang de tant de milliers de citoyens, qui entraîna tant de fois la patrie sur le bord de l'abîme, eux qui ne donnèrent jamais une larme aux malheurs des infortunés, eux qui n'élevèrent jamais la voix en faveur des opprimés, eux qui laissent gémir dans les cachots les innocents qu'y précipita l'ordre arbitraire des prévaricateurs, eux qui abandonnent sans pitié les soldats de la liberté à la tyrannie des chefs, eux qui voient d'un œil sec les désastres de la patrie, eux qui ont contemplé de sang-froid les massacres de Nîmes, de Montauban, de Caen, de Douai, de Nancy, du Champ-de-Mars, des Tuileries ? Eh quoi ! leur cœur s'émeut de pitié pour le tyran, et ils sont sans entrailles pour les innombrables victimes de la tyrannie ?

« D'où vient donc l'importance qu'ils attachent au jugement de Louis Capet, la fureur avec laquelle ils s'élèvent contre la prétendue précipitation de ceux qui demandent son supplice ? Faut-il le dire ? De ce qu'ils tiennent à son sort par des nœuds secrets, qu'ils s'efforcent de couvrir d'un voile d'humanité et de justice. . . . . »

Un roi n'est qu'un homme, disent-ils avec un dédain affecté ; *ou le peuple veut la mort de Louis XVI ou il ne la veut pas ; comment connaître son vœu, si ce n'est en consultant les assemblées primaires ?* dit le bonhomme Pétion, circonvenu par Brissot ; *la loi est l'expression de la volonté générale, et la volonté ne se représente pas,* dit un autre ; *allez exercer vous-mêmes vos droits.* Tels sont les vains sophismes mis en avant par la faction pour endormir le peuple et sauver le tyran.

« Ainsi, dit Marat, dans un gouvernement où leurs maximes seraient admises, le concours de tous les membres de l'État à chaque chose est indispensable ; et pour délibérer définitivement sur le don d'une épée, la création d'une place d'huissier, la vente d'une chaumière nationale ; il ne faudra pas moins convoquer la nation en assemblées primaires que pour sanctionner la Constitution.

« Qui ne voit que ces maximes sont destructives de tout gouvernement représentatif ; que, dans un état de quelque étendue, elles ne peuvent qu'établir l'anarchie la plus affreuse ? Or, dans un État tel que la France, admettez-les un instant et l'Empire est dissous. . . . .

« Loin de nous ces rêveries politiques d'écoliers

ineptes ou plutôt de fripons déhontés ; laissons les hommes à leur place : le laboureur à sa charrue, le marchand à son comptoir, l'artisan dans son atelier, le savant dans son cabinet, le guerrier sous la tente.

« C'est au peuple à appeler des sages dans le sénat de la nation, et c'est aux sages à régler les intérêts du peuple, à consacrer ses droits.

« Faut-il donc, direz-vous, qu'il s'abandonne aveuglément à la foi de ses mandataires ? Non, assurément.

« Citoyens, il n'est qu'un moyen praticable de les forcer à ne pouvoir jamais porter atteinte à sa souveraineté : *c'est de déclarer que tous leurs décrets seront simplement provisoires ; c'est de restreindre la sanction aux seules lois constitutionnelles, c'est de statuer solennellement pour dernier article de la déclaration des droits que tout décret portant atteinte aux lois constitutionnelles est absolument nul, illégal, vexatoire, tyrannique, et qu'il est licite de s'opposer à son exécution, même à main armée.* Clause indispensable, mais toujours écartée, toujours omise par les législateurs infidèles qui voulaient rendre illusoires et les droits du citoyen et la souveraineté du peuple....

« Il est donc vrai que, sous prétexte de maintenir la souveraineté nationale, ceux qui en appellent au peuple, pour jeter sur leurs crimes un sombre voile, anéantissent de leur autorité privée cette même souveraineté, en vous dépouillant des pouvoirs qu'il vous a conférés et en vous destituant de la mission dont il vous a chargés ; car si vous êtes sans mission et sans pouvoirs pour envoyer le tyran au supplice, vous êtes sans pouvoirs et sans mission pour extirper la tyrannie, pour changer la forme du gouvernement, pour abolir la monarchie et décréter la République.....

« Votre premier, votre grand, votre unique objet, dans la question qui vous occupe, doit être de remplir avec fidélité, courage et constance, les fonctions importantes de votre mission ; c'est de délivrer la nation d'un tyran dont elle ne sera affranchie que lorsqu'il sera renversé dans la poudre ; c'est d'ôter aux ennemis de la Révolution leur point de ralliement par la terreur que ce spectacle jettera dans l'âme des machinateurs, et de rétablir l'ordre, la paix ; c'est de cimenter la liberté publique avec le sang du despote..... »

Pendant que Marat et les vrais amis de la liberté redoublaient de zèle pour écraser la faction royaliste, qui espérait au moins sauver les jours de l'ex-monarque, de nombreuses adresses patriotiques qui arrivaient de tous les points de la France sur le bureau du président de la Convention, rappelaient à leur devoir les lâches députés prêts à transgresser leur serment et leur mandat.

Fort de cet appui moral, Paris, l'avant-garde naturelle de la liberté, se tient prêt à venger les droits de la nation. Dans les rues, sur les places et jusqu'aux portes de la Convention, la foule anxieuse manifeste le vœu national et réclame avec énergie la mort du tyran. Les chefs et les suppôts de la faction royaliste, voyant l'opinion publique qu'ils ont si longtemps égarée se tourner contre eux, tremblent d'être enfin écrasés eux-mêmes sous le poids de l'indignation nationale ; le peuple, au contraire, comprend qu'il a tout à redouter de sa faiblesse ou de sa lâcheté, qu'il n'y a de salut pour lui que dans son civisme, dans son énergie révolutionnaire ; que, pour rompre la trame des complots, atterrer ses ennemis, glacer d'effroi les despotes conjurés, il faut faire rouler à leurs pieds la tête de Louis XVI, traître, parjure et assassin.

C'est sous l'empire de ces préoccupations, c'est sous l'influence de cette manifestation de l'esprit national que commence, avec le 15 janvier, le vote sur *l'appel au peuple*.

Autant la séance du 15 avait pénétré Marat et les patriotes de douleur et d'indignation à l'ouïe des artifices mis en jeu par les créatures de l'ex-roi, autant celle du 16 les avait remplis de consolation et de joie. Elle était destinée à prononcer par appel nominal à la tribune sur chacune des questions arrêtées :

Louis XVI est-il coupable de trahison envers l'État et d'attentat contre la sûreté individuelle ? A été décidée presque unanimement par l'affirmative.

C'était bien là le point fondamental du procès, celui sans lequel tous les autres ne pouvaient être agités ; mais ce n'était pas là le nœud de l'affaire, car ce vote pouvait être éludé par un autre vote qui aurait renvoyé au peuple la ratification du jugement. Or, à cet égard, les meneurs et les suppôts de la faction s'étaient flattés que leurs artifices assureraient leur triomphe ; mais le Ciel, qui se joue quelquefois des méchants, ne leur a laissé que la confusion et le remords ; *l'appel au peuple* a été rejeté à une majorité de 414, contre 278.

Les mêmes motifs qui ont fait rejeter l'appel au peuple feront rejeter le bannissement, la réclusion, et voter pour la peine de mort.

Mais ne laissons pas intervenir le Ciel, lorsque les causes naturelles suffisent pour rendre raison des événements. J'ai dit quelque part, que quoiqu'il se trouvât parmi les meneurs de la faction beaucoup d'hommes pleins d'astuce et cousus de rubriques, il ne s'y trouvait pas un seul homme de génie qui sût prévoir les événements, calculer l'action et la réaction des ressorts mis en jeu, et prendre de grandes mesures. C'est ce défaut de prévoyance, cette impéritie, cette aveugle confiance attachée aux petites menées de fripons, qui les ont perdus.

On ne saurait douter que les desseins criminels des meneurs de la faction ne soient conçus depuis longtemps, puisqu'à leur tête se trouvent Guadet, Gensonné, Vergniaud, ces trois intrigants de la Gironde qui ont eu la témérité de traiter avec le despote, le 25 juillet dernier, sans avoir eu l'attache du Corps législatif dont ils étaient membres. Or, on n'ignore pas que ce sont ces trois intrigants aussi qui ont fait passer le décret qui attribuait aux corps électoraux la nomination des députés à la Convention; mode d'élection qui a remis entre les mains de ces ambitieux le choix d'une grande partie des nouveaux représentants du peuple. On sait tous les ressorts qu'ils ont fait mouvoir pour se faire élire, eux et leurs acolytes, Pétion, Lacroix, Lasource, Isnard, Sieyès, Lanjuinais, Brissot, Condorcet, que l'opinion publique dans la capitale où ils étaient bien connus repoussait de toutes parts. On sait avec quelle adresse ils ont profité des événements du 10 août pour faire appeler au ministère leurs créatures, Servan, Roland et Clavières.

C'est avec ces derniers qu'ils ont conspiré dès l'instant de la nomination des députés du département de Paris. Alarmés d'y voir des hommes aussi clairvoyants qu'énergiques, des hommes à caractère, ils n'ont plus songé qu'à les diffamer et à s'en défaire. Ce système de diffamation a été suivi avec un acharnement inconcevable; cent libellistes à gage ont été mis en œuvre pour égarer les sociétés populaires, les corps administratifs, les corps électoraux.

Les événements des 2, 3 et 4 septembre, prêtaient à la calomnie auprès des citoyens qui ignoraient les faits qui les ont provoqués; la faction en a profité pour rendre les parisiens odieux à toute la France, et faire redouter aux nouveaux députés le séjour de Paris. Quelques mots d'éloge insérés dans ma Feuille avaient fait dire à Guadet que je voulais porter à la dictature Robespierre qu'il détestait. En réchauffant ce conte bleu, la faction l'étendit aux membres les plus zélés de la députation de Paris qu'elle représentait comme des ambitieux, aspirant au pouvoir absolu. Elle fit circuler ce conte absurde dans tous les départements, et les nouveaux députés arrivèrent dans la capitale pleins de prévention contre ceux de Paris. La députation des Bouches-du-Rhône s'était presque toute coalisée (1), par l'entremise de Barbaroux, avec celle de la Gironde, du Finistère et du Calvados; aussi, dès les premiers jours de la Convention, se réunirent-elles contre celle de Paris. La dénonciation de ces bruits de *dictature*, de *triumvirat*, de *tribunat*, fut un sujet d'alarmes simulées, et de discussions ridicules qui allaient au tragique. Mes collègues dénoncés se justifièrent en repoussant l'imposture. J'eus le courage de me dévouer pour eux, en attirant tout l'orage sur ma tête. Ma défense, mon calme et ma fermeté, déconcertèrent les intrigants, en imposèrent à leurs suppôts, désillèrent les yeux d'un grand nombre de membres prévenus, et mirent fin aux clameurs féroces de mes ennemis. Ils revinrent deux fois à la

---

(1) Excepté Rovère et Gasparin.

charge, et furent déjoués par les mêmes moyens. Bientôt ils se perdirent eux-mêmes par l'acharnement qu'ils mirent à nous perdre, Robespierre, Danton et moi, notamment. Trente folliculaires à la solde de Roland inondaient chaque jour tous les coins de l'État de diatribes sanglantes; et chaque jour des dénonciations ridicules, arrivées de toutes parts contre moi, fatiguaient l'Assemblée nationale. Le calme que les députés des départements virent à Paris, qu'on leur avait représenté comme un bois; l'isolement où me laissèrent mes collègues, que la faction disait coalisés avec moi, leur firent reconnaître la fausseté des bruits répandus contre les Parisiens, et regarder comme une chimère ce parti aspirant à la *dictature*, dont les membres sans union n'avaient pas osé dire un mot pour la défense de leur chef prétendu. Mon courage, mon éloignement de toute intrigue, mes discours à la tribune, mes écrits, mon ardent civisme, achevèrent de détromper la Convention, et me ramenèrent tous les cœurs honnêtes. La prévention fut plus difficile à détruire dans les départements par le soin que prenait Roland de tenir la vérité captive, en interceptant à la poste tous les écrits patriotiques, et en m'enlevant mes souscriptions. Mais enfin les lettres des députés patriotes, et le petit nombre de mes Feuilles qui sont parvenues, ont suffi pour ramener les bons esprits. Et comment cela ne serait-il pas arrivé en voyant rester paisiblement à la Convention un homme accusé de tous les crimes, et toujours représenté comme prêt à être frappé d'un décret d'accusation, surtout en voyant un écrivain sans cesse décrié comme un atroce scélérat, dédaigner de répondre à ses détracteurs pour ne s'occuper que du bien public, déjouer les complots, et arracher des milliers de victimes à la tyrannie.

J'avais fait tomber le masque à la faction ; déjà elle était bien connue à Paris; elle commençait à l'être dans quelques grandes villes de la République qui venaient d'exprimer leur vœu sur le sort du tyran, qu'elle s'efforçait de soustraire au supplice, de manière à ne pas rassurer les machinateurs. Or, ce développement de l'esprit public, et la crainte de le voir devenir général n'a pas peu contribué à détacher du système de l'*appel au peuple* beaucoup de députés préoccupés.

Les discours énergiques prononcés à la tribune, et les discours publiés contre ce système désastreux, en ont ramené un plus grand nombre encore. Mais rien n'en a tant fait revenir que les opinions motivées au moment de voter.

Le masque hypocrite dont les suppôts de la faction s'étaient couverts; ce saint respect pour la souveraineté du peuple qu'ils affichaient avec tant d'assurance, pour mieux trahir sa cause; ce tendre intérêt dont ils se disaient si jaloux, pour mettre leurs commettants en possession de l'exercice de ses droits; tout cela était bien propre à faire illusion, et à leur concilier tous les suffrages; ce qui serait infailliblement arrivé, si je n'avais depuis longtemps démasqué ces perfides, dévoilé leurs complots, leurs desseins, leurs projets. Connus comme ils l'étaient, leurs discours hypocrites démentis par leurs criminels procédés, n'ont fait que les trahir encore plus; tandis que la force des discours des patriotes motivant leurs opinions, et la chaleur du ton qui les accompagnait ont porté conviction.

Enfin, les suffrages ont entraîné les suffrages; car plusieurs membres, pressentant la majorité, se sont décidés pour elle, malgré l'adresse qu'avait eue le bureau de choisir, pour commencer l'appel nominal, la députation du Finistère, toute gangrenée d'aristocratie.

C'est un morceau précieux pour l'histoire que les suffrages motivés des députés juges du tyran. Les meneurs de la faction qui ont appelé, et qui appellent à Paris la force armée, sous prétexte qu'ils n'y sont pas en sûreté, doivent bien rougir de leur lâche imposture, en voyant avec quelle liberté ils ont motivé leur opinion contre le vœu général. Où sera le vil calomniateur, qui osera désormais dire que l'ex-monarque a été sacrifié?

Revenons à la délibération sur le jugement du tyran.

L'appel au peuple ayant été rejeté, et un décret formel ayant statué que le jugement à intervenir, quel qu'il fût, serait définitif, il restait à appliquer la peine. C'était là le point décisif. La question devait être abordée à la séance du 16; mais, tout ce que l'astuce et l'hypocrisie peuvent employer de rubriques a été mis en œuvre pour éloigner la discussion; comme ils avaient été mis la veille, pour interrompre les votes, empêcher la délibération et la rendre nulle en levant la séance.

Barbaroux, Guadet, Chambon, Huguet, Rouhier, Bréard, Pénières, Lehardy s'évertuent tour à tour à la tribune pour établir qu'une sourde fermentation prépare des événements désastreux, qu'ils ne sont plus libres, qu'ils délibèrent sous les poignards.

Indigné de tant d'astuce, de tant de folles menées, de tant de fantômes ridicules, Marat paraît à la tribune, dissipe les folles terreurs semées à plaisir par les suppôts du tyran, démasque aux yeux de leurs collègues tous ces prétendus braves qui, durant des heures entières, entretiennent la Convention de leurs craintes, de leurs alarmes, de leurs transes; de ces prétendus braves qui, il y a deux jours, maîtres de tout, prétendent actuellement n'être pas libres, se plaignent de délibérer sous la pointe des poignards, dont pas un des suppôts n'a reçu la moindre égratignure.

Lamarque achève de dévoiler le système de la faction, et l'Assemblée revenue à elle-même reprend solennellement l'appel nominal sur la peine à infliger à Louis Capet.

Dès que les votes sur la peine à appliquer aux crimes de l'ex-roi eurent été recueillis, le président de la Convention se leva pour déclarer que la peine prononcée contre Louis Capet était celle de *mort*. Jamais spectacle ne fut plus imposant.

Aussitôt Louis Capet, par l'organe de ses défenseurs, interjette appel à la nation elle-même du jugement de ses représentants. Tout appel est rejeté; et après ces discussions, l'Assemblée lève à 11 heures de la nuit une séance qui durait, sans interruption, depuis trente-six heures.

A la séance du 18, nouveaux subterfuges par la demande d'un sursis à l'exécution. Le 19, la Convention décrète que Louis Capet sera exécuté dans les vingt-quatre heures; et le 21 janvier 1793, il expie sur l'échafaud les crimes de la royauté.

En prononçant la mort du tyran des Français, la Convention nationale s'est montrée bien grande, sans doute, mais, comme nous l'avons fait remarquer, c'était le vœu de la nation, et la manière calme et digne dont le peuple a vu la punition de son ancien maître, l'a élevé bien au-dessus de ses représentants;

car, n'en doutez pas, les mêmes sentiments qui ont animé les citoyens de Paris et les Fédérés animaient aussi les citoyens de tous les départements.

Le procès de l'ex-roi avait fait tomber plus d'un masque, et il était facile, par les appels nominaux, de constater que même dans la Convention nationale qui avait voté à l'unanimité l'abolition de la royauté et la proclamation de la République, Louis Capet comptait encore de nombreux partisans drapés d'un hypocrite républicanisme. D'autre part, si nous suivons d'un œil inquiet les menées ténébreuses de cette race de vampires, nous la voyons aiguiser les poignards contre les défenseurs du peuple, et immoler à leur fureur Michel Lepelletier, pour avoir voté la mort du tyran. Mais le coup sous lequel tomba ce premier martyr de la liberté a déchiré le voile ; et ces poignards, que feignaient de redouter les suppôts du monarque, n'ont plus paru dirigés que contre le sein des amis de la patrie. Dans son sang ont été lavées les nombreuses calomnies si longtemps répandues contre les défenseurs du peuple. Puisse sur son cercueil être déposées toutes les dissensions ; puisse sa mort faire renaître dans leur cœur l'amour du bien public, et cimenter la liberté.

Les députés amis de la paix s'étaient flattés que toutes les dissensions qui ont divisé jusqu'ici le sénat de la nation se seraient éteintes sur la tombe de Lepelletier. Vaine attente ; le soir même de son enterrement, elles ont éclaté avec fureur au sujet de la nomination d'un nouveau président ; aucune des marques de mépris et de haine que les deux partis ont coutume de se prodiguer n'a été épargnée, de sorte que l'illusion du rétablissement de la concorde n'a duré qu'un instant.

Vouloir que des hommes ennemis de la révolution par sentiment, par principes, par intérêts, se sacrifient de bonne foi à la patrie, c'est prétendre la chose impossible; car les hommes ne changent pas de cœur comme le serpent change de peau. Attendons-nous donc à les voir sans cesse lutter contre les amis du bien public, toutes les fois qu'ils n'auront pas à craindre d'être notés d'infamie. Il ne sagit donc plus de vivre en paix avec eux, mais de leur déclarer une guerre éternelle, et de les contenir par la crainte de l'opprobre, ou de les forcer au bien par le soin de leur propre salut. J'aurais fort désiré pouvoir déposer le fouet de la censure, mais il est plus de saison que jamais ; je renouvelle donc ici l'engagement sacré que j'ai pris à l'ouverture de la Convention, de rester dans son sein non-seulement pour vouer les traîtres à l'exécration publique, mais pour noter d'infamie les ennemis du bien public, les faux amis de la liberté. . . .

Quoique déterminé à imprimer le cachet de l'opprobre sur le front de tout ennemi déclaré de la patrie, je n'en suis pas moins jaloux de ramener sur mon compte mes collègues intègres qui pourraient avoir quelque prévention contre moi. Ayant besoin de leurs suffrages pour faire le bien, je me fais un devoir d'aller au devant d'eux, et de dissiper les impressions défavorables qu'on a cherché à leur donner en me peignant comme une tête exaltée, et un cœur féroce, pour avoir conseillé quelquefois d'immoler les coupables au salut public. S'ils prennent la peine d'examiner avec soin dans quelles circonstances ce conseil, que commandait le malheur des temps, est parti de ma plume, ils reconnaîtront que je suis le plus humain des hommes. Car, si c'est le comble de la barbarie d'exposer cinq cent mille bons citoyens à être égorgés, c'est un trait d'humanité assurément que d'immoler cinq cents scélérats pour les sauver, pour sauver la nation entière. Je sens bien que ce conseil a dû jeter l'épouvante dans l'âme des machinateurs; aussi n'est-ce pas pour les rassurer que je l'ai donné.

Si j'avais à parler à des politiques profonds, je me servirais du même exemple, pour démontrer que je suis la tête la plus froide de la République. Dans la position alarmante où les traîtres avaient mis l'État, le moyen que je proposai était le seul efficace pour mettre fin aux désordres, écarter tout danger, et assurer le salut public.

Quoique chacun parmi nous se targue du titre de républicain, peu d'hommes ont assez de lumière et de courage pour avouer ces vérités; ayons donc recours à d'autres preuves plus à portée du commun des esprits.

Je dois observer ici comment les suppôts de la clique Roland se sont fourvoyés sur mon compte depuis l'ouverture de la Convention jusqu'à l'époque de la condamnation du tyran. Comme ils me jugeaient une tête fougueuse, qui leur donnerait à tout instant prise sur moi, et matière à me perdre, ils m'accordaient la parole avec une facilité qui avait lieu de surprendre les patriotes irréfléchis; mais ayant bientôt reconnu que je ne disais jamais que ce que je voulais dire, que j'étais toujours en mesure avec les événements du jour, et que je n'ouvrais guère la bouche sans les démasquer ou les écraser ; ces Messieurs prirent le parti de m'écarter de la tribune et de me condamner au silence. J'ai un trait plus saillant, mais moins connu. On sait avec quelle tartuferie les meneurs de la clique Roland avaient formé le complot de décrier la députation de Paris, de diffamer les membres les plus énergiques, auxquels ils prêtaient ridiculement des projets de dictature.

On sait avec quelle constance ils en ont poursuivi l'exécution pendant plus de quatre mois. J'étais le principal objet de leurs calomnies quotidiennes. Qu'ai-je fait, je les ai mis en fureur et les ai poussés hors des gonds, en les provoquant de temps en temps par de graves dénonciations ; aussi cinquante plumes vénales étaient sans cesse occupées à vomir contre moi mille horreurs, à me peindre comme un scélérat couvert de tous les crimes, comme un monstre que la Convention n'expulserait pas simplement de son sein, mais qu'elle allait d'un instant à l'autre frapper d'un décret d'accusation, et mettre sous le glaive des lois.

Cependant ce décret d'accusation, tant de fois annoncé ne venait pas ; et l'homme représenté comme un malfaiteur restait fort tranquille au sein de la Convention, à braver ses calomniateurs et à démasquer les ennemis du peuple. La conséquence nécessaire qui se présentait à tout homme d'un sens droit, c'est que le prétendu scélérat était un innocent calomnié, un zélé patriote, un intrépide défenseur de la patrie persécutée. J'avais prévu cette conséquence, et je l'avais préparée avec soin.

Ce n'est pas tout : tandis que les suppôts de la clique n'étaient occupés qu'à me diffamer par mille impostures, je ne m'occupais qu'à déjouer leurs complots, et à travailler au bien du peuple.

Je n'ignorais pas que Roland avait soin d'inonder l'État de libelles contre moi, et d'intercepter mes écrits à la poste; mais je n'ignorais pas non plus que quelque peine qu'il prît d'égarer la nation et de tenir la vérité captive, il était impossible qu'il parvînt à empêcher quelques-unes de mes feuilles de circuler dans les départements; or j'étais bien convaincu qu'elles suffiraient pour détruire les impressions funestes des calomnies qu'il avait répandues contre moi, car il faudrait être stupide pour ne pas sentir qu'un délégué du peuple qui dédaigne de répondre à ses vils détracteurs, pour ne songer qu'à défendre les droits et les intérêts du peuple, est nécessairement un homme de bien; tandis que les lâches qui passent leur vie à le diffamer sont nécessairement des scélérats stipendiés. C'est exactement là ce qui a sauté à tous les yeux. J'ai donc poussé les libellistes à gages de Roland à se décrier eux-mêmes, ce qui n'a pas peu contribué à culbuter la faction. Les opinions que ces meneurs ont soutenues et publiées sur le jugement du tyran ont fait le reste.

Voilà, ajoute Marat, un petit échantillon de ma manière d'opérer. S'il m'était possible de déduire ici les raisons qui m'ont déterminé à tel ou tel acte de vigueur, que les hommes bouchés ou pusillanimes ont regardé comme des coups de tête, sans en excepter le conseil que je donnai de dresser huit cents potences pour y accrocher les traîtres Constituants, je ne doute pas qu'ils ne les regardassent bientôt comme des traits de sagesse, calculés sur les circonstances, l'opinion publique, des moyens de produire de fortes impressions sur les esprits, et de détruire toute fatale sécurité. C'est ce que je m'engage à prouver, si jamais je trouve le loisir de donner dans des notes sur *L'Ami du peuple,* les motifs qui m'ont déterminé dans chacun de mes prétendus écarts.

Quel que soit l'intérêt qu'offre l'article que nous venons de reproduire pour justifier les mesures extra-légales, et délasser l'esprit de la fatigue qu'aurait pu causer le long épisode du procès de Louis Capet, il est temps de rentrer dans l'examen des faits historiques, où nous trouverons de nouveaux motifs d'étonnement ou d'admiration dans la conduite de l'intrépide défenseur des droits du peuple.

Un mot seulement sur Roland, la cheville ouvrière de la faction royaliste. La mort de Louis Capet l'a réduit au désespoir ; mais l'indignation publique l'a fait exclure du ministère où il espérait mourir, s'il eût réussi à sauver son maître.

Ce n'est donc plus de Roland que nous avons à parler, mais des machinations éternelles de ses acolytes, des scènes tumultueuses, des scandales, des collisions mêmes qu'elles provoquèrent dans la Convention nationale. Le jour de la comparution de Louis Capet à la barre, les membres de la Montagne furent réduits à colleter les suppôts du tyran, qui étaient venus les insulter et les menacer. Le jour où l'on agita la question de juger Louis Capet, les patriotes furent réduits encore à colleter les royalistes qui les insultaient grossièrement. Le jour de l'apothéose de Lepelletier, assassiné par un fanatique, pour avoir voté la mort du tyran, le patriote Legendre fut réduit à repousser manuellement l'aristocrate qui était venu l'insulter à la tribune. Enfin l'Ami du peuple fut réduit, jeudi 21 février, à employer le même expédient contre l'aristocrate Génissieux ; non pour repousser quelque insulte personnelle, mais comme l'unique moyen de prévenir le rapport d'un article capital du décret qui confère aux soldats la nomination de leurs officiers ; on répète partout, écrit Marat, que je lui ai apostrophé deux arguments manuels, pour défendre la tribune dont il voulait m'éloigner ; il faut bien le croire puisqu'on l'affirme.

Mais toutes ces luttes n'étaient que le prélude de faits plus graves. Paris depuis longtemps était dans la plus vive inquiétude sur l'état des subsistances ; le bruit courait que la farine allait manquer, que la famine menaçait, tout semblait concourir à accréditer ces bruits répandus par la malveillance ; les vivres de première nécessité étaient à des prix exorbitants, et le peuple sans remonter à la cause réelle, en accusait les accapareurs.

Le 24 février, le conseil-général de la Commune de Paris, considérant l'urgence, arrête que les administrateurs au département des subsistances prendront toutes les mesures que leur sagesse leur suggérera pour approvisionner la ville, de manière à ne laisser aucun prétexte aux ennemis de la tranquillité publique.

Une nombreuse députation de citoyennes se présente au corps municipal pour être autorisée à se présenter à la Convention, pour solliciter la diminution du prix des comestibles, et dénoncer les accapareurs.

De son côté, la Commune de Paris, pour inspirer une plus grande sécurité aux fournisseurs, avait demandé à la Convention une avance de quatre millions à prendre sur les sols additionnels de l'exercice de 1793. A cette demande, grand scandale de la part des Girondins : Duperret s'écrie que c'est ainsi qu'on dilapide les finances de l'État ; et les *hommes d'État* de répéter en chœur : c'est infâme ! — Je demande, reprend Duperret, l'envoi du décret aux quatre-vingt-trois départements.

Indignes mandataires qui, dans leur haine aveugle contre Paris, ne voient pas qu'ils vont justifier contre eux-mêmes l'inculpation trop fondée qui causera leur perte, et les fera honnir de la postérité.

Pendant que cette question s'agitait à la Convention, l'émeute rugissait dans la ville : le peuple réduit à la plus affreuse misère par le prix excessif des denrées, faisait main-basse sur les magasins de comestibles, les épiciers et les chandelliers. Ce jour même, le journal *L'Ami du peuple*, répondant aux cris des affamés, disait : « Il est incontestable que les capitalistes, les agioteurs, les monopoleurs, les marchands de luxe, les suppôts de la chicane, les robins, les ex-nobles, etc., sont tous, à quelques-uns près, des suppôts de l'ancien régime, qui regrettent les abus dont ils profitaient pour s'enrichir des dépouilles publiques. Comment donc concourraient-ils de bonne foi à l'établissement du règne de la liberté et de l'égalité. Dans l'impossibilité de changer leur cœur, et désespérant de voir le législateur prendre de grandes mesures pour les y forcer, je ne vois que la destruction totale de cette engeance maudite, qui puisse rendre la tranquillité à l'État...

« En attendant que la nation, fatiguée de ces désordres révoltants, prenne elle-même le parti de purger la terre de la liberté de cette race criminelle; que ses lâches mandataires encouragent au crime par l'impunité; on ne doit pas trouver étrange que le peuple, poussé au désespoir, se fasse lui-même justice. Dans tout pays, où les droits du peuple ne sont pas de vains titres, consignés fastueusement dans une simple déclaration, le pillage de quelques magasins, à la porte desquels on pendrait les accapareurs mettrait bientôt fin à ces malversations, qui réduisent cinq millions d'hommes au désespoir, et qui en font périr des milliers de misère. Les députés du peuple ne sauront-ils donc que bavarder sur ses maux, sans en présenter jamais le remède.

« Laissons-là les mesures répressives des lois, il n'est que trop évident qu'elles ont toujours été, et qu'elles seront toujours sans effet; les seules efficaces sont les mesures révolutionnaires. Or, je n'en connais aucune autre qui puisse s'adapter à nos faibles conceptions, si ce n'est d'investir le Comité actuel de sûreté générale, tout composé de bons patriotes, du pouvoir de rechercher les principaux accapareurs, et de les livrer à un tribunal d'État formé de cinq membres pris parmi les hommes connus les plus intègres et les plus sévères, pour les juger comme des traîtres à la patrie.

« Je connais une autre mesure qui irait bien plus sûrement au but : ce serait que les citoyens favorisés de la fortune s'associassent pour faire venir de l'étranger les denrées de première nécessité, les donner à prix coûtant, et faire tomber de la sorte celui auquel elles sont portées aujourd'hui, jusqu'à ce qu'il fût ramené à une juste balance ; mais l'exécution de ce plan suppose des vertus introuvables dans un pays où les fripons dominent, et ne jouent le civisme que pour mieux tromper les sots, et dépouiller le peuple...

« Infâmes tartufes, qui vous efforcez de perdre la patrie sous prétexte d'assurer le règne de la loi, montez à la tribune me dénoncer, ce numéro à la main, je suis prêt à vous confondre (133). »

Le lendemain à la Convention, le versatile Barrère, organe à ce moment du parti Girondin, insinue qu'un fil d'or conducteur de Paris à Londres, a bien pu provoquer les désordres qui viennent d'agiter la capitale.

Salles, allant droit au but, dénonce Marat comme l'instigateur des troubles; et à l'appui de cette inculpation donne lecture du numéro précité.

Une discussion des plus vives s'engage à l'occasion d'un décret d'accusation demandé contre Marat. Eh bien! dit Marat, je provoque moi-même ce décret contre moi pour vous couvrir d'infamie... Les hommes sages à qui vous livrerez ma tête compareront le passage de ma feuille avec votre décret d'accusation, et diront que vous ne savez pas lire.

Le ban et l'arrière-ban des *hommes d'État*, après avoir longtemps lutté contre les patriotes de la Montagne, obtiennent le renvoi de la dénonciation aux tribunaux ordinaires, chargent le ministre de la Justice de faire poursuivre les auteurs et instigateurs de ces délits, et d'en rendre compte tous les trois jours à la Convention.

Nous aurons bientôt occasion de montrer le résultat judiciaire de cette inculpation jointe à d'autres; notons seulement en passant, que le numéro incriminé fut tellement recherché à cause du scandale de la clique, qu'il se vendit jusqu'à douze livres, et que l'auteur dut le faire remettre sous presse quelques jours après, avec l'avertissement que voici : « Comme tous les ennemis de la patrie, et les meneurs de la faction des *hommes d'État* qui s'agitent en ce moment pour me dénigrer, paraissent se prévaloir de la rareté du numéro dénoncé pour dénaturer mes expressions; je me suis déterminé à le faire remettre sous presse, afin que le lecteur puisse juger d'après lui de la perfidie de mes délateurs et de la simplicité de leurs dupes. »

Rompons un instant avec cet incident, pour signaler un livre qui, annoncé au *Journal de la République*, depuis le 24 février dernier, vient enfin de voir le jour, le 23 mars 1793.

Il s'agit d'une nouvelle édition, mais cette fois en français, de THE CHAINS OF SLAVERY, ouvrage dont nous avons rendu compte au commencement de cette étude.

LES CHAINES DE L'ESCLAVAGE.

Ouvrage destiné à développer les noirs attentats des princes contre les peuples; les ressorts secrets, les ruses, les menées, les artifices, les coups d'État qu'ils employent pour détruire la liberté; et les scènes sanglantes qui accompagnent le despotisme.

Par J.-P. MARAT, *l'ami du peuple.*

Impatiens freni.

Paris

De l'imprimerie de Marat, rue des Cordeliers, vis-à-vis celle Haute-Feuille.

L'An premier de la République.

(In-8° de 364 pages.)

Cette édition ne diffère de celle de Londres, que par une notice où sont rapportées les menées du ministère Anglais, contre l'auteur, lors de la publication de

The chains of slavery, en 1774 ; et par l'annexion d'une *Lettre de Marat*, adressée le 23 août 1789, au président des États généraux, à l'occasion des *Vices de la Constitution Anglaise*, signalés aux États, comme une série d'écueils à éviter dans le gouvernement qu'ils allaient donner à la France ; tableau non moins utile en 1793, qu'en 1789, pour parer à l'anglomanie des partisans de l'autorité arbitraire. Quant au *Discours aux électeurs de la Grande-Bretagne*, on comprend qu'il ait été conservé dans cette nouvelle édition, car il peut très-bien, comme le disait Marat, s'adresser aux électeurs Français. Le compte-rendu que nous avons présenté de *The chains of slavery*, nous dispense ici de tout autre examen.

Le lecteur n'a point oublié que nous avons laissé Marat sous le coup d'une accusation grave déférée aux tribunaux. Cette maladresse des *hommes d'État*, comme les qualifiait ironiquement l'ami du peuple, ne sera pas la dernière qu'ils commettront dans leur aveugle fureur contre ceux qui voudront s'opposer à leurs combinaisons machiavéliques ; mais avant de leur voir combler la mesure de leurs basses vengeances contre l'intrépide défenseur des droits du peuple, jetons un regard rapide sur la situation douloureuse qu'ils ont faite à la France par leurs intrigues, leurs menées, leurs complots ; puis faisant face à ces suppôts de tyrannie, arrachons leur le masque, pour les montrer à la postérité tout couverts d'opprobre, et marqués du sceau indélébile de la réprobation publique.

Menacée dans ses intérêts par l'invasion de la Belgique et surtout de la Hollande, la Grande-Bretagne, déjà liée secrètement à la cause des rois contre la République, s'est déclarée contre la France, qui voit maintenant s'armer contre elle : l'Angleterre, l'Autriche, la Prusse, l'Allemagne, la Hollande, l'Espagne, le Portugal, les Deux-Siciles, les États du Pape et la Sardaigne.

A ce soulèvement d'une partie de l'Europe contre la France épuisée de numéraire ; à cette recrudescence de danger pour sa liberté, vient s'ajouter la révolte fanatique des prêtres et des nobles : la Vendée est en feu ! Les révoltés occupent partie ou totalité des départements d'Indre-et-Loire, de la Loire-Inférieure, de la Vendée, des Deux-Sèvres et de la Vienne ; leurs armées sont d'environ vingt-cinq mille hommes, dont les prêtres révoltés bénissent les armes qui doivent donner la mort aux patriotes.

Pour comble à tant de maux, la trahison compromet nos armées, nos conquêtes, nos frontières : Dumouriez qui a négocié avec les Autrichiens, leur livre Breda et Gertruydemberg ; il annonce qu'il va marcher sur Paris pour renverser le gouvernement républicain ; rétablir le trône et la Constitution monarchique de 1791. Mais le génie de la Liberté veille sur la France, il soutient, il exalte le patriotisme.

Dans l'expectative, le peuple, la Commune, la Convention même redoublent de zèle pour assurer le salut public : Un tribunal criminel extraordinaire est créé pour juger sans appel les conspirateurs ; leurs biens seront acquis au profit de la République. Des Comités de surveillance seront établis dans toutes les sections de Paris, pour rechercher les suspects, les conspirateurs ou les traîtres. Garat remplace Roland au ministère de l'intérieur. Une loi ordonne l'exécution dans les vingt-quatre heures de tout individu convaincu d'être émigré ou prêtre sujet à la déportation. Un décret met hors la loi ceux qui prendront part à des révoltes contre-révolutionnaires, ayant pour but d'empêcher le recrutement. Un Comité de défense générale et de salut public est institué. Le désarmement des prêtres et des nobles, sur tout le territoire de la République, est ordonné. Enfin, dans les villes au-dessus de trois mille âmes, une loi commande d'afficher à l'extérieur des maisons les noms, âge et profession de ceux qui l'habitent.

La sévérité des lois révèle la mesure du danger.

Le péril est immense, sans doute ; mais féconde en dévouements, la France va se révéler plus dévouée, plus vaillante, plus patriote que jamais ; l'amour de la patrie qui enfante des prodiges va confondre et atterrer les traîtres, électriser les masses, faire surgir des héros, enfanter des légions innombrables, les pousser de victoire en victoire, et sauver la patrie.

Pénétrés eux-mêmes des maux qu'ils ont appelés sur la France, citons au tribunal de l'opinion publique coryphées et suppôts de la faction des *hommes d'État ;* arrachons le masque à ces républicains de mauvais aloi, afin que la postérité les rive pour jamais au pilori de l'humanité.

Depuis le premier instant de la Révolution jusqu'au 10 août, la Cour a été le premier auteur de tous les complots contre la patrie. Depuis le 10 août jusqu'à ce jour, la faction des *hommes d'État* de la Convention, conjurée avec les ministres, les généraux, les fonctionnaires publics ennemis de la liberté, et les puissances étrangères, sont les principaux auteurs des complots tramés contre la liberté publique, contre le règne de de la justice et de l'égalité. . .

S'il se trouvait parmi les citoyens honnêtes quelque

lecteur assez prévenu pour en douter, je le renverrais au *Journal des séances de la Convention* même, depuis son ouverture, et je le défierais de m'y faire voir une seule mesure de salut public proposée par les *hommes d'État;* tandis que je lui montrerai que dans toutes les occasions où les patriotes de la Montagne ont proposé de grands moyens pour sauver le peuple, les *homme d'État* s'y sont opposés avec acharnement. Ils ne manquent pas d'orateurs dévorés de la démangeaison de parler ; mais ces orateurs qui bavardent sans cesse, pour rendre illusoires tous les décrets salutaires, ou vomir des calomnies contre les patriotes, contre les députés de Paris, notamment contre l'ami du peuple, n'ont jamais proposé de lois pour réprimer et punir les accapareurs, les prévaricateurs, les fonctionnaires publics infidèles, les employés dilapidateurs, les ministres machinateurs, les généraux perfides; mais ils n'ont négligé aucune occasion de protéger les traîtres, et d'assurer l'impunité aux conspirateurs; tandis que leurs meneurs, Brissot, Guadet, Vergniaud, Gensonné, Pétion, Buzot, n'ont ouvert la bouche que pour dévouer Danton, Robespierre, Marat, à l'anathème, et absoudre Capet, si ce n'est pour dénoncer des complots imaginaires dans la vue de détourner l'attention de dessus leurs propres conspirations.

J'ai dit qu'ils sont conjurés avec les ministres, les généraux, les administrateurs infidèles et les puissances étrangères, pour s'opposer à l'établissement du règne de l'égalité et de la liberté, pour rétablir le monarchisme ou dominer eux-mêmes. On n'a pas oublié que ce sont leurs meneurs Brissot, Guadet, Vergniaud, Gensonné, Isnard, etc., qui ont fait déclarer la guerre. On n'a pas oublié que ce sont eux qui ont longtemps soutenu et blanchi Narbonne, Dillon, Rochambeau, Mautesquiou, Anselme et Lafayette, le chef des traîtres qui commandait nos armées, et qu'a proscrit l'indignation publique, lorsqu'elle les a vus coalisés avec nos ennemis du dedans et du dehors. On n'a pas oublié que ce sont eux qui ont machiné un peu avant le 10 août pour raffermir le despote chancelant sur le trône. On n'a pas oublié qu'après le 10 août, ils ont mis tout en œuvre pour arracher au peuple le fruit de cette glorieuse journée, pour tourner contre lui les événements désastreux des 2 et 3 septembre qui en ont été la suite, pour perdre ses plus zélés défenseurs, et pour arracher le tyran au supplice. On n'a pas oublié que ce sont eux qui, dès le 11 août, ont fait décréter que la Convention serait nommée par les corps électoraux, presque tous à leur dévotion, afin de composer à leur gré une majorité contre-révolutionnaire. On n'a pas oublié que ce sont eux qui, à la même époque, ont fait rappeler au ministère Clavière, Servan et Roland, trois de leurs âmes damnées. On n'a pas oublié que ce sont eux qui, par la main de Clavière, ont intercepté à la poste tous les écrits patriotiques, pour empêcher d'éclairer les départements, tandis qu'ils les inondaient, par les mains de Roland, de libelles atroces contre les patriotes les plus célèbres, sur lesquels ils rejetaient les massacres des prisons et tous les désastres de l'État. On n'a pas oublié que ce sont eux qui, à l'ouverture de la Convention se sont insurgés contre la députation de Paris, dont ils redoutaient l'énergie, et qui ont demandé la tête de Marat, dont ils redoutaient la surveillance; que ce sont eux qui n'ont cessé de calomnier à la tribune la municipalité et les administrateurs de Paris; que ce sont eux qui ont appelé des départements à Paris une force armée, sous prétexte qu'ils n'y étaient pas en sûreté ; que ce sont eux qui ont mis dans les mains de Roland quarante millions pour accaparer les grains et affamer le peuple ; que ce sont eux qui ont excité des troubles au sujet des subsistances ; que ce sont eux qui ont cherché à allumer dans l'État les torches de la guerre civile pour assurer l'impunité au tyran, en votant l'appel au peuple, et qui, pour faire passer le décret par la terreur, avaient donné des ordres à un bataillon de Marseillais égaré de s'emparer de la Convention. On n'a pas oublié que ce sont eux, coalisés avec les généraux, qui ont fait pleuvoir un déluge de dénonciations contre Pache pour l'expulser du ministère de la guerre, où sa surveillance barrait leurs machinations, pour y appeler Beurnouville, créature de Dumouriez et l'agent le plus propre à favoriser leurs projets contre-révolutionnaires. Depuis cette époque malheureuse, ils n'ont cessé de tramer clandestinement ; toutes les réclamations des soldats de la patrie contre le ministre ont été étouffées ; toutes les dénonciations des patriotes contre les généraux ont été interceptées ; tous les rassemblements des contre-révolutionnaires dans les départements du nord-ouest, de même que les préparatifs hostiles des puissances ennemies, ont été tenus secrets par le conseil exécutif, spécialement chargé de les surveiller ; tandis que la faction des *hommes d'État* mettait en usage mille artifices pour écarter la discussion sur le recrutement de l'armée, la réorganisation du ministère et la loi contre les émigrés. Depuis cette époque malheureuse, ils n'ont cessé de berner le peuple de fausses nouvelles, sur de prétendues victoires, et de lui cacher nos échecs jusqu'au moment où nos défaites ont été de nature à jeter l'alarme sur les dangers de la patrie.

Ce sont ces scélérats qui ont fait déclarer la guerre à l'empereur, au roi de Prusse, à la Hollande, à l'Angleterre, à l'Espagne, à la Sardaigne, sans avoir fait aucun préparatif pour leur résister ; en trompant indignement la nation sur les moyens d'attaque des puissances ennemies et nos moyens de défense. Ce sont ces scélérats qui ont mis et maintenu à la tête de nos armées les plus grands ennemis de la Révolution, pour morfondre nos troupes par des marches sans objet, les exténuer par le besoin, les désoler par la misère, les faire déserter par les mauvais traitements, les conduire à la boucherie et les livrer sans défense au fer de l'ennemi. Ce sont ces scélérats qui ont laissé nos places de guerre sans munitions, sans armes, et qui ont donné le commandement à des suppôts du royalisme pour les livrer aux ennemis. Ce sont ces scélérats qui ont assuré l'impunité aux traîtres et qui ont fait échapper tous les grands crimininels ; ce sont eux qui, depuis dix-sept mois, ne composent le ministère que de leurs créatures, toutes contre-révolutionnaires ; ce sont eux qui, depuis dix-huit mois, appuient, défendent et blanchissent Dumouriez, comme ils ont appuyé, défendu et blanchi Lafayette.

Comment nier aujourd'hui qu'ils en sont les complices, puisque leur complot est commun.

Ils voulaient conserver le monarque et rétablir la monarchie lors du jugement de Louis Capet, Dumouriez veut rétablir un roi et la Constitution de 1791. Comme Dumouriez, ils déclament contre les Jacobins et veulent anéantir les sociétés populaires. Ils ont mis cent obstacles au recrutement de nos volontaires ; Dumouriez les a sacrifiés en toutes rencontres. Comme Dumouriez, ils ont tout fait pour empêcher la réunion de la Belgique à la France, et pour la détruire lorsqu'elle a été consommée. Comme Dumouriez, ils se sont élevés avec fureur contre les journées de septembre qui ont sauvé la patrie; ils ont calomnié le peuple sur les événements du 25 février; ils se sont opposés à l'établissement du tribunal révolutionnaire; ils ont maintenu en vigueur les lois tyranniques de l'ancienne Constitution.

Quel homme instruit des événements de la Révolution n'a pas reconnu que le plan de conspiration de Dumouriez a été mis en même temps à exécution, et par lui, et par les meneurs de la faction.

Mais laissons-là le factotum des *hommes d'État*, le lâche massacreur de nos braves volontaires, l'ambitieux, le traître Dumouriez; c'est du vain batelage, c'est des menées insidieuses, c'est de la fureur et de la rage des coryphées de cette faction redoutable que nous avons à entretenir le lecteur, pour le convaincre de la haine qu'ils portaient à l'ami du peuple.

Sans nous arrêter aux débats scandaleux que provoquèrent si souvent au sein de la Convention ces *hommes d'État*, anti-révolutionnaires et complices de Dumouriez, dans l'espoir d'y écraser les patriotes, arrivons à la séance du 12 avril 1793.

Cette séance devait être consacrée aux réponses des meneurs de la faction des *hommes d'État*, que Robespierre avait accusés d'être les premiers auteurs de tous les désastres qui désolent la patrie et menacent la liberté.

Pétion se présente le premier à la tribune, et d'emblée se livre à une déclamation furieuse contre son accusateur.

A Pétion succède Guadet; il prétend se disculper en faisant son éloge; en s'honorant de l'amitié de Brissot, ancien espion de police; en affichant sa pauvreté, en dépit des sommes qu'il a placées sur la tête de ses enfants à la tontine Lesage; et il conclut par tirer de sa poche une adresse patriotique des Jacobins, signée Marat, président, dont voici la substance :

CIRCULAIRE

de la Société de la Liberté et de l'Égalité, séante aux Jacobins, etc.

Du 5 avril 1793, l'an IIe de la République.

« Amis, nous sommes trahis, aux armes! voici l'heure terrible où les défenseurs de la patrie doivent vaincre ou s'ensevelir sous les décombres de la République. Français, jamais votre liberté ne fut en plus grand péril! Nos ennemis ont enfin mis le sceau à leur noire perfidie, et pour la consommer, Dumouriez, leur complice, marche sur Paris. Les trahisons manifestes des généraux coalisés avec lui ne laissent pas douter que ce plan de rébellion et cette insolente audace ne soient dirigés par la faction qui l'a maintenu, déifié, ainsi que Lafayette, et qui nous a trompés jusqu'au moment décisif sur la conduite, les menées, les défaites et les attentats de ce traître, de cet impie, qui vient enfin de mettre en état d'arrestation les quatre commissaires de la Convention et qui prétend la dissoudre....

« Mais, frères et amis, ce ne sont pas là tous vos dangers!... Il faut vous convaincre d'une vérité douloureuse. Vos plus grands ennemis sont au milieu de vous, ils dirigent vos opérations;... ils conduisent vos moyens de défense... Oui, frères et amis, oui, c'est dans le sénat que de parricides mains déchirent vos entrailles! Oui, la contre-révolution est dans le gouvernement, dans la Convention nationale...

« Mais déjà l'indignation enflamme votre courageux civisme! Allons, républicains, armons-nous!... Levons-nous tous! Mettons en état d'arrestation tous les ennemis de notre révolution.... Exterminons sans pitié tous les conspirateurs, si nous ne voulons pas être exterminés nous-mêmes... De tels délégués sont des traîtres, des royalistes ou des hommes ineptes. La République réprouve les amis des rois; ce sont eux qui la morcellent, la ruinent et ont juré de l'anéantir... Avec eux, c'en est fait de votre liberté, et par leur prompte expulsion la patrie est sauvée... »

C'est vrai! s'écrie Marat.

L'Assemblée aussitôt se lève par un mouvement spontané; de toutes parts s'élèvent des cris : *A l'abbaye, à l'abbaye!* Plusieurs voix réclament le décret d'accusation. Un cri général et prolongé appuie cette proposition.

C'était le but où ils en voulaient venir, pour parer le coup mortel que Marat leur avait porté la veille en les donnant pour les complices de Dumouriez et en les forçant de se reconnaître pour les suppôts de la royauté, les partisans d'Orléans.

Marat paraît à la tribune : « Pourquoi ce vain batelage et à quoi bon ? On cherche à jeter au milieu de vous une conspiration chimérique, afin d'étouffer une conspiration trop réelle. On ne peut plus le révoquer en doute ; Dumouriez lui-même y a mis le sceau en déclarant qu'il marchait sur Paris pour faire triompher la faction qu'il appelle la saine partie de l'Assemblée contre les patriotes de la Montagne (applaudissements des tribunes). Mais, voulant donner à la France entière des preuves non équivoques de ma loyauté, j'ai demandé, moi, un décret qui mît la tête d'Égalité fils, la tête du régent prétendu, du ci-devant comte d'Artois et de tous les Capet rebelles, à prix. Vous avez vu la Montagne demander qu'on allât aux voix sur cette proposition, tandis que les conspirateurs faisaient un vacarme horrible pour s'y opposer.

« Il est temps que les conspirateurs soient démasqués et expirent sous le glaive de la loi. Je renouvelle mes propositions ; je demande qu'elles soient mises aux voix, et l'on verra de quel côté sont les suppôts de d'Orléans (Applaudissements de tribunes). »

Danton succède à Marat ; il conclut à ce que d'Orléans soit traduit devant un tribunal révolutionnaire érigé à Marseille, et que toutes les pièces de la procédure soient envoyées à la Convention, afin que les complices qu'il peut avoir dans le Sénat soient connus. Il appuie les propositions de Marat, et demande qu'avant de discuter le décret d'accusation, un rapport général soit fait sur tous les chefs d'accusation des *hommes d'État* contre Marat, et sur tous les chefs d'accusation de celui-ci contre les *hommes d'État*.

Ce n'était pas là, assurément, ce que voulaient les ennemis acharnés de Marat ; aussi, toutes les propositions de Danton, à la dernière près, sont-elles écartées avec affectation par les complices de Dumouriez. Et, sans rougir de s'avouer de nouveau les suppôts des Capet fugitifs et de d'Orléans, ils s'attachent à faire décréter Marat d'arrestation dans l'espoir, sans doute, de laver leurs crimes dans son sang.

Après des débats longs et orageux, le décret d'accusation est renvoyé après le rapport fixé au lendemain, et un décret provisoire d'arrestation est décerné par les *hommes d'État*.

A l'instant, écrit Marat, une expédition du décret, non signée du président, ni du ministre de la Justice, est remise à l'officier de garde, qui me consigne aux portes; les tribunes avaient témoigné leur indignation, et la séance avait été levée avec précipitation.

Je venais de déclarer à mes collègues que je n'irais point à l'Abbaye, où tous les Montagnards s'efforçaient de m'accompagner. Je persistai. Déjà, il ne restait plus dans la salle qu'une cinquantaine de mes collègues qui ne voulaient pas me quitter; bientôt elle se remplit d'une foule de patriotes des tribunes, qui s'opposent à ce que je sois arrêté. Ils me conduisent hors de la salle, une sentinelle s'oppose à ma sortie; on va chercher l'officier de garde, il présente une expédition du décret non signée, il en sent la nullité. La consigne est levée, je sors accompagné d'un nombreux cortége, et je vais chercher un asile, d'où j'écris à la Convention la lettre qui suit, et dont lecture fut faite le lendemain à la séance du matin.

« Paris, ce 12 avril 1793, l'an second de la République.

« *Représentants du peuple*,

« Il est des faits que l'on ne peut trop souvent remettre sous les yeux de la nation : de ce nombre sont ceux qui constatent les trahisons des meneurs et des suppôts de la faction des *hommes d'État*. Il est notoire que Dumouriez, qui vient de lever l'étendard de la révolte contre la patrie, pour lui donner un maître et anéantir la liberté, a pour complices, au sein même de la Convention, ces scélérats qu'il appelle la saine majorité de l'Assemblée nationale. Dans sa lettre menaçante, adressée au président, par l'organe du ministre de la Guerre..., le traître Dumouriez annonce qu'il va marcher sur Paris pour y appuyer, par la force des armes, cette faction, et pour réduire les patriotes de la Montagne, qu'il appelle des anarchistes, et les forcer par la terreur à n'oser soutenir la cause du peuple.

« Attérés de voir l'infâme Dumouriez les déclarer ses protégés et ses complices, à la face de l'univers, ils n'ont plus songé qu'à détourner l'attention publique de dessus leurs propres conspirations, malheureusement trop réelles, pour la fixer sur une conjuration imaginaire des patriotes de la Montagne, qui aurait pour but de mettre Louis-Philippe d'Orléans sur le trône.

« ..... Indigné de la perfidie de ces lâches hypocrites, j'ai cru devoir les forcer dans leur dernier retranchement, et les réduire à la cruelle nécessité de se déclarer eux-mêmes suppôts du royalisme. C'est le but que je m'étais proposé, en demandant que d'Orléans fût traduit devant le tribunal révolutionnaire, et que la tête des Capet, émigrés et rebelles, soit mise à prix. Cette pierre de touche a produit son effet : on a vu clairement de quel côté sont les partisans de d'Orléans, les amis de la royauté.

« Désespérés de s'être vus réduits de la sorte à se

démasquer eux-mêmes, les meneurs et les suppôts de la faction royaliste se sont flattés de faire tomber mes propositions, et d'en imposer à la nation, en me poursuivant comme un écrivain incendiaire ; en conséquence, ils se sont accrochés à une adresse énergique de la Société des Jacobins, présentée à ma signature comme président, et ils ont demandé un décret d'accusation contre moi, pour avoir signé cet écrit patriotique, qui invite le peuple à prendre enfin les armes pour repousser les armées ennemies et les légions de révoltés qui s'avancent contre nous pour nous remettre aux fers.

« ..... Ils se sont attachés à me poursuivre, et n'osent me décréter d'accusation sans un rapport préalable ; ils ont décidé que je serais envoyé en état d'arrestation à l'Abbaye. Eh quoi ! Malus, d'Espagnac, ces infâmes dilapidateurs du bien des pauvres, ont été simplement détenus chez eux ! Sillery lui-même, suspect de trahison, est simplement gardé à vue ; et moi, le défenseur imperturbable de la patrie, l'apôtre et le martyr de la liberté, je serai incarcéré par nos ennemis comme un malfaiteur, pour me punir d'avoir dévoilé leurs machinations..... Non, il n'en sera rien, dussé-je périr cent fois ; c'est le cas ou jamais de résister à l'oppression.

« Comme ils ont blessé tous les principes de la justice et de la liberté, par le décret honteux rendu contre moi ; comme ils sont déterminés à consommer la contre-révolution et à rétablir le despotisme ; comme rien au monde ne peut les rappeler à la pudeur ; comme je suis leur accusateur primitif ; comme ils sont grandement coupables, et comme ils ont résolu de perdre tous les patriotes énergiques, pour n'être pas perdus eux-mêmes, ils veulent à quelque prix que ce soit se débarrasser de moi, dont ils redoutent la surveillance. S'ils réussissaient à consommer leurs projets criminels à mon égard, bientôt ils en viendraient à Robespierre, à Danton, et à tous les députés patriotes qui ont fait preuve d'énergie.

« D'accusateur, je ne serai pas seul réduit au rôle d'accusé. Je n'entends point me soustraire à l'examen de mes juges ; mais je ne m'exposerai pas sottement aux fureurs de mes ennemis, traîtres à la patrie. Ainsi, tant que Salles, qui a cherché à soulever son département pour attenter à la liberté des commissaires de la Convention, et qui n'a cessé d'avilir la Convention elle-même, en la donnant pour complice d'Orléans ; tant que Barbaroux, qui a donné l'ordre à un bataillon marseillais de s'emparer des avenues de la Convention pour faire passer l'*appel au peuple;* tant que Gensonné, qui a entretenu une correspondance criminelle avec le traître Dumouriez ; tant que Lasource, qui a fait évader Valence et prévenir Dumouriez des ordres donnés contre lui ; tant que Brissot, Guadet, Buzot, Vergniaud, qui tenaient des conciliabules nocturnes avec les généraux conspirateurs, et qui justifiaient encore Dumouriez, il y a quinze jours, au Comité de défense générale ; tant que ces perfides, accusés par la voix publique comme traîtres à la patrie, n'auront pas été mis en état d'arrestation à l'Abbaye, je ne me constituerai point prisonnier pour déférer au décret arbitraire rendu contre moi par mes plus implacables ennemis..... »

Le jour même où on lut cette lettre à la Convention (13 avril), Delaunay jeune, au nom du Comité de législation, fit un rapport sur les délits imputés à Marat. Il avait à peine parlé de l'adresse des Jacobins

qui avait motivé le décret que Dubois-Crancé se lève :
Si cette adresse est coupable, dit-il, décrétez-moi
d'accusation, car je l'approuve..... Aussitôt un grand
nombre de membres de l'extrémité gauche se levant
spontanément : *Nous l'approuvons tous..... Nous
sommes tous prêts à la signer.* La salle retentit alors
des cris et des applaudissements des tribunes. David,
Thirion, Dubois-Crancé, Camille Desmoulins se précipitent vers le bureau ; un mouvement rapide et si-
multané entraîne à leur suite une centaine de membres.
L'adresse est à l'instant couverte de leurs signatures.
Ils retournent à leur place, au bruit des acclamations
prolongées des tribunes.

Delaunay parvient, non sans peine, à terminer la
lecture du rapport. De toutes parts, on demande à
aller aux voix par appel nominal ; les patriotes insistent
pour que chaque député ait la faculté de motiver son
vote ; cette proposition, écartée par la majorité, est
rétablie en fait par l'influence des tribunes.

Voici le résultat de cet appel nominal, commencé
le 13 avril, à dix heures du soir, et terminé le 14,
à sept heures du matin. Nombre des votants : 467 ;
220 ont voté pour le décret d'accusation, 192 contre,
7 pour l'ajournement et 48 se sont récusés. Le président annonce à l'Assemblée que Marat est décrété
d'accusation. Des murmures s'élèvent et se prolongent
dans les tribunes.

Le lendemain du décret d'accusation, quarante-huit
sections de Paris, par l'organe de leurs commissaires,
présentent à la Convention une pétition dans laquelle
ils demandent vengeance des outrages sanglants faits
depuis si longtemps aux droits sacrés des peuples.
« Nous venons, dit l'orateur, armés de la portion

d'opinion publique du département de Paris tout entier, provoquer le cri de vengeance que va répéter la France entière, indiquer les attentats et les noms de ses perfides mandataires..... Nous demandons que cette adresse, qui est l'expression formelle des sentiments unanimes, réfléchis et constants du département de Paris, soit communiquée à tous les départements par des courriers extraordinaires, et qu'il y soit annexé la liste ci-jointe de la plupart des mandataires coupables du crime de félonie envers le peuple souverain, afin qu'aussitôt que la majorité des départements aura manifesté son adhésion, ils se retirent de cette enceinte. Ce sont Brissot, Guadet, Vergniaud, Gensonné, Grangeneuve, Buzot, Barbaroux, Salles, Biroteau, G. Doulcet de Pontécoulant, Pétion, Lanjuinais, Valazé, Hardy, Lehardi, Louvet, Gorsas, Fauchet, Lanthenas, Lasource, Valady, Chambon. »

Le 16, Bentabolle sommait le comité de législation de présenter l'acte d'accusation de Marat, l'assurant que lorsqu'il serait cité, Marat ne manquerait pas de comparaître.

Cambacérès, organe du comité, promet l'acte pour le lendemain; mais le lendemain 17, rien; le 18, réception par la Convention d'une nouvelle lettre de Marat, dont l'Assemblée refuse d'entendre la lecture; mais d'acte d'accusation, rien encore.

On aurait pu croire, écrit Marat dans son journal, que des hommes qui me poursuivaient avec tant d'acharnement étaient tout prêts à produire les preuves de leurs inculpations; mais déjà quatre jours se sont écoulés depuis leur décret d'accusation et l'acte qui doit le motiver est encore à venir.....

Je suis curieux de savoir comment ils préciseront

leur acte d'accusation ; je sens bien qu'ils cherchent à y faire entrer toutes les sottes allégations, toutes les absurdes imputations, toutes les impostures qu'ils ne cessent de débiter sur mon compte, depuis plusieurs mois. Ils m'accuseront d'avoir voulu établir le tribunat, le triumvirat, la dictature ; vraiment ce sera chose plaisante de les voir réchauffer un vieux conte dont ils ont bercé la Convention dans ses premières séances, et sur lequel elle est passée à l'ordre du jour. Ils m'accuseront aussi d'avoir voulu donner un chef à la nation et relever la royauté, conte absurde sur lequel la Convention est encore passée à l'ordre du jour. Et qu'on ne croie pas que je bornerai là mes réponses ; je les sommerai de me faire voir dans mes écrits les inculpations qu'ils articuleront ou je leur prouverai qu'ils ne sont que des imposteurs effrontés, des imbéciles qui ne savent pas lire. »

Impatient de voir surgir enfin l'acte d'accusation, et redoutant quelques machinations nouvelles de ses accusateurs, Marat, de sa retraite, adresse aux Jacobins la lettre suivante.

« FRÈRES ET AMIS,

« Mes collègues de la Montagne dorment; que font les Jacobins ? Attendent-ils que les six millions qui viennent d'être remis par les *hommes d'État* au conseil exécutif pour soudoyer des espions et pervertir l'esprit public, aient produit leur effet, avant de demander à grands cris l'acte d'accusation contre l'ami du peuple ?

Apôtre et martyr de la liberté depuis près de quatre ans, je suis encore à trouver quelqu'un qui me tende la main, lorsque je suis renversé sur la brèche en combattant pour le salut du peuple. Mais non, mon espoir ne sera pas trompé. Je me flatte que mes frères les Jacobins vont prendre des mesures efficaces : je leur demande de faire afficher l'incluse; ils en sentiront l'indispensable nécessité. Je leur en éviterais la peine si je pouvais me montrer.

« Salut à mes frères.

« MARAT,

« *Député à la Convention et membre de la Société.*

« De mon souterrain, ce 19 avril 1793. »

Et simultanément paraissaient les lettres suivantes :

« MARAT, *l'ami du peuple*, à ses COMMETTANTS.

« Mes chers concitoyens, le 17 de ce mois j'adressai à la Convention nationale la lettre qui suit; les *hommes d'État* en empêchèrent la lecture sous prétexte qu'elle n'était pas signée.

« Le 18, j'en adressai à la Convention copie signée; les *hommes d'État* en empêchèrent la lecture, sous prétexte que je ne m'étais pas constitué prisonnier.....

« Comme il importe que cette lettre vous parvienne, et qu'elle soit connue des patriotes, de la Convention, du public, de la nation entière, je prends la voie de l'affiche pour la mettre sous les yeux du peuple français, et démasquer ses députés infidèles. »

MARAT à la CONVENTION NATIONALE DE FRANCE.

« Fidèles représentants du peuple, la faction des *hommes d'État*, cette horde criminelle que j'ai eu la bonhomie de ménager comme simplement égarée, et qui est profondément scélérate ; cette horde royaliste qui a voté *l'appel au peuple* et *la réclusion de Louis Capet*, que Dumouriez avoue pour ses complices ; cette horde conspiratrice que j'ai forcée à se déclarer du parti des Capet émigrés et rebelles, en la pressant tant de fois de mettre leurs têtes à prix, ce qu'elle a constamment refusé ; cette horde déhontée, qui me punit lâchement aujourd'hui de ce que je l'ai démasquée et couverte d'opprobre aux yeux de la France entière ; cette horde, dis-je, vient de me frapper d'un décret d'accusation.

« Quoiqu'elle se soit engagée, sur votre demande, à présenter dans les vingt-quatre heures l'acte énonciatif des chefs d'accusation qu'elle m'oppose ; déjà six jours se sont écoulés sans que cet acte ait été produit ; se flatterait-elle donc de tirer l'affaire en longueur, pour m'écarter de la sorte de la tribune, d'où je la foudroyais chaque jour ? Espère-t-elle, par ses retards, m'excéder d'ennuis et de dégoûts, épuiser ma patience, exaspérer mon indignation et me pousser à des démarches indiscrètes ? Attendrait-elle les événements pour supprimer le tribunal révolutionnaire, me laisser sous l'accusation, et faire croire à la nation que je suis coupable ? Ou bien se berce-t-elle du fol espoir que je balancerai un instant à me présenter à mes juges ? Qu'elle se détrompe : je paraîtrai devant eux, non comme un criminel, mais comme un homme de bien, indignement calomnié, et toujours prêt à rendre compte de ses actions, toujours prêt à mettre sa conduite en évidence pour confondre ses lâches délateurs....... »

Cette lettre, que nous ne pouvons reproduire en son entier, a été imprimée *in extenso* dans le *Publiciste de la République française*, n° 171, du 18 avril 1793.

La situation des accusateurs de Marat devenait chaque jour plus embarrassante. C'est que le peuple avait manifesté sa volonté par la demande d'un décret d'accusation contre les Girondins mêmes; c'est que l'accusé, chose unique, pressait ses lâches ennemis de produire leurs preuves, ou de tomber sous le mépris et l'indignation publics. Il n'y avait plus possibilité d'ajourner, il fallut agir; mais aussi combien cette conduite équivoque leur devint funeste : tout ce qu'il y avait d'honnêtes citoyens, mais faibles, indécis, pusillanimes, comprirent que la nation et la liberté n'avaient rien à espérer de ces parleurs inépuisables; ils perdirent peu à peu leur prestige, et au moment suprême restèrent abandonnés à leurs propres forces.

L'acte d'accusation fut enfin présenté à la Convention nationale le 20 avril (1), expédié au ministre de la Justice le 22, à neuf heures du soir, et par lui à l'accusateur public du tribunal révolutionnaire, qui le fit signifier à l'accusé le lendemain.

« Le soir même, écrit Marat, je me constituai prisonnier. J'étais accompagné de plusieurs de mes collègues à la Convention, d'un colonel national, d'un

---

(1) Ce jour même, les députés Gasparin, Duhem et Lesage-Sénault, en mission près les armées de la République, écrivent de Lille à la Convention qu'ils auraient voté contre le décret d'accusation. A ce nouveau soufflet sur la joue des Girondins, l'Assemblée passe à l'ordre du jour.

capitaine de frégate, etc., qui ne m'avaient pas quitté. A peine entré dans ma prison que plusieurs municipaux et administrateurs s'y présentent pour veiller à ma sûreté. Ils passèrent la nuit avec moi, dans une chambre qu'ils avaient fait préparer..... Dès la veille, plusieurs sections de Paris, entre autres celle des Quatre-Nations et la section des Quinze-Vingts, avaient nommé chacune quatre commissaires pour m'accompagner au tribunal..... Toutes les sociétés patriotiques avaient pris les mêmes mesures ; une multitude de bons patriotes remplissait déjà le tribunal. Dès le matin, toutes les salles du palais, les corridors, les cours et les rues adjacentes furent remplis d'une foule immense de Sans-Culottes, prêts à venger les outrages qui pourraient être faits à leur fidèle défenseur. Je rapporte avec attendrissement ces circonstances pour faire sentir à quel point les jours de l'ami du peuple sont chers à tous les citoyens, à tous les amis de la liberté. C'est la meilleure réponse que je puisse faire à mes lâches calomniateurs.

Une négligence volontaire du Comité de législation faillit rendre nulle toutes ces précautions du peuple : les pièces du procès, c'est-à-dire les numéros dénoncés de mon journal, n'avaient pas été joints à l'acte d'accusation.

L'accusateur public courut au Comité de législation demander ces pièces ; les meneurs prétendaient que je ne devais être jugé qu'après leur réimpression ; ils voulaient, sous ce prétexte, tirer l'affaire en longueur, jusqu'à ce que le jury patriote fût renouvelé, dans l'espoir qu'il serait remplacé par des ennemis de la patrie, disposés à me sacrifier ; mais le zèle et la fermeté de l'accusateur public triompha de ces vains subterfuges et leva tous les obstacles.

Enfin, le 24 avril, à dix heures du matin, l'ami du peuple comparaît devant les juges.

Le président procède aux questions d'usage ; on entend ensuite lecture de l'acte d'accusation, puis celle des pièces servant de base à l'accusation. Lecture faite des numéros dénoncés, la parole est à l'accusé.

Debout sur la dernière marche du fauteuil, Marat s'exprime ainsi : « Citoyens, membres du tribunal révolutionnaire, ce n'est pas un coupable qui paraît devant vous : c'est l'ami du peuple, l'apôtre et le martyr de la liberté. Depuis longtemps persécuté par les implacables ennemis de la patrie et poursuivi aujourd'hui par l'infâme faction des *hommes d'État,* il rend grâces à ses persécuteurs de l'occasion qu'ils lui fournissent de faire éclater son innocence et de les couvrir d'opprobre » (des applaudissements répétés dans toutes les parties de la salle suivent ces dernières paroles).

« Si Roland, le patron de la clique des Girondins, n'avait pas dilapidé les biens nationaux pour égarer le peuple et pervertir l'esprit public ; si la faction des *hommes d'État* n'avait pas inondé la République entière de libelles infâmes contre la Commune, la Municipalité, les sections, le comité de surveillance et surtout contre la députation de Paris ; s'ils ne s'étaient pas si longtemps concertés pour diffamer Danton, Robespierre et Marat ; s'ils ne m'avaient pas sans cesse représenté comme un factieux, un anarchiste, un buveur de sang, un ambitieux qui visait au pouvoir suprême, sous le titre de tribun, de triumvir et de dictateur ; si la nation, complètement détrompée, avait reconnu la perfidie de ces imposteurs ; si leurs coupables auteurs avaient été flétris, j'aurais résisté aux actes arbitraires portés contre moi, sous le titre de décret et d'acte d'accusation, par une faction perfide, que j'ai dénoncée tant de fois comme presque toute composée de royalistes, de traîtres, de machinateurs; et j'aurais attendu que la Convention eût été renforcée par le retour des députés patriotes pour me présenter à la tribune et foudroyer les vils scélérats qui me persécutent aujourd'hui avec un si odieux acharnement.

« Si je parais devant mes juges, c'est donc pour faire triompher la vérité et confondre l'imposture; c'est pour dessiller les yeux de cette partie de la nation qui est encore égarée sur mon compte; c'est pour sortir vainqueur de cette lutte, fixer l'opinion publique, mieux servir la patrie, et cimenter la liberté.

« Plein de confiance dans les lumières, l'équité, le civisme du tribunal, je provoque moi-même l'examen le plus rigoureux de cette affaire. Fort du témoignage de ma conscience, de la droiture de mes intentions, de la pureté de mon civisme, je ne veux point d'indulgence, mais je réclame justice sévère.

« Me voilà prêt à répondre à mes juges; cependant, avant d'être interpellé, je dois mettre sous vos yeux, citoyens, une série d'observations qui vous mettront à portée de juger de la crasse ignorance, de l'absurdité, de l'iniquité, de la perfidie, de l'acharnement et de l'atrocité de mes vils délateurs.

« Le décret d'accusation rendu contre moi l'a été sans aucune discussion, au mépris d'une loi formelle, et contre tous les principes de l'ordre, de la liberté et de la justice; car il est de droit rigoureux qu'aucun citoyen ne soit blâmé sans avoir été entendu. Il a été rendu au milieu du vacarme le plus scandaleux, durant lequel les patriotes ont couvert d'opprobre les royalistes, en leur reprochant leur incivisme, leur turpitude, leurs machinations. Il a été rendu contre la manifestation la plus marquée de l'opinion publique, et au bruit des huées continuelles des tribunes. Il a été rendu d'une manière si révoltante, que plus de vingt membres qui avaient été trompés par la faction des *hommes d'État*, ont refusé de voter, le décret n'ayant pas été discuté; et que l'un d'eux, cédant au mouvement d'une âme honnête, s'est écrié : *Je ne vote pas, et je crains fort, d'après tout ce que je vois, d'avoir été la dupe d'une cabale perfide.*

« Ce décret, loin d'être le vœu de la majorité de la Convention, puisqu'il est l'ouvrage d'une partie des membres qui ne sont pas même le tiers de l'Assemblée, ne peut donc être regardé que comme la suite de l'acharnement de la faction des *hommes d'État*. On va voir qu'il est l'effet d'une trame criminelle; car il a été provoqué sur la lecture d'une adresse des Jacobins, que j'avais signée comme président de la Société; adresse patriotique dont on a bientôt cessé de me faire un crime, en voyant presque tous mes collègues de la Montagne courir au bureau pour la signer; adresse vraiment républicaine qui vient d'être signée par toutes les sections de Paris, et qui le sera bientôt par tous les bons citoyens de la France entière.

« En abandonnant la dénonciation de cette adresse, qui avait motivé la demande du décret d'accusation, le décret tombait de lui-même ; mais il a été repris avec fureur par mes ennemis, en me voyant monter à la tribune pour renouveler la proposition de traduire Louis-Philippe d'Orléans devant le tribunal révolutionnaire, et de mettre à prix la tête des Capet rebelles et fugitifs ; proposition qui désespérait les *hommes d'État*, en les forçant de se mettre la corde au cou, s'ils l'adoptaient, ou de s'avouer eux-mêmes les partisans d'Orléans et des Capet, les suppôts du royalisme et les complices de Dumouriez, s'ils la repoussaient. On sait avec quelle violence ils s'y sont opposés. Ce décret doit donc être considéré comme une ridicule récrimination des scélérats que j'avais accusés de machinations, et que le traître Dumouriez avait, en quelque sorte, déclarés ses complices ; comme un artifice profond, imaginé pour m'ôter tout moyen de poursuivre cette mesure de salut public qui devait les démasquer complètement, les couvrir d'opprobre et les livrer à la vengeance nationale. Un pareil décret n'est donc qu'un acte de tyrannie qui appelle la résistance à l'oppression, et qui ne peut manquer de révolter tous les bons citoyens, lorsqu'il sera aussi bien connu dans les départements qu'il l'est à Paris.

« Je passe à l'acte d'accusation.

« Émané du Comité de législation, presque entièrement composé de mes plus mortels ennemis, tous membres de la faction des *hommes d'État*, il a été rédigé avec tant d'irréflexion, qu'il porte tous les caractères de la plus crasse ignorance, du mensonge, de la démence, de la fureur et de l'atrocité.

« Cet acte offre d'abord une inconséquence remarquable, ou plutôt une révoltante opposition au décret d'accusation auquel il sert de base ; car il n'y est nullement question de l'adresse des Jacobins que l'on me faisait un crime d'avoir signée et qui avait provoqué le décret.

« J'ai honte pour le Comité de législation de faire voir combien cet acte est ridicule et destitué de fondement. Comme l'adresse des Jacobins contient les sentiments de vrais républicains, et comme elle avait été signée de presque tous mes collègues de la Montagne, le Comité, forcé d'abandonner ce chef fondamental d'accusation, s'est rabattu sur la dénonciation de quelques-unes de mes feuilles qui dormaient depuis plusieurs mois dans la poussière de ses cartons, et il a reproduit stupidement la dénonciation de quelques autres de mes feuilles, sur laquelle l'Assemblée a refusé de donner aucune suite en passant à l'ordre du jour, comme je le prouverai dans la suite.

« Prouvons maintenant que cet acte est illégal. Il porte en entier, ainsi qu'on vient de voir, sur quelques-unes de mes opinions politiques ; ces opinions avaient presque toutes été produites à la tribune de la Convention avant d'être publiées dans mes écrits ; car mes écrits, toujours destinés à dévoiler les complots, à démasquer les traîtres et à proposer des vues utiles, sont un supplément à ce que je ne puis toujours exposer dans le sein de l'Assemblée. Or, l'article VII de la section V de l'acte constitutionnel porte en termes exprès : *Les représentants de la nation sont inviolables ; ils ne peuvent être recherchés, accusés, ni jugés en aucun temps, pour ce qu'ils auront dit, écrit ou fait dans l'exercice de leurs fonctions de représentants.* L'acte d'accusation est donc nul et de nul effet, en ce qu'il est diamétralement opposé à une loi fondamentale qui n'a point été révoquée et qui ne peut point l'être ; il est nul et de nul effet, en ce qu'il attaque le plus sacré des droits d'un représentant du peuple.

« Ce droit n'emporte pas celui de machiner contre l'État, de faire aucune entreprise contre les intérêts de la liberté, d'attaquer les droits des citoyens ou de compromettre le salut public ; je le sais, mais il consiste à pouvoir tout dire, tout écrire, tout faire impunément, dans le dessein sincère de sauver la patrie, de procurer le bien général et de faire triompher la liberté. Et il est si fort inhérent aux fonctions d'un représentant de la nation que, sans lui, il serait impossible aux fidèles députés de défendre la patrie et de se défendre eux-mêmes contre les traîtres qui voudraient les opprimer ou les asservir.

« Les patriotes de l'Assemblée constituante avaient si bien senti la nécessité de rendre les représentants de la nation inviolables et irrecherchables, pour pouvoir lutter impunément contre le despote et faire la révolution, qu'ils s'empressèrent de consacrer ce droit par le fameux décret du 23 juin 1789, avant même de se constituer Assemblée nationale. Ils sentirent si bien que ce droit sacré était inhérent à tout fonctionnaire public qu'ils l'étendirent, par le décret du 23 août 1789, à tout corps judiciaire, à tout corps administratif et même à tous citoyens réunis en assemblées primaires.

« Sans ce droit inaliénable, la liberté pourrait-elle se maintenir un instant contre les entreprises de ses ennemis conjurés? Sans lui, comment, au milieu d'un Sénat corrompu, le petit nombre de députés qui restent invinciblement attachés à la patrie démasqueraient-ils les traîtres qui veulent l'opprimer ou la remettre aux fers?

« Sans ce droit essentiel, comment un petit nombre de patriotes clairvoyants et déterminés déjoueraient-ils les complots d'une faction nombreuse de machinateurs? Quand on juge par ce qui nous arrive: si la faction des hommes d'État peut, sous un faux prétexte, m'attaquer et m'expulser de la Convention, me traduire devant un tribunal, me retenir en captivité, me faire périr;

demain, sous d'autres prétextes, elle attaquera Robespierre, Danton, Collot d'Herbois, Panis, Lindet, Camille, David, Audouin, Laignelot, Meaule, Dupuis, Javogues, Granet, et tous les autres députés courageux de la Convention ; elle contiendra les autres par la terreur, elle usurpera la souveraineté, elle appellera auprès d'elle : Dumouriez, Cobourg, Clairfait, ses complices ; secondée des Prussiens, des Autrichiens et des émigrés, elle rétablira le despotisme dans les mains d'un Capet, qui fera égorger tous les patriotes connus, et elle se partagera les premiers emplois avec le trésor de l'État. Le décret rendu contre moi pour mes opinions politiques est donc un attentat à la représentation nationale ; et je ne doute nullement que la Convention, devenue complète par le retour des commissaires patriotes, n'en sente bientôt les dangereuses conséquences, les suites funestes, ne rougisse qu'il ait été rendu en son nom et ne se hâte de le rapporter comme destructif de toute liberté publique.

« L'acte d'accusation n'est pas seulement nul en ce qu'il viole une loi constitutionnelle, et qu'il attaque la représentation nationale, il l'est encore en ce que le Comité érige contre tout principe la Convention en tribunal criminel ; car il lui fait prononcer sans pudeur un jugement inique, en décidant sans examen préalable d'aucune des pièces, sans avoir même mis en question si ces pièces sont de moi, *que je suis prévenu d'avoir évidemment provoqué le meurtre et le pillage, d'avoir provoqué un pouvoir attentatoire à la souveraineté du peuple et d'avoir avili la Convention, provoqué sa dissolution, etc.*

« Mais ce qu'on refusera de croire, c'est que le Comité y appelle sans façon, sans pudeur et sans remords, des peines afflictive et capitale sur ma tête, en citant les articles du code pénal, qui, selon lui, me condamnent à mort. Je ne doute nullement que ce soit là où il en voudrait venir; combien les *hommes d'État* ont été désespérés de ne pas m'avoir tenu en prison, pour étouffer ma voix et retenir ma plume. L'un d'eux, l'atroce Lacaze, n'a-t-il pas eu le front de demander à la Convention, comme Dumouriez et Cobourg le demandèrent à la faction, que je fusse mis hors la loi! Ainsi, l'acte d'accusation est un véritable jugement rendu qu'il ne restait plus qu'à faire exécuter.

« Enfin, cet acte est un tissu de mensonges et d'impostures. Il m'accuse d'avoir provoqué le meurtre et le pillage, le rétablissement d'un chef de l'État, l'avilissement et la dissolution de la Convention, etc.; le contraire est prouvé par la simple lecture de mes écrits. Je demande une lecture suivie des numéros dénoncés, car ce n'est pas en isolant et tronquant des passages qu'on rend les idées d'un auteur; c'est en lisant ce qui les précède et les suit qu'on peut juger de ses intentions. Si après la lecture il restait quelques doutes, je suis ici pour les lever (*Ami du peuple,* 178). »

Ces observations faites, Marat est interpellé par le président de répondre aux questions suivantes :

D. Avez-vous jamais prêché le meurtre et le pillage ?

R. Cette imputation absurde m'a été faite par la faction des *hommes d'État,* qui en connaît elle-même toute la fausseté, toute l'atrocité. Alarmé des troubles épouvantables que causaient les accapareurs conjurés pour pousser le peuple au désespoir par la misère, et les désastres dont les malversations menaçaient l'État, j'ai ventilé les divers moyens propres à prévenir ces malheurs, et j'ai observé au législateur lui-même, que dans tout pays où les droits des citoyens ne seraient pas de vains titres consignés fastueusement dans une simple déclaration, le pillage de quelques magasins, à la porte desquels on pendrait les accapareurs, aurait bientôt mis fin à ces désordres... Au surplus, me faire un crime d'avoir proposé de bonne foi un moyen pratiqué en tous pays contre les accapareurs, fût-il lui-même mauvais, c'était exercer une tyrannie révoltante sur les pensées, c'était étouffer jusqu'au désir de sauver la patrie.

D. Avez-vous jamais eu dessein de proposer le rétablissement d'un chef de l'État?

R. Cette inculpation ne peut m'être faite sérieusement à moi, le plus mortel ennemi des tyrans, des despotes, des rois et des princes; à moi, le plus ardent frondeur de toute autorité arbitraire; à moi qui, depuis l'origine de la Révolution, ai sans cesse vengé la souveraineté du peuple, sans cesse insisté sur la nécessité de limiter les pouvoirs de ses agents, sans cesse recommandé de rendre leur responsabilité effective, et de leur ôter tout moyen de malverser impunément. Loin d'avoir provoqué, dans les numéros dénoncés, le rétablissement d'un chef de l'État, il suffit de lire pour voir que j'y déplore les malheurs qui ne peuvent manquer de résulter de l'insouciance, de l'esprit d'égoïsme et de vertige, ou plutôt les malheurs où la diffusion des membres de la Convention, leurs dissensions éternelles, les desseins perfides de la faction des *hommes d'État*, l'impunité dont elle paraissait investir les agioteurs, les monopoleurs, les accapareurs, les sangsues et les vampires publics; en un mot, la protection ouverte qu'elle semblait accorder aux traîtres et aux conspirateurs, ne pouvaient manquer d'attirer sur l'État; et j'y déclare que si jamais l'excès de détresse, d'oppression auquel d'indignes législateurs auraient réduit le peuple, le forçaient jamais à se donner un chef, d'Orléans, que mes détracteurs m'accusaient perfidement de vouloir servir, était le dernier des hommes sur lequel il faudrait jeter les yeux, et que je souffrirais plutôt le martyre que de lui donner ma voix.

D. Avez-vous jamais eu le dessein de provoquer l'avilissement et la dissolution de la Convention ?

R. Je ne crois pas qu'il soit au pouvoir d'aucun écrivain d'avilir et de dissoudre la Convention. La Convention est seule arbitre de sa réputation. Quel calomniateur pourrait échapper aux suites cruelles de l'indignation publique, s'il attaquait un législateur qui se serait montré digne de la confiance et des respects du peuple ? Or, qui plus que moi a gémi des scènes scandaleuses qui ont si souvent éclaté au sein de la Convention ? Qui plus que moi s'est efforcé de rappeler ses membres à la dignité de leurs fonctions ? Qui plus que moi a cherché à lui ramener la confiance et à lui concilier les respects de la nation, en la pressant de ne s'occuper que d'objets d'utilité publique, de travailler au soulagement du peuple, de prendre sans délai les mesures propres à réprimer les troubles et les désordres qui désolent l'État, des moyens de mettre la République en état de défense, de punir les traîtres, d'écraser au plus tôt les ennemis du dedans et du dehors, de ramener la paix et l'abondance et d'assurer le bonheur de la nation par de sages lois. Mes lâches accusateurs savent cela comme moi ; mais ils n'ont garde de rendre hommage à la vérité ; ils voulaient me perdre, et pour cela il fallait me calomnier. »

L'instruction de la procédure se continue par l'audition des témoins ; puis l'accusateur public, après avoir résumé les débats s'adresse au jury :

1° Est-il constant que l'accusé ait, dans les numéros dénoncés, provoqué le meurtre et le pillage, le rétablissement d'un chef de l'État, l'avilissement et la dissolution de la Convention ?

2° L'accusé est-il réellement l'auteur des écrits dénoncés ?

3° Est-il constant qu'il ait commis la provocation des délits dont on l'accuse, dans des intentions perfides et contre-révolutionnaires.

Les jurés, après en avoir délibéré, sont rentrés à l'audience, et l'un d'eux, le citoyen Dumont, premier juré, a motivé son opinion en ces termes : « J'ai examiné avec soin les passages cités des journaux de Marat. Pour les mieux apprécier, je n'ai pas perdu de vue le caractère connu de l'accusé et le temps pendant lequel il a écrit. Je ne puis supposer d'intentions criminelles et contre-révolutionnaires à l'intrépide défenseur des droits du peuple ; il est difficile de contenir sa juste indignation, quand on voit son pays trahi de toutes parts ; et je déclare que je n'ai rien trouvé dans les écrits de Marat qui me parût constater les délits dont il est accusé.

Les autres jurés ont aussi déclaré à l'unanimité que les faits n'étaient pas constants.

D'après cette déclaration, Fouquier-Tinville, accusateur public, a conclu à ce que Jean-Paul Marat fût acquitté de l'accusation portée contre lui, par décret de la Convention nationale du 13 avril présent mois, et que ledit Marat sera sur-le-champ remis en liberté.

« A peine le tribunal m'eut-il acquitté honorablement que la salle retentit des plus vifs applaudissements, qui furent répétés tour à tour dans les salles voisines, dans les vestibules et les cours du palais, toutes remplies de zélés patriotes. Deux des plus chauds s'élancèrent vers le parquet pour me porter sur leurs épaules ; je me refusai net à leurs instances, mais il fallut me retirer au fond de la salle et céder à celles d'une multitude empressée à m'embrasser. Plusieurs couronnes civiques furent posées sur ma tête. Les officiers municipaux, les gardes nationaux, les canonniers, les gendarmes, les hussards qui m'entouraient, craignant que je fusse étouffé dans la presse, formèrent deux haies et me reçurent au milieu d'eux.

« Ils firent halte en haut du grand escalier pour que les citoyens puissent mieux me voir. Au dehors des cours, depuis le palais à la Convention, les rues et les ponts étaient couverts d'une foule innombrable de peuple qui criait à l'envi et sans relâche : *Vive la République ! Vive la liberté ! Vive Marat !*

« Des spectateurs sans nombre aux croisées répétaient les applaudissements ; les plus aristocrates étaient forcés de suivre cet exemple ; plus de deux cent mille âmes bordaient les rues, depuis le palais jusqu'à la Convention ; sur les ponts et les marches des églises, ils formaient des amphithéâtres, où hommes, femmes et enfants étaient entassés.

« Le cortége qui m'accompagnait était immense. Parvenus près de la Convention, quelques officiers municipaux se détachèrent avec plusieurs gardes nationaux pour annoncer mon arrivée et demander la permission de défiler dans la salle.

« Lasource, qui présidait, veut lever la séance ; les patriotes s'y opposent et les *hommes d'État* s'enfuient avec précipitation.

« Le sapeur Rocher, qui était à la tête des gardes nationaux, paraît à la barre et prend la parole :

« Citoyen président, nous vous ramenons ce brave
« Marat ; nous saurons confondre tous ses ennemis :
« je l'ai déjà défendu à Lyon, je le défendrai ici, et
« celui qui voudra avoir la tête de Marat aura aussi
« celle du sapeur. »

La permission de défiler est accordée. Aussitôt, hommes, femmes, enfants, militaires, officiers municipaux entrent en foule, en criant : *Vive la République! Vive la Montagne! Vive Marat!* Je suis porté par les gardes nationaux qui m'environnaient et déposé au milieu de la Montagne. Là, je me hâte de me dépouiller des couronnes civiques dont le peuple avait chargé ma tête et que j'avais été forcé de garder. La salle retentit d'applaudissements. Après avoir été serré dans les bras de mes dignes collègues, je me présente à la tribune.

« Législateurs, les témoignages de civisme et de joie qui éclatent dans cette enceinte sont un hommage rendu à la représentation nationale, à l'un de vos collègues dont les droits sacrés avaient été violés dans ma personne. J'ai été perfidement inculpé : un jugement solennel a fait triompher mon innocence ; je vous rapporte un cœur pur, et je continuerai de défendre les *Droits de l'Homme,* du citoyen et du peuple, avec toute l'énergie que le ciel m'a donnée. »

Les applaudissements redoublent, les cris de : *Vive la République! vive la Montagne! vive Marat!* recommencent ; les chapeaux sont en l'air.

Après ces vives explosions de patriotisme, la voix de Danton se fait entendre.

« Citoyens ce doit être un beau spectacle pour tout

bon français de voir que les citoyens de Paris portent un tel respect à la Convention nationale, le jour où un député reconnu innocent a été réintégré dans son sein. La Convention nationale a pu applaudir à ce spectacle intéressant, elle l'a fait; mais je demande que le décret soit complètement rempli, que les citoyens qui ont ramené Marat défilent, que leur mission se remplisse et que nous reprenions nos travaux. »

Le décret s'exécute, la foule se retire paisiblement.

Paris n'avait pas besoin de l'acquittement du 24 avril pour être fixé dans son opinion sur l'ami du peuple; mais les départements contre-révolutionnaires durent être comme foudroyés de l'issue du procès. Marat, ramené en triomphe à la Convention par une foule immense, de l'aveu même des journaux les plus hostiles, n'était donc en réalité ni si méprisé, ni si méprisable que ses ennemis s'acharnaient à le répéter; il restait donc avéré qu'il avait été calomnié, et il n'était plus possible d'en douter. Quant aux départements révolutionnaires, ils comprenaient que tant que Paris, cette avant-garde intelligente de la liberté, se chargera de sauver la France au prix de son sang, la France n'aura qu'à approuver Paris.

C'est ici le lieu de faire connaître l'esprit public des départements, si longtemps égarés sur le compte de Marat, par les libellistes aux gages de Roland et des *hommes d'État*. Je ne dirai rien du peuple de Paris, et surtout des braves sans-culottes; ils n'ont jamais été un instant abusés sur l'ami du peuple, leur défenseur incorruptible. On connaît les arrêtés honorables

qu'ont pris toutes les sections de Paris, celui de la municipalité et ceux des sociétés populaires. Ce qu'on connaît moins, c'est l'arrêté vraiment républicain de la commune d'Auxerre, réunie en assemblée générale le 16 avril : « *Amis, le décret d'accusation lancé contre*
« *Marat doit être regardé par les patriotes comme*
« *une calamité publique ; il ne nous est pas possible*
« *de courir assez fort pour nous jeter au devant du*
« *fer patrioticide dont veulent le frapper les contre-*
« *révolutionnaires conventionnels ; nous allons voler*
« *à votre secours et faire triompher avec vous la cause*
« *du peuple ; mais en attendant, nous mettons sous*
« *la responsabilité des sans-culottes des quarante-huit*
« *sections de Paris la vie du plus vigoureux et du*
« *plus incorruptible défenseur de nos intérêts ; tel*
« *est l'avis de quatre mille Auxerrois, vos frères et*
« *amis.* »

Combien d'autres encore qui n'honorent pas moins leurs auteurs que l'ami du peuple ! Dans le nombre, pour n'en citer qu'un seul. Une adresse de la commune de Chartres, publiée avec affectation dans tous les papiers anti-patriotiques, faisait dire aux bons Chartrains que *la tête d'un monstre tel que Marat, dont la présence infectait la Convention, devait enfin tomber sous le glaive de la loi.* Eh bien ! cette prétendue adresse était l'ouvrage de Brissot et de Pétion ; ils l'avaient envoyée au maire de Chartres, qui s'était adjoint quelques municipaux de sa trempe pour la colporter dans les sections, escroquer des signatures et faire passer quelques gueux de signataires pour la commune de Chartres. Qu'est-il arrivé ? que les braves citoyens de Chartres, qui connaissent tout aussi bien que ceux de Paris le coquinisme de Pétion et de

Brissot, ont honni les colporteurs et brûlé l'adresse elle-même, en criant : *Vive la République ! vive la Montagne ! vive Marat !*

Après la manifestation populaire du 15 avril, où quarante-huit sections de Paris réclamèrent contre les meneurs de la faction qui avait fait décréter d'accusation l'ami du peuple ; après l'explosion des sentiments patriotiques de Paris et des départements, dont l'acquittement de Marat fut le motif, les Brissot, les Guadet, les Vergniaud, les Buzot, les Barbaroux, les Louvet, les Lasource et autres complices de Dumouriez, comprirent que c'en était fait d'eux s'ils ne parvenaient à ressaisir l'influence que la journée du 24 avril leur avait fait perdre ; s'ils ne trouvaient un point d'appui dans les départements entachés d'aristocratie ou soulevés contre Paris ; s'ils ne faisaient transporter dans quelque ville anti-révolutionnaire le siége de la Convention nationale ; si, par des menées habiles ou par un coup d'audace, ils ne brisaient le lien qui unissait le peuple aux mandataires de la commune de Paris.

Exécuter ce projet sous les yeux des patriotes de la Convention, de la Commune, des sociétés populaires, qu'ils ne cessaient de harceler, de représenter comme des anarchistes, des brigands, des assassins ; c'était folie, ou tout au moins témérité, après les démonstrations populaires des 15 et 24 avril. Néanmoins, ils vont engager la lutte ; et c'est à ce dernier et suprême effort d'une faction redoutable, à cause surtout de l'absence momentanée d'un grand nombre de députés patriotes envoyés en mission, que nous allons assister.

Anéantir la liberté par des trahisons, et rétablir le despotisme par la guerre civile, tel est le plan des suppôts de l'ancien régime et des fripons soudoyés qui composent la faction des *hommes d'État*. Ce plan atroce, ils l'ont constamment suivi depuis l'instant où ils furent appelés à la Convention jusqu'à ce jour. Je ne rappellerai pas ici leurs violents efforts pour le mettre à exécution lors du jugement du tyran ; je ne retracerai pas ici leurs trop heureuses entreprises dans les départements de la Vendée, des Deux-Sèvres, du Cantal, de la Haute-Vienne, à Marseille et à Lyon. Je me borne à leurs tentatives dans Paris, pour y allumer les torches de la guerre civile, et y faire triompher les capitalistes, les gros propriétaires, les négociants, les banquiers, les agioteurs, les accapareurs, les sangsues publiques, tous suppôts du despotisme; ils les ont engagés à s'emparer des sections et à en chasser les sans-culottes, pour s'opposer au recrutement et empêcher l'exécution du décret de l'emprunt forcé. C'est ce qui fut aussitôt mis en usage.

A peine ces ennemis publics eurent-ils influencé les assemblées du peuple, qu'ils leur firent prendre des arrêtés funestes, et qu'ils se présentèrent à la barre de la Convention avec des pétitions anti-révolutionnaires; pétitions où ils se qualifiaient d'amis des lois et de la liberté, tout en dénigrant les vrais amis de la Révolution comme des agitateurs, des désorganisateurs, des anarchistes, des hommes de sang, avides de meurtre et de carnage; ces imputations ont été répétées par tous les libellistes à gages.

Après avoir corrompu de la sorte l'esprit public, ils ont formé des comités anti-révolutionnaires pour opprimer les patriotes; leurs vexations ont révolté les esprits, les sans-culottes se sont assemblés pour balayer ces ridicules oppresseurs. Ils l'ont été dans presque toutes les sections. Dès lors les comités révolutionnaires ont été renouvelés, les pétitionnaires ont été désavoués et l'esprit public s'est rétabli.

Qu'ont fait les ennemis de la Révolution chassés des assemblées du peuple? Ils ont peint comme machinateurs les membres des comités révolutionnaires, et se sont de nouveau présentés à la barre au nom des sections pour y dénoncer un prétendu complot formé contre la vie d'un grand nombre de députés. C'est de cette dénonciation ridicule et concertée qu'est partie la faction des *hommes d'État* pour crier à l'atrocité, vociférer mille calomnies contre les Parisiens, puis ériger une commission inquisitoriale, destinée à opprimer les patriotes, sous prétexte de rechercher les auteurs de ce complot imaginaire, écraser les amis de la liberté, et faire triompher les ennemis de la Révolution.

Afin de jeter un plus grand jour sur l'événement politique qui se prépare, suspendons un moment les citations de Marat, ouvrons le *Moniteur;* et à défaut de narration ou d'analyse qui nous entraînerait bien au-delà des bornes que nous nous sommes tracées, produisons des documents qui à eux seuls constituent l'inaltérable vérité historique.

Le 18 mai, sur les dénonciations concertées des sections aristocratiques de Quatre-Vingt-Douze, de la Butte-des-Moulins et de la Fraternité, Guadet, le boute-feu des *hommes d'État,* propose :

1° Que les autorités de Paris soient cassées et, dans dans les vingt-quatre heures, remplacées par les présidents de sections;

2° Que les suppléants de l'Assemblée se réunissent à Bourges, dans le plus court délai, sans cependant qu'ils puissent entrer en fonction que sur la nouvelle certaine de la dissolution de la Convention.

Des moyens si évidemment contre-révolutionnaires, n'étaient pas faits pour réussir. Barère, qui voit le mauvais effet de la maladresse de son collègue, comprend qu'il faut plus d'astuce pour arriver au but ; aussi, repousse-t-il les mesures proposées comme anarchiques, et il conclut pour demander qu'il soit seulement nommé une commission de douze membres, chargée d'examiner les arrêtés pris par la Commune depuis un mois.

Du choix des membres de ladite commission allait dépendre le sort des accusés ou celui des accusateurs. Un fol espoir trompa les impartiaux qui firent ainsi pencher la balance en faveur des *hommes d'État*. C'était donc créer l'inquisition des patriotes ; se procurer le facile moyen de faire le procès à toutes les autorités qui avaient manifesté un vœu favorable à l'ami du peuple, le plus redoutable antagoniste des *hommes d'État;* c'était rompre, au nom de la légalité, l'union des patriotes contre les infidèles mandataires de la nation ; c'était surtout se déclarer contre les Parisiens qui, au prix du plus pur de leur sang, avaient sauvé la patrie au 14 juillet, au 6 octobre, au 10 août, comme ils la défendaient encore aux frontières ou dans la Vendée.

Cette révoltante iniquité d'une poignée de meneurs sera la cause prochaine de leur abaissement définitif ; le peuple ne verra plus en eux que d'affreux machinateurs qui compromettent le salut public auquel il faut les immoler, pour arrêter le fléau de la guerre civile qu'ils ont allumée sur tous les points de la République.

Le 20 mai, Vergniaud, du haut de la tribune, trace à la Commission des Douze, et la marche qu'elle doit suivre, et le but qu'elle doit atteindre. « Il faut voir, dit-il, qui l'emportera du génie de la liberté ou de celui des brigands. »

La révolte des *hommes d'État* contre les droits du peuple est aussi ancienne que leur mandat, et elle inquiétait peu les patriotes ; mais, dès qu'ils eurent constitué une commission composée exclusivement de leurs acolytes qui, non contents d'examiner les arrêtés de la Commune, firent jeter dans les cachots les plus zélés patriotes, la résistance à l'oppression s'organisa, et ils eurent pour ennemis irréconciliables tous ceux qui avaient juré haine à la royauté, la liberté ou la mort.

Le 25, une députation du Conseil général de la commune de Paris se présente à la barre de la Convention et réclame la liberté ou le prompt jugement de son substitut, arbitrairement arraché de chez lui pendant la nuit et incarcéré par ordre de la Commission des Douze. Le président Isnard lui répond : — « La France a mis dans Paris le dépôt de la représentation nationale ; il faut que Paris le respecte ; il faut que les autorités constituées de Paris usent de tout leur pouvoir pour lui assurer ce respect. Si jamais la Convention était avilie, si jamais, par une de ces insurrections qui, depuis le 10 mars, se renouvellent sans cesse, et dont les magistrats n'ont jamais averti la Convention, il arrivait qu'on portât atteinte à la représentation nationale, je vous le déclare au nom de la France entière, *Paris serait anéanti ;* bientôt on chercherait sur les rives de la Seine si Paris a existé....... (1). »

Bientôt aussi, nous verrons cette atroce fanfaronnade

(1) « Je le dis avec vanité, la France ne peut espérer ni liberté ni bonheur que dans la destruction entière et irréparable de cette capitale » (*Mémoires de Buzot,* par Dauban, page 124).

faire place à la plus insigne lâcheté, et les meneurs de cette faction odieuse, Vergniaud en tête, chercher en vain leur salut dans l'éloge de la résistance qu'ils auront soulevée contre eux, en faisant décréter que Paris soulevé a bien mérité de la patrie. (*Moniteur* du 2 juin; suite de la séance de la Convention du 31 mai 1793.)

Le lendemain, ce n'est plus une députation du Conseil général qui vient à nouveau réclamer la liberté des patriotes incarcérés par ordre de la Commission des Douze, mais les députés de seize sections de Paris. — « Songez, dit l'orateur, que nous n'avons pas brisé le sceptre de la tyrannie pour courber la tête sous le joug d'un nouveau despotisme..... »

On sent dans l'atmosphère politique que l'orage s'accumule. Marat prend la parole : — « On a cherché, dit-il, à tromper le peuple, en lui faisant croire qu'il existait un complot pour assassiner les *hommes d'État*. La preuve que ce complot n'a jamais existé, c'est que pas un d'eux n'a reçu une égratignure. Je les rappelle à la pudeur, si la pudeur peut encore entrer dans leur âme. Depuis l'instant où un emprunt forcé sur les riches a été décrété, ils ont cherché à jeter la division dans les sections de Paris. Je ne les accuse pas d'avoir rédigé eux-mêmes les adresses qui ont été lues à votre barre par quelques aristocrates des sections; mais comment ont-ils pu nommer une commission extraordinaire pour connaître de ce qui se passe dans ces sections? Je redoute aussi les commissions extraordinaires, quand elles sont prises dans un seul côté de l'Assemblée. Quel autre but peut-on se proposer, si ce n'est l'oppression des patriotes? Cette nuit encore, les président et secrétaire de la section de la Cité ont été incarcérés par ordre de la Commission des Douze : ils croient peut-être qu'après avoir ainsi incarcéré tous les patriotes, ils resteront maîtres du champ de bataille ; qu'ils se détrompent ; la masse du peuple est patriote, elle déteste autant le despotisme sénatorial que le despotisme royal... Si les patriotes se portent à une insurrection, ce sera leur propre faute. En conséquence, je demande que la Commission des Douze soit supprimée, comme ennemie de la liberté et comme tendant à provoquer l'insurrection du peuple, qui n'est que trop prochaine. »

Peu après les éclaircissements donnés par Marat, une députation nombreuse de la section de la Cité se présente à la barre, et y réclame son président et un de ses secrétaires, enlevés nuitamment par ordre de la Commission des Douze : « Le temps de la plainte est passé, dit l'orateur, nous venons vous avertir de sauver la République, ou la nécessité de nous sauver nous-mêmes nous forcera à le faire. En vain les ennemis du peuple qui sont dans votre sein ont calomnié auprès de nos frères des départements la ville de Paris ; qu'ils viennent éprouver notre patriotisme, et ils approuveront nos saintes insurrections.

« Il en est temps encore ; punissez une commission infidèle, qui viole les droits de l'Homme et du Citoyen. Nous demandons, au nom de la section de la Cité, la traduction au tribunal révolutionnaire des membres de la Commission des Douze. »

La réponse du président Isnard soulève une tempête de réprobation, qui jette l'assemblée dans une agitation semblable à celle qu'il avait provoquée dans la séance du 18.

Le ministre de l'Intérieur se présente à la tribune,

et dans un discours plein de franchise et de candeur, il expose l'état actuel de Paris; il démontre jusqu'à l'évidence que le prétendu complot de massacrer les meneurs de la faction des *hommes d'État* est une chimère, qui a sa source dans les fantômes que la peur a créés dans la tête des dénonciateurs et des membres de la Commission des Douze. Il justifie complètement les commissaires des sections réunis en comité central des odieuses inculpations dirigées contre lui par les suppôts de la faction; il fait voir l'injustice de l'incarcération du substitut du procureur de la Commune, ordonnée comme mesure de sûreté publique, mais uniquement due à la basse vengeance des membres de la commission, grotesquement travestis par le *Père Duchesne* en inquisiteurs d'État.

Le maire de Paris, qui était pareillement à l'assemblée, démontre jusqu'à conviction que le seul complot actuellement tramé contre la sûreté publique l'a été par la Commission des Douze, tous membres de la faction des *hommes d'État ;* il annonce que cette Commission infernale avait donné ordre dans la matinée à trois bataillons de se tenir prêts à se porter à la Convention au premier signal; et ces trois bataillons sont précisément ceux du Mail, de la Butte-des-Moulins et de la Bibliothèque, sections dont les aristocrates étaient venus à la barre dénoncer le prétendu complot tramé dans le Comité central. Il est donc bien démontré que, sous prétexte de pourvoir à la sûreté de la Convention, la Commission infernale, en appelant ces bataillons gangrenés d'aristocratie, avait formé l'horrible projet de faire massacrer les députés patriotes, en cas qu'il y eût un mouvement dans Paris; car les commandants de ces bataillons étaient aux ordres des *hommes d'État* et s'entendaient avec eux.

La fermentation populaire, qui va toujours croissant dans Paris, se manifeste à la Convention par l'arrivée des députations qui viennent dénoncer la tyrannie de la Commission des Douze.

Une nouvelle députation de vingt-huit sections vient réclamer contre l'arbitraire de la Commission; elle est bientôt suivie de celle de la section des Gravelliers. Alors les Montagnards demandent à grands cris la suppression de cette Commission contre-révolutionnaire; mais Fonfrède, qui a remplacé Isnard au fauteuil de la présidence, escobarde à son tour pour ne point mettre aux voix cette proposition.

Fonfrède est obligé, à son tour, de quitter le fauteuil, que reprend Hérault-Séchelles; sa réponse aux pétitionnaires est pleine de sagesse, de dignité et d'énergie.

Enfin, au milieu des clameurs et des trépignements de pieds des *hommes d'État*, qui étaient restés dans la salle, le président met aux voix la suppression de la Commission des Douze, la cassation de tous les ordres émanés d'elle et la liberté de tous les citoyens qu'elle a fait arrêter.

C'est ainsi qu'après une séance orageuse de quinze heures, l'indignation des députés patriotes a fait justice du conciliabule ténébreux et tyrannique des Douze, que la faction avait formé pour détruire le patriotisme, en accablant les plus zélés patriotes, pour favoriser les ennemis de la liberté et opérer la contre-révolution dans Paris, comme elle l'a opérée à Lyon, à Marseille et dans la Vendée.

Quoique la Commission des Douze soit supprimée par décret, quoique la faction des *hommes d'État* paraisse désarmée et hors d'état de porter de nouveaux coups à la liberté, ce n'était là pourtant qu'un acte du grand drame qui devait se dérouler sur la scène politique.

Le lendemain 28, Lanjuinais, revenant sur la délibération de la veille, soutient qu'il n'y a pas eu de décret ; ou s'il y en a un, dit-il, j'en demande le rapport, parce qu'il n'est pas conforme au règlement.

Une discussion passionnée s'engage au sujet de cette proposition. Après de violents débats, Danton prend la parole : « Le décret d'hier avait satisfait à l'indignation publique. Vous aviez fait un grand acte de justice ; j'aime à croire qu'il se reproduira avant la fin de cette séance. Mais si la Commission conserve le pouvoir tyrannique qu'elle a exercé, et qu'elle voulait, je le sais, étendre sur des membres de cette assemblée ; si le fil de la conspiration n'est pas rompu ; si les magistrats du peuple, si les bons citoyens ont encore à craindre des arrestations arbitraires, alors, après avoir prouvé que nous passons nos ennemis en prudence, en sagesse, nous les passerons en audace et en vigueur révolutionnaires. »

Il n'en fut pas tout à fait comme l'avait espéré Danton ; la séance se termina par une sorte de compromis : la Commission des Douze fut rétablie par 279 voix contre 238 ; mais, par compensation, on décréta la liberté des détenus incarcérés par son ordre.

Le mercredi 29, il n'y eut rien de bien remarquable à la Convention ; mais, dans la ville, l'attitude des sections présageait des événements dont il était encore difficile de prévoir au juste les conséquences.

Le 30, à la Convention, Lanjuinais dénonce comme faits de conspiration les arrêtés sectionnaires.

Dans cette même séance, vingt-sept sections de Paris, celles mêmes sur lesquelles comptait, pour l'exécution de ses projets sinistres, la Commission des Douze, se présentent à la Convention. Après un discours énergique de leur orateur, ils demandent au nom de leurs sections :

1° La cassation de tous les décrets rendus sur la proposition de la Commission des Douze ;

2° Un décret d'accusation contre tous ses membres ;

3° L'apposition des scellés sur leurs papiers et leurs registres, puis leur remise au Comité de sûreté générale.

La députation se retire, convaincue que les députés patriotes, subjugués par les *hommes d'État,* ne peuvent rien de décisif sans le concours du peuple.

Dans ces conjonctures, les commissaires de toutes les sections de Paris, assemblés à l'Évêché, se constituent Comité central révolutionnaire ; déclarent la ville de Paris en insurrection contre les factions aristocratiques et oppressives de la liberté, et arrêtent pour première mesure de fermer les barrières.

Il est trois heures du matin ; le tocsin sonne à Notre-Dame.

Le 31 mai, à six heures et demie du matin, les commissaires des sections se présentent au Conseil général de la Commune. Leur président, le citoyen Dobsent, annonce que le peuple de Paris, blessé dans ses droits, vient de prendre des mesures nécessaires pour conserver sa liberté, et déclare que les pouvoirs de toutes les autorités constituées sont annulés.

Le procureur de la Commune requiert que le vœu de la majorité soit proclamé à l'instant, et que le Conseil général remette ses pouvoirs au peuple souverain.

Tous les membres jurent de rester inviolablement unis à leurs frères de Paris et des départements, et de maintenir de tout leur pouvoir la République une et indivisible.

Dobsent, président des commissaires formant le nouveau Conseil général provisoire, met aux voix la reconstitution de la Commune; après quoi, il proclame au nom du peuple souverain, que le maire, le vice-président, le procureur de la Commune, ainsi que ses substituts, et le Conseil général de la Commune sont réintégrés dans leurs fonctions par le peuple, qui leur témoigne sa satisfaction de leur sollicitude constante et vraiment patriotique pour la chose publique.

Le Conseil réintégré prête le serment civique aux acclamations de tous les membres des comités révolutionnaires des quarante-huit sections et des citoyens des tribunes.

Pour parfaire cet ensemble de mesures révolutionnaires, Henriot, commandant de la section des Sans-Culottes, est nommé commandant général provisoire de la force armée de Paris.

L'ordre est donné de tirer le canon d'alarme.

Quoique le tocsin eût sonné toute la nuit et que le peuple eût été tout le jour sous les armes, la journée du 31 se passa sans qu'aucun événement vînt troubler l'ordre établi par la nouvelle Commune provisoire. Mais la Convention avait été plus agitée que la ville. La faction des *hommes d'État,* tremblante, cherchait à se rassurer et à se donner le change sur les causes de l'insurrection. La séance entière fut employée à entendre les autorités constituées appelées à la barre. Le ministre de l'Intérieur démontra que la cause des troubles venait de la réintégration de la Commission des Douze. Le maire fit comprendre que les premiers auteurs du rassemblement de la force armée autour de la Convention étaient ces mêmes hommes qui s'étaient si fort récriés contre le soulèvement des sections. Enfin, le département prouva que les mouvements populaires de la journée n'avaient d'autre cause que l'indignation excitée par les arrestations arbitraires de la Commission des Douze, les calomnies atroces répandues depuis longtemps contre Paris, les vues horribles que laissaient entrevoir les menaces d'Isnard et la poursuite des desseins sinistres des meneurs de la faction.

Valazé, Vergniaud, Guadet et autres meneurs des *hommes d'État,* demandaient que le commandant provisoire de l'armée parisienne fût traduit à la barre et puni de mort, pour avoir ordonné de tirer le canon d'alarme : proposition qui fut couverte de huées.

Des pétitionnaires sont admis à la barre. L'un d'eux porte la parole : « Législateurs, les hommes du 14 juillet, du 10 août et du 31 mai sont dans votre sein. Délégués du peuple, qui n'avez pas trahi sa cause, soyez toujours courageux, vous aurez des soutiens ; livrez les intrigants conspirateurs au glaive de la justice. Nous demandons le rapport du décret liberticide arraché par la faction scélérate ; nous demandons le décret d'accusation contre les vingt-deux membres dénoncés par les sections de Paris et par la majorité des départements, ainsi que contre les membres de la Commission des Douze.

On ouvre divers avis. Plusieurs membres renouvellent la demande de la suppression de la Commission ; mais l'accusation contre les meneurs de la faction est abandonnée. Enfin, sur un rapport de Barrère, au nom du Comité de salut public, la Convention décrète la suppression de la Commission des Douze, ainsi que la remise de ses papiers au Comité de salut public.

La faction des *hommes d'État* pouvait se féliciter d'en avoir été quitte à bon marché ; mais le feu couvait sous la cendre.

Le samedi 1ᵉʳ juin, à la séance du matin, Vergniaud propose d'enjoindre au Comité de salut public de rendre compte, séance tenante, de la situation de Paris. Barrère se présente à la tribune. Il propose, au nom du Comité, un projet de proclamation aux Français, relative aux événements du 31 mai. Plusieurs membres de la droite réclament contre ce projet. Lasource demande que l'on se borne à déclarer que des conspirateurs avaient formé un complot, et que le calme est parfaitement rétabli dans la ville et dans la Convention.

Après quelques débats, le projet d'adresse présenté par Barrère est adopté.

Marat s'approche de Barrère et lui dit que les mesures arrêtées sont insuffisantes ; que le calme dont il loue les Parisiens n'est qu'un assoupissement momentané ; que le seul moyen de rétablir la tranquillité à Paris est la justice éclatante faite des traîtres de la Convention.

Ici le rôle de Marat devient si important que nous lui laissons exclusivement le soin de rapporter les faits.

« Je sors, dit Marat, pour porter différentes affaires importantes au Comité de sûreté générale, prévoyant trop qu'on ne prendrait aucune mesure à la Convention. De là, je me rends chez un citoyen pour avoir des renseignements sur plusieurs meneurs aristocratiques de la section de la Butte-des-Moulins. A mon retour, je trouve grand rassemblement dans la rue St-Nicaise, je suis reconnu et suivi par la foule. De toutes parts retentissent des réclamations contre le défaut d'énergie de la Montagne ; de toutes parts on demandait l'arrestation des députés traîtres et machinateurs; de toutes parts on criait : *Marat, sauvez-nous!* Arrivé à la place du Carrousel, j'y trouve une multitude de citoyens en armes; la foule augmente et répète les mêmes cris. Je la supplie de ne pas me suivre; j'entre dans le château des Tuileries, puis dans l'hôtel du Comité de sûreté générale pour me dérober à ses instances. Peine perdue; il fallut la traverser de nouveau pour me rendre au Comité de salut, qui était assemblé avec les ministres, le maire et quelques membres du département. Je rendis compte de ce qui venait de m'arriver, je représentai au Comité l'insuffisance des mesures proposées par Barrère, j'observai que les seules efficaces étaient l'arrestation des membres dénoncés et de la Commission des Douze. Le Comité était à délibérer sur ces mêmes mesures; il m'invita à me rendre à la municipalité avec le maire, à l'effet de prévenir tout mouvement désordonné.

Le maire annonce au Conseil général l'objet de ma mission; je prends la parole en ces termes :

« Citoyens, le Comité de salut public est occupé des grandes mesures pour punir et réprimer les traîtres; restez levés, déployez vos forces, et ne posez les armes qu'après avoir obtenu une justice éclatante, qu'après avoir pourvu à votre sûreté. »

« Le président, que je crois un modéré, voulant m'engager à sanctionner ses conseils, me demande s'il n'est pas vrai qu'un peuple trahi et soulevé contre les traîtres, doit s'en rapporter uniquement à ses magistrats, et n'employer que les moyens prescrits par la loi pour se faire rendre justice ? Je sentis le piége, et je répondis : « Lorsqu'un peuple libre a confié l'exercice de ses pouvoirs, le maintien de ses droits et de ses intérêts à des mandataires choisis par lui; tandis qu'ils sont fidèles à leurs devoirs, il doit sans contredit s'en rapporter à eux, respecter leurs décrets et les maintenir dans le paisible exercice de leurs fonctions. Mais lorsque ces mandataires abusent continuellement de sa confiance, lorsqu'ils trafiquent de ses droits, trahissent ses intérêts, qu'ils le dépouillent, le vexent, l'oppriment et qu'ils machinent sa perte, alors le peuple doit leur retirer ses pouvoirs, déployer sa force pour les faire rentrer dans le devoir, punir les traîtres et se sauver lui-même. Citoyens, vous n'avez plus de ressource que dans votre énergie, présentez à la Convention une adresse pour demander la punition des députés infidèles de la nation; restez levés, et ne posez les armes qu'après l'avoir obtenue. »

Plusieurs membres de la Commune invitèrent Marat à passer au Comité révolutionnaire; il leur représenta que son poste était à la Convention, et il partit rendre compte de sa mission au Comité de salut public.

Il s'agissait de reconvoquer la Convention, et il était impossible d'en charger le président; la plupart des membres étaient dispersés et on ne savait où les trouver; mais on battait la générale dans différents quartiers, le tocsin sonnait et le canon d'alarme avait tonné. Il était donc tout simple, dit Marat, d'attendre que les députés se rendissent à leur poste. Presque tous les Montagnards s'y trouvèrent; une partie des *hommes d'État* y vint, mais les meneurs restèrent à machiner.

La séance à peine ouverte, Bazire eut la bonhomie de déclarer sa tenue illégale, comme si la Convention pouvait jamais négliger de s'assembler lorsqu'il s'agit de sauver la chose publique; il ne fut pas écouté, et l'on passa à l'admission des autorités constituées, qui vinrent renouveler la demande du décret d'accusation contre les députés dénoncés par la Commune. Leur demande fut convertie en motion.

Cambon annonce, au nom du Comité, que les nouveaux troubles proviennent de ce que la Convention n'a pas statué sur le décret d'accusation demandé par les autorités constituées de Paris. Dussault et Lanthenas, qui avaient été, on ne sait comment, annexés ainsi que Ducos à la liste des dénoncés, paraissent à la tribune pour déclamer contre les pétitionnaires. Fermont les suit, il s'accroche à quelques circonstances pour caviller, et prend texte d'une observation que je venais de faire pour en conclure que j'avais rédigé la pétition, et qu'elle cachait quelque intrigue. Je ne pouvais garder le silence; ma réponse fut simple, en voici la substance :

« Ayant été poursuivi moi-même par la faction qui excite le soulèvement du peuple, je m'abstiendrais de parler dans cette affaire, si Fermont ne m'avait mis dans le cas de donner des explications sur ce qu'il vient d'avancer. J'ai demandé aux pétitionnaires pourquoi Dussault, vieillard radoteur, trop incapable d'être chef de parti, se trouvait désigné. On m'a répondu que c'était par une erreur qui devait être attribuée à Hassenfratz. Je leur témoignai mon étonnement au sujet de Lanthenas, pauvre d'esprit qui ne mérite pas l'honneur que l'on songe à lui. Je n'ai pas été moins surpris d'entendre nommer Ducos, qui ne peut être regardé comme contre-révolutionnaire, et à qui l'on ne peut reprocher que quelques opinions erronées dont on ne saurait faire un crime.

« Après avoir écarté ces trois membres sur qui l'indignation du peuple ne repose point, je crois devoir leur substituer ceux de Fermont, de Chassey et de Valazé. Au demeurant, ce n'est pas pour avoir voté *l'appel au peuple* et *la détention du tyran*, que l'on doit poursuivre les meneurs de la faction des *hommes d'État*, ce serait porter atteinte à la liberté des opinions, sans laquelle il n'y a point de liberté politique; mais c'est pour leur longue suite de machinations ; c'est pour leur système de calomnie si longtemps dirigé contre les Parisiens ; c'est pour leur complicité avec Dumouriez; c'est pour la protection marquée qu'ils ont accordée aux traîtres et aux conspirateurs ; c'est pour les persécutions criantes qu'ils ont exercées contre les amis de la liberté. C'est sur ces griefs que je motive contre eux le décret d'accusation. En attendant le rapport de votre Comité de salut public, je demande leur arrestation provisoire. »

Le dimanche matin, 2 juin, tout paraissait tranquille dans Paris; les Tuileries étaient sans groupe, et la Convention n'avait que sa garde ordinaire. La séance s'ouvre par la lecture de la correspondance qui témoigne du malheureux état de nos départements en proie à la guerre civile : la Vendée en pleine révolte demande un roi; à Lyon, 800 patriotes ont été massacrés ; la Lozère est en pleine insurrection et menace de donner la main aux révoltés de Lyon, par le Cantal ; au-delà des frontières, la trahison menace nos armées ; alors, sur la proposition de Jeanbon-Saint-André, des commissaires revêtus de pouvoirs illimités sont nommés pour faire tomber la tête des conspirateurs qui, partout, s'opposent à l'établissement du règne de la liberté du peuple. Je demande, dit Jeanbon-Saint-André, qu'il soit donné des ordres à toutes les administrations de département pour faire arrêter et mettre en réclusion les personnes suspectes qui pourraient grossir l'armée des contre-révolutionnaires. »

Les voilà donc enfin adoptées ces mesures que je n'ai cessé de proposer depuis quatre ans, écrit Marat, dont on m'a fait un crime tant de fois, et pour lesquelles j'ai été décrété d'accusation et traduit devant le tribunal révolutionnaire ; si elles l'eussent été plus tôt, que de malheurs évités ! que de désastres prévenus ! que de sang épargné ! Mais les Français surent-ils jamais profiter des leçons de l'expérience ?

Peu après les propositions de Jeanbon-Saint-André, une députation de la Commune est admise à la barre.

« Mandataires, dit l'orateur, le peuple de Paris n'a pas quitté les armes. Les colonnes de l'égalité sont ébranlées ; les contre-révolutionnaires lèvent le tête, la foudre gronde, elle est prête à les pulvériser. Les crimes des factieux de la Convention sont connus, nous venons pour la dernière fois vous les dénoncer : décrétez à l'instant qu'ils sont indignes de la confiance publique, qu'ils soient mis en état d'arrestation, nous répondons d'eux sur nos têtes à leurs départements ; le peuple est las de vous voir différer, ou nous vous déclarons qu'il se sauvera lui-même. »

Le peu d'énergie qu'avait montré la veille le Comité de salut public s'était évanoui ; peut-être avait-il été complètement rassuré par la déclaration unanime faite par les autorités constituées de Paris, de faire respecter les personnes et les propriétés. Quoi qu'il en soit, il ne fut point question dans le rapport de sévir contre les députés infidèles ; au lieu d'un décret d'arrestation à proposer, ce fut une invitation adressée indistinctement aux membres de la Convention, qui ont été une pomme de discorde, de donner leur démission ou simplement de suspendre l'exercice de leurs fonctions, jusqu'à ce que la paix fût rétablie. Une mesure aussi fausse ne pouvait qu'aigrir les esprits et révolter le peuple, en lui faisant pressentir qu'il n'avait aucune satisfaction à attendre ; elle tournait même en faveur des traîtres dénoncés par les autorités constituées. On eût dit qu'elle eût été concertée avec eux ; aussi la saisirent-ils avec empressement.

Isnard s'élance à la tribune pour faire l'éloge de son civisme et afficher les marques de son dévouement à la patrie en donnant sa démission. Lanthenas veut l'imiter ; Fauchet, Dussault suivent cet exemple ; Barbaroux et Lanjuinais, plus dignes que leurs lâches coaccusés, se refusent à une aussi honteuse mesure offerte à de fiers combattants.

Voyant très-bien où allait cette comédie sentimentale, Marat s'empresse de ramener les choses à leur vrai point de vue.

« Je désapprouve, dit Marat, la mesure proposée par le Comité, en ce qu'il donne à des accusés de conspiration les honneurs du dévouement. Il faut être pur pour offrir des sacrifices à la patrie ; c'est à moi, vrai martyr de la liberté, à me dévouer. J'offre donc ma suspension, du moment où vous aurez ordonné la détention des contre-révolutionnaires. »

La proposition de Marat était prête à passer, quand plusieurs hommes d'État s'écrient *qu'ils ne sont pas libres, que la salle est entourée de citoyens qui ne veulent pas les laisser sortir.*

J'accours, écrit Marat, pour vérifier le fait, et je trouve cinq femmes qui s'opposaient au passage de treize députés. Le ridicule de cette scène suspend un instant les clameurs. On demandait de mettre aux voix l'arrestation ; aussitôt quelques hommes d'État s'écrient que ce ne sont plus des femmes, mais des soldats qui assiégent les portes de la salle; plusieurs députés s'y portent et confirment le fait; l'assemblée est dans la confusion, les patriotes eux-mêmes crient à l'attentat, et les suppôts de la faction vocifèrent que l'assemblée ne peut délibérer au milieu des poignards.

On demande le général à la barre, il ne se trouve pas; plusieurs officiers paraissent et déclarent que ce ne sont pas eux qui ont donné les consignes; le trouble augmente; on va, on vient, on court de tous côtés, on dit que tout est perdu, qu'une garde étrangère tient captive la Convention, jusqu'à ce que le moment de l'égorger soit arrivé.

Que les prétendus sages sont petits ! Ils s'étaient effrayés d'une poignée de sentinelles, armées de piques, qui gardaient les portes, qui ne permettaient à personne ni d'entrer ni de sortir; mesure de prudence qu'avaient prise les meilleurs citoyens, pour empêcher que quelques députés de la faction ne fussent maltraités par des scélérats apostés.

Au milieu de ce désordre, on propose au président de sortir à la tête de la Convention; il descend du fauteuil, presque tous les membres le suivent; il se présente à la porte de bronze, à l'instant la garde ouvre le passage. Au lieu de revenir sur ses pas et de constater la fausseté des clameurs, il conduit la Convention en procession dans les cours et dans le jardin.

« J'étais resté à mon poste avec une trentaine de Montagnards. Les tribunes impatientes de ne pas voir revenir l'assemblée murmuraient hautement; je les apaise et vole auprès de la Convention; je la retrouve au pont tournant, d'où Barrère proposait, dit-on, de la mener au Champ-de-Mars ; je la presse de revenir à son poste ; elle s'y rend et reprend ses fonctions. La discussion est rouverte sur le décret d'arrestation ; il passe à une grande majorité. En conséquence, l'Assemblée décrète qu'elle met en état d'arrestation chez eux : Gensonné, Vergniaud, Brissot, Gorsas, Pétion, Salles, Chambon, Barbaroux, Buzot, Biroteau, Rabaut, Lasource, Lanjuinais, Grangeneuve, Lesage (d'Eure-et-Loir), Louvet (du Loiret), Valazé, Doulcet, Lidon, Lehardy (du Morbihan), tous les membres de la Commission des Douze, Fonfrède et Saint-Martin exceptés, et les ministres Clavière et Lebrun. »

A peine ce décret rendu que le peuple se retire paisiblement, dans la persuasion que ce trait de justice qu'il vient d'obtenir n'est pas un leurre pour le désarmer dans un moment où l'on redoutait les suites de son indignation.

Ainsi s'est passé sans effusion de sang, sans outrage, sans insulte, sans désordre, une journée d'alarmes, au milieu de cent mille citoyens armés, provoqués par six mois de machinations et d'attentats, calomniés d'une manière atroce par leurs lâches oppresseurs. Le récit exact des faits est la seule réponse à faire aux infâmes libellistes, qui ne manqueront pas de la travestir en une scène de brigandage, pour égarer la nation qu'ils abusent depuis si longtemps.

Le lendemain, lundi 3 juin, un secrétaire de la Convention donne lecture à l'assemblée d'une lettre dont voici la substance :

« Citoyens collègues,

« . . . . . Impatient d'ouvrir les yeux de la nation abusée sur mon compte par tant de libellistes à gages; ne voulant plus être regardé comme un sujet de discorde, et prêt à tout sacrifier au retour de la paix, je renonce à l'exercice de mes fonctions de député, jusqu'après le jugement des représentants accusés. Puissent les scènes scandaleuses ne pas se renouveler au sein de la Convention; puissent tous les membres immoler leurs passions à leurs devoirs; puissent mes collègues de la Montagne faire voir à la nation entière que, s'ils n'ont pas encore rempli son attente, c'est que des méchants s'opposaient à leurs efforts; puissent-ils prendre enfin de grandes mesures pour écraser les ennemis du dehors, terrasser les ennemis du dedans, faire cesser les malheurs qui désolent la patrie, y ramener la paix et l'abondance, affermir la liberté par de sages lois, établir le règne de la justice, faire fleurir l'État et cimenter le bonheur des Français.

« *Signé :* Marat. »

Durant cette suspension commandée par un sentiment généreux que n'auraient certes pas eu les Girondins vainqueurs, Marat, comme publiciste, stimule ses collègues à la réforme des abus, aux mesures de salut public, à l'affermissement de la liberté; il signale à la Convention les objets importants sur lesquels elle doit fixer ses regards. Désirant par dessus tout sauver la France, il rappelle qu'il s'est présenté le

4 juin au Comité de salut public, pour l'engager à presser l'exécution du décret qui accorde des secours aux parents, femmes et enfants des citoyens qui combattent pour la patrie, laissés jusqu'ici la plupart sans secours; pour l'engager à présenter incessamment le mode d'exécution de l'emprunt forcé, et à décréter la non-permanence des sections, devenue l'une des principales causes des désordres affreux arrivés à Marseille et à Lyon; car les ouvriers et les infortunés n'ayant pas le temps de se rendre aux assemblées, elles sont abandonnées aux cabales, aux intrigues et aux menées des ennemis de la liberté, qui influencent par elles les autorités constituées et s'emparent de l'autorité pour opprimer et massacrer les patriotes.

Ceci nous ramène naturellement à pressentir les vices de la nouvelle Constitution, qui est calculée de manière à ne pas laisser aux Sans-Culottes le temps de manger, de dormir et de respirer, pour suivre les assemblées de sections auxquelles ils seront astreints d'assister. Vice énorme, perfidement calculé pour rendre le nouveau régime accablant, faire détester la Révolution et maudire la liberté elle-même.

« On ne peut plus le dissimuler, toutes les mesures prises jusqu'à ce jour par les Assemblées constituantes, législative et conventionnelle, pour établir la liberté et consolider la Révolution, ont été irréfléchies, vaines et illusoires, si tant est qu'elles fussent de bonne foi. La plupart paraissent même avoir eu pour objet de multiplier les abus, de perpétuer l'oppression, d'amener l'anarchie, la disette, la misère, la famine; de fatiguer le peuple de son indépendance, de lui rendre la liberté à charge, de lui faire détester la Révolution par l'excès des désordres, de l'épuiser de veilles, de fatigues, de besoins, d'inanition ; de le réduire par la faim au désespoir et de le ramener à la servitude par la guerre civile. Tel était l'état des choses il y a près de quatre ans, tel est l'état où elles sont aujourd'hui, tel est l'état où elles seront encore, jusqu'à ce qu'il plaise au ciel d'accorder aux Français un grain de sens commun, de dépouiller les sots de la démangeaison de se produire, d'ôter au peuple sa fatale sécurité, de lui donner l'esprit de discernement, le courage de mettre fin à ses maux, et la tenacité dans ses résolutions.

« Chez tout peuple qui n'est pas tourmenté de la manie de faire de l'esprit et la fureur des distinctions, il n'est pas un homme sensé qui n'eût senti qu'aucune révolution ne peut se consolider sans qu'un parti ait écrasé l'autre ; il était réservé aux Français de prétendre renverser toutes leurs institutions politiques, pour établir un nouvel ordre de choses par la seule force de la philosophie, comme si les passions les plus impérieuses étaient soumises à la voix de la raison. La Révolution s'est faite contre le despotisme du prince, de ses courtisans et des ordres privilégiés ; il était donc tout simple, tandis que le peuple était levé, qu'il commençât par écraser ces suppôts du despotisme. Qui croirait que, loin de prendre contre eux la plus légère précaution, il leur a laissé la conduite d'une insurrection dirigée contre eux. Qui croirait que loin d'exclure de tous emplois ces suppôts de l'ancien régime, il les a appelés à l'organisation du nouveau ! Cependant rien de plus vrai : dès les premiers jours de la Révolution, il leur a permis de se travestir sous le costume bourgeois, d'assister à toutes ses assemblées, d'afficher l'amour de la liberté, parler égalité et de prendre part à toutes ses délibérations. Que dis-je ? trompé par de fausses marques de civisme, il les a mis lui-même à la tête de ses conseils, de ses administrations, de ses bataillons, de ses armées. Ce n'est qu'après avoir été cent fois la dupe de leurs perfidies et victime de leurs trahisons, qu'il a compris que les agents de l'ancien régime ne pouvaient être les agents du nouveau; que les nobles, les robins et les calotins seraient toujours les suppôts du royalisme, et qu'il a enfin demandé qu'ils fussent exclus de tous les emplois, ce que ses représentants infidèles se sont toujours gardés de décréter. Aujourd'hui encore, d'infâmes courtisans sont à la tête des armées de la République; d'anciens valets du tyran commandent les soldats de la liberté, d'anciens concussionnaires de l'État conduisent nos administrations, des suppôts de la chicane forment nos tribunaux, des créatures de la Cour siégent dans le Sénat. Ce sont ces ennemis déclarés de la Révolution, coalisés avec les prêtres, les capitalistes, les financiers, les agioteurs, les gros propriétaires, les marchands de luxe, les intrigants de toute espèce, la valetaille et les coupejarrets, qui ne cessent depuis si longtemps de tramer contre la patrie et de machiner la perte de ses enfants.

« En attendant que les amis de la liberté, dans la République entière, prennent enfin contre les ennemis de la patrie, contre les traîtres et les conspirateurs, le parti rigoureux que commande le soin du salut public, il importe que tous les bons citoyens se réunissent contre eux.

« C'est à ceux de Paris à donner l'exemple; j'invite donc toutes les sections à se réunir demain au Champ-de-Mars, pour y faire entre elles et avec la Montagne une sainte fédération, de jurer entre eux de maintenir la République une et indivisible, de ne jamais se séparer de leurs frères des départements, et de défendre la liberté jusqu'au dernier soupir » (*Publiciste de la République,* n° 211).

Cette logique révolutionnaire, chaque parti, selon les circonstances, a pu la réprouver ou la revendiquer; mais quel homme, dans la plénitude de ses facultés, quel citoyen, instruit par l'expérience et pénétré des principes de la politique du sens commun, oserait révoquer en doute un principe sans lequel toute révolution n'est qu'un coup d'audace qui peut être détruit par un autre coup d'audace.

L'histoire est là pour témoigner que de tous les partis qui triomphent, il n'y a que le peuple, le peuple seul qui ait la niaiserie d'être humain avec ses ennemis; cette sotte humanité, qu'il tient de la religion chrétienne, il l'a payée par des flots de sang et la perte de sa liberté. Aussi Marat ne cessait-il de le rappeler aux vrais principes pour fixer la victoire dans ses mains; de lui faire honte de sa lâche faiblesse si adroitement exploitée en faveur des vaincus, et de lui retracer à chaque instant le tableau des trames ourdies contre sa liberté par ses implacables ennemis.

Il n'est que trop certain que la contre-révolution était prête à s'opérer à Paris, comme à Marseille et à Lyon, sans la sainte insurrection du peuple de cette cité immense, toujours prêt à se soulever contre les oppresseurs. Elle y avait été préparée exactement de la même manière que dans ces villes fameuses, et elle devait y éclater à la même époque. Même refus de la part des aristocrates de s'enrôler dans les bataillons destinés à marcher contre les rebelles de la Vendée. Même soin à se porter en foule à leurs Sections respectives qu'ils désertaient depuis longtemps, pour faire manquer ce recrutement, et donner moyen à la révolte de gagner toute la République. Même empressement lorsqu'il s'est effectué de cabaler dans les Sections, de s'y porter en foule et d'y faire prendre mille arrêtés contre-révolutionnaires, tendant à venir en députation à la barre de l'Assemblée nationale présenter des pétitions concertées avec la faction des *hommes d'État*, dans lesquelles ils promettaient appui à ces ennemis publics, qu'ils qualifiaient d'amis de l'ordre et des lois, contre les amis de la liberté, qu'ils traitaient d'anarchistes, de désorganisateurs, de suppôts du meurtre et du pillage. Même insolence à relever la crête dans tous les endroits publics. Même ardeur à persécuter les plus chauds patriotes et à les désarmer arbitrairement. Même accord avec la Commission des Douze pour jeter dans les cachots les fonctionnaires publics que les aristocrates n'osaient attaquer. Même audace à menacer ouvertement les patriotes d'une ruine prochaine. Tout était prêt, et le complot liberticide était sur le point d'être mis à exécution, lorsque le peuple de Paris, indigné de voir en activité la Commission inquisitoriale qu'il croyait anéantie, apprit par un courrier expédié à Barbaroux la nouvelle du massacre des patriotes de Lyon qu'on lui tenait cachée, courut aux armes, et demanda justice à grands cris des chefs de la faction, premiers auteurs de tous les maux et de tous les désastres qui désolent la patrie depuis que ces scélérats siégent à la Convention.

Huit jours nous séparent à peine de la Révolution pacifique du 2 juin, qui purgea la Convention des principaux meneurs de la faction des *hommes d'État*, que déjà Buzot, Brissot et Gensonné se sont échappés pour machiner dans leurs départements. Aussi le

Comité de salut public, qui aurait dû déjà avoir présenté un projet de décret sur la manière de les poursuivre en jugement, fait-il murmurer le peuple de ses lenteurs et de son défaut d'énergie.

Marat écrivait ce qui précède le 10 juin; et le 13, une députation de Vernon, admise à la barre de la Convention, venait dénoncer un arrêté du département de l'Eure, enfanté par Buzot et plusieurs de ses complices actuellement à Évreux, arrêté qui provoque la coalition de plusieurs départements voisins contre Paris. Dans la même séance, une lettre de Wimpsen, commandant à Cherbourg, annonce que les représentants Romme et Prieur, commissaires à l'armée, ont été arrêtés comme ôtages, par ordre des corps administratifs et des sociétés populaires de la ville de Caen.

Sur la proposition de Legendre, développée par Couthon, la Convention porte un décret d'accusation contre Buzot, contre les administrateurs et autres fonctionnaires publics du département du Calvados, qui ont signé l'ordre d'arrestation des commissaires susdits. Par un autre décret, elle casse les arrêtés pris par l'administration du département de l'Eure, suspend, met en état d'arrestation et traduit à la barre ceux qui y ont concouru, et transfère provisoirement le siége de l'administration du département dans la ville de Bernay. Enfin, un troisième décret porte que les députés qui ont fui et se sont soustraits à l'arrestation prononcée contre eux, le 2 juin, seront remplacés par leurs suppléants.

Si l'on considère que la révolte de la Vendée, des Deux-Sèvres et de la Haute-Vienne a son principe dans les départements du Finistère, du Calvados et de la Gironde; si l'on considère que Marseille est en contre-révolution, de même qu'Orléans, Rouen et Lyon; si l'on considère que dans les députations de ces départements se trouvent Marec, Gomaire, Guermeur, Kervelegan, Fermond, Coupé, Lanjuinais, Hardy, Lecointre-Puiraveau, Doulcet, Fauchet, Buzot, Valazé, Chassey, Pétion, Vigier, Brissot, Gensonné, Guadet, Louvet, Rébecqui, Barbaroux, etc.; si l'on considère que ce sont ces députés infidèles qui ont poussé les administrateurs de ces départements à la révolte contre la Convention, on reconnaîtra enfin que les meneurs et les suppôts de la faction des *hommes d'État* sont de véritables contre-révolutionnaires, conjurés avec les ennemis de la liberté du dedans et du dehors, pour remettre la patrie aux fers. Si l'on considère que Brissot s'est évadé avec Réaut impliqué dans le vol du garde-meuble, et que Roland s'est évadé avec Barbaroux et Buzot, on ne doutera plus que les meneurs de la faction n'aient été coalisés avec Roland pour commettre le vol des diamants de la couronne. Si l'on considère que Roland, Buzot, Barbaroux, Pétion, Valazé, Brissot, Guadet, Gensonné, Vergniaud, Chassey, Fermond, Kersaint, Manuel, tenaient des conciliabules nocturnes chez Roland avec Dumouriez, on ne doutera plus que ces infâmes meneurs ne fussent conjurés avec les puissances ennemies pour leur ouvrir les barrières de l'État, leur livrer la patrie, rétablir la royauté et faire revivre le despotisme.

Ils sont au bout de leurs rôles; les voilà traduits devant les tribunaux; nul doute que ce grand procès national ne déchire enfin le voile qui couvre encore la longue suite de leurs éternelles conspirations. Nul doute que leur supplice ne mette enfin un terme aux entreprises des scélérats qui seraient encore tentés d'imiter leur exemple. Nul doute que mes constantes dénonciations, contre les menées et les complots de cette faction criminelle et traîtresse, marquées au coin du civisme le plus pur, ne soient enfin reconnues malheureusement trop fondées. Quels qu'en soient les résultats, j'ai rempli mon devoir ; je m'applaudirai toujours d'avoir été le premier à lui arracher le masque, et d'être devenu l'objet de leurs atroces persécutions. Un jour la nation ouvrira les yeux, et elle me rendra justice » (*Publiciste de la République*, n° 217).

Nous avons dû entrer dans d'assez grands développements pour faire connaître exactement la part d'influence de l'ami du peuple dans les principaux événements de l'épisode révolutionnaire des 31 mai, 1ᵉʳ et 2 juin 1793 ; comme aussi pour rendre lucides une série d'actes législatifs et d'arrêtés révolutionnaires noyés au *Moniteur* dans une infinité de comptes-rendus dont la chronologie souffre de nombreuses interversions.

Ceci expliqué, il nous reste à constater les conséquences fatales des efforts incessants de l'ami du peuple pour endiguer la contre-révolution.

Il est rarement donné aux hommes de jouir pleinement du fruit de leurs œuvres, de celles surtout qui consistent à régénérer les mœurs publiques d'une nation, à fixer sur une base solide les droits imprescriptibles que chacun de nous tient de la nature, et dans les lois ceux qui nous sont dus au nom du droit commun.

Marat va bientôt confirmer par lui-même le fait que

nous venons d'énoncer. Appelé à concourir à la glorieuse revendication des droits du peuple français, il entre dans l'arène résolu à vaincre ou à mourir. Plein de force, de courage et d'audace, il réveille chez cette nation autrefois belliqueuse l'amour de la patrie, celui de l'indépendance, le sentiment du droit et celui de la justice ; et avant même que les législateurs eussent bégayé le mot de Constitution, il avait tracé d'une main sûre la ligne de démarcation que le gouvernement ne peut franchir sans violer effrontément les droits du peuple. Pénétré de la grandeur de la cause qu'il venait d'embrasser, il immole à la patrie ses intérêts, ses études favorites, sa profession, son repos, sa santé ; il lui immolera s'il le faut sa vie même. Toujours sur la brèche pour la défense des opprimés, il lutte avec toute l'énergie que donne la conviction ou celle du désespoir. « Soldat de la patrie, écrivait-il un jour, j'ai combattu pour elle avec l'audace d'un guerrier qui sent toute la justice de la cause qu'il soutient. Si quelquefois mon zèle pour le salut du peuple m'a emporté, me fera-t-on un crime de n'avoir vu que les dangers qu'il courrait, et de m'être dévoué pour lui ? »

Pouvait-il douter de l'ingratitude de ses concitoyens ? Évidemment non, et c'est là justement son plus beau titre à l'admiration de la postérité.

Cette vie à la fois pénible et glorieuse, Marat l'avait goûtée à Londres en 1774, en travaillant à l'émancipation du peuple anglais ; mais la Révolution française devint pour lui une ère de luttes inouies, de déconvenues, de chagrins, d'amertumes, dont nul être au monde n'offre un exemple aussi touchant, aussi sublime, de noble résignation et de grandeur d'âme. Cette vie, dont nul homme au monde ne voudrait même faire l'essai au prix de l'immortalité, Marat l'a menée quatre années consécutives, sans cesse exposé à la vengeance des ennemis publics qu'il soulevait contre lui par ses patriotiques dénonciations; sans cesse décrété de prise de corps par les jugeurs du Châtelet, par l'Assemblée constituante, par la Législative, par la Convention elle-même; toujours errant, fugitif, ou obligé pour se soustraire au glaive des inquisiteurs, au fer de la féroce soldatesque, aux expéditions militaires, de chercher dans les entrailles de la terre un refuge contre les ennemis publics, dont rien ne peut l'empêcher de dévoiler les machinations et d'appeler sur leurs têtes criminelles le glaive de la justice, ou les vengeances nationales.

Quelles qu'aient été la volonté, l'énergie, la force de Marat, tout semble indiquer qu'il devait succomber prématurément dans cette lutte inégale d'un seul contre des ennemis nombreux, puissants et redoutables; il n'en fut rien pourtant, et ce que n'ont pu tous les efforts réunis des agents du pouvoir pour imposer silence à cet ardent apôtre de la liberté, la maladie seule va le réaliser avec succès.

Cette phase nouvelle commande de consigner ici quelques faits biographiques qui achèveront la peinture du long martyre que l'ami du peuple endura pour la liberté et la félicité de ses concitoyens.

Dès fin septembre 1789, déjà Marat disait : « Depuis la perte de ma petite fortune, je vis d'économie dans une humble retraite; depuis neuf mois, je me suis mis au pain et à l'eau pour fournir aux frais d'impression devenus exorbitants, et servir de ma plume la patrie. » Quel autre motif que le plus pur amour de l'humanité pouvait engager un homme de jugement, sans intrigue, sans parti, sans ambition, et qui ne veut aucune gestion dans les affaires publiques, à s'exposer aux coups de la vengeance des méchants qu'il poursuit, à sacrifier son existence, à se dévouer à la mort?

Tel a été cependant le début de Marat dans la carrière que lui ouvrit la Révolution; et puisque les faits postérieurs ont été rapportés au cours de cette étude, passons aux conséquences inévitables qu'ils devaient avoir.

Après trois années de soucis, d'inquiétudes et d'alarmes; après avoir dans la Convention soutenu seul la lutte contre la faction de la Gironde, il succombait : « L'indignation et la douleur que j'ai ressenties à la vue des lâches machinations tramées au sein même de la Convention, ont si fort altéré ma santé, disait Marat le 13 décembre 1792, que je suis depuis trois jours dans mon lit, avec la fièvre et la migraine, désespéré de n'avoir pu me rendre à mon poste pour déjouer les scélérats. »

A quelque temps de là, le 9 janvier 1793, répondant aux réclamations de quelques abonnés, Marat disait encore : « Plusieurs de mes lecteurs ont murmuré de l'interruption de ma feuille depuis quelques jours; je leur dois une explication, ils jugeront si j'ai pu trouver un instant pour la faire paraître, surchargé comme je le suis d'occupations accablantes. Et d'abord, je dois leur déclarer que sur les vingt-quatre heures de la journée, je n'en donne que deux au sommeil, une seule à la table, à la toilette et aux soins domestiques. Outre celles que je consacre à mes devoirs de député du peuple, j'en emploie régulièrement six à recevoir les plaintes d'une foule d'infortunés et d'opprimés, dont je suis le défenseur, à faire valoir leurs réclamations par des pétitions ou des mémoires, à lire et à répondre à une multitude de lettres, à soigner l'impression d'un ouvrage important (1) que j'ai sous presse, à prendre des notes sur tous les événements intéressants de la Révolution, à jeter sur le papier mes observations, à recevoir des dénonciations, enfin à faire ma feuille. Voilà mes occupations journalières, je ne crains donc pas d'être accusé de paresse. Il y a plus de trois années que je n'ai pris un quart d'heure de récréation. Cependant il m'a fallu trouver le temps de travailler quelques discours pour la tribune de la Convention; je n'ai pu le faire qu'en suspendant mes occupations les moins urgentes; c'est la raison de l'interruption de mon journal; elle me fera trouver grâce aux yeux de mes lecteurs. »

Et c'est au vu et au su de cette vie si laborieusement et si dignement remplie, que la Roland nous peint Marat, menant chez lui une vie de sybarite et tendant des embûches à la vertu, dans un magnifique salon bleu orné des fleurs les plus rares; que Lamartine, cet insidieux conteur, renchérissant encore sur la perfide Roland, nous montre Marat libre de ses moments et conduisant aux Champs-Élysées, dans un cabinet particulier, une jeune fille qu'il se propose de séduire; que Buzot, Fantin-Desodoards, Henriquez, Chéron de Villiers, et autres sycophantes, nous représentent comme un Lovelace le plus zélé défenseur des droits du peuple, le Caton de la Révolution française, succombant, selon les premiers, sous les ravages effroyables du plus affreux libertinage !

(1) Les Chaînes de l'esclavage.

Marat succombe, il est vrai, mais quel homme sensé songea jamais à mettre en doute la cause réelle, évidente, incontestable, de son accablement physique ; et quel homme assez pervers oserait désormais soutenir que cet accablement soit autre que le résultat des efforts incessants du zèle patriotique de l'ami du peuple, de son abnégation absolue, de ses angoisses, de la vie souterraine, à laquelle l'ont si longtemps condamné ses atroces persécuteurs.

Nul alors n'ignorait ni la cause, ni la gravité de la maladie ; car, dès le 11 mars 1793, Marat se voyait obligé d'informer la Convention qu'il tenait à nouveau le lit pour indisposition très-grave. Un mois plus tard, lors du décret d'accusation lancé contre lui, il disait : « Si j'ai refusé de me constituer prisonnier, c'est que, depuis deux mois, attaqué d'une maladie inflammatoire qui exige des soins et me dispose à la violence, je ne veux pas m'exposer dans un séjour ténébreux, au milieu de la crasse et de la vermine, à des réflexions douloureuses sur le sort de la vertu dans ce monde, aux mouvements d'indignation qui s'élèvent dans une âme généreuse à la vue de la tyrannie...... »

En juin, la maladie a fait de tels progrès que la fin prématurée de l'ami du peuple devient chaque jour davantage l'objet de la préoccupation publique ; et si ce n'est son journal qui continue à paraître tant bien que mal, on le croirait rayé du nombre des vivants, car il n'est plus question de lui à la Convention. Il va révéler lui-même la cause de ce silence et en expliquer les motifs :

« Lundi dernier (17 juin), je montai à la tribune dont je m'étais éloigné depuis quinze jours ; on en connaît les motifs : ceux de la reprise de mes fonctions avant le terme que je m'étais prescrit sont ignorés. Je vais les faire connaître en rappelant la substance de mon discours.

« La faction criminelle que je n'ai cessé de poursuivre depuis neuf mois, comme les premiers auteurs de tous les désastres qui désolent la patrie, n'avait cessé elle-même de me calomnier dans toute la République, en me peignant comme le principal provocateur des scènes de scandale qui ont tant de fois souillé la Convention. Le désir d'ouvrir les yeux de la nation sur la perfidie de mes calomniateurs, autant que la nécessité de prévenir les suites funestes de l'inconsidéré projet de décret, relatif aux députés dénoncés par les autorités constituées de Paris, m'avait engagé à revendiquer l'honneur du dévouement patriotique auquel il les appelait, et je me suis suspendu de mes fonctions. Cette démarche a dû convaincre tous les hommes de bonne foi, qu'il n'est dans cette assemblée aucun membre plus ami que moi de l'ordre et de la paix.

« Dès les premiers jours de ma suspension, j'ai adressé à la Convention plusieurs lettres où je proposai des mesures utiles sur des objets importants ; elles n'ont point été lues. Hier encore (22 juin), la lettre que j'ai fait remettre à votre président a eu le même sort. Comme je m'étais flatté de pouvoir suppléer à mon absence, et que mes espérances ont été déçues, les dangers de la patrie me rappellent à mon poste. Le profond silence que j'ai gardé pendant quinze jours doit suffir pour dissiper tous les nuages répandus sur moi. Je déclare donc que je vais reprendre mes fonctions à l'instant.

« Je n'ai pu assister aux séances que deux jours,

ajoute Marat dans sa famille, une maladie inflammatoire, suite des tourments que je me suis donné sans relâche pendant quatre années consécutives, pour défendre la cause de la liberté, m'afflige depuis cinq mois, et me retient actuellement dans mon lit. »

Dans l'impossibilité de se rendre à son poste, Marat fait connaître qu'il a fait passer au Président de la Convention une lettre du procureur de la Commune de Lyon, dans laquelle il est dit que les aristocrates révoltés de cette ville s'apprêtent à faire périr le patriote Challier par la main du bourreau.

« J'ai accompagné cette lettre, écrit Marat, de la demande de mander sans délai Challier à la barre, tant pour tirer de lui tous les renseignements sur les causes des mouvements contre-révolutionnaires qui viennent d'avoir lieu à Lyon, que pour le soustraire à la férocité des rebelles. J'ai demandé aussi que la Convention rendît contre le tribunal populaire de Lyon le même décret qu'elle a rendu contre celui de Marseille. Enfin, j'ai demandé que la permanence des Sections soit supprimée dans toute la République, comme étant la principale cause des désastres nouvellement arrivés dans plusieurs grandes villes de l'État; car les intrigants y courent en foule, s'en rendent maître et y font prendre les arrêtés les plus liberticides; tandis que les journaliers, les ouvriers, les artisans, les détaillistes, les agriculteurs, en un mot la foule des infortunés qui travaillent pour vivre ne peut y assister pour réprimer les ennemis de la liberté. J'avais présenté, il y a douze jours, cette mesure au Comité de salut public, il en sentit l'importance, il promit un rapport; j'ignore les raisons de son silence. »

La lettre du procureur de la Commune de Lyon, comme les demandes de l'ami du peuple furent renvoyées au Comité de sûreté générale; ce retard, c'est la mort de Challier.

Cloué dans son lit, Marat impose silence à ses souffrances pour ne songer qu'à la patrie en proie à la fois aux horreurs de la guerre extérieure, aux horreurs de la guerre civile, aux désastres de la misère et à la crainte de la famine; non, s'écrie-t-il, elle ne succombera point sous le poids de ses maux; ses ressources sont immenses, si on sait les employer.

« Dans l'état actuel des choses, le danger le plus éminent est celui de voir de nouveaux départements entraînés par l'exemple de ceux de l'Eure, du Calvados et du Jura, c'est-à-dire de voir les ennemis de la liberté y lever l'étendard de la révolte contre la Convention. Prendre des mesures vigoureuses contre les directoires rebelles, éclairer tous les citoyens par un historique bien fait sur les causes de la dernière insurrection de Paris, et présenter à la République entière le nouveau projet de la Constitution, sont les moyens les plus efficaces pour prévenir ce malheur et rallier tous les enfants de la patrie autour de ses autels.

« Pour réduire d'un seul coup tous les contre-révolutionnaires révoltés, le seul moyen efficace est de rappeler les légions infidèles envoyées contre les rebelles, après en avoir arrêté les chefs; de destituer les généraux suspects et de requérir tous les citoyens de huit ou dix départements contigus, de s'armer de fourches, de faux, de piques, de fusils, de sabres; de prendre avec eux des vivres pour huit jours; de se joindre aux troupes contre les rebelles, de tomber dessus à la fois et de les écraser sans merci, comme ont fait les braves sans-culottes du Cantal. Les biens des principaux rebelles doivent être offerts en récompense et partagés entre tous ceux qui auront contribué à cette salutaire expédition.

« La rébellion une fois étouffée au dedans, la guerre du dehors ne sera plus qu'un jeu, les puissances conjurées n'ayant plus d'appui au sein de l'État, prendront le parti de demander elles-mêmes la paix. En attendant, il faut se mettre en état de les pousser avec vigueur. Placer le département de la Guerre dans des mains habiles et sûres, destituer les généraux sur lesquels on ne saurait faire fond et s'en tenir au système défensif, sont des mesures indispensables.

« Au milieu des malheurs qui affligent la patrie, l'un des dangers qui la menacent le plus dans ce moment et dont les suites seraient irréparables, c'est la rapacité des accapareurs et la cupidité des marchands ; le peuple sera bientôt dans l'impossibilité d'atteindre au prix exorbitant des denrées de première nécessité, si la Convention ne prend sans délai des mesures efficaces pour les faire baisser.

« Ces mesures mêmes ne suffiraient pas pour rétablir l'ordre et cimenter la Révolution, si renonçant enfin à ces fausses maximes de liberté illimitée des opinions et de la presse, on ne sévit encore contre les scélérats qui servent de leur voix et de leur plume la cause des contre-révolutionnaires. Si la liberté des opinions doit être illimitée, c'est pour servir la patrie, non pour la perdre. Tout doit être licite pour faire le bien, et rien ne doit être licite pour faire le mal ; il faut que le parti patriotique écrase la faction ennemie ou qu'il en soit écrasé. Ainsi, point de quartier aux libellistes à gages qui calomnient la Révolution, qui diffament les opérations des autorités constituées fidèles à la patrie, qui pervertissent l'esprit public; que leurs presses soient brisées et qu'ils soient renfermés dans des maisons de correction.

« Par la même raison, que les postes soient inspectées, et qu'on ne permette à aucun écrit dangereux de circuler.

« Nous avons été jusqu'ici, à cet égard, dans des principes funestes; et notre police a été celle des insensés. Dans quel pays du monde le téméraire qui trouble l'ordre social établi n'est-il pas réprimé et puni; et pourquoi ne ferions-nous pas pour établir le règne de la justice, ce que font les despotes pour le détruire. Il n'y a que des imbéciles ou des traîtres qui puissent nier ces vérités. »

Le zèle patriotique de l'ami du peuple ne connaît pas d'obstacles, et les mesures qu'il ne peut développer à la tribune de la Convention, il les expose dans sa feuille, et prie ses collègues de les convertir en motions.

Ainsi pour Marat point de répit; ses jours de maladie et de souffrances sont encore consacrés à la chose publique. On peut s'en convaincre, car les lettres dont il vient de parler, et bien d'autres sont consignées dans sa feuille. Mais quelles pénibles réflexions ne suggèrent pas ces lettres restées sans lecture par l'indifférence des uns, le mauvais vouloir des autres! Pendant neuf mois l'ami du peuple a lutté corps à corps avec la faction des *hommes d'État* dont seul il pressentait les aspirations despotiques. Dans ce combat à mort, qui l'a soutenu? Tout au contraire, les patriotes eux-mêmes taxaient son zèle d'exagération, d'impatience, de maladresse. Aujourd'hui, influents à leur tour dans la Convention par la dispersion des factieux, les patriotes dédaignent ses avis, étouffent sa voix, paralysent son influence; et personne dans cette nombreuse assemblée, pas un parmi ses collègues si empressés à le serrer dans leurs bras au jour du triomphe, pas un qui réclame contre cette iniquité. On le sait cloué dans son lit; tant mieux, pensent les jaloux de sa gloire. Le bruit se répand même qu'il n'en relèvera pas; tant mieux, mille fois tant mieux disent ses ennemis, c'est le moment de l'accabler; et les dénonciations pleuvent sur sa tête; la tribune des Jacobins devient elle-même le trépied de ses accusateurs.

« Frères et amis, écrivait Marat, le 20 juin 1793, à la Société des Jacobins, des intrigants vous en imposent sans doute, du moins ai-je le droit de le penser, et celui de me plaindre hautement aujourd'hui.

« J'ai été dénoncé à votre tribune pour avoir demandé un chef. Sur votre invitation, je me suis présenté tout malade que j'étais, pour m'expliquer à ce sujet; j'aurais dû m'attendre qu'après avoir permis la publication de l'inculpation, vous auriez le soin de donner la même publicité à ma réponse; la voici mot à mot; j'espère de votre amour pour la justice que vous ferez imprimer cette lettre dans son entier.

« Citoyens,

« Je suis dénoncé pour avoir demandé un chef; c'est un extrême désagrément pour un zélé défenseur de la patrie d'avoir à s'entretenir de mesures de salut public en la présence d'imbéciles qui n'entendent pas le français, ou de fripons qui ne veulent pas l'entendre.

Voici le fait qui a donné lieu à cette dénonciation ridicule :

« Le 31 mai, à huit heures du soir, je reçus à la Convention nationale des députés de plusieurs sections de Paris, qui me demandaient ce qu'il fallait faire. Quoi! leur répondis-je, vous avez sonné le tocsin toute la nuit, vous avez été en armes tout le jour, et vous ne savez pas ce que vous avez à faire! Je n'ai rien à dire à des insensés, et je les plantai là.

« Désolé des efforts du peuple, toujours impuissants, lorsqu'ils ne sont pas dirigés par un conseil éclairé et ferme, je rentrai dans la salle, et dans l'amertume de mon cœur, je dis à quelques Montagnards : *Non, il n'est pas possible que le peuple se sauve, s'il n'a des chefs! — Eh quoi! s'écrie un homme d'État qui m'écoutait, tu demandes un chef? — Animal, repris-je à l'instant, un chef dans ma bouche n'est pas un maître, personne n'a plus d'horreur d'un maître que moi; mais dans la crise actuelle, je veux des chefs qui dirigent les opérations du peuple, afin qu'il ne fasse point de fausses démarches et que ses efforts ne soient pas impuissants; car qu'est-ce que cent mille hommes sous les armes depuis vingt-quatre heures, lorsqu'ils n'ont point de chefs pour les diriger?* Citoyens, voilà le fait, appréciez-le et jugez-moi. »

Et comme *nota*, Marat ajoute :

« Frères et amis,

« Je suis dans mon lit, en proie à une maladie inflammatoire, fruit des veilles auxquelles je me suis livré depuis quatre ans pour défendre la liberté, et surtout des tourments que je me suis donnés depuis neuf mois pour abattre la faction des *hommes d'État.* Si les preuves invariables que j'ai données jusqu'à ce jour de mon ardent civisme ne suffisent pas pour garantir la pureté de mon cœur aux amis de la patrie; j'ai eu tort, sans doute, de m'être fait anathème pour le retirer de l'abîme; les dégoûts que j'éprouve sont à leur comble!... C'est trop d'avoir à combattre à la fois la scélératesse des ennemis de la liberté et l'aveuglement de ses amis.

« Je vous salue fraternellement.

« MARAT, *député de la Convention.* »

A cette accusation ridicule en succèdent de plus perfides.

Quelques jours après la publication de cette lettre, Marat reproduisait dans sa feuille une inculpation grave dirigée contre lui et Hébert; inculpation déjà publiée dans le n° 4 du *Tableau politique et Littéraire de Paris.* Marat et Hébert y étaient accusés d'avoir touché 50,000 livres à la trésorerie nationale, pour prix des souscriptions de leurs journaux envoyés par le ministre aux armées et aux départements.

Dans le même numéro, Marat publiait le démenti formel donné par le ministre lui-même, et ajoutait : « Je déclare que l'article du *Tableau politique et Littéraire de Paris,* en ce qui me concerne, est un mensonge puant. Je n'ai jamais touché un sol de Bouchotte pour prix de souscriptions de mon journal, faites par aucun ministre; mais le 22 mai, je reçus de lui un mandat de 1,500 livres, montant de 75 collections que je l'engageai d'envoyer aux armées d'après les demandes réitérées d'un grand nombre d'officiers et de commissaires. J'ai proposé au ministre de les prendre à prix coûtant, parce que mon journal m'est à charge aujourd'hui, et que je serais hors d'état de le soutenir si je ne faisais pas quelquefois rentrer mes frais, car depuis l'ouverture de la Convention, j'en distribue gratis de six à sept cents chaque jours, quelquefois beaucoup plus.' J'en ai envoyé des milliers aux sociétés populaires, dans les villes les plus gangrenées; j'en ai donné pendant quelques mois deux à trois cents à la Montagne. Aujourd'hui que le débit en est beaucoup moins considérable, je suis forcé de prendre sur l'indemnité que la nation m'accorde, comme député, et si cette ressource me manquait, je serais réduit à cesser la distribution gratuite, et peut-être à discontinuer la feuille elle-même. »

Une aussi pitoyable accusation n'était pas faite pour effleurer même la réputation bien connue de Marat; la produire, c'était donc s'exposer à une défaite facile, mais la produire en communauté avec Hébert était une perfidie.

Ce qui était plus sensible au malheureux ami du peuple qui se sentait mourir, c'est l'outrage à ses souffrances, c'est la suspicion de son patriotisme, de son zèle pour le bien public. — « Dors-tu, Marat, lui écrivait un de ses correspondants, ou ta surveillance est-elle seulement en défaut? — Je ne dors pas, répond Marat, mais je suis dans mon lit, en proie à une cruelle maladie. »

Maladie cruelle, en effet; car le sang brûlé qui circule dans les veines a déterminé l'inflammation de tous les organes de la vie, et le corps tout entier s'est couvert d'une érosion qui torture sans relâche le pauvre ami du peuple. Pour calmer ses souffrances, pour atténuer la fièvre ardente qui le dévore, pour travailler encore, il s'enveloppe la tête de linges imprégnés de vinaigre et d'eau ; puis, le corps plongé dans un bain tout le jour, il trouve encore moyen d'être utile aux malheureux qui implorent sa bienfaisance, aux opprimés qui réclament son appui, à la chose publique en calmant les vaines terreurs de ses concitoyens.

C'est ainsi qu'en juillet, les royalistes et autres ennemis de la République, exagérant à dessein les forces des révoltés qui marchent contre Paris, répandaient le trouble et la terreur dans les esprits. Pour combattre cette funeste influence et redonner du cœur aux pusillanimes, l'ami du peuple, parlant de ces fauteurs de guerre civile, disait aux Parisiens : « Les imbéciles ne voient pas que l'arrivée des forces départementales est le plus heureux des événements, et qu'elle fera le triomphe des Parisiens. Ah ! sans doute, il pourrait en résulter des désordres, si les volontaires des départements étaient tous des capitalistes, de gros propriétaires, de riches marchands, des spéculateurs, des ex-nobles, des ex-robins, des ex-calotins, des gens de loi, c'est-à-dire des ennemis de la Révolution ; mais ce sont nos frères les sans-culottes. Ils ne marchent contre nous que parce que leurs meneurs, en répandant partout des libelles imposteurs, leur ont persuadé que Paris était à feu et à sang ; qu'une horde de brigands y commettait tous les crimes, tenait la Convention prisonnière et sous le couteau, dictait des lois aux représentants de la nation et voulait dominer le reste de la France ; que Marat surtout, le scélérat Marat, y commettait tous les excès à la tête de son parti qui l'avait fait dictateur. Eh bien ! qu'ils viennent nos frères des départements ; en arrivant à Paris, ils verront que tout y est calme : point de soldats autour de la Convention pour la bloquer, point de pillage, point d'insulte ; ils n'auront pas fait deux cents pas dans les rues qu'ils reconnaîtront qu'on les a indignement trompés. S'ils vont à la Convention, ils y verront la sainte Montagne tout occupée du bien public. Dans leurs conversations avec les bons citoyens, ils apprendront à connaître les perfidies de la faction, ses complots, ses efforts pour faire triompher les ennemis de la patrie, rétablir la royauté et détruire la République...

« Peut-être viendront-ils voir le dictateur Marat, et ils trouveront dans son lit un pauvre diable qui donnerait toutes les dignités de la terre pour quelques jours de santé, mais toujours cent fois plus occupé des malheurs du peuple que de sa maladie.

« Qu'en résultera-t-il ? Que nos frères des départements, après avoir été complètement désabusés, retourneront chez eux en maudissant les *hommes d'État*, leurs administrateurs, en bénissant la Montagne, les Parisiens, les sociétés populaires, en se mettant sur les gardes pour n'être plus trompés, et en jurant de ne plus nommer des *hommes d'État* pour leurs représentants. »

Les jours suivants, selon que le mal lui laisse plus ou moins de répit, Marat rédige une page, quelquefois deux, rarement plus, souvent moins, pour sa feuille, qui depuis deux mois environ n'est composée que des lettres qui lui sont adressées ou des actes de l'autorité qu'il importe le plus de connaître. A ce thermomètre de la santé du malade, ses fidèles amis ne se trompaient pas; aussi le mercredi 11 juillet, le journal n'ayant point paru, la Société des Jacobins, le 12, prenait un arrêté par lequel elle décidait que des délégués pris dans son sein, iraient chercher des nouvelles certaines chez le malade lui-même.

A leur retour, Maure, au nom de ses collègues, rend compte à l'Assemblée de la mission qui leur a été confiée :

— Nous venons de voir notre frère Marat, il est bien reconnaissant de l'intérêt que vous lui témoignez. Nous l'avons trouvé dans le bain ; une table, un encrier, des journaux autour de lui, s'occupant sans relâche de la chose publique. Ce n'est point une maladie, c'est beaucoup de patriotisme pressé, resserré dans un très-petit corps; les efforts violents du patriotisme qui s'exhale de toutes parts le tuent. Il se plaint de l'oubli de la Convention, qui a négligé de lire plusieurs mesures de salut public qu'il lui a adressées. —

A ses amis des Cordeliers, qui étaient venus le conjurer de ménager sa santé, Marat avait répondu : « Dix ans de plus ou de moins sur la durée de ma vie ne m'occupent nullement ; mon seul désir est de pouvoir dire à mon dernier soupir : Je meurs content, la patrie est sauvée. »

La journée du 13, grâce à l'influence des bains, n'avait pas été trop mauvaise pour le malade; il avait pu préparer son numéro du lendemain, y ajouter quelques lignes d'observations, dépouiller sa correspondance, et répondre à quelques demandes urgentes.

Néanmoins, la Parque impitoyable s'apprête, et la mort s'achemine à pas précipités vers la demeure de l'ami du peuple. Déjà l'heure du repos a sonné pour ses collègues; lui, au contraire, semble rivé à des occupations urgentes, à des devoirs infinis. Ah ! c'est qu'il n'est point de repos pour un véritable ami du peuple, tant qu'à ses oreilles retentissent les gémissements des infortunés, tant que la liberté et la patrie sont en deuil, tant que le peuple n'est pas libre et heureux.

Voyez-le, cet infatigable patriote, que la mort seule peut dompter; voyez-le dans ce bain où il passe les longues heures de la journée entre le travail et la souffrance. Une tablette placée sur le travers de la baignoire lui sert d'appui et de pupitre; plusieurs lettres placées sous ses yeux sont ouvertes. Voyons d'abord celle qu'il a en main, et dont l'intérêt semble enchaîner sa plume.

« Citoyen,

« J'arrive de Caen; votre amour pour la patrie me fait présumer que vous connaîtrez avec plaisir les malheureux événements de cette partie de la République; je me présenterai chez vous, ayez la bonté de me recevoir et de m'accorder un moment d'entretien, je vous mettrai à même de rendre un grand service à la France.

« *Signé :* Charlotte Corday. »

Voyons cette autre :

« Marat, je m'empresse de répondre à la lettre que tu adresses à la Convention pour lui demander que ton ami Challier, de Lyon, ainsi que cette foule obscure de subalternes sujets, soient traduits à Paris, afin sans doute que tes agents les délivrent comme toi du fer de la guillotine qu'ils ont si bien mérité. Tu ignores donc, vil scélérat, que presque tous les départements sont levés en masse, et qu'ils vont fondre sur ta secte impie et la faire rentrer dans le néant dont elle n'aurait jamais dû sortir. Tu voudrais, vil intrigant, que les sections fussent fermées ? C'est sans doute l'enfer qui te fait vomir de pareilles imprécations contre le souverain, qui est le peuple, dont tu te dis l'ami ? Traître !... infâme !... tu es malade, je le crois, c'est sans doute la rage de n'avoir pu tremper tes indignes mains dans le sang des victimes désignées par ta faction, payée par Pitt et Cobourg, dont tu es l'instrument. Puisse le ciel nous délivrer d'un monstre tel que toi... Puisse cette lettre t'envoyer dans la sombre demeure de Pluton... »

Pas de signature. Cette lettre est de quelque lâche qui se tapit dans l'ombre; elle ne mérite que le mépris.

Et celle-ci, dont deux grosses larmes de l'ami du peuple viennent d'arroser la signature :

Elle est d'un vieil ami des sciences, qui aujourd'hui enveloppé dans la tourmente révolutionnaire, attend dans un cachot la sentence du tribunal révolutionnaire pour prix de son zèle civique et de son amour pour la patrie.

Elle porte la date du 12 juillet 1793, et se termine ainsi : « ..... La mort ne m'a jamais effrayé; je la souffrirais même avec plaisir, si je suis immolé comme une victime du plus ardent patriotisme. La nation peut même tirer un grand parti de cette mort. Que d'un côté je sois exécuté pour avoir agi contre la loi, que de l'autre mon cadavre soit déposé au Panthéon pour m'être dévoué comme un nouveau Décius; vous parviendrez à deux buts également avantageux, car vous scellerez le despotisme de la loi qui fait l'essence de la liberté, et vous donnerez un nouveau ressort aux âmes de la trempe de la mienne. . . . . . .

(*Signé*) « Philippe-Rose ROUME (1). »

Les yeux encore humides de l'ami du peuple s'élèvent vers le ciel, et ses poings crispés témoignent à la fois de sa sensibilité et de son angoisse.

En voici une signée Garat, ministre de l'Intérieur :

« Je vous fais passer, citoyen Marat, la réponse au Mémoire Thévenin que vous m'avez adressé le 4 de ce mois, attendu que le réclamant n'a point fait connaître le lieu de son domicile; si vous avez quelques indices à cet égard, je vous prie de faire parvenir ma lettre à sa destination, afin que la famille du citoyen Thévenin puisse obtenir l'effet de la loi en se conformant aux formalités qu'elle prescrit.

« Quant à la citoyenne Letellier, dont vous m'avez également transmis la demande, ma réponse lui a été envoyée à l'adresse qu'elle a indiquée dans son Mémoire, et je lui ai tracé la marche qu'elle a à suivre pour se procurer les secours auxquels elle a droit en raison du généreux dévouement de son fils pour la défense de la patrie (2). »

Voyons encore celle-ci; elle est signée Gohier, ministre de la Justice, et porte la date du 13 juillet 1793.

---

(1) Voir aux documents justificatifs, n° 3, les lettres de Philippe Rose Roume à Marat, Danton et Robespierre.

(2) Lettres autographes. Voir le catalogue Charavay, de 1862.

« Il répond à Marat, qu'à sa recommandation, il s'occupe de l'affaire des citoyennes Touffet et Hurcy, de Quillebeuf, en butte à des vexations (1). »

Pauvre Marat, non-seulement il a usé sa vie à combattre les oppresseurs du peuple, à revendiquer sans cesse les droits de l'Homme et du Citoyen; mais, abîmé de fatigue et mourant, il travaille encore à alléger la misère, les calamités, les infortunes, les souffrances de ses concitoyens. Son caractère est si parfaitement connu, malgré les plus odieuses calomnies répandues contre lui, que le plus sûr moyen de l'approcher, même lorsqu'il est souffrant et alité, c'est de s'adresser à son patriotisme ou de parler à son cœur.....

Mais, avec la demie de sept heures, qui vient de sonner, un bruit inusité se fait entendre dans l'antichambre de Marat. Que se passe-t-il ?

C'est une jeune femme, de vingt-cinq ans environ, qui se présente, dit-elle, pour la seconde fois et demande, avec de vives instances, à parler à l'ami du peuple. Sur le refus des personnes préposées à la garde du malade, l'insistance bruyante de la visiteuse est entendue de Marat, qui donne ordre de laisser entrer.

Après s'être fait connaître pour la personne qui lui avait écrit le matin, au sujet des troubles du Calvados, Marat l'interroge sur cet événement.

— Que se passe-t-il à Caen ?

— Dix-huit députés, d'accord avec le département, y règnent. Il y a un Comité central de tous les départements qui sont dans l'intention de marcher sur

---

(1) Lettres autographes. Voir le catalogue Charavay, de 1862.

Paris, et une partie de l'armée sous la conduite des administrateurs est partie pour Évreux.

— Quels sont les noms des députés et administrateurs ?

— Gorsas, Larivière, Buzot, Barbaroux, Louvet, Bergoing, Pétion, Cussi, Salles, Lesage, Valady, Kervelegan, Guadet et cinq autres dont je ne me rappelle pas les noms. Quant aux administrateurs, ce sont : Lévêque, président ; Bougon, procureur-général ; Ménil et Lenormand.

— C'est bien ; ils ne tarderont pas à être punis de leur rébellion.

A peine l'ami du peuple eut-il achevé de parler que cette femme perfide, saisissant un couteau caché sous son fichu, le lui plonge dans le sein.

— A moi, ma chère amie ! à moi !! s'écrie Marat.

Simonne accourt, le reçoit dans ses bras, lui prodigue ses soins. . . . . ; mais de la plaie béante le sang s'échappe à flots, la tête incline sur la poitrine, les yeux se ferment à la lumière, Marat expire dans son bain . . . .
. . . .
. . . .

Postérité, tu le vengeras !

DOCUMENTS JUSTIFICATIFS.

DOCUMENTS JUSTIFICATIFS.

N° 1.

REQUÊTE

de Jean Mara, horloger à Genève.

Requête de Jean Mara, horloger à Genève.

19 Juillet 1793.

ÉGALITÉ, LIBERTÉ, INDÉPENDANCE.

Nous, président et autres membres du Comité provisoire d'Administration de la ville et République de Genève, ayant vu la requête à nous présentée par Jean Mara, horloger, demeurant à Genève, fils de feu Jean Mara, de Cagliari, en Sardaigne, reçu habitant de Genève le dixième de mars mil sept cent quarante-un; lui-même né à Boudry, comté de Neufchatel, le vingt-troisième de janvier mil sept cent soixante-sept, issu en légitime mariage dudit Jean Mara et de Louise Cabrol, ainsi qu'il résulte des titres joints à sa requête, dans laquelle il conclut à ce qu'il lui soit accordé acte et certificat authentique qu'il est frère du citoyen Mara qui a été, dit-on, assassiné à Paris il y a peu de jours. Ayant ouï le rapport du citoyen de Rochemont, secrétaire d'État, par nous commis pour ouïr plus particulièrement le requérant, vu le procès-verbal par lui dressé de l'information qu'il a faite en exécution de la Commission et les dépositions des citoyens Moré et Revaclier, témoins assignés et assermentés; attendu qu'il résulte suffisamment des titres et des témoignages produits par le requérant, qu'il est fils de Jean Mara, de Cagliari en Sardaigne, habitant de Genève, et de Louise Cabrol, de Genève, et qu'il avait un frère aîné vivant à Paris, que la notoriété publique désigne comme étant membre de la Convention nationale de France, et qu'on dit avoir été dernièrement assassiné à Paris; Nous avons jugé qu'il était conforme à la justice de lui accorder l'acte de vérité qu'il requiert.

En foi de quoi nous avons donné les présentes sous le sceau de la République et le seing du secrétaire d'État, le vingtième de juillet mil sept cent quatre-vingt-treize, l'an second de l'Égalité.

(Signé) DE ROCHEMONT. — PUERARI.

Égalité, Liberté.

Jean-Louis Soulavie, citoyen français, résident de la République française, une et indivisible, près la République de Genève, — Certifie que les citoyens de Rochemont et Puerari sont secrétaires d'État de cette ville. Genève, le 19 juillet 1793. L'an II de la République française.

SOULAVIE.

Archives nationales.—Section administrative.—Cote F. 7. 4385.—Pièces relatives à l'assassinat de Marat. 182e carton.

DOCUMENTS JUSTIFICATIFS.

N° 2.

DIPLOME

de Docteur en Médecine, conféré à

Jean-Paul Marat.

(Traduit du latin.)

DIPLOME DE DOCTEUR EN MÉDECINE

Conféré sur certificats

à

Jean-Paul Marat.

« Nous, recteur de l'Université de Saint-André d'Écosse, directeur, préfets de collége, doyen et professeurs à tous degrés de la Faculté des Arts, aux lecteurs, salut.

« Puisqu'il est juste et rationnel que ceux qui, par une longue étude, sont arrivés à la connaissance des arts utiles, reçoivent un prix digne de leurs études et se distinguent du vulgaire ignorant par des honneurs et des priviléges particuliers, qui leur attirent quelque avantage et les déférences d'un chacun; puisque parmi les droits immenses accordés dès longtemps à l'Université de Saint-André, elle a celui, toutes les fois que besoin en est, de s'attacher les hommes capables dans chaque partie des Facultés, et de les faire participer aux honneurs dont elle jouit; puisque Jean-Paul Marat, maître très-distingué dans les arts, a donné tous ses soins à la médecine depuis plusieurs années, et s'est acquis une grande habileté dans toutes les branches de cette science; avec l'approbation de nombreux docteurs en médecine, il lui a été conféré le grade suprême de docteur en médecine; à ces titres nous avons accordé au maître qui s'est présenté, et qui a été nommé ci-dessus, la libre et entière liberté de professer, d'exercer, de quelque façon que ce soit, l'art de la médecine, et de faire tout ce qui a rapport à cet art; de telle sorte que tous les priviléges, avantages, émoluments, honoraires, qui sont accordés en tous pays aux docteurs en médecine, lui soient conférés; et nous voulons qu'il soit honoré du titre de docteur en médecine, et qu'il soit considéré désormais par tous comme docteur reçu et très-digne de l'être. En foi de quoi nous lui avons délivré ce diplôme comme privilége revêtu de notre signature et ceint du sceau de notre puissante Université de Saint-André.

« Donné à Andréapolis, le 30 du mois de juin *1775*.

« *Extrait d'après les minutes de l'Université de Saint-André.*

« Saint-André, le 30 juin 1775.

« Devant le Recteur, le Professeur Shaw, le Docteur Forrest, Monsieur Cook, le Docteur Flint, Monsieur Cleghorn,

« L'Université, d'accord, a conféré le degré de docteur en médecine à Jean-Paul Marat, praticien en physique, sur les certificats qui sont entre les mains du Docteur Hugh James et du Docteur William Buchan, médecins à Édimbourg. »

Obs. « Le Conventionnel a jugé bon d'ajouter un *t* final à son nom pour le rendre plus français, *t* qui ne se trouve ni dans son acte de naissance, ni dans aucun de ceux des membres de notre famille. »

(Cette note est extraite de la lettre écrite au bibliographe de Jean-Paul Marat, datée de Genève, le 2 juillet 1867, par M. Jean Mara, directeur de l'Enregistrement et du Timbre.)

DOCUMENTS JUSTIFICATIFS.

N° 3.

Contenant trois Lettres de ROUME SAINT-LAURENT : — *à* MARAT, *en date des* 6 *et* 12 *juillet* 1793; — *à* DANTON *et* ROBESPIERRE, *du* 15 *juillet* 1793.

LETTRE

DU CITOYEN PHILIPPE-ROSE ROUME

à Marat.

Conciergerie, le 6 juillet 1793, l'an II de la République.

AMI DU PEUPLE,

C'est à ce titre sacré, laissant de côté notre ancienne amitié, que je réclame votre appui, soit pour me faire exemplairement punir, ou pour me faire rendre une éclatante justice.

Voici ce que j'ai fait à St-Domingue, en qualité de commissaire national civil, ayant osé y rester seul après le départ de mes deux autres collègues.

J'ai rempli pendant cinq mois une mission que je n'avais peut-être plus le droit d'exercer. J'ai approuvé une association contraire au décret du 24 décembre 1791 (sur les colonies), association que nécessitait la force des choses, et qui a préparé l'exécution de la bienfaisante loi du 4 avril 1792 (sur les colonies). J'ai retranché de cette même loi du 4 avril, en la faisant promulguer, les mots *l'An quatrième de la Liberté*, et cela pour empêcher le massacre de tous les libres par leurs esclaves, qu'aurait égaré la fausse application qu'ils auraient faite de ces mots. J'ai ordonné des déportations extrajudiciaires, seul moyen que j'eusse d'empêcher le massacre et la conflagration de la ville du Port-au-Prince.

Telles sont les fautes qu'il m'a fallu commettre et que j'ai moi-même dénoncées à la Convention nationale dans mon rapport, imprimé en vertu de son décret du 29 janvier dernier.

Mais au moyen de ces fautes, j'ai préparé toutes choses pour faciliter les travaux de mes successeurs. J'ai empêché que les citoyens de couleur et nègres libres ne fussent trompés par les aristocrates de St-Domingue, comme ils l'ont été aux Isles-du-Vent. J'ai fait respecter la Souveraineté nationale par la Section de St-Domingue. J'ai déjoué, là, tous les projets des contre-révolutionnaires. J'ai conservé la ville du Port-au-Prince, malgré les fureurs de ses citoyens et les complots de ses ennemis. J'ai conservé la province de l'Ouest, c'est-à-dire plus de la moitié de la partie française de St-Domingue. J'y ai fait rentrer dans leur devoir plus de cent mille esclaves révoltés, sans tirer un seul coup de fusil. J'y ai rétabli la circulation, l'agriculture et le commerce. J'ai conservé les jours de tous ceux qui auraient péri sans le rétablissement de l'ordre, et j'ai conservé des propriétés montant au moins à un milliard.

Je n'avais aucun autre moyen qu'une influence morale, qu'il m'a fallu redonner à la Commission et que soutenait l'énergie que vous me connaissez.

Arrivé à Paris le 6 janvier dernier, je m'occupai de la rédaction de mon rapport, que je remis au président de la Convention nationale, le 28 du même mois.

La Convention, pour économiser le temps,

décréta le lendemain que ce rapport serait imprimé, distribué· et soumis au Comité colonial, pour y être examiné.

Je me présentai, vers le 30 janvier, devant le Comité; je lui soumis, non-seulement ma conduite, mais ma vie, en le priant de me juger après m'avoir confronté à des dénonciateurs qui m'avaient précédé. Il s'en présenta deux à l'instant (les citoyens Linières et Brudieu, dont j'avais ordonné la déportation); notre confrontation finie, les membres du Comité, alors présents, trouvèrent que j'avais agi avec humanité, et d'après l'impérieuse loi du Salut Public; que je ne devais être tenu à aucun dédommagement, mais que la nation devait y pourvoir.

Si le Comité tient registre de ses délibérations, cette décision doit s'y trouver consignée, vers ladite époque du 30 janvier dernier; en tous cas, le citoyen Camboulas et les autres présents à la séance ne peuvent pas l'avoir oublié.

Quelle fut donc ma surprise d'apprendre, à la fin de mars, qu'en conséquence d'un rapport du Comité colonial, la Convention m'avait improuvé, en m'accolant à Blanchelande, pour nous condamner aux frais de la déportation. Etc.

J'en parlai au citoyen Camboulas, rapporteur de mon affaire. Il me répondit que ce n'était qu'un quiproquo du citoyen Creuzé, que ce décret partiel serait rapporté lorsqu'il ferait son rapport général sur St-Domingue, dans lequel rapport se trouverait compris celui de ma mission; il me dit de n'avoir aucune inquiétude, et que la Convention ne pourrait s'empêcher de décréter que j'avais bien mérité de la patrie.

Vers le 24 avril, je fus averti que j'allais être traduit au Tribunal révolutionnaire, et j'en prévins le citoyen Camboulas par lettre.

Depuis lors, j'ai vu différentes fois le citoyen Camboulas, qui me faisait toujours espérer qu'il ferait mon rapport.

Enfin, les papiers publics m'ayant appris que les Comités allaient être renouvelés, et le citoyen Camboulas y ayant consenti, je remis au citoyen Adet, adjoint au Ministère de la Marine, une pétition adressée au Ministre du même département, tendant à le prier de demander à la Convention qu'elle daigne charger des commissaires *ad hoc* de lui rendre compte de ma mission sous quinzaine.

Les choses en étaient là lorsque vendredi dernier, 28 juin, je fus conduit à la Conciergerie, en vertu d'un mandat d'arrêt du citoyen accusateur public du Tribunal criminel extraordinaire et révolutionnaire, comme « prévenu d'avoir favorisé les révoltés; d'avoir ordonné, provoqué et fait exécuter des déportations arbitraires, et d'être complice de l'assassinat commis en la personne du citoyen Praloto, comme aussi d'avoir rétabli des juges désavoués par le peuple et supendus de leurs fonctions, et de m'être coalisé avec les contre-révolutionnaires. »

J'observe, à l'égard de l'assassinat de Praloto, que c'est moi qui ai fait poursuivre les assassins, jusqu'au décret de prise de corps; décret qu'il me fut impossible de faire exécuter, faute de moyens, et que je remis au commissaire national Santhonax, en lui dénonçant ce crime atroce, et le priant d'user des forces qu'il avait pour faire arrêter et punir les assassins.

Quant aux juges, j'observe qu'ils avaient été inconstitutionnellement destitués par l'Assemblée administrative de l'Ouest, que le peuple de St-Marc rétablit les siens dans leurs fonctions, et que mes deux collègues et moi ne fîmes autre chose, si ce n'est d'applaudir comme nous le devions à cette réintégration votée paisiblement par la commune de St-Marc.

Je n'ai entendu parler de rien depuis ma captivité, et j'ignore quand il plaira au citoyen accusateur public de me faire interroger *(Je l'ai été le même jour, à sept heures du soir).* Je n'ai voulu m'adresser à qui que ce soit, attendant que votre santé me permît de m'adresser à vous.

Permettez, d'après les précédentes explications, dont je vous atteste la vérité au nom de toutes les vertus que vous me connaissez, que je soumette à votre arbitrage définitif la conduite que je vous prie de tenir en cette occasion, et que j'ai le droit de requérir de l'ami du peuple.

Si vous jugez qu'il soit utile à la République qu'un fonctionnaire public, qui a rendu et qui peut rendre d'aussi grands services que moi, triomphe de ses calomniateurs, veuillez demander à la Convention des commissaires choisis parmi les meilleurs montagnards et chargés d'examiner ma conduite à St-Domingue.

Si vous jugez, au contraire, qu'il soit plus utile de donner au peuple le spectacle du supplice d'un homme qui, malgré de grands services, ne peut être affranchi (malgré les circonstances les plus extraordinaires et les plus révolutionnaires) des règles communes de la justice distributive, veuillez provoquer la prompte décision de mon affaire au Tribunal révolutionnaire. Loin que j'en craigne la sévérité, j'irai au-devant de ses coups, pourvu que l'ami du peuple me présente lui-même aux Français comme une victime très-pure du plus ardent patriotisme, sacrifiée sur l'autel de la justice pour donner l'exemple d'un vrai dévouement républicain.

(Signé) Philippe-Rose Roume.

Archives nationales. — Section administrative. — Cote F. 7. 4434. — Dossier trouvé dans les papiers de Danton et déposé au Comité de sûreté générale. N° 13. Pétition de divers citoyens pour obtenir leur liberté.

Conciergerie, le 12 juillet 1793, l'an II de la République.

AMI DU PEUPLE,

Je vous ai écrit le 6 de ce mois, pour vous donner une idée précise de mon affaire, et le citoyen Chilliet m'ayant dit que vous ne connaissiez pas mon rapport imprimé, je l'ai prié de vous en procurer un, ce qu'il m'assure avoir fait.

Veuillez, je vous en conjure, si vous ne l'avez point encore fait, prendre la peine de lire ce rapport, dont j'offre de prouver chacun des faits qui y sont contenus.

Vous y verrez que je me suis regardé comme une sentinelle perdue de la France à St-Domingue, et que j'ai eu le courage de m'y dévouer à tous les genres de danger possibles, afin de conserver à la France tout ce que je pourrais sauver de cette colonie importante dans la crise la plus horrible qui se puisse imaginer.

J'ai mille fois exposé ma vie et je n'ai jamais risqué celle des autres; j'ai pris sur moi différentes fois d'employer des moyens dont je connais l'illégalité, mais qui seuls pouvaient sauver la colonie et la conserver à la France; j'ai pensé qu'un fonctionnaire public chargé d'une aussi grande mission ne devait pas moins affronter le glaive de la loi que le fer et le poison des assassins, lorsqu'il se trouvait dans un pays rentré dans l'état de nature, ou plutôt dans le cahos de tous les abus et de tous les crimes de l'ordre social.

Je savais très-bien qu'une fois livré à des juges, je ne pourrais être jugé que d'après la loi; mais je savais aussi que ma conduite devait être préalablement examinée par les représentants de la nation, qui l'apprécieraient d'après des principes d'éternelle vérité et le bien qui en a résulté.

Cependant, grâce à l'insouciance du citoyen Camboulas, je me trouve d'entrée de jeu soumis au Tribunal révolutionnaire; et, conséquemment, je me tiens pour bien averti que je serai condamné à la guillotine.

La mort ne m'a jamais effrayé; je la souffrirais même avec plaisir, si je suis immolé comme une victime du plus ardent patriotisme. La nation peut même tirer un grand parti de cette mort! Que, d'un côté, je sois exécuté pour avoir agi contre la loi; que, de l'autre, mon cadavre soit déposé au Panthéon pour m'être dévoué comme un nouveau Décius; vous parviendrez à deux buts également avantageux, car vous scellerez le despotisme de la loi qui fait l'essence de la liberté, et vous donnerez un nouveau ressort aux âmes de la trempe de la mienne.

Veuillez peser mûrement ce dernier parti, et si vous le jugez le plus utile à la France, ne me refusez pas la gloire de remporter cette palme de la vertu républicaine.

(Signé) Philippe-Rose ROUME.

Archives nationales. — Section administrative. — Cote

F. 7. 4434. — Dossier trouvé dans les papiers de Danton. — Déposé au Comité de sûreté générale. — N° 13. Pétitions de divers citoyens pour obtenir leur liberté.

Aux citoyens Danton et Robespierre.

Conciergerie, le 15 juillet 1793, l'an II de la République.

CITOYENS REPRÉSENTANTS,

L'ami, ancien et intime, de feu le citoyen Marat, a droit aux bontés des deux législateurs que ce grand homme plaçait au-dessus de tous les autres fondateurs de la République française.

Conduit dans les cachots par d'atroces calomnies, je n'ai pas voulu, malgré l'horreur de ma situation, réclamer l'amitié qui m'unissait à Marat depuis le commencement de 1783; je n'ai voulu m'adresser qu'à l'ami du peuple; je l'ai rendu maître de juger ma conduite, en lui remettant les données nécessaires, et je l'ai requis de prononcer ma mort ou mon triomphe.

Il n'a voulu décider qu'avec connaissance de cause, et samedi matin il m'a fait dire qu'il voulait être, s'il y avait lieu, mon défenseur près le tribunal révolutionnaire; qu'il écrirait le lendemain à la Convention nationale et s'y occuperait de moi; il a même écrit à l'accusateur public à mon sujet.

Faut-il qu'aujourd'hui nous ayons tous à pleurer cet imperturbable ami du peuple, de la liberté, de l'égalité et de la vérité?

Veuillez, je vous en conjure, au nom de Marat, convenir entre vous deux, citoyens, de celui des deux qui voudra bien se charger d'être l'exécuteur de cette partie des dernières volontés de l'ami du peuple!

C'est à vous, mon nouveau défenseur, que j'ose m'adresser avec la confiance qui vous est due!

Je vous remets les mêmes pièces que Marat a lues, savoir: mon rapport imprimé et mes deux lettres. Je vous conjure de les lire aussi. J'offre, en outre, de vous fournir les autres preuves que vous exigeriez ; car le ciel, protecteur de la vertu, permet que j'aie à Paris des preuves authentiques ou des témoins sur tous les faits dont il s'agit, quoiqu'ils se soient passés à dix huit cents lieues, quoique je ne dusse m'attendre, en revenant à Paris, qu'à y recevoir la couronne civique.

Je puis également prouver la profonde et scélérate politique de mes calomniateurs. Leur plan fut toujours d'affranchir, autant qu'ils le pourraient, St-Domingue de ses devoirs, comme section coordonnée avec le reste de la souveraineté nationale.

Mes véritables crimes sont, à leurs yeux : 1° ma philanthropie ; 2° d'avoir osé seul, après le départ de mes deux collègues, braver leur férocité, les forcer de reconnaître et de respecter le caractère national dont j'étais revêtu ; 3° d'avoir déjoué, non-seulement les projets des contre-révolutionnaires, mais ceux de ces mêmes indépendants qui veulent exterminer les hommes de couleur et nègres libres, afin de s'enrichir de leurs dépouilles et d'assouvir une haine fondée sur la plus stupide et la plus cruelle aristocratie ; et 4° d'avoir fait rentrer dans leurs devoirs plus de cent mille esclaves révoltés dans l'Ouest, sans que j'aie voulu donner à ces blancs sanguinaires des spectacles de cannibales, si bien faits pour leurs cœurs gangrenés.

S'ils me font condamner à la guillotine, quel sera désormais le fonctionnaire public envoyé par la France à St-Domingue, assez hardi pour manifester une volonté différente de la leur ? ou qui puisse la manifester sans se faire assassiner ? Ne seront-ils pas alors, ces indépendants, les maîtres de tromper nos bataillons et de les employer à des boucheries, dont la simple idée fait horreur ?

N'allez pas croire que mon défenseur emploirait son temps d'une manière inutile à la République ? J'affirme, au contraire, qu'il importe beaucoup qu'un membre, au moins, de la Convention nationale assiste à cette importante discussion, parce que je serai forcé d'expliquer et de prouver des faits qu'il est de la gloire, de la justice et de l'humanité de la Nation, de subordonner à la volonté générale du peuple français.

Pour le dire en peu de mots, je considère l'étrange accusation portée contre moi comme l'une de ces circonstances extraordinaires (si communes dans notre Révolution) décrétées de toute éternité, pour concourir à la propagation des lumières du XVIIIe siècle.

Je puis, en outre, prouver encore que, depuis l'année 1765, ma vie n'a jamais cessé d'être employée pour le bien de l'humanité et le triomphe de la vérité : chez les Anglais jusqu'en 1779; chez les Espagnols jusqu'en 1784; et en France depuis.

Ce fut moi qui, à l'Isle de Grenade, fus l'un des plus courageux défenseurs des Français, nouveaux sujets que le gouvernement persécutait, sous le prétexte de leur catholicisme. — Qui réprimai, ensuite, des usurpations que voulait se permettre le pape; et dans cette circonstance, j'ai publié, vers 1773, les mêmes principes qui l'ont été en France depuis la Révolution.

— Qui ai pris la défense des citoyens de couleur contre l'oppression de la législature coloniale. — Qui fis pendre le seul blanc qui l'ait jamais été chez les Anglais, pour le meurtre d'un esclave. — Qui rendis des services si considérables à la colonie, que j'en reçus des remercîments, votés à l'unanimité par ses représentants, en 1777 ou 1778.

Ce fut moi qui, chez les Espagnols, fondai une brillante colonie, d'où je fis bannir jusqu'au nom de l'inquisition et pour laquelle j'obtins des priviléges inouis jusqu'alors dans cette monarchie. — Qui avais obtenu pour Marat la place de directeur d'une Académie des sciences à Madrid, académie dont j'avais donné le projet et place, au nom de laquelle Marat n'aurait pas manqué de mûrir les Espagnols et de les préparer pour la grande entreprise de la régénération du genre humain ; cette place lui fut ravie par des manœuvres perfides de ses ennemis.

Ce fut moi qui, portant, dès 1782, mes principes philanthropiques au-delà de tout ce que vous avez osé faire, engageai ma mère à reconnaître pour mon frère légitime un fils adultérin qu'elle avait eu vingt-deux ans auparavant, qui vivait dans un autre pays et qui n'avait aucune prétention à cet acte de bienfaisance.

Ce fut moi qui me dévouai aux vengeances du pouvoir exécutif (dont je dépendais, en ma qualité de commissaire général et ordonnateur à l'Isle de Tabago), en me déclarant, au mois de septembre 1789, dans la même Isle, le défenseur du parti populaire qu'opprimaient les militaires et autres aristocrates. — Moi, qui pris la défense de Bosque et autres patriotes; qui conduisis Bosque à Paris et partageai avec lui mes faibles moyens d'existence, jusqu'à ce qu'il pût obtenir une demi-justice de l'Assemblée constituante.

C'est moi, enfin, qui puis prouver qu'aucun républicain ne mérite mieux que moi l'estime et la confiance du peuple français!

J'oubliais de dire que c'est moi qui ai démasqué la ligue infernale des usuriers de Londres, soutenus par Pitt, et soutenant, je le présume aujourd'hui, nos infâmes calomniateurs.

Veuillez, je vous en conjure, citoyens représentants, me faire connaître, le plus tôt possible, votre détermination sur ma prière.

Philippe-Rose ROUME.

Archives nationales.—Section administrative.—Cote F. 7. 4434. — Dossier trouvé dans les papiers de Danton. — Déposé au Comité de sûreté générale. — N° 13. Pétition de divers citoyens pour obtenir leur liberté.

DOCUMENTS JUSTIFICATIFS.

N° 4.

---

*Contenant les quarante-quatre lettres ou billets servant
d'éclaircissements à la lettre de*

MARAT,

*à Philippe-Rose ROUME de Saint-Laurent,
datée de Paris, 20 novembre 1783.*

Suite de quarante-quatre lettres ou billets

Pour servir de pièces justificatives à la lettre de

MARAT A ROUME DE SAINT-LAURENT.

N° 1.

Copie d'une lettre de M. La Rochette à M. Marat.

Datée de Pimbleio (quartier de Londres),
7 janvier 1773.

Je vous renvoie, Monsieur, le reste du manuscrit que vous avez eu la bonté de me prêter. Je l'ai lu avec toute l'attention qu'il exige, et qu'il a si bien définie.

La partie anatomique contient une infinité de choses qui ne sont pas à ma portée, mais comme l'étalage scientifique en est judicieusement proscrit et qu'elles sont exposées avec simplicité, méthode et netteté, j'ai compris beaucoup plus que je n'osais l'espérer en commençant, et j'ajouterai que c'est une des expositions de ce genre qui m'ont fait davantage regretter mon ignorance. La seconde partie, ou pour mieux dire celle que j'appelle ainsi, est plus rapprochée de mes connaissances : *je l'ai lue avec le plus grand intérêt; cet ouvrage me paraît bien pensé et bien écrit, il est plein d'idées neuves, de vues fines, détails profonds*, et très-souvent ces profonds détails sont égayés par des tableaux charmants. On y trouve quelque négligence dans la diction, ce sont des taches sur un beau visage, elles frappent bien autrement que sur une physionomie vulgaire. Enfin, j'aime la hardiesse qui règne d'un bout à l'autre de l'ouvrage, *impatient frémi*, c'est la devise du génie; l'auteur se l'est appropriée et elle lui va bien. Mais, Monsieur, ne pourrait-il pas faire grâce au sage Socrate et lui donner le même motif qu'il attribue ailleurs au juste Aristide? J'aurais aimé, je vous l'avoue, que cela eût pu s'arranger; j'ai même été jusqu'à désirer qu'une requête fît sur lui l'effet d'un syllogisme portant conviction. La condamnation de Socrate entraîne celle de Phocion, et voilà l'antiquité dépouillée de ses plus nobles joyaux; l'auteur connaît trop bien l'homme pour n'être pas indulgent. Au reste, je ne veux point deviner votre nom, non pas pour avoir la peine de le taire, mais parce que je n'aime pas à louer les gens en face.

J'ai l'honneur d'être, Monsieur, avec les sentiments de la plus véritable estime, votre très, etc.

(Signé) DE LA ROCHETTE.

N° 2.

Lettre du même au même.

Datée de Pruslero, 20 janvier 1773.

Je vous remercie, Monsieur, du nouveau plaisir que vous m'avez fait, en me communiquant la suite de votre manuscrit. J'ai continué de m'instruire, de m'éclairer, de vérifier sur moi-même la justesse d'une infinité de vos observations; mais comment pourrai-je vous critiquer? Je pense comme vous, et si par malheur je pensais différemment, vous me convertiriez à coup sûr. Vous avez le courage de dire tout ce que vous pensez, c'est beaucoup; mais vous avouez naturellement ce que vous ne savez pas, et c'est une bonne foi courageuse qui n'est pas moins précieuse à mes yeux; si nos métaphysiciens avaient suivi cette méthode, nous en saurions davantage, et ils n'eussent pas décrié la science à force de nous ennuyer. Ne trouvez-vous pas qu'en général ces métaphysiciens (je parle des plus désintéressés) ont été parmi les hommes qui se mêlent de penser bien ou mal, à peu près comme les encyclopédistes parmi les sectaires? c'est la même obscurité et le même galimatias; la même aptitude à expliquer tout ce qui est inexplicable, la même suffisance, et pour que le parallèle soit accompli, la même animosité. La plupart de leurs livres ne contiennent que des mots vides de sens; si vous y trouvez des choses, elles seront éparses comme les arbres dans le désert, et toujours offusquées par les mots comme ces tiges isolées le sont par des monceaux de sable. Nos plus beaux discours de métaphysique ont fait de la machine humaine un composé si impertinent qu'il m'a semblé plusieurs fois, à moi indigne, que je l'aurais mieux arrangé si j'eusse entré pour quelque chose dans sa création. Je ressemblais à ce roi Alphonse qui, excédé de la multitude des cercles dont les astronomes de son temps entortillaient le système des cieux, leur disait bonnement que si le Créateur avait daigné le consulter, il lui aurait indiqué une méthode plus simple et plus courte. Dieu merci vous avez remis les choses à leur place, tout a repris la simplicité native; nous voilà tels que nous sommes, des êtres dont les ressorts sont plus simples, mais dont l'Éternel ouvrier ne nous découvrira jamais le secret. Leibnitz a trouvé que c'est une *Entéléchie,* et certainement on ne pouvait rien imaginer de plus clair.

Pourquoi la nature n'a-t-elle doué que le plus petit nombre d'une heureuse organisation ? Pourquoi en voit-on si peu comme cette admirable fille dont vous faites l'éloge avec tant de vérité ? Je sens tout le prix de la confiance que vous m'accordez à son égard ; cet éloge est un plaisir de plus que vous m'avez fait, puisque j'ai vu appeler sous les traits d'Uranie, *je ne sais pas si la nature, quand elle a tout fait pour nous, doit nous trouver ingrats ; mais si j'avais fait l'ouvrage que vous m'avez prêté, je croirais lui devoir une reconnaissance sans bornes.*

Je suis, Monsieur, avec les sentiments les plus vrais,

Votre très-humble.

La Rochette.

N° 3.

Copie d'une lettre de lord Lyttleton à Marat.

Datée de la rue de la Montagne (à Londres), du vendredi 19 novembre 1772 (traduction).

En lisant avec attention le manuscrit que

vous m'avez fait la grâce de m'envoyer, *j'ai beaucoup admiré les connaissances et les talents de l'auteur.* Cet ouvrage contient beaucoup de choses au-delà des bornes de ma critique, ignorant comme je le suis en fait d'anatomie et peu versé dans les matières de métaphysique; mais je dois aux marques d'estime que vous avez bien voulu me donner et à l'honneur que vous m'avez fait en me communiquant votre manuscrit avant l'impression, de vous faire part avec franchise des objections que l'on pourra faire, soit sur la matière, soit sur le style ; je serais bien aise de vous consulter *sur quelques passages qui demandent éclaircissement,* si vous pouvez passer par dessus les raisons qui vous font désirer de garder l'incognito, au point de me faire l'honneur d'une visite dimanche à onze heures du matin, soyez sûr que votre secret ne sera pas divulgué, Monsieur, par votre t. h. et ob. serviteur.

(Signé) Lyttleton.

N° 4.

Traduction d'une lettre de M. Collignon à M. Marat.

De Cambridge, 1ᵉʳ mai 1773.

Monsieur,

J'ai enfin fini la lecture de *votre intéressant ouvrage, dans lequel, à mon avis, vous avez montré beaucoup de génie et répandu autant de goût sur la matière qui en fait l'objet qu'elle est probablement susceptible.* Si toutes vos observations ne sont pas strictement vraies, elles sont à coup sûr très-probables.

J'avoue que la peur de me faire entendre, en assujettissant une grande partie du moral à l'influence corporelle, m'a fait traiter ce sujet d'une manière très-superficielle dans mes *Recherches, etc.* Mais vous vous êtes exprimé, en général, d'une manière si sage que vous n'avez, je pense, rien à craindre sur cet article.

S'il m'était permis de désapprouver

quelque chose dans votre ouvrage, ce seraient certaines descriptions trop vives, particulièrement celle de la page 257 du Ier volume.

Votre t. h. et ob. s.

(Signé) Ch. COLLIGNON.

N° 5.

De la rue de la Montagne, le 27 déc. 1783.

MONSIEUR,

Si vous voulez aller voir M. Pouskin, ministre de Russie en notre Cour, qui demeure dans la rue Lord-Grosvenod, il vous fera part de quelque chose qui peut vous être très-avantageux, si vous agréez ces propositions. Je serais extrêmement flatté d'avoir pu vous être utile.

Je suis, M., v. t. h. et ob. serviteur.

(Signé) LYTTLETON.

N° 6.

Lettre de M. Prevost à M. Marat.

Votre réputation, Monsieur, et les différentes guérisons que vous avez opérées me font désirer avec la plus vive ardeur que vous vouliez bien donner vos soins à la santé de ma femme. Les différents accidents qu'elle a éprouvés de la délicatesse de sa poitrine dont elle souffre continuellement, m'ont donné et me donnent encore des inquiétudes sur son état et sur les suites qu'elles peuvent avoir. Je me flatte que vos soins et vos lumières lui rendront la santé dont elle jouissait autrefois. M. Hébert vous a prié de ma part de vouloir bien le venir voir; j'aurais eu l'honneur d'aller chez vous pour vous en presser en personne, mais M. Hébert m'a observé qu'il serait très-douteux que j'eusse le bonheur de vous rencontrer. Je prends donc le parti de vous écrire, Monsieur, pour vous engager à venir voir Mme Prevost demain matin s'il vous est possible. Je vous en serai infiniment obligé.

J'ai l'honneur d'être, avec la considération la plus parfaite, votre t. h. et ob. s.

(Signé) Prevost,
Trésorier général des ponts et chaussées de France.

Paris, rue Chartel, 25 nov.

N° 7.

Lettre de M. le marquis de Gouy à M. Marat.

Paris, 21 août 1781.

J'ai le malheur, Monsieur, de voir périr sous mes yeux mon fils cadet, qui est actuellement dans un état affreux.

A la suite d'une hémoptysie dans laquelle il a perdu à Lille, il y a deux mois, 120 onces de sang, sa poitrine s'est attaquée, et depuis six semaines environ il crache le pus en abondance.

Il s'est mis à son arrivée ici entre les mains de M. Borie; ce médecin jugeant le malade dans un état fort dangereux, a appelé le 12 de ce mois pour conseillers MM. Bouvard, Malhouet, Giundens et Sigaud. J'ai assisté à la consultation, et j'ai eu le désespoir de voir mon malheureux enfant condamné unanimement par les cinq docteurs; le lait qu'ils prescrivent au malade me donna quelques heures d'espérances, mais M. Borie, qui le suit assidûment, m'ayant assuré hier de la manière la plus positive que le poumon était on ne peut plus profondément ulcéré, et qu'il regardait sa cure comme physiquement impossible, je veux me tourner, Monsieur, vers le *médecin des incurables.* Mme la marquise de Laubespine était condamnée il y a quatre ans, lorsque vous eûtes la gloire de la guérir. La santé dont elle jouit encore à présent me laisse tout à espérer de vos lumières si vous voulez les consacrer à la guérison de mon fils. Je vous envoie un carrosse, je vous supplie de venir le voir, c'est en vous seul qu'un père malheureux met toute son espérance. Je ne vous parle pas de ma reconnaissance et de tous les sentiments d'estime que je vous ai voués.

(Signé) Gouy.

N° 8.

Lettre de M. du Clusel, intendant de Tours, à M. le marquis de Choiseul, qu'il avait engagé à consulter M. Marat pour une demoiselle dangereusement malade.

Je vous dois, Monsieur, la connaissance *d'un homme bien lumineux et qui a le coup d'œil bien prompt, il a aperçu dans un moment ce que toute la Faculté réunie n'a trouvé qu'après bien des observations.* Il est fâcheux pour l'humanité qu'il se livre aussi peu ; plus il est économe de ses connaissances, plus je vous dois, Monsieur, de m'avoir mis à portée d'en profiter. Mon premier moment de liberté sera consacré à vous en témoigner ma reconnaissance et à vous renouveler les assurances de l'inviolable et respectueux attachement avec lequel j'ai l'honneur d'être, Monsieur, votre t. h. et ob. serviteur.

(Signé) Du Clusel.

P.-S. — Pourrai-je, Monsieur, vous demander la demeure de M. Marat.

N° 9.

Lettre de M. Le Roy, de l'Académie des Sciences, à M. le marquis de Laubespine, pour remettre à M. Marat, désigné par le mot de représentant.

Monsieur le *Représentant* peut être assuré que *c'est par l'extrême désir de voir les expériences* qu'il fait que les académiciens qui ont été hier chez lui s'y sont rendus, espérant quelque moment favorable, car M. Le Roy leur avait bien spécifié qu'il n'y aurait pas d'expériences et qu'il ne fallait pas y aller, s'il ne faisait pas un beau soleil. M. le duc d'Ayen, M. d'Arcy et plusieurs autres personnes n'y ont-ils pas été. M. Le Roy a l'honneur de lui proposer le même rendez-vous pour la huitaine, c'est-à-dire toujours pour le mercredi 28, à 10 heures du matin, faisant beau temps. M. le duc d'Ayen, qui ne compte pas pouvoir venir à Paris avant ce jour-là, me charge de le demander à Monsieur le Représentant, et M. Le Roy s'y rendra avec quelques personnes de ses amis, puisqu'il le lui promet.

A ce sujet là, il y a une observation à lui faire au sujet de M. Lavoisier, qu'il ne se soucie pas trop de voir ses expériences; c'est que si on avait l'air de l'en exclure, cela pourrait avoir aussi l'air de le craindre, et il me semble que les *expériences que vous a fait voir Monsieur le Représentant ne sont pas dans le cas de craindre personne*, il voudra donc bien lui faire savoir s'il veut remettre M. Lavoisier à un autre jour que le mercredi que M. Le Roy lui demande, et si le jour du mercredi lui conviendra. Il voudra bien ne pas différer cette réponse plus tard que samedi matin, afin qu'il soit à portée d'en instruire ceux de ses confrères qui désirent voir ses expériences.

Il compte avoir la copie du Rapport pour samedi (Écrit du jeudi matin).

N° 10.

Lettre de M. Maret, secrétaire de l'Académie de Dijon, à M. le comte de Nogent.

Monsieur,

L'Académie, pour répondre à la confiance de votre ami, a lu le Mémoire que je lui ai présenté de votre part, et a chargé des commissaires de l'examiner et de répéter vos expériences.

Il résulte de cette lecture et de cet examen, Monsieur, *que l'auteur du Mémoire est un physicien ingénieux qui peut rendre de très-grands services à la science en interrogeant la nature par des expériences nouvelles.*

C'est la confiance dans l'impartialité de l'Académie qui a engagé votre ami à lui communiquer ses idées ; cette Compagnie espère que le jugement dont je suis chargé n'affaiblira pas cette confiance.

Je suis avec respect, Monsieur le comte, votre t. h. et t. ob. serviteur.

(Signé) MARET.

N° 11.

A Berlin, le 19 février 1779.

Je serais honteux, Monsieur, de n'avoir pas répondu plus tôt à votre obligeante lettre du 6 décembre dernier, si cela venait de quelque négligence de ma part, mais cette lettre ne m'est parvenue que le 21, et l'Académie entrait alors dans les féeries de Noël. A la première assemblée de 1779, j'ai lu votre lettre et remis votre Mémoire pour l'examen duquel l'Académie a nommé des commissaires. Ils ont fait leur rapport suivant lequel *vos recherches sont très-estimables, et il y a tout lieu de croire qu'en les continuant vous procurerez des accroissements aux sciences dont vous faites votre objet.* Le célèbre Stahl a déjà mis sur la voie par rapport à vos idées sur la nature du feu, et l'on a d'ailleurs des preuves connues de la différence entre le feu et l'air. Je suis chargé, M., de vous remercier de la part de l'Académie de votre attention pour elle, et de la confiance que vous lui témoignez. Elle serait charmée de trouver les occasions de vous témoigner sa considération distinguée. C'est avec les mêmes sentiments que j'ai l'honneur d'être

Votre t. h. et t. obéissant serviteur.

(Signé) FORMEY,

Conseiller privé du Roy, Secrétaire perpétuel de l'Académie.

N° 12.

Déclaration de M. le chevalier De Champ, à l'égard de M. Marat.

Du 28 nov. 1783.

Par devant les Conseillers du Roy, notaires à Paris, soussigné.

Fut présent M. Jⁿ Claude De Champ, chevalier seigneur, comte de Champ et de l'Empire, seigneur de la Fraidière, demeurant à Paris, rue du Cherche-Midi, paroisse St-Sulpice.

Lequel a déclaré qu'étant requis par M. Jean-Paul Marat, docteur en médecine et médecin des Gardes-du-Corps de Monseigneur le comte d'Artois, frère du Roy, de lui donner acte du dépôt qu'il a fait de se rendre à l'invitation d'une des premières Académies de l'Europe, dont ledit sieur comte De Champ lui avait fait la proposition, a dit, attesté et certifié qu'en 1781 il fut chargé par une des premières Académies de l'Europe de témoigner à M. Marat le désir qu'elle avait de le voir au nombre de ses membres, sans cependant la compromettre en la nommant en cas de refus; que M. Marat, sur cette invitation, avait répondu qu'il était extrêmement sensible aux marques de considérations particulières que lui voulait bien donner l'illustre Compagnie au nom de laquelle il parlait, qu'il la suppliait de ne pas prendre en mauvaise part son refus, mais que pour conserver une entière liberté, il s'était promis jusqu'alors de n'appartenir à aucune Société scientifique. Témoignage que mon dit M. le comte De Champ atteste et proteste être exactement conforme à la vérité.

Dont acte, fait et passé à Paris, l'an 1783 et le 28 novembre.

(Signé) Le comte DE CHAMP,
Comte de l'Empire, etc.

N° 13.

CORRESPONDANCE ACADÉMIQUE.

Lettre de M. Marat à M. le comte de Maillebois.

Du 19 juillet 1779.

MONSIEUR LE COMTE,

Dès que vous eûtes connaissance de mes *Découvertes sur le feu*, vous désirâtes les communiquer à l'Académie, j'ose me flatter que vous voudrez bien aujourd'hui lui en faire agréer l'hommage. C'est une petite offrande que je place par vos mains sur l'autel des sciences.

Je ne vous ai point dit encore que mon mémoire a une suite, et que cette suite offre des objets qui ne sont pas moins propres à piquer la curiosité des physiciens. Je ne veux pas anticiper sur le jugement public, mais je ne crois pas me compromettre en assurant qu'à l'aide d'un petit appareil d'instruments fort simples, je réussis au mieux à décomposer la lumière sans le secours du prisme et d'aucun milieu diaphane et à surface oblique.

Ma méthode n'a point les inconvénients des réfractions prismatiques, elle ne laisse aucun doute sur le nombre des rayons différemment colorés; ainsi elle sert à perfectionner la doctrine de Newton sur les couleurs, pour ne pas dire à en établir une nouvelle.

Ce n'est pas sans regret qu'en étudiant la nature, on se voit forcé d'abandonner les idées de ce grand homme; mais si j'infirme sa doctrine des couleurs, en revanche je rends indubitable sa doctrine sur la cause des réfractions, et cette cause je la démontre à l'œil même. J'ai examiné avec soin ses différents effets; ils sont visibles dans tous les corps. De ces observations, qui jettent le plus grand jour sur les phénomènes de la dioptrique, je tire des conséquences dont je profiterai un jour pour perfectionner les instruments d'optique et d'astronomie.

Vous concevez, M. le comte, que les expériences qui servent de base à ces découvertes sont absolument neuves; s'il a fallu bien des réflexions pour les imaginer, il ne faut que des yeux pour les constater.

C'est de l'observation d'un phénomène très-simple que je suis parti; mais si vous saviez combien il m'en a coûté de recherches pour les développer dans toutes les conséquences, et dérober à la nature son secret, vous applaudiriez à la constance de mon zèle.

Ce n'est là qu'une légère esquisse, et déjà peut-être m'auriez-vous soupçonné de jactance si vous ignoriez combien je me pique d'exactitude.

Recevez, M. le comte, les assurances de dévouement inviolable que je vous ai voué et avec lequel j'ai l'honneur d'être, etc.

(Signé) MARAT.

N° 14.

Billet de M. le comte de Maillebois à M. Marat.

Du samedi 19 juin 1779.

Je porterai, Monsieur, à l'Académie l'offrande dont vous me chargez pour elle, et je vous rendrai compte demain matin de ce qui aura été dit à la suite. Vous connaissez mon dévouement.

N° 15.

Autre billet du même au même.

Du dimanche 20 juin 1779.

M. de Maillebois fait bien ses compliments

à M. Marat. La lettre et le présent ont été bien reçus de l'Académie.

On a nommé les mêmes commissaires, auxquels on a ajouté M. de Lalande; on n'a point voulu y joindre M. Cousin, à cause des deux géomètres qui se trouvent dans les commissaires.

On a invité les physiciens à aller voir les expériences, il n'y a eu que M. Brisson qui a élevé quelques doutes sur la découverte (1).

N° 16.

Billet de M. le marquis de Condorcet, secrétaire de l'Académie.

Du 14 juillet 1779.

Le 19 juin 1779, M. Marat a présenté son projet de nouvelles expériences; on lui a nommé les mêmes commissaires que pour son premier ouvrage, et on y a joint M. de Lalande auquel on a substitué M. Cousin.

(1) Telle était l'idée avantageuse que l'Académie avait de la bonne foi et des talents de M. Marat.

N° 17.

Billet de M. Sage, de l'Académie, à M. Marat.

Du 8 octobre 1779.

Sage a l'honneur de saluer M. Marat; il a reçu des lettres à son retour de la campagne où il est encore obligé de se rendre, ce qui l'empêchera de se trouver au rendez-vous. MM. Le Roy et Cousin, étant plus versés que lui dans l'optique, sont les juges nés de cette partie; Sage ayant toute confiance en eux s'y rapportera (1).

Note de M. Marat sur les lettres suivantes :
Il y avait déjà longtemps que la vérification des expériences de M. Marat, sur la Lumière, était terminée, et le rapport ne s'en faisait point; il prit le parti de le solliciter.

(1) M. Marat reçut un pareil billet de désistement de la part de M. de Maillebois et de M. Montigny.

N° 18.

Lettre de M. Le Roy, de l'Académie, à M. Marat.

Du 7 janvier 1780.

Je vous ai marqué, M., que je m'occupais de votre rapport et que je le ferais très-incessamment, mais comme j'en ai eu un à faire très-important sur la marine, et après lequel on attend, c'est ce qui m'a empêché de terminer le vôtre. C'est précisément le rapport de la marine qui a été interrompu à la 3me phrase et non celui de vos expériences. Soyez tranquille, je vous prie, ce rapport sur la marine sera fini aujourd'hui, ainsi le vôtre sera pour la semaine prochaine sans délai ni remise, au moins de ma part; au reste je ne conçois pas comment on vous a donné l'alarme sur ce rapport de mercredi, puisqu'il y était question d'un ventilateur et non des couleurs de la Lumière.

Je vous souhaite bien le bonjour.

(Signé) Le Roy.

N° 19.

Autre billet du même au même.

17 janvier 1780.

Le rapport de M. Marat n'est pas encore fait, mais il peut être assuré que M. Le Roy s'en occupe, et que c'est véritablement par la multitude d'occupations forcées que cette affaire n'est pas encore terminée ; il le prie, au reste, de croire que ce rapport n'est pas loin, et que M. Le Roy tâchera de le faire la semaine prochaine. Mais M. Marat doit sentir lui-même que ce rapport n'est pas un rapport ordinaire et qu'il demande beaucoup d'attention.

Il est prié de recevoir mille et mille compliments.

N° 20.

Autre, du même au même.

28 janvier 1780.

Malgré tout le désir que j'ai certainement de faire ce que vous désirez, Monsieur, il m'est impossible de faire votre rapport demain : je suis obligé d'aller voir les prisons du Châtelet pour un autre rapport dont je suis chargé, et comme j'ai eu l'honneur de vous le marquer, *votre rapport n'est pas comme un autre, et demande par là la plus grande attention;* mais je vous l'ai promis pour la semaine prochaine, et je vous tiendrai parole.

N° 21.

Autre, du même au même.

13 février 1780.

Votre rapport sera fait cette semaine, Monsieur, au moins je le compte fort, car il y aura mercredi prochain quinze jours que je suis en querelle pour celui du renouvellement de l'air dans les vaisseaux, et il faut que je réponde encore à une réponse qu'on m'a faite à ce rapport, mais vous pouvez être sûr et certain que je suis aussi impatient que vous que le vôtre soit fini ; *il y a un tel esprit de chicane dans l'Académie*, que cela m'oblige de mettre encore plus d'attention à ce qu'on y lit, mais au nom de Dieu soyez tranquille et croyez que je suis désolé de ce retard.

Recevez mille compliments.

N° 22.

Autre, du même au même.

23 février 1780.

De grâce, Monsieur, ne m'en voulez pas si votre rapport n'est pas encore fait, la matière est très-délicate comme vous savez et demande par conséquent à être soigneusement examinée ; et comme *vous êtes trop bon physicien* pour l'ignorer, il y a beaucoup d'expériences qui ne sont pas tellement simples qu'il n'y ait uniquement à prononcer que sur le fait. De plus, j'ai été fort occupé pour un rapport sur un objet concernant la marine, pour lequel le ministre pressait. Mais, Monsieur, votre rapport est fait, et je m'occuperai uniquement de vous à l'avenir. Je me flatte que vous ne doutez pas de tous les regrets que j'ai de ne vous avoir pas encore expédié par tous les sentiments distingués d'estime et d'attachement que je vous ai voués, et avec lesquels j'ai l'honneur d'être votre t. h. et ob. serviteur.

(Signé) Le Roy.

N° 23.

Lettre de M. Cousin, de l'Académie des sciences, à M. Marat.

Écrite et datée de l'Académie,
13 avril 1780.

Monsieur,

Les affaires de M. Le Roy l'ayant empêché de venir à l'audience mercredi et de s'occuper de toute autre chose, il se trouve forcé de remettre à samedi prochain le rapport de vos expériences, mais nous ne pouvons pas vous promettre de finir le même jour (1), cela dépendra du degré d'attention que l'Académie voudra bien nous accorder.

J'ai l'honneur d'être très-parfaitement, Monsieur, v. t. h. et ob. serviteur.

(Signé) Cousin.

N° 24.

Billet du même au même.

15 avril 1780.

J'ai l'honneur de saluer M. Marat, et le prier de remettre au porteur l'exemplaire de l'Optique de Newton que je lui ai prêté. M. Le Roy avait demandé samedi à

---

(1) Il est donc démontré que le rapport était fort long, puisqu'il ne pouvait être terminé en une séance de l'Académie; le rapport des Commissaires n'est donc pas le petit chiffon de papier que le Secrétaire de l'Académie envoya à M. Marat, et qui est à la tête de son Ouvrage sur la Lumière.

faire son rapport, on n'a pas eu assez de temps, j'espère que ce sera pour mercredi prochain.

(Signé) Cousin.

N° 25.

Billet de M. Marat, à M. le marquis de Condorcet.

27 avril 1780.

M. Marat prie M. le marquis de Condorcet de vouloir bien lui faire part de la résolution de l'Académie relativement au rapport de ses expériences. Il a l'honneur de lui faire ses compliments.

Ce jeudi 27 avril.

Réponse au bas du billet.

Réponse de M. de Condorcet.

Les Commissaires ont promis le rapport pour samedi.

N° 26.

Autre, du même au même.

Dimanche 30 avril 1780.

M. Marat prie M. le marquis de Condorcet de vouloir bien l'informer si le rapport de ses expériences est terminé ou même commencé.

Réponse au bas du billet.

Réponse de M. de Condorcet.

M. Le Roy a fait le rapport et l'a apporté à la séance, mais d'autres objets ont empêché de le lire à la séance, il est remis à mercredi.

N° 27.

Autre, du même au même.

Jeudi 4 mai 1780.

M. Marat prie M. le marquis de Condorcet.

de vouloir bien lui marquer si le rapport de ses expériences est fait.

Réponse au bas.

Réponse de M. de Condorcet.

Le rapport a été commencé hier, mais l'Académie *n'a pas eu le temps d'en entendre la lecture en entier* (1).

N° 28.

Autre, du même au même.

7 mai 1780.

M. Marat prie M. le marquis de Condorcet de vouloir bien lui marquer si son rapport a été repris dans la séance d'hier, et s'il est terminé.

Réponse au bas.

(1) Cette réponse ne laisse pas le moindre doute sur la vérité de la remarque faite à la lettre de M. Cousin, sous le n° 23.

Réponse de M. de Condorcet.

Le rapport n'a pas été fait hier, M. Le Roy qui en est chargé n'a point assisté à la séance.

N° 29.

Billet de M. Le Roy à M Marat.

9 mai 1780.

M. Le Roy fait toutes sortes de compliments à M. Marat et le prie de lui renvoyer l'*Optique de Newton* en français que je lui ai prêtée l'été dernier, et la même Optique en anglais qu'il croit lui avoir aussi prêtée, il voudrait bien y vérifier quelque chose. *M. Le Roy désirerait aussi que M. Marat lui envoyât les Expériences signées qu'il a vu avec M. Cousin pour former autorité.*

N° 30.

Extrait des registres de l'Académie royale des Sciences.

10 mai 1780.

M. Marat, médecin des Gardes du Corps de Mgr le Comte d'Artois, ayant prié l'Académie de lui nommer des Commissaires pour voir des expériences sur la Lumière, la Compagnie nous en a chargés, M. le comte de Maillebois, M. Sage, M. Cousin et moi.

Ces expériences, qui sont en très-grand nombre, roulent sur différents phénomènes de la Lumière, et particulièrement sur ceux qui appartiennent à son inflexion, lorsqu'elle passe le long des corps, ainsi que sur ceux qui, selon l'Auteur, établissent que la décomposition des couleurs qu'on observe dans cette inflexion est la cause de celle qu'on observe dans le prisme, ou que celles-ci ne sont point l'effet de la réfraction, mais l'effet unique de l'inflexion avant d'y entrer; en sorte que, selon M. Marat, la décomposition de la Lumière dans son inflexion et celle qu'on observe dans son passage par différents milieux, sont la suite d'un même effet.

Mais comme ces expériences sont en très-grand nombre, ainsi que nous l'avons dit, que nous n'avons pu par là les vérifier toutes (malgré toute l'attention que nous y avons apportée) avec l'exactitude nécessaire; que d'ailleurs elles ne nous paraissent pas prouver ce que l'Auteur imagine qu'elles établissent, et qu'elles sont contraires en général à ce qu'il y a de plus connu dans l'Optique, nous croyons qu'il serait inutile d'entrer dans le détail pour les faire connaître, ne les regardant pas comme de nature, par les raisons que nous venons d'exposer, à ce que l'Académie y puisse donner sa sanction ou son attache.

Fait dans l'Académie des Sciences, le 10 mai 1780.

Le Roy, Cousin, Sage.

Je certifie le présent Extrait conforme à l'original et au jugement de l'Académie.
Ce 10 mai 1780.

Le marquis de Condorcet.

Observations de M. Marat sur le Rapport qui précède.

Quelque peu disposée que fût l'Académie à me rendre justice, mes Commissaires en particulier ne pouvaient se dispenser de rendre compte de mes expériences capitales, ce qui exigeait un travail assez long et assez délicat. On verra par les Lettres sous les n°˙ 19, 20 et 22, combien ceux d'entr'eux qui l'avaient entreprise se trouvaient embarrassés, car il s'agissait d'en dire assez pour que l'Académie fût instruite, et trop peu pour que je fusse content.

Quoi qu'il en soit ,, cette Académie fut près de cinq mois à rédiger le rapport. Il paraît par la lettre sous le n° 23 que le rapport devait être fort long, puisqu'un de mes Commissaires ne pensait pas qu'on pût le terminer dans une séance; et il est prouvé par la réponse que le Secrétaire de cette Compagnie fit au billet de M. Marat, sous le n° 27, qu'une séance entière n'a effectivement pas suffi pour en faire la lecture. L'acte académique contenu en deux phrases qui m'a été envoyé le 10 mai 1780, et que j'ai mis à la tête de mon Ouvrage, n'est donc pas le rapport de mes Commissaires. Il est donc démontré que le rapport a été supprimé par la cabale, et que l'Académie m'a fait un déni de justice.

Voici maintenant quelques détails que je tiens de bonne part. Un Seigneur de beaucoup d'esprit à qui je n'avais pas laissé ignorer cette transaction académique, ayant un jour à dîner l'académicien qui avait été chargé de mon rapport, entreprit d'en arracher l'aveu de la vérité : *Comment est-il possible,* dit-il à M. Le Roy, *qu'un académicien tel que vous se soit oublié jusqu'à faire un rapport aussi ridicule que celui qui est à la tête des Découvertes de M. Marat? Si vous ne vouliez pas rendre justice à l'Auteur, encore ne fallait-il pas apprêter à rire à vos dépens par un galimathias en style barbare, qu'un maître d'école aurait honte d'avouer.* — *Que voulez-vous, répondit M. Le Roy, ce n'est pas ma faute, j'avais fait un rapport de 45 pages in-4° où je m'étais piqué de faire connaître le travail de M. Marat, mais à chaque énoncé que je faisais d'une expérience contraire au système de Newton, les géomètres me donnaient un démenti, et nous soutenaient en face à mon confrère et à moi, que nous n'avions pas vu le fait que nous attestions; nous avions beau insister, ils nous répondaient : « Cela est impossible, nous avons fait nos calculs. » A force de crier il nous ont forcé au silence. Enfin l'Académie, subjuguée par le parti le plus fort, m'a tenu l'épée dans les reins, pour brocher à la hâte le rapport dont vous me faites des reproches.*

N° 31.

Lettre de M. le comte de Tressan, lieutenant-général des armées du Roy, et depuis, de l'Académie française, à M. Marat.

De Franconville, ce 24 juillet 1780.

Ce matin, Monsieur, j'ai envoyé chez MM. Cellot et Jombert, libraires, pour avoir vos deux ouvrages sur le Feu et la Lumière, ne sachant plus à qui m'adresser et très-affligé que deux personnes que j'avais chargées de me les trouver ne les eussent pas encore envoyés; jugez, Monsieur, combien il m'est cher de les recevoir de votre main. J'en ai ouï faire l'éloge, mais je sais combien il est rare de trouver des lecteurs éclairés parmi même les gens de beaucoup d'esprit ; peu sont initiés dans les recherches profondes et dans le grand art des expériences, et vous trouverez plus difficilement que personne des Pairs pour vous entendre, et pour apprécier votre beau travail.

L'abbé Tressan, Monsieur, m'a fait espérer que vous me feriez l'honneur de me venir voir dans mon hermitage, que ma belle et charmante cousine, Mlle la marquise de Conillac, vous amènerait avec elle; mais, Monsieur, ce n'est point en présence des Grâces qu'on peut discuter les leçons d'Uranie, c'est dans la solitude du Cabinet que deux amis peuvent se communiquer leurs idées, et je vous conjure, Monsieur, de m'accorder au moins deux jours que vous me ferez passer délicieusement. Je ne vais pas quitter d'un instant vos deux ouvrages et j'espère en avoir saisi les principes, les propositions et la théorie, lorsque j'aurai l'honneur de vous voir ; je sais déjà par l'abbé Tressan que vous joignez à la profondeur de la science tous les dons qui la font aimer, et rien ne m'est plus honorable et plus cher que de voir que vous espérez du moins trouver des oreilles pour vous écouter, vous trouverez de plus l'homme du monde qui désire le plus avoir l'honneur de faire connaissance avec vous, et vous recevoir dans son hermitage.

J'ai l'honneur d'être, avec la plus haute estime, votre t. h. etc.

(Signé) Tressan.

N° 32.

Billet des Rédacteurs du Journal de Paris, *à M. le comte de Gouy.*

Du 14 novembre 1778.

Les auteurs du *Journal de Paris* s'empresseraient de faire usage de l'annonce sur le

Feu élémentaire qui vient de leur être envoyé, si l'Auteur des découvertes précieuses qu'elle contient voulait se nommer ou au moins donner quelques indications qui pussent mettre les auteurs du journal à l'abri des reproches qu'ils pourraient essuyer du public en imprimant une note trop vague sur un sujet si important.

N° 33.

Extrait du journal anglais intitulé Chouthig revue, du mois d'octobre 1782 (Traduction).

Page 293, section IX. Découvertes de M. Marat, docteur en médecine, sur la Lumière, etc.

Nous avons mentionné précédemment les découvertes de cet ingénieux et laborieux physicien, sur le Feu. La première édition de l'Ouvrage qui nous occupe aujourd'hui a été épuisée presque aussitôt que publiée ; on ne doit point en être surpris, puisqu'il a excité une curiosité particulière annonçant une nouvelle révolution en Optique, et l'entreprise de faire perdre à notre immortel Newton une de ses plus brillantes acquisitions dans cette partie des sciences. Les Cartésiens les plus hardis et les mieux armés ont été souvent repoussés avec perte et confusion dans leurs attaques; une contestation de plus de 30 ans a confirmé Newton dans la possession de ses découvertes avec l'applaudissement unanime des Académies et des Sociétés savantes de l'Europe, tandis que M. Marat se présente avec une nouvelle légion d'expériences et d'observations pour renouveler le combat sous un nouvel étendard.

La réfraction et la réflection étaient les seules altérations qui fussent connues dans la direction des rayons de la Lumière, lorsque le chevalier Isaac Newton, répétant les expériences de Hook et du jésuite Grimaldi, observa que les rayons venant du soleil, dans leur passage à une certaine distance des corps, éprouvaient un changement de direction, différent de la réflection et de la réfraction auquel il donne le nom d'inflexion. Ce changement de direction ou cette déviation suivant lui n'a lieu qu'à une très-petite distance $\frac{1}{320}$ de pouce du corps auprès duquel passaient les rayons de la Lumière, et il l'attribuait à un pouvoir répulsif, par lequel les rayons s'éloignaient du corps, sans qu'il y eût eu de contact entr'eux.

M. Marat est d'opinion que cette inflexion n'a jamais été exactement observée ni expliquée par ceux qui l'ont précédé, et pour mieux réussir, il entreprend de prouver par une multitude de faits, que tous les corps sont environnés par cet atmosphère lumineux plus étendu que leur diamètre, et que les rayons qui forment les différentes couches de cet atmosphère, après s'être ployés vers le corps, convergent et se réunissent tous en différents foyers. Nous renvoyons le lecteur à l'Ouvrage même pour y voir les expériences citées à l'appui de cette hypothèse. Elles présenteront une nouvelle loi d'optique qui doit produire des effets importants dans la nature, et plus particulièrement dans le système planétaire. Au moyen de cette loi on peut déduire une explication naturelle du crépuscule, des apparences optiques des éclipses, et de plusieurs autres phénomènes, qui n'ont point encore été expliqués d'une manière satisfaisante, ce que notre Auteur se propose de faire dans un ouvrage duquel celui-ci n'est que l'extrait.

Notre Auteur entreprend de démontrer qu'un rayon de lumière ne passe jamais en droite ligne par la sphère d'attraction d'un corps, et qu'il n'y passe jamais sans être décomposé. Sa démonstration est fondée sur des expériences faites d'après sa méthode d'observer dans la chambre obscure. Si ces expériences prouvent (comme elles semblent réellement le faire) que la lumière est toujours décomposée à la circonférence des corps, le prisme perdrait une grande partie de sa réputation, car suivant cette hypothèse, la lumière doit être nécessairement décomposée au bord du trou fait au volet de la fenêtre pour introduire le faisceau de rayons destinés à l'expérience prismatique.

M. Marat est surpris que Newton n'ait

pas fait attention à cette circonstance dans sa théorie, après avoir répété l'expérience de Grimaldi. Il va encore plus loin, et prouve que la lumière n'est pas décomposée en passant au travers du prisme. Il prouve cette proposition en nous offrant un faisceau de rayons solaires, avec lequel il est impossible de produire le spectre, tel considérable que puisse être le nombre des prismes au travers desquels on le fait passer. Pour cet effet il fait passer les rayons au travers d'une lentille, et reçoit leur foyer sur un prisme; le résultat de cette opération n'offre jamais qu'un champ de lumière pure dont les bords seulement sont circonscrits par des croissants colorés. Phénomène que notre Auteur croit incompatible avec le système de Newton.

Newton avait pris le plus grand soin, dans son Optique, d'établir, sur des fondements solides, la théorie de la différente réfrangibilité des rayons rétrogrades, et ses expériences et les observations qui y avaient été employées semblaient y répondre parfaitement, mais notre Auteur porte même à cette théorie un coup audacieux ; il analyse les expériences de notre grand philosophe, et prononce qu'elles sont illusoires. Il prétend prouver par des faits simples et décisifs que les rayons hétérogènes sont tous également réfrangibles. *Nil mortalibus arduum est.*

Si les rayons décomposés au bord du trou du volet de la fenêtre sont différemment réfractés par le prisme, notre Auteur n'attribue cet effet qu'à leur déviation à l'approche du trou. Il observe à cette occasion, que la déviabilité des rayons a toujours été confondue mal à propos avec leur réfrangibilité ; comme aussi qu'il paraît par une multitude d'expériences (faites de différentes manières et toujours suivies par les mêmes résultats) que le jaune est plus déviable, et que le bleu est le moins déviable de tous les rayons ; ce qui est entièrement différent de la théorie de Newton sur la réfraction.

S'il est vrai, dit notre Auteur, que la lumière ne soit pas décomposée par le prisme dans les expériences de Newton, et qu'elle ne soit jamais décomposée par la réfraction dans les verres d'une bonne espèce et d'un beau poli, il s'ensuit évidemment que l'aberration de réfrangibilité qui a donné tant de travail à plusieurs géomètres modernes n'est qu'une illusion ; et c'est ce qu'il entreprend de prouver indubitablement dans une autre partie de cet ouvrage. Si la preuve était admise, il faudrait expliquer par de nouveaux principes la théorie des télescopes acromatiques.

Après avoir traité de l'invariabilité de la déviation des rayons hétérogènes, et des couleurs primitives, telles qu'on les voit sur les surfaces différemment coloriées (sous lequel article nous avons trouvé différentes observations curieuses), M. Marat conclut son livre par la considération de la couleur des corps. Il observe dans cette partie que la blancheur des métaux n'approche pas autant de la lumière pure que celle du papier, du linge, des terres calcaires, etc., parce que l'image des métaux blancs a toujours une teinte bleuâtre ; que le noir n'est pas simplement produit par la privation de la lumière, parce que les corps noirs sont vus par réflection, et principalement parce que les rayons bleus concourent à former cette couleur; et qu'il n'y a point de corps transparent qui soit d'une teinte pure, parce que tous réfléchissent et transmettent les différents rayons hétérogènes. Il déduit de cette dernière observation l'inutilité d'employer les objectifs colorés pour remédier à la prétendue altération de réfrangibilité, comme aussi l'insuffisance des méthodes employées pour dépurer les rayons hétérogènes en les faisant passer au travers des verres.

Nous avons seulement touché à la hâte quelques-uns des articles de cet Ouvrage, ce qui néanmoins suffira, suivant nous, pour faire prêter l'oreille aux physiciens curieux, et pour alarmer l'orthodoxie du synode Newtonien, qui est ici sommé de défendre son *Credo*, ou de le réformer. L'adversaire est hardi même jusqu'à la témérité, mais ses expériences sont spécieuses et séduisantes, et les observations sont fines et ingénieuses. Il est vrai que le nombre de ceux qui font des expériences pour en imposer s'est beaucoup accru, et qu'ils ont été quelquefois surpris malgré leur déguisement. Il est également vrai que les expériences commencent à perdre un peu de leur crédit pour être souvent accumulées sans intelligence et sans choix, et sans cet art important de les savoir analyser, qui peut seul empêcher que les faits ne soient également les sources de la vérité ou de l'erreur. Mais nous croyons que les expériences de M. Marat ont un titre particulier à être jugées avec justice.

N° 34.

Lettre de M. Paté, professeur de physique de Châlons-sur-Marne, à M. Marat, datée de l'hôtel de Juigné, au Marais.

Paris, ce 25 février 1780.

MONSIEUR,

Pardonnez mon indiscrétion, *mais vos précieuses Découvertes ayant été le principal motif de mon voyage à Paris,* je voudrais ne pas partir sans avoir l'honneur de vous revoir, et d'avoir un entretien avec vous. Un officier des Gardes-du-Corps du Roy, instruit dans toutes les parties de la physique, et qui m'a accompagné ici, désirerait obtenir la même faveur; si vous aviez la bonté de nous l'accorder, je vous prie de vouloir bien indiquer le jour et le moment où il nous sera permis de nous rendre chez vous.

J'ai l'honneur d'être avec respect, Monsieur, votre t. h. et ob. serviteur.

(Signé) PATÉ.

N° 35.

Lettre du même au même.

Du 3 juin 1781.

MONSIEUR,

J'ai toujours le projet de faire connaître aux écoles de Reims et de Châlons vos précieuses découvertes, M. de Favernery a déjà annoncé mon projet, et je reçois de toutes parts les lettres les plus pressantes pour partir. Mais je voudrais être plus au fait de la matière, et pour cela j'aurais besoin d'avoir avec vous quelques conférences, je vous prie de me les accorder, et de m'indiquer les moments qui vous seront les plus commodes. Je craindrais d'être importun si je ne connaissais tout le plaisir que vous avez à éclairer les autres.

J'ai l'honneur d'être, etc.

(Signé) Paté.

N° 36.

Lettre de M. d'Ambournay, secrétaire de l'Académie de Rouen, à M. le baron de Feldenfeld.

Du 18 septembre 1783.

Monsieur,

Je ne puis répondre plus positivement à la lettre anonyme dont vous m'avez honoré le 7 de ce mois, qu'en vous envoyant l'extrait ci-joint de la séance publique de l'Académie de Rouen, tenue le 6 août dernier.

J'ai l'honneur d'être, etc.

(Signé) L.-A. d'Ambournay,
Secrétaire perpétuel.

Extrait du supplément à la feuille de Rouen, envoyé à M. le baron de Feldenfeld par le secrétaire de l'Académie des sciences de Rouen, à la suite duquel est la réponse qu'il fit à M. le baron de Feldenfeld sur la lettre que celui-ci lui avait écrite pour savoir quel mémoire avait été couronné par l'Académie sur cette question : *Jusqu'à quel point on peut compter sur l'électricité dans le traitement des maladies.* Le tout en date du 7 septembre 1783.

. . . .

Ensuite l'Académie fit annoncer qu'elle avait donné le prix ordinaire des sciences au Mémoire portant pour épigraphe :

Est modus in rebus, sunt certi denique fines,
Quos ultra citraque nequit consistere rectum.

Quoiqu'il n'ait, pas plus que ses concurrens, offert de solution quant au *magnétisme*, il remplit les conditions exigées à l'égard des effets de l'*électricité*; il désigne très-précisément les maladies dans lesquelles on peut espérer des secours et celles où on l'invoquerait vainement, ou même avec danger.

Mais l'ouverture du billet cacheté n'a présenté que la répétition de l'épigraphe avec la lettre initiale M...... accompagnée de six points, et la date de Paris, le..... 1783.

En donnant le prix à ce Mémoire, qui le mérite à tant de titres, l'Académie a regretté que l'Auteur n'ait pas mis plus d'aménité dans ses termes, en réfutant l'opinion d'un homme estimable adopté par neuf Compagnies savantes, qui presque toutes ont couronné ses efforts. Au surplus la médaille restera aux mains de M. le Trésorier jusqu'à ce qu'on ait satisfait aux formalités requises pour se faire connaître.

N° 37.

Lettre du même au même.

Rouen, 29 septembre 1783.

Monsieur, j'ai communiqué hier à l'Académie extraordinairement assemblée la lettre que vous m'avez fait l'honneur de m'écrire le 22 de ce mois.

D'après les renseignements que cette lettre contient, on ne peut douter que l'Auteur du Mémoire sur l'Électricité médicale ne vous soit parfaitement connu; mais il paraît nécessaire qu'il le soit aussi de la Compagnie à l'estime de laquelle vos talents lui donnent tant de droits, sauf à ce qu'elle se prive de la satisfaction de le nommer publiquement, tant qu'il désirera garder l'anonime; mais le régime du Corps, et l'intérêt même de l'Auteur exigent que son nom soit consigné dans nos registres. D'ailleurs le mystère qui peut lui convenir actuellement ce sera d'être d'accord avec son projet (1) de faire imprimer cet Ouvrage à la suite d'un autre auquel il va de sa gloire de mettre son nom. La réticence serait donc en pure perte et désobligeante pour l'Académie. Quant au renvoi que vous me demandez du Mémoire de votre ami, permettez-moi de vous observer, Monsieur, que même tous ceux qui ont concouru appartiennent à l'Académie, et à plus forte raison celui qu'elle a couronné. Tout ce qu'elle peut, sans blesser ses droits, est d'en faire tirer une copie aux frais de l'Auteur, et de la lui envoyer. Il est encore de règle d'avoir son agrément pour rendre publique cette copie, et c'est de quoi nous nous occuperons en temps; le plus pressé est de prévoir la délivrance de la médaille (2).

Il est de règle stricte dans toutes les Académies de l'Europe que le prix ne soit délivré qu'à l'Auteur en personne, ou à

---

(1) M. le baron de Feldenfeld avait demandé le renvoi du Mémoire, et avait donné pour raison que l'Auteur désirait le faire imprimer à la suite d'un autre Ouvrage.

(2) M. le baron de Feldenfeld avait aussi demandé que la médaille restât entre les mains du Trésorier jusqu'à ce que l'Auteur se fît connaître.

quelqu'un fondé de sa procuration spéciale. Dès que Monsieur votre ami aura rempli l'une ou l'autre de ces conditions, il sera satisfait à son égard.

Je suis mortifié, Monsieur, que la rigueur de mon ministère ne me permette pas de condescendre à vos désirs, mais vous savez que les formes sont les conservatrices des Corps, et je vous rends exactement les sentiments de l'Académie.

Je suis avec respect, Monsieur, votre t. h. et ob. serviteur.

(Signé) L.-A. D'AMBOURNAY,

Secrétaire perpétuel de l'Académie, pour les Sciences.

N° 38.

Copie d'une lettre de M. le baron de Feldenfeld, à M. d'Ambournay, secrétaire perpétuel de l'Académie de Rouen.

Paris, le 3 octobre 1783.

Dès que j'ai eu reçu votre lettre du 29

septembre dernier, je l'ai remise à l'Auteur du Mémoire couronné par l'Académie, au sujet de l'*Électricité médicale ;* cet auteur est le célèbre M. Marat, si avantageusement connu de l'Europe savante par ses belles découvertes en physique. Vous recevrez par ce même courrier une lettre de lui avec la procuration, ainsi que vous l'avez demandé ; je ne doute pas que cette connaissance n'ajoute au plaisir qu'a eu l'Académie en couronnant le travail d'un homme qui ne pouvait que mériter d'être distingué par un Corps qui sait si bien apprécier les talents.

J'ai l'honneur d'^{tre}, M., etc.   S.

N° 39.

Lettre de M. d'Ambournay à M. Marat.

De Rouen, le 15 octobre 1783.

Monsieur,

Avec la lettre dont vous m'avez honoré le 3 de ce mois, j'ai reçu votre procuration en blanc pour retirer de M. le Trésorier de l'Académie de Rouen la médaille d'or décernée à votre *savant Mémoire sur l'Électricité médicale.* Je suis trop jaloux de votre confiance pour transmettre le gage à qui que ce soit, et j'agirai en conséquence de vos pouvoirs. J'arrive de la campagne et dès demain je préviendrai M. le Trésorier; mais en attendant j'ai fait commencer la copie que vous désirez.

J'ai reçu en même temps le beau cadeau que vous destinez à bibliothèque de l'Académie, il est aussi précieux par le fond qu'obligeant par sa forme; mais je ne le pourrai présenter de votre part à la Compagnie, ni vous en adresser ses remercîments qu'à sa rentrée, fixée au mercredi 13 novembre prochain. La présente n'est donc que pour vous en accuser la réception et saisir une occasion de plus de vous assurer des sentiments de la haute estime avec laquelle j'ai l'honneur d'être, M., votre t. h. et ob. serviteur.

(Signé) L.-A. D'Ambournay.
Secrétaire perpétuel.

N° 40.

Autre du même au même.

Rouen, le 20 octobre 1783.

Je n'ai reçu que le 29 du mois passé votre lettre du 24, y joint le précieux présent d'un exemplaire de vos œuvres physiques; j'aurais dû plus tôt vous en exprimer ma reconnaissance sincère, mais les préparatifs de notre rentrée, jointe à quelques affaires de mon état, ne m'ont pas permis de remplir ce devoir, j'espérais d'ailleurs que le retard n'excéderait pas quinze jours, mais la fatalité des circonstances en a ordonné autrement : la copie de votre Mémoire n'était point finie, la collation a exigé du temps, et la médaille ordonnée dès le 15 octobre n'est pas encore arrivée, parce qu'on grave un autre coin pour l'effigie de Louis XVI. Enfin l'avis que vous me donnez de votre prochain départ pour Londres (1)

---

(1) Je me disposais à faire une petite excursion à Londres pour mes affaires particulières, lorsque j'ai reçu votre lettre, où vous m'annoncez les menées de mes adversaires.

me détermine à vous envoyer le mandat ci-joint de M. de Champ, notre professeur de dessin, sur M. Russel, caissier à la Monnaie des médailles, au Louvre, pour qu'il vous délivre celle-ci aussitôt qu'elle sera frappée. Il vous plaira en donner quittance au bas du mandat audit sieur Russel, qui le renverra ainsi à M. de Champ; ne différez pas, s'il vous plaît, à l'en informer, de peur que dans l'intervalle il n'adresse cette médaille au mandataire qui la lui avait demandée de la part de la Compagnie.

Vous trouverez aussi la copie de votre Mémoire où j'ai tâché de réparer les inattentions du copiste; je souhaite qu'elle vous suffise. Il ne sera point question s. v. p. des frais, l'Académie ayant expressément arrêté qu'elle saisissait cette occasion de vous exprimer sa sensibilité au beau présent dont vous avez enrichi sa bibliothèque; cette dérogation à ses statuts est consacrée dans ses registres, comme un monument honorable qu'elle met à votre générosité, et elle me charge de vous en informer positivement. Permettez-moi d'y joindre les actes de ma gratitude particulière, et de vous renouveler l'assurance de la haute estime avec laquelle j'ai l'honneur d'être, Monsieur,

Votre très-humble et obéissant serviteur.

(Signé) L.-A. d'Ambournay,
Secrétaire perpétuel.

N° 41.

Billet de M. de La Blancherie, à M. Marat.

M. de La Blancherie fait bien ses compliments à M. Marat, et le prie de vouloir bien se ressouvenir de l'espérance qu'il lui a donné de rendre l'Assemblée témoin de ses expériences sur la Lumière; M. de La Blancherie attend l'effet de sa demande de la complaisance de M. Marat, et l'assure à cette occasion qu'il sera à ses ordres.

Ce 19 juin 1782.

Observation du bibliographe.

Les trois lettres qui vont suivre, de même que les articles du *Courrier de l'Europe*, et du *Journal de Paris*, ne figurent pas au manuscrit original ; nous avons ajouté ceux-ci, parce que Marat ne les avait pas sous la main, et celles-là pour parfaire la justification du mérite scientifique de Marat.

N° 42.

Lettre de M. Pilatre de Rozier, à Marat.

Je profite avec bien du plaisir de l'offre que vous me faites de commander les boules et tiges dont j'ai besoin pour les expériences sur le Feu.

J'ai déjà quelques prosélytes, mais je suis certain d'en augmenter le nombre lorsqu'à l'aide de l'expérience je pourrai les convaincre de la beauté des phénomènes et de la vérité de la théorie. Le premier..., au nom de Madame, vient d'acheter différents objets pour pouvoir répéter les expériences dans son cabinet, qui est très intéressant.

Accablé d'occupations, il m'a été impossible, Monsieur, de répondre à l'honneur de votre dernière aussitôt que je l'aurais désiré; je sens combien je vous ai d'obligation pour toutes les peines que vous avez bien voulu prendre, je vous prie de croire que je saisirai avec bien de l'empressement toutes les occasions qui pourront vous convaincre de la vivacité et de la sincérité de ma reconnaissance, et du plaisir que j'aurais à pouvoir me dire,

Votre très-humble serviteur,

PILATRE DE ROZIER.

N° 43.

Lettre de Franklin à Marat.

Donnée par Albertine Marat à M. Goupil-Louvigny.
(Traduction.)

MONSIEUR,

Je suis extrêmement fâché de ne pouvoir être présent à vos curieuses expériences de samedi, et que des affaires indispensables exigent mon absence chez vous demain; je serai libre le reste de la semaine, si quelque autre jour peut vous être plus convenable, alors j'en profiterai avec plaisir, étant très-sensible à l'honneur que vous me faites par votre obligeante invitation.

Je suis avec grande estime, Monsieur, votre très-obéissant et très-humble serviteur,

B. FRANKLIN.

Passy, le mardi 29 mars 1779.

N° 44.

Billet de Franklin à Marat.

Propriété de M. Boilly fils (Traduction).

Monsieur,

Je ferai tous mes efforts pour être auprès de vous à dix heures du matin, mardi prochain, car j'ai un grand désir de voir vos expériences. J'espère que rien ne m'en empêchera, et que le temps sera favorable.

Avec une grande considération, j'ai l'honneur d'être, Monsieur, votre très-obéissant et très-humble serviteur.

B. Franklin.

Passy, le 25 . . . . . 1782.

N° 45.

COURRIER DE L'EUROPE.

Vendredi 15 mars 1782.

M. Marat, à qui la Physique a déjà de si nombreuses et de si grandes obligations, vient de faire changer de face à l'Électricité, comme il a fait changer de face à l'Optique.

Au moyen de deux principes incontestables, méconnus jusqu'à lui, mais qui jouent un très-grand rôle dans cette science, il est parvenu à rendre raison, d'une manière aussi solide que lumineuse, de mille phénomènes très-obscurs, pour ne pas dire inexplicables, et de mille autres phénomènes dont on n'avait pas la moindre idée.

De cette dernière classe, il en a tiré quelques-uns qu'il a proposés aux Physiciens sous la forme de problèmes à résoudre, et qu'on s'est contenté de regarder comme une plaisanterie. En voici l'énoncé en style ordinaire, tel qu'il a paru dans plusieurs de nos papiers publics.

« Faire, au moyen de l'*Électricité*, que deux corps se reposent de manière, non-seulement que leur répulsion augmente lorsqu'une personne sur le plancher touchera un conducteur auquel ils sont suspendus, et qu'elle subsiste encore malgré qu'on les ait maniés eux-mêmes pendant plusieurs secondes, mais aussi de manière, qu'en leur présentant le doigt, ils le suivent, et qu'en leur présentant un doigt de part et d'autre ils s'attirent avec force. »

En donnant ce problème à résoudre aux Physiciens, M. Marat demandait qu'ils indiquassent les principes dont dépend sa solution.

Je me bornerai maintenant à vous exposer le fait, tel que je l'ai vu chez l'Auteur.

« A deux ou trois pieds d'une machine électrique, isolez sur des cordes de soie un cylindre métallique à bouts arrondis; suspendez-y par des bouts de fil de lin, de huit à dix pouces, deux boulettes de liége de deux à trois lignes de diamètre. Mettez en jeu la machine; si elle travaille avec énergie, vous verrez au bout de quelques tours les boulettes se repousser d'elles-mêmes. Peu après, présentez le doigt aux boulettes, elles s'y porteront ; alors touchez au cylindre, elles se repousseront davantage, ensuite maniez légèrement les boulettes, elles resteront écartées. Touchez au cylindre, elles repousseront un peu plus ; présentez-leur le doigt, elles le fuiront, présentez-leur un doigt de part et d'autre, elles s'attireront avec force. »

Voilà, Monsieur, des phénomènes, non-seulement très-nouveaux, mais diamétralement opposés à tous ceux qu'on avait observés jusqu'à présent. Il en est peu d'aussi propres à piquer la curiosité. Combien de machines vont être en jeu pour les vérifier. Mais laissons vos têtes Bretonnes s'exercer à en découvrir les causes, et permettez que je me réserve le plaisir de vous faire part de la sublime théorie de l'Auteur.

N° 45 *bis*.

COURRIER DE L'EUROPE.

Vendredi 3 mai 1782.

Paris, ce 14 avril.

Monsieur,

S'il ne faut mettre au nombre des auteurs originaux que ceux qui comptant pour rien les recherches des autres, vont eux-mêmes puiser à sa source et savent répandre des flots de lumière sur les sujets les plus obscurs, M. Marat mérite assurément un rang distingué; mais parmi les auteurs qui ont cultivé l'Électricité, cette belle branche de la Physique, s'il faut distinguer ceux qui se sont appliqués à en faire une science exacte, et à lui donner le degré de certitude et d'utilité dont elle est susceptible, M. Marat tient sans doute le premier rang.

Jusqu'à lui, l'Électricité était dans un

chaos affreux, ou pour mieux dire, à peine ébauchée; elle n'avait ni ensemble, ni principes, ni lois, toutes ses parties n'étaient pas mêmes connues. Ouvrez les livres publiés sur cette matière, qu'y trouvez-vous? beaucoup de conjectures, peu de faits, ou plutôt une multitude de faits isolés, d'expériences rentrant les unes dans les autres, d'observations pliées à des hypothèses particulières, d'opinions hasardées, fausses ou triviales; voilà ce qu'ils offrent presque tous; sous ce point de vue l'étude de l'Électricité était aussi peu utile que dégoûtante.

Après tant d'essais uniformes, il est agréable sans doute de voir paraître une théorie complète aussi solide que lumineuse.

Telle est la théorie renfermée dans le livre des *Recherches physiques sur l'Électricité* (vol. in-8° de 460 pages, se vend à Paris chez Nyon l'aîné, rue du Jardinet).

A part les grandes découvertes qui en sont la base, les principes lumineux qui y sont développés, les nouvelles lois qui y sont établies, les conséquences importantes qui en découlent, cet ouvrage est fait avec tant de méthode, son plan offre de si grandes masses, la liaison des parties en est si intime, l'ordre des matières en est si naturel, le style en est si clair, qu'il doit être regardé comme un livre classique précieux, et à la portée du général des lecteurs.

Parmi le nombre d'articles piquants qu'il renferme, et que les bornes de nos feuilles ne nous permettent pas de faire connaître en détail, nous en indiquerons trois absolument neufs.

Le premier traite de la différence des corps qui peuvent ou ne peuvent pas transmettre la commotion. Le second ramène toutes les répulsions électriques apparentes au principe de l'attraction, et démontre la puissante influence du milieu ambiant sur les corps les moins électrisés. Le troisième fait connaître la place que le fluide électrique, considéré comme agent général, occupe parmi les grands ressorts de la nature.

Les lecteurs en état d'apprécier le travail de l'Auteur y verront avec surprise de quelle manière, en remaniant les sujets les plus rebattus, il sait toujours s'ouvrir des routes nouvelles et triompher des difficultés.

Ne terminons pas cette notice sans observer, au sujet de la théorie des météores fulminants que M. Marat a ramené à leur juste valeur, les moyens de se garantir des atteintes de la foudre. Et observons en passant que les *Recherches physiques sur l'Électricité* peuvent être présentées comme un chef-d'œuvre de typographie à ceux qui aiment les belles éditions.

Je suis, etc.

N° 46.

JOURNAL DE PARIS.

Lundi 25 *octobre* 1779.

Messieurs,

Les découvertes de M. Marat sur le Feu élémentaire sont certainement de nature à faire époque dans l'Histoire des Sciences. Le spectacle qu'offre ses expériences est d'ailleurs si neuf et si frappant, qu'il est bien étrange qu'on n'en ait encore rendu compte que dans le *Journal de Paris*. Je n'ai garde de regarder toutes nos Feuilles hebdomadaires comme un monument de la futilité du siècle; mais par quelle bizarrerie les choses importantes n'y peuvent-elles trouver place, tandis qu'elles sont remplies de tant de puérilités? Je ne dirai rien ici de la nouvelle doctrine de M. Marat; je n'ai pas la ridicule prétention de m'ériger en juge; mais, permettez, Messieurs, que je dépose dans vos Feuilles quelques observations sur l'utilité de la méthode d'observer dans la chambre obscure, dont cet habile physicien est l'inventeur.

Avant lui, l'usage du microscope solaire était très-borné; comme par la manière ordinaire de se servir de cet instrument, l'objet est placé au foyer, on ne pouvait examiner que de très-petits objets; encore fallait-il qu'ils fussent diaphanes; mais par la manière de s'en servir de M. Marat, le microscope solaire est devenu l'instrument de Physique le plus utile et le plus précieux, également propre à examiner les corps d'une grande et d'une petite étendue, opaques ou transparents, il sert à rendre visibles leurs émanations les plus subtiles; aussi, cette nouvelle méthode d'observer dans la chambre obscure est-elle faite pour ouvrir un vaste champ aux recherches des physiciens; ainsi qu'en a jugé l'Académie des Sciences, la Chimie surtout peut en tirer le plus grand parti. On sait comment l'Auteur s'en est servi à rendre visible le fluide igné, la matière électrique, l'air même; au précieux avantage de faire apercevoir des objets qu'on n'apercevait point sans elle, elle joint l'avantage plus précieux encore d'offrir ces différents objets sur le même tableau, et d'en faciliter la comparaison sous différents aspects.

L'Optique peut aussi tirer de cette méthode les plus grands avantages, en la faisant servir à perfectionner l'art. On sait de quelle importance est le choix des verres dans les instruments de dioptrique; pour en découvrir les défauts, on commence par les regarder obliquement contre une faible lumière; puis on les pose sur une table, et on reçoit à certaine distance l'image d'une bougie réfléchie par leurs surfaces. Cette méthode peut bien être propre à découvrir les défauts les plus apparents, mais combien ne peuvent devenir sensibles que par la méthode de M. Marat, comme j'en ai fait l'expérience; car elle ne sert pas seulement à découvrir les plus petites filandres, et la qualité gélatineuse du verre, mais à juger même de la finesse du grain. Pour cela, il ne s'agit que de présenter le morceau dont on a fait choix dans le cône de lumière, à sept ou huit pieds de la toile; et d'un coup d'œil on voit les parties qui doivent être mises en œuvre. Un microscope solaire, armé d'un simple objectif, peut être facilement adapté au volet d'une chambre dont l'exposition n'est pas au nord, et cet instrument est trop peu dispendieux pour que tout opticien, jaloux de sa réputation, ne l'emploie pas à cet usage.

J'ai l'honneur d'être, etc., votre, etc.

Filassier.

DOCUMENTS JUSTIFICATIFS.

N° 5.

RAPPORT

d'un Mouchard, à l'Administration de police.

Lettre autographe d'un nommé BOISSIMENE, *à* M. PERRON, *administrateur de police de la Municipalité de Paris.* — *6 février 1791.*

(4 pages petit in-4°.)

RÉSUMÉ. — Il promet de faire découvrir la demeure de Marat. — « Voilà mon moyen. Le sieur Marat s'est logé chez un de ses amis, à qui il a dit : *Je sais que tu peux livrer ma tête, et qu'elle te serait payée cher, mais j'ai confiance en ton désintéressement.* Il s'est de suite enfermé, mange seul ; il a toujours une langue fourrée, du pain et de l'eau. Son hôte est employé à la Ville, et est son seul confident. Il va chercher les notes chez ses partisans, il porte le manuscrit chez l'imprimeur. Mais ce même hôte, que je ne connais pas, a un ami que j'ai accaparé, à qui il conte à peu près tout. J'ai hier tenu cet homme toute la journée, et j'ai cherché, avec tout le ménagement possible à avoir la demeure. Je l'ai pressenti sur les avantages pécuniaires. J'ai vu avec plaisir qu'il écoutait, et enfin il a conclu en me disant que si le dépôt était en main sûre, je pourrais vous procurer un manuscrit sortant de la fabrique et la demeure. Je ne me suis point hasardé, et vous rends avec infiniment de confiance ce qui en est. » Quant à l'auteur de la lettre, il est le plus malheureux de Paris, Mlle de Gramont, son épouse, lui avait apporté 40,000 fr. de rente, mais il a tout perdu à la suite d'un procès au Parlement de Douai. Après quarante-huit ans de service comme officier, il est réduit à une pension de 600 fr.; sa femme et ses deux filles gagnent 1 fr. 10 sous par jour à la broderie. « Je veux bien, ajoute-t-il, me livrer à *l'observation*, pourvu que je n'aie affaire qu'à vous... Mon zèle ne sera pas infructueux ; vous voudrez bien régler mon traitement si cela vous convient... »

(Extrait des *Documents autographes et historiques sur la Révolution française*. — Catalogue Charavay, 1862, page 254.)

DOCUMENTS JUSTIFICATIFS.

N° 6.

PROCÈS-VERBAL

d'apposition et de levée des scellés
chez
Jean-Paul MARAT
13-25 *juillet* 1793.

EXPÉDITION

du procès-verbal de scellés du citoien Marat.

N° 289, folio 33.

Reçu le 20 juillet 1793.

Cejourdhui samedi treize juillet mil sept cent quatre-vingt-treize, l'an deuxième de la République française, dix heures de relevée. Nous, Claude-Louis Thuillier, juge de paix de la section du Théâtre français, dite de Marseille, à Paris, sur ce que nous avons appris que le citoien Marat, député à la Convention nationale, venait d'être assassiné en sa demeure; que cet assassinat avait été suivi aussitôt de sa mort, nous sommes transporté avec le citoien Antoine-Marie Berthout, notre secrétaire greffier ordinaire, en la demeure dudit citoien Marat, sise rue des Cordeliers, en face celle Touraine, dans l'étendue de notre section, où étant monté au premier étage et entré dans un salon ayant vue sur ladite rue des Cordeliers, nous y avons trouvé le citoien Guellard, commissaire de police de notre section, qui procédait à l'interrogatoire d'une femme qui venait de commettre l'assassinat sur la personne dudit citoien Marat, et à dresser procès-verbal des circonstances de ce meurtre en présence des citoiens Maure, Chabot, Drouet et Legendre, députés à la Convention nationale, et des citoiens Laudragin, Bergot et Hébert, nommés par le Conseil général de la commune de cette ville pour assister à l'apposition de nos dits scellés, et après qu'il nous est apparu d'un corps mort, du sexe masculin, tout ensanglanté, percé au côté droit au haut de la poitrine, qu'on nous a dit être celui dudit citoien Marat, gisant sur un lit dans une chambre, à droite dudit salon; comme nous nous disposions à apposer nos scellés sur les meubles et effets qui en seraient susceptibles et d'écrire ceux en évidence qui se trouvaient dans l'appartement où nous sommes, à la conservation des droits des appelés à la succession dudit citoien Marat, à la conservation des droits de tous autres qu'il appartiendra, par devant nous est comparu la citoyenne Simonne Evrard, majeure, demeurant dans l'appartement où nous sommes, laquelle nous a dit et déclaré qu'elle est locataire dudit appartement où nous sommes, qu'elle tient à loyer du citoyen Delafondée, que tous les meubles et effets qui le garnissent lui appartiennent, à l'exception des glaces et des papiers qui appartiennent audit Delafondée, et des papiers, linges et hardes à l'usage dudit défunt Marat et autres effets qu'elle offre nous indiquer et représenter pour effectuer sur y-ceux seulement l'apposition de nos dits scellés, et nous a représenté la quittance de son terme de loyer dudit appartement échu le premier janvier dernier, en date dudit jour, signée Delafondée, déclarant ne pouvoir dans ce moment nous représenter la quittance de ses loyers du terme dernier, attendu l'état où l'a mis la perte dudit citoyen Marat, et à signé ainsy : S. Evrard.

Le citoien Guellard Dumenil, commissaire de police de notre dite section, nous a déclaré que s'étant présenté lors de l'arrestation dudit citoien Marat, et par ordre du Comité de salut public de la Convention nationale, pour apposer les scellés dans l'appartement où nous sommes, il est constaté par procès-verbal que le citoien Marat n'avait à lui appartenant, dans ledit appartement où nous sommes, que les linges et hardes à l'usage de son corps et ses titres et papiers.

Est aussi comparu le citoien Antoine, Claire, Michon Lafondée, chirurgien dentiste à Paris, y demeurant maison où nous sommes, lequel nous a dit qu'il a occupé ledit appartement où nous sommes jusqu'à la fin du mois d'août dernier ; qu'à cette époque la citoyenne Simonne Evrard, cy-dessus dénommée, est devenue sa locataire dudit appartement garni des glaces, du papier comme il est cy-dessus dit, et encore du lustre étant dans ledit salon ; que la quittance que vient de nous représenter ladite Evrard, est bien signée de luy comparant, qu'il en a donné une autre pour le terme de loyer échu le premier avril dernier, au nom de ladite Evrard, qui l'a payé ; qu'il fait cette déclaration pour rendre hommage à la vérité et a signé ainsy : Lafondée.

Sur quoy nous, juge de paix susdit, avons donné acte auxdites parties de leur comparution et dires, et avons ordonné qu'il va être procédé à l'apposition de nos scellés sur les titres et papiers dudit défunt Marat, et à la description sommaire de ceux en évidence qui se trouveront appartenir audit Marat sur l'indication qui en sera faite par ladite Evrard, à la conservation des droits des appelés à la succession dudit Marat, et de qui il appartiendra ; disons que la quittance cy-dessus datée qui a été certifiée véritable par ledit Delafondée sera annexée au présent procès-verbal, et, en effet, après avoir reçu le serment de ladite Simonne Evrard, de Catherine Evrard, majeure, demeurante aussi où nous sommes, et de Jeannette Maréchal, femme du citoien Vincent Joane, perruquier, femme domestique de ladite Simonne Evrard, qu'elles n'ont rien pris, diverti, ny détourné, ny vu, ni sçu qu'il ait été rien pris, diverty ni détourné des effets dépendans de la succession dudit Marat, nous avons, pour la représentation et l'indication qui nous ont été faites par ladite Simonne Evrard, en présence desdits Laudragin, Bergot et Hébert, qui nous ont remis la commission à eux donnée par le Conseil général de la Commune, procédé à l'apposition de nos scellés comme il suit.

Premièrement, dans la chambre étant en suite du salon, nous avons apposé nos scellés sur deux placards d'armoire, à droite de la cheminée, aux extrémités de deux bandes de ruban de fil, l'une aux jonction et fermeture des deux battans, et l'autre sur la fermeture et le montant, en traversant les serrures que nous avons fermées avec les clefs restées en nos mains.

Idem. Nous avons apposé nos scellés sur une bibliothèque en bois de placage, aux extrémités d'une bande de ruban de fil appliquée aux jonction et fermeture des deux battans vitrés, en traversant la serrure dont la clef n'a point été trouvée.

Idem. Nous avons apposé nos scellés sur un secrétaire de bois de placage, à dessus de marbre, aux extrémités de deux bandes de ruban de fil appliquées, l'une au-dessus du tiroir et sur le corps de sa tablette, et l'autre aux jonction et fermeture des deux volets, en traversant les serrures dont la clef ne s'est pas trouvée.

Idem. Nous avons apposé nos scellés sur une commode de bois de placage, à dessus de marbre, nous avons apposé nos scellés aux extrémités d'une bande de ruban de fil appliquée au-dessus et au-dessous du tiroir d'en haut et ceux d'en bas, en traversant les serrures que nous avons fermées avec la clef restée en nos mains.

Idem. Nous avons apposé nos scellés sur une toilette de bois de placage, aux extrémités d'une bande de ruban de fil appliquée au-dessus et au-dessous du tiroir d'en bas, du milieu, en traversant la serrure dont la clef ne s'est pas trouvée.

Dans ledit salon, nous avons apposé nos scellés sur deux consoles de bois d'acajou, aux extrémités de deux bandes de ruban de fil appliquées au-dessus et au-dessous des tiroirs, en traversant les serrures dont la clef ne s'est pas trouvée.

Suit l'évidence :

Deux sphères, une boëte dans laquelle une machine électrique, un lit en fer.

Ce fait, après qu'il ne s'est plus rien trouvé à sceller ny décrire appartenant audit défunt Marat, ainsy que nous l'a déclaré ladite Simonne Evrard, qui fait toutes réserves relativement aux meubles à elle appartenant, sur lesquels sont apposés nos scellés pour sûreté des papiers qui pourraient s'y trouver appartenant audit Marat, nos dits scellés sains et entiers et les objets en évidence décrits ont été laissés en la charge et garde de ladite Simonne Evrard, qui s'est de tout chargée et rendue gardienne pour le représenter quand elle en sera requise comme dépositaire judiciaire.

Dont et de tout ce que dessus nous avons fait et dressé le présent procès-verbal auquel a été vaqué pour double vacation jusqu'à quatre heures du (mots illisibles) matin, et a ladite Simonne Evrard signé avec nous et ledit Berthout, notre secrétaire greffier, ainsi que lesdits citoiens Laudrogin, Bergot et Hébert, cy devant qualifiés. — Signé : S. Evrard, Laudrogin, Hébert, Bergot, Thuillier et Berthout.

Et ledit jour, quatorze juillet mil sept cent quatre-vingt-treize, l'an deuxième de la République française, sept heures du matin, nous Claude-Louis Thuillier, juge de paix de la section du Théâtre-Français, dite de Marseille, à Paris, sur lequel nous avons appris que le citoien Marat, député à la Convention nationale, faisait imprimer lui-même l'ouvrage périodique, dont il est l'auteur, intitulé : *Le Publiciste de la République française*, par Marat, l'ami du peuple, et que ses presses et dépendances étaient dans les bâtiments du ci devant Couvent des Cordeliers, dans l'étendue de notre section; nous nous sommes transporté avec le citoien Antoine, Marie Berthout, notre secrétaire greffier ordinaire, aux bâtiments du ci devant Couvent des Cordeliers, scis sudite rue des Cordeliers, pour apposer nos scellés sur l'imprimerie dudit défunt Marat, à la conservation des droits des appelés à sa succession et de qui il appartiendra, où étant entré dans une imprimerie qui a son entrée sous la galerie à gauche, au rez-de-chaussée ayant vue sur le jardin, nous y avons trouvé et par devant nous est comparu le citoien Nicolas, Étienne Merger, garçon de l'imprimerie où nous sommes, appartenante audit citoien Marat, demeurant à Paris, rue St-André-des-Arts, n° 79, maison du citoien Gallard, marchand de vin, lequel, après que nous luy avons eu fait part de notre transport, nous a dit qu'il est prêt et offre de nous faire la représentation des presses, casses, papiers et autres objets dépendant de l'imprimerie dudit défunt Marat, et après avoir reçu le serment dudit Merger qu'il n'a rien pris, diverty, caché ny retourné, ny vu ny sçu qui ait été rien pris, diverty ny détourné de ladite imprimerie et dépendances, sommes monté avec lui au premier étage, au-dessus de l'entresol, dans le corps de bâtiment où était l'imprimerie des ci devant Cordeliers, et nous sommes introduit avec luy dans trois pièces en suite les unes des autres, ayant vue sur la cour, servant à déposer les papiers, les casses, les caractères et autres objets dépendant de l'imprimerie dudit défunt Marat, et avons auxdits lieux apposés nos scellés comme il suit.

Premièrement, dans la chambre du fond, nous avons apposé nos scellés sur la croisée intérieurement, aux extrémités d'une bande de ruban de fil appliquée aux jonction et fermeture des deux volets.

Idem. Nous avons apposé nos scellés sur la porte d'entrée de ladite chambre extérieurement, aux extrémités d'une bande de ruban de fil appliquée sur la fermeture et le montant de ladite porte, en traversant la serrure que nous avons fermée avec la clef restée en nos mains.

Idem. Dans la pièce précédente, nous avons apposé nos scellés sur la croisée intérieurement, aux extrémités d'une bande de ruban de fil appliquée aux jonction et fermeture des deux volets.

Idem. Dans la pièce précédente, ayant son entrée sur le carré, nous avons apposé nos scellés sur les deux croisées, aux extrémités de deux bandes de ruban de fil appliquées chacune aux jonction et fermeture des deux battans.

Idem. Nous avons apposé nos scellés sur la porte d'entrée de ladite pièce extérieurement, aux extrémités d'une bande de ruban de fil appliquée sur la fermeture et le montant de ladite porte, en traversant la serrure que nous avons fermée avec la clef restée en nos mains, et aussitôt lesdits derniers scellés pour leur sûreté ont été recouverts d'une plaque de fer-blanc par un serrurier.

Suit l'évidence.

Dans l'imprimerie cy devant désignée, une presse garnie de tout ce qu'il luy faut pour rouler, numérotée 2.

Une autre presse garnie, à l'exception des timpans et de ses garnitures, marquée n° 3.

Une autre presse à un coup garnie, à l'exception du timpan, marquée n° 4.

Quinze friguettes à l'usage des presses, quatre bancs de presses, un poële de fayence et ses tuyaux de tôle, un baquet, un ais, un chaudron de cuivre, une pierre à laver et une table à tremper, deux traiteaux, un sceau ferré, quatre voies de bois déclarées par ledit Merger et Catherine Evrard, cy présente, appartenant à la citoienne Simonne Evrard.

Après qu'il ne s'est plus rien trouvé à sceller ny décrire, nos dits scellés sains et entiers et les objets en évidence cy dessus décrits, ont été saisis en la charge dudit citoien Nicolas-Étienne Merger, qui s'est du tout chargé et rendu gardien pour le représenter quant il en sera requis comme dépositaire judiciaire, à la charge de ses frais de garde aux peines de droit que nous luy avons expliquées et qu'il a dit connaître.

Dont et de tout ce que dessus nous avons fait et dressé ce présent procès-verbal, auquel a été vaqué par double vacation et a ledit Merger, signé avec nous et ledit Berthout, notre secrétaire greffier, signé Merger, Thuillier et Berthout.

Ce jourd'hui dix-sept juillet mil sept cent

quatre-vingt-treize, l'an deuxième de la République française, du matin.

Est comparu le citoien Charles-Marie-Joseph Héluis, demeurant à Paris, rue Traversière-St-Honoré, n° 845, section de la Butte des Moulins.

Lequel a dit qu'ayant été informé le six de ce mois que dans la feuille du *Publiciste français*, rédigée le cinq, par le citoien Marat, sous le n° 234, il existait une lettre datée du trois du même mois, sans nom d'auteur, par laquelle le trait de la calomnie la plus atroce avait été lancé contre luy, il fit achat du numéro qui la renfermait, qu'en ayant pris lecture il a reconnu que cette lettre, qui porte un caractère de dénonciation faite au citoien Marat, contre plusieurs individus, s'énonce en ces termes pour ce qui le concerne : « Héluis, ancien
« notaire intime de Gorsas avec lequel il
« machinait en luy communiquant les pièces
« du bureau ; c'est luy principalement
« qu'on présume avoir communiqué aux
« ennemis les opérations du département
« de la Guerre. »

Qu'outre d'une imputation aussi fausse et aussi grave à tous égards, il prit la résolution de faire toutes les démarches nécessaires pour parvenir à la découverte de son calomniateur.

Que persuadé que le citoyen Marat n'avait pu insérer dans sa feuille copie de cette lettre, qu'autant que l'original se trouvait signé d'un individu quelconque, il se transporta chez luy le même jour six sur les midy pour le prier de lui donner les noms, demeure et qualités de la personne qui avait pu signer la lettre en question.

Qu'ayant rencontré dans un appartement qui précède la chambre ci devant habitée par le citoien Marat, une citoienne qui luy parut être de la maison, il luy a demandé à parler au citoien Marat. A quoi cette femme a répondu que c'était la chose impossible, vu que l'état de sa santé ne luy permettait de parler à personne; mais qu'en lui écrivant, il ferait certainement réponse.

Que voyant qu'il ne pouvait parvenir à parler au citoien Marat, il tira de sa poche une lettre qu'il avait écrite avant de sortir de chez luy et la remit à la citoienne en question, qui se chargea de la rendre au citoien Marat et d'en obtenir réponse pour les cinq à six heures du soir.

Que le même jour, sur les cinq heures et demie, il retourna chez le citoien Marat, où il rencontra une femme qui lui a paru être la domestique de la maison ; que luy ayant demandé de parler à son maître, elle luy fit réponse que cela ne se pouvait, attendu qu'il était très-incommodé ; que sur ce qu'il observa à cette femme qu'il avait parole donnée pour recevoir la réponse à une lettre qu'il avait apportée le matin, cette citoienne ouvrit la porte d'une chambre contiguë à l'appartement où il était, et qu'un instant après il vit paraître par une autre porte la même personne à laquelle il avait parlé le matin, qui luy dit que la situation du citoien Marat étant encore la même, il n'avait pu s'occuper de la réponse à la lettre qu'elle lui avait remise, mais qu'il avait promis de répondre le plus tôt possible qu'il le pourrait.

Qu'il a attendu en vain la réponse du

citoien Marat pendant les journées des huit et neuf, ce qui le détermina à prendre le party de faire une sommation pour qu'il eût à déclarer les noms, qualités et demeure de la personne qui avait signé la lettre reprise dans sa feuille du cinq.

Que le citoien Brochot, avoué près les tribunaux, ayant été chargé par le citoien Héluis de faire faire la sommation en question, il s'adressa à quatre huissiers différents qui tous refusèrent leur ministère.

Que désirant mettre en usage les procédés les plus honnêtes, il écrivit de nouveau le dix du même mois pour prier le citoien Marat de trouver bon, vu son silence, qu'il recourût aux moiens que la loi lui fournissait pour découvrir son calomniateur.

Qu'à cette lettre, qui fut remise au citoien Marat par un commissionnaire envoyé dans la matinée du même jour, dix, il fit une réponse qui consista à dire que le citoien Héluis pouvait faire usage de tous les moiens qu'il jugerait convenables à sa justification et qu'il en ferait réponse dans ses feuilles.

Que sur cette réponse et vu le refus des huissiers auxquels on s'était adressé, il a le même jour, dix, sur les une heure de relevée, présenté sa requête au citoien président du tribunal du sixième arrondissement à l'effet d'obtenir une ordonnance portant injonction à tel huissier qu'il luy plairait nommer de faire au citoien Marat la sommation de déclarer les noms, demeure et qualités de la personne qui avait signé la lettre dont l'original devait être entre ses mains; que le citoien président ayant pris lecture de cette requête, observa au citoien Héluis qu'il ne pouvait en répondre sans en avoir conféré avec sa compagnie et que la réponse ne pouvait avoir lieu que le lendemain, entre huit et neuf heures du matin, réponse dans laquelle il persista malgré les représentations du citoien Héluis qui luy observa qu'une ordonnance de cette nature, ne paraissait pas exiger le concours du Tribunal entier, et qu'il était extrêmement intéressant pour luy de n'apporter aucun retard dans la découverte de son calomniateur.

Que le lendemain (mot illisible), sur les huit à neuf heures du matin, le citoien Brochot, par le ministère (mot illisible), s'est présenté au citoien président pour obtenir la réponse à la requête dont il s'agit, que le citoien président étant alors sur le siége fit dire au citoien représentant le citoien Brochot, par le citoien Decalonne, qu'il écrirait ou qu'il verrait dans le jour le citoien Marat, pour l'engager à procurer au citoien Héluis la satisfaction qu'il demandait.

Qu'il attendait le succès de cette démarche lorsqu'il apprit, par la voix publique, qu'une main sacrilége avait porté le coup de la mort sur un des représentants du peuple.

Que ce forfait rendant inutile toutes les démarches qu'il avait faites jusqu'alors, il a écrit ce lundy quinze, au citoien président pour le prier de remettre à son avoué la requête qui lui avait été présentée, et de constater le jour qu'elle lui avait été remise, ce qui fut fait.

Qu'il est instruit que les scellés ont été

apposés sur les meubles, effets, titres, papiers et renseignemens dépendans de la succession du citoien Marat; que l'original de sa lettre dont il s'agit, devant nécessairement se trouver sous les scellés, il a le plus grand intérêt d'en faire constater l'existence pour ensuite en faire ordonner le dépôt dans tel greffe qu'il appartiendra, à l'effet d'obtenir de celuy qui en est l'auteur une réparation aussi authentique que la diffamation a eu d'éclat.

Que dans cette vue il déclare qu'il se rend formellement opposant à la levée des scellés apposés chez le citoien Marat, non pour empêcher cette levée, mais pour qu'elle ne puisse être faite qu'en sa présence où il est duement appelé ainsi qu'à l'inventaire des titres, papiers, renseignemens et notes qui pourra s'en suivre, protestant à titre de prise à partie, contre qui il appartiendra s'il y était procédé hors de sa présence, ou s'il n'y était point appelé, élisant ledit Héluis, domicilié en sa demeure susdite, et a signé: Héluis.

Ce dix-huit juillet mil sept cent quatre-vingt-treize, l'an deuxième de la République française.

Est comparu le citoien Vincent Derepas, huissier, demeurant à Paris, rue du Marché-Palu, section de la Cité, lequel nous a remis comme appartenant à la succession du citoien Marat, et pour être comprise en l'inventaire qui doit être fait de ses papiers, une reconnaissance de cent cinquante livres souscrite le neuf juin 1789, par Jean-Frédéric et Jean-Pierre Drotz, au profit dudit défunt Marat, laquelle reconnaissance ce dernier à remis en ladite année 1789, à lui comparant pour en faire le recouvrement ; qu'il déclare n'avoir touché aucun à-compte sur cette somme ; qu'il ne luy est dû aucun frais, n'aiant fait que des démarches pour faire recouvrement, et requiert acte en décharge de ladite remise à luy octroyée, et a signé : Derepas.

Et le dix-neuf dudit mois de juillet a été signifiée et laissée copie d'une opposition aux reconnaissance et levée des scellés Marat à la requête du citoien Boullanger, marchand papetier, demeurant à Paris, rue

St-Severin, où il a élu domicile suivant l'exploit d'Hobert, huissier.

Le même jour a été signifiée et laissée copie d'une apposition aux reconnaissance et levée des scellés Marat à la requête du citoien Genard, serrurier machiniste, demeurant à Paris, élection de domicile en la maison du citoien Chaseray, avoué, sise rue Neuve-St-Merry, n° 71, suivant exploit de Mouet, huissier.

Ce jourd'huy vingt-six juillet mil sept cent quatre-vingt-treize, l'an deuxième de la République française une et indivisible, nous, Claude, Louis Thuillier, juge de paix de la section du Théâtre-Français, dite de Marseille, à Paris; sur la réquisition à nous faite par le Comité de sûreté générale de la Convention nationale, nous sommes transporté avec le citoien Antoine, Marie Berthout, notre secrétaire greffier ordinaire, en la maison où demeurait et où a été assassiné le citoien Jean-Paul Marat, député à la Convention nationale, sise à Paris, rue des Cordeliers, en face celle Touraine, où étant monté au premier étage et entré dans un salon ayant vue sur ladite rue des Cordeliers, nous y avons trouvé et par devant nous sont comparus : le citoien Jean-Baptiste Drouet et le citoien Amand Benoist, Joseph Guffroy, députés à la Convention nationale, tous deux membres du Comité de sûreté générale et nommés par ledit Comité pour assister à la levée des scellés par nous apposés après le décès dudit citoien Marat.

Lesquels nous ont requis de procéder aux reconnaissance et levée de nos scellés apposés les treize et quatorze juillet présent mois, dans l'appartement où nous sommes, et dans l'imprimerie dudit citoien Marat pour de suite, aux termes du décret de la Convention nationale, procéder aux reconnaissance et levée de nos dits scellés, et aux termes de l'arrêté dudit Comité de sûreté générale, en date du vingt-trois présent mois, faire distraction des titres et papiers qui seront réclamés par la citoienne Evrard et qui luy appartiendront, et quant aux autres titres et papiers les leur remettre sans description ce jour, n'en donner communication à qui que ce soit, n'empêchant qu'il soit procédé aux dites opérations en présence du commissaire qui a dû être nommé par le Directoire du département, du substitut du procureur de la Commune et des deux officiers municipaux à qui il a été, à cet effet, envoyé une ordonnance par ordre dudit Comité de sûreté générale, et nous a, ledit citoien Drouet, remis en mains l'arrêté susdaté qui le nomme à l'effet des opérations cy-dessus requises, et le citoien Guffroy nous a remis l'arrêté dudit Comité de sûreté générale, en date du jour d'hier, qui le nomme à l'effet des opérations cy dessus requises, et ont signé : Drouet, Guffroy.

Est aussi comparu le citoien Pierre Dubois, membre du Directoire du département de Paris, y demeurant, quai Conty, n° 4, section de l'Unité.

Lequel nous a dit qu'il se présente au désir de la commission à luy donnée par arrêté du Directoire, en date de ce jour-d'hui, pour être présent à la levée de nos dits scellés; qu'il n'empêche que les opérations de levée de scellés soient faites de la manière qu'il est cy dessus requis par les citoiens Drouet et Guffroy, et a signé en nous remettant ledit arrêté susdaté, portant sa dite nomination ainsy signée : Dubois.

Sont aussi comparus : les citoiens Hébert, substitut du procureur de la Commune de Paris, et Jean-Baptiste Bergot, officier municipal, lesquels nous ont dit qu'ils se présentent au désir de l'arrêté de la Commune de Paris du dix-sept juillet présent mois pour être présens à la levée desdits scellés, et qu'ils requièrent que les opérations subséquentes soient faites de la manière qu'il est cy dessus requis par les citoiens Drouet et Guffroy, et ont signé en nous remettant ledit arrêté susdaté, signé : Bergot et Hébert.

Est aussi comparu le citoien Jean-Baptiste-Samson Gomel, demeurant à Paris, rue d'Orléans, n° 28, section de la Halle au bled, au nom et comme ayant charge et pouvoir du citoien Héluis, demeurant à Paris, rue Traversière-St-Honoré, a déclaré qu'il persiste pour ce dernier dans l'effet de son opposition, laquelle tiendra ès mains desdits citoyens Guffroy et Drouet, et a signé ainsi : Gomel.

Est aussi comparu : le citoyen Pierre, François Delahaye de Saint-Aure, demeurant à Paris, rue Quincampoix, section des Lombards, n° 112, au nom et comme fondé de la procuration spéciale du citoien Charles, Étiènne Génard, serrurier machiniste, par sous seing privé en date du vingt-deux juillet présent mois, enregistré à Paris le vingt-quatre présent mois par Gaune. Lequel a dit que les causes de l'opposition faite à nos dits scellés par ledit Génard ont pour causes le payement de la somme de seize cent trente-une livre douze sols, pour ouvrages par luy faits aux presses dudit citoien Marat, contenus et détaillés au mémoire qu'il fournira quand il en sera requis, et qu'il n'empêche qu'il soit procédé à la levée de nos dits scellés et autres opérations cy dessus requises à la conservation des droits dudit Génard, et a signé en nous remettant son pouvoir cy dessus daté ainsy signé : Delahaye de Saint-Aure.

Sur quoy, nous juge de paix susdit, avons

donné acte auxdites parties de leurs comparutions, dires et réquisitions, et avons ordonné qu'il va être procédé aux reconnaissance et levée de nos dits scellés et autres opérations subséquentes ainsy qu'il est cy dessus requis par lesdits citoiens Drouet et Guffroy, et aussi sur la représentation qui en a été faite par la citoienne Simonne Evrard, demeurante dans l'appartement où nous sommes et gardienne de nos scellés y apposés, nous avons, en présence desdits citoiens Drouet, Guffroy, Hébert, Bergot, Dubois, Gomel, Delahaye de Saint-Aure, reconnu et levé nos scellés ainsy qu'il suit :

Premièrement dans ledit salon nous avons examiné et reconnu nos scellés qui étaient sur les deux consoles à dessus de marbre, lesquels se sont trouvés sains et entiers.

Idem dans la chambre étant en suite nous avons examiné et reconnu nos scellés qui étaient sur le secrétaire de bois de placage à dessus de marbre, ceux qui étaient sur les deux placards d'armoire, ceux qui étaient sur la bibliothèque de bois de placage et ceux qui étaient sur la commode de bois de placage, tous lesquels se sont trouvés sains et entiers et comme tels ont été levés et otés, et après qu'ouverture a été faite dudit secrétaire il s'y est trouvé dans un petit portefeuille une promesse de mariage de la part dudit citoien Marat envers ladite citoienne Evrard, écrite en entier et signée de la main dudit Marat, et dont nous avons, à la réquisition de ladite citoienne Evrard et en présence desdits citoiens Drouet, Guffroy, Dubois, Hébert, Bergot et autres citoiens, fait lecture, et qui est ainsi conçue :

« Les belles qualités de Mlle Simonne
« Evrard ayant captivé mon cœur dont elle
« a reçu l'hommage, je luy laisse pour gage
« de ma foy, pendant le voïage que je suis
« forcé de faire à Londres, l'engagement
« sacré de luy donner ma main, immédia-
« tement après mon retour, si toute ma
« tendresse ne luy suffisait pas pour garant
« de ma fidélité. Que l'oubly de cet enga-
« gement me couvre d'infamie.

« A Paris, ce 1er janvier 1792.

« J.-P. Marat, l'ami du peuple. »

Lequel écrit nous avons aussitôt remis à ladite citoienne Simonne Evrard, qui le reconnaît, après qu'il a été de nous paraphé et signé *ne variatur*.

Ensuite, après qu'ouverture a été faite desdits deux placards d'armoire, de la bibliothèque, de la commode, de la toilette et des deux consoles, tant avec les clefs qui étaient restées en nos mains qu'avec celles qui étaient entre les mains de ladite Simonne Evrard, il a été procédé à la distraction et mise à part des objets, titres et papiers réclamés par ladite citoienne Evrard et qui luy appartenaient, lesquels luy ont été remis, comme elle les reconnaît, du consentement desdits citoyens Drouet, Guffroy, Dubois, Hébert et Bergot.

Quant aux autres titres, papiers et renseignemens, ils ont été mis dans un sac pour être tous portés par lesdits Drouet et Guffroy au Comité de sûreté générale, en conformité de son arrêté dudit jour vingt-trois présent mois; il ne s'est trouvé sous nos dits scellés aucune autre monnoye courante ny assignats que deux pièces de monnoye argent étranger et un assignat de vingt-cinq sols, lesquelles pièces ont été remises à ladite citoienne Evrard, qui les a réclamées comme objets de curiosité à elle appartenans.

Ce fait, nous nous sommes transportés à l'imprimerie, scise rue des Cordeliers, aux bâtimens du ci-devant grand couvent des Cordeliers, où étant, nous avons, sur la représentation qui en a été faite par le citoien Nicolas, Étienne Merger, gardien, en présence desdits citoiens susnommés, examiné et reconnu nos scellés qui étaient sur la porte d'entrée de l'imprimerie, lesquels se sont trouvés sains et entiers, et comme tels ont été levés et otés après qu'ouverture a été faite de la porte d'entrée avec la clef qui était restée en nos mains; nous avons examiné et reconnu nos scellés qui étaient sur les deux croisées de la première pièce de ladite imprimerie, lesquels se sont trouvés sains et entiers, et comme tels ont été levés et otés.

Idem, dans la pièce étant en suite, nous avons examiné nos scellés qui étaient sur la croisée et la porte d'entrée de la chambre étant en suite, lesquels se sont trouvés sains et entiers et ont tous comme tels été levés et otés.

Idem, dans ladite chambre étant en suite, nous avons examiné et reconnu nos scellés qui étaient sur la croisée, lesquels se sont trouvés sains et entiers et comme tels ont été levés et otés, et perquisition faite, il ne s'est trouvé dans ladite imprimerie aucuns titres et papiers. Toutes les presses et objets décrits en notre procès-verbal de scellés ont été trouvés en évidence.

Ladite imprimerie, le peu d'effets mobiliers qui appartenaient audit citoien Marat, et ses linges et hardes ont été laissés en la possession de ladite Simonne Evrard, du consentement et à la réquisition desdits citoiens Drouet et Guffroy.

A l'instant, ladite Simonne Evrard a déclaré que lorsque le citoien Marat est venu habiter avec elle, il était alors dans la plus grande détresse; que pour l'intérêt de la patrie et pour l'aider dans l'impression et distribution de son journal, elle a consommé la plus grande partie de sa fortune, pour raison de quoy elle fait la présente déclaration pour luy servir et valoir ce que de raison.

Dont et de tout ce que dessus avons fait et dressé le présent procès-verbal auquel a été vaqué jusqu'à minuit, et ont ladite Simonne Evrard, lesdits citoiens Drouet, Guffroy, Dubois, Hébert, Bergot et ledit Merger signé avec nous et ledit Berthout notre secrétaire greffier.

Signé : Drouet ; A. Benoist ; J. Guffroy ; Hébert ; Bergot ; Merger ; S. Evrard ; Dubois ; Thuillier et Berthout.

Enregistré à Paris, le vingt-neuf août 1793, par Simonard, qui a reçu treize livres.

Suit la teneur des annexes, l'an mil sept cent quatre-vingt-treize, deuxième de la République française, et le dix-neuf juillet à la requête du citoien Boulanger, m^{and} papetier, demeurant à Paris, rue St-Severin, qui a élu domicile et y demeure, j'ai Charles Mathurin Hubert, huissier audiencier en la ci-devant connétablie de France, et de la section de Beaurepaire, y demeurant, rue de la Harpe, n° 14, soussigné, signifié et déclaré au citoien Thuillier, juge de paix de la section du Théâtre-Français, dite de Marseille, demeurant à Paris, rue ci-devant des Fossés-Monsieur-le-Prince, en son domicile, parlant à une femme qui m'a dit son nom de..... (nom illisible).

Que le citoien requérant est opposant et s'oppose formellement par ces présentes à ce qu'il soit procédé à la reconnaissance et levée des scellés par luy apposés sur les meubles et effets du citoien Marat, député à la Convention nationale, qu'en présence dudit citoien requérant ou luy duement appelé et pour causes et raisons qu'il se réserve de déduire en temps et lieux, protestant de nullité de tout ce qui serait fait au préjudice des présentes et de toutes pertes, dépens, dommages et intérêts, et luy ay en parlant comme dessus laissé cette copie. Signé : Hubert.

L'an mil sept cent quatre-vingt-treize, deuxième de la République française, le dix-neuvième jour de juillet, à la requête du citoien Genard, serrurier machiniste à

Paris, et sur lequel domicile est élu en la maison du citoien Chaseray, avoué, rue Neuve-St-Méry, n° 71, j'ay, Gabriel, Nicolas Mouet, huissier à cheval à Paris, y demeurant, rue et section du Contrat-Social, n° 609, soussigné, signifié et déclaré au citoien juge de paix de la section de Marseille y demeurant en son domicile parlant au commis, qui m'a dit se nommer..... (illisible).

Qu'il est opposant, comme par ces présentes il s'oppose à ce qu'il soit procédé à la reconnaissance et levée des scellés apposés par ledit juge de paix après le décès du citoien Marat sur ses meubles et effets, autrement qu'en sa présence où luy demeurant appelé et de répéter contre le juge de paix les causes de la présente opposition que le requérant se propose de déduire en tems et lieux à ce que ledit citoien juge de paix n'en ignore; je luy ay en son dit domicile et parlant comme dessus laissé cette copie signée Monet, du Comité de sûreté générale de la Convention nationale, du 23 juillet 1793, l'an deux[e].

Le Comité de sûreté générale, informé qu'il s'élève des difficultés sur la levée des scellés apposés chez le citoien Marat, considérant qu'il existe sous ces scellés des pièces qui intéressent la sûreté publique, arrête que lesdits scellés seront levés demain 24, qu'il ne sera donné aucune connaissance des papiers qui se trouveront sous lesdits scellés à qui que ce soit, que distraction faite de ceux qui appartiennent à la citoienne Evrard et qui luy seront remis, lesdits papiers seront apportés au Comité de sûreté générale.

Le Comité nomme les citoiens Chabot et Drouet pour être présens à la levée desdits scellés et pour mettre le présent arrêté à exécution en présence seulement des officiers publics et des commissaires nommés à cet effet.

Les membres du Comité de sûreté générale de la Convention nationale, signé : Laignelot; Drouet; J. Julien, de Toulouse; François Chabot.

Convention nationale, Comité de sûreté générale et de surveillance de la Convention nationale.

Du 25 juillet 1793, l'an second de la République française une et indivisible.

Le Comité de sûreté générale, attendu l'absence des citoiens Drouet et Chabot, nommés commissaires par son arrêté du 23 du courant pour être présens à la levée des scellés apposés dans le domicile de défunt le citoien Marat, en présence des officiers publics et des commissaires nommés à cet effet, arrête que le citoien Guffroy, l'un de ses membres, assistera à ladite levée des scellés au lieu et place desdits citoiens Drouet et Chabot.

Fait en Comité les jour et an ci-dessus. Signé : Ingrand, Alquier, Amar et Lavicomterie.

Delivré pour expédition conforme par moi, secrétaire greffier soussigné,

BERTHOUT.

Archives Nationales, 182e carton, n° 4. — Section administrative. — Cote F 7. 4385. — Pièces relatives à l'assassinat de Marat.

SUPPLÉMENT

Au dossier d'apposition et levée des scellés chez Marat.

« Etant indispensable que les héritiers du citoien Marat soient représentés à la levée des scellés et aux autres opérations qui suivront, le citoien Lulier, procureur général syndic du département, a dit que cette représentation appartenait au département; qu'il ferait nommer un commissaire par le Directoire, tant pour représenter lesdits héritiers que pour faire faire à part la distraction et l'inventaire des papiers intéressant la République, et qu'elle aurait intérêt de connaître. Le citoien Lulier n'a pas envoyé hier le commissaire comme il l'avait promis.

Le citoien Hébert, procureur de la Commune, le citoien Laudragin et Bergot, officiers municipaux, tous trois nommés par le Conseil général pour assister à cette levée de scellés ont attendu ainsi que le juge de paix et les opposans jusqu'à dix heures du soir.

Archives nationales, 182° carton, n° 4. — Section administrative. — Cote F 7, 4385. — Pièces relatives à l'assassinat de Marat.

DOCUMENTS JUSTIFICATIFS.

N° 7.

INVENTAIRE

des papiers de Marat, fait par le Comité de Sûreté générale de la Convention, le 2 août 1793.

CONVENTION NATIONALE.

Comité de Sûreté Générale et de Surveillance de la Convention nationale.

Du 2 août 1793, l'an second de la République française une et indivisible.

Vu au Comité les scellés apposés par procès-verbal du jour d'hier sur le sac où se trouvaient renfermés les papiers trouvés en la possession de la citoyenne Evrard, veuve de Jean-Paul Marat, représentant du peuple, après avoir trouvé lesdits scellés sains et entiers, il a été procédé au triage et à l'examen d'iceux; en conséquence, il a été procédé à leur description sommaire ainsi qu'il suit :

1° Nous avons, en la présence de ladite

citoyenne Evrard, mis à part en sept liasses différentes toutes les lettres, mémoires, notices, journaux dépareillés, et réclamations qui avaient été adressés au citoyen Marat.

2° Trente-huit pièces ou chemises relatives à la trahison du général Custine.

3° Sept autres mémoires ou lettres adressés tant au citoyen Marat qu'au ministre, concernant des objets de sûreté générale.

4° Les ouvrages du citoyen Marat, consistant en un volume in-8°, contenant 323 pages, intitulé : *Mémoire sur les expériences que Newton donne en preuve du système de la différente réfrangibilité des rayons hétérogènes.*

Un autre volume in-8°, contenant 201 pages, intitulé : *Recherches physiques sur le feu,* avec des notes manuscrites.

Un sac contenant un ouvrage manuscrit qui devait être intitulé : *L'École du Citoyen, ou Histoire secrète des machinations de la Cour, de l'Assemblée constituante, du Club monarchique, des généraux et des principaux ennemis de la liberté qui ont figuré dans la Révolution.*

Un autre ouvrage aussi manuscrit, intitulé : *Analyse de différents systèmes sur le feu, la chaleur, congélation et thermomètre.*

Un autre manuscrit, intitulé : *Les chaînes de l'esclavage.*

Un autre ouvrage, partie imprimée, partie manuscrite, intitulé : *Découvertes sur la Lumière, constatées par une suite d'expériences nouvelles.*

Un rouleau de trois ou quatre feuilles de papier détachées, avec ce titre : *Histoire de la Révolution.*

Une autre liasse dans laquelle se trouvent plusieurs ouvrages détachés, l'un sur la physique, intitulé : *Cristal d'Islande et du Brésil.*

Un autre, *Discours sur le moyen de perfectionner l'Encyclopédie.*

Plusieurs feuilles détachées, manuscrites et imprimées, qui paraissent relatives à l'ouvrage ci-dessus, *L'École du citoyen.*

Une autre liasse de petites notes, destinées pour un ouvrage intitulé : *Administration des finances.*

Un autre manuscrit in-4°, sur la première

feuille duquel se trouve écrit : *Ma correspondance*.

Telle est la description des papiers et ouvrages qui se trouvaient déposés dans le sac ci-dessus mentionné. En foi de quoi ladite citoyenne Evrard a signé avec nous.

(Signé) S. EVRARD et GUFFROY.

Pour copie conforme.

(Signé) BAX.

Vu l'état et l'inventaire ci-dessus, le Comité arrête que les papiers relatifs à Custine, mentionnés article 2e, et ceux décrits article 3e, resteront déposés aux archives du Comité de sûreté générale, et que le surplus des papiers et manuscrits de Jean-Paul Marat seront remis à la citoyenne Evrard, avec copie du présent inventaire et arrêté.

Les Représentants du peuple membres du Comité de sûreté générale de la Convention,

(Signé) GUFFROY, AMAR, LAIGNELOT, LAVICOMTERIE, INGRAND.

Pour copie conforme.

(Signé) BAX, *Secrétaire.*

Obs. du bibliogr. de Marat : L'original de ce document se trouve aux Archives nationales. — Section administrative. — Cote F 7. 4385. — Pièces relatives à l'assassinat de Marat. 182ᵉ carton.

FIN DES DOCUMENTS JUSTIFICATIFS.

TABLE SOMMAIRE

DU TOME SECOND

ASSEMBLÉE LÉGISLATIVE

1 octobre 1791.

Composition de son bureau. Définition des trois partis dont elle est composée. Engagement que prend Marat à leur égard. Page 1. — Les nouveaux ministres comparés à leurs prédécesseurs. *Responsabilité dérisoire; responsabilité effective.* 2. — Duportail et Montmorin. 4. — Impéritie et machiavélisme dans l'Assemblée législative. 5. — *Seul moyen de rétablir l'ordre dans l'État.* 7. — Lettre à Marat. Aveu qu'elle provoque. 9. — Marat pose la plume, résolu à ne la reprendre que lorsque le peuple sera déterminé à une conduite plus logique. 10. — Effet produit par la retraite de l'ami du peuple. 11.

Lettre de Marat, *l'ami du peuple*, lue à la tribune des Cordeliers, le 3 mars 1792. Page 11. — Remarque sur le contenu de cette *Lettre*. École du citoyen (prospectus). 14. — Au lecteur. 18. — Résolution des bons patriotes. Simonne Evrard. Exposé biographique entièrement nouveau. 19. — Sublime dévouement de Simonne Evrard. Observation à l'un de ses détracteurs. Honneur à toi Simonne! 20. — *Promesse de mariage à mademoiselle Simonne Evrard par Jean-Paul Marat;* document authentique et inédit, trouvé parmi les papiers de l'ami du peuple après sa mort. 21. — *Déclaration des frère et sœurs de Jean-Paul Marat, relative à la légitime union de Marat et Simonne.* 22. — Nouvel hommage à la femme héroïque. Conclusion logique. 23. — *Fausse lettre autographe*, attribuée à la veuve Marat. 24.

Retour officiel de Marat et reprise de la publication du journal l'Ami du peuple. Examen des faits accomplis depuis quatre mois. Page 24. — Arrêté des Cordeliers concernant le journal l'Ami du peuple. 25. — *La guerre*. Judicieuses observations de l'ami du peuple. 29. — Coup d'œil sur quelques chefs de nos armées. Pétion. 30. — Dispositions hostiles de l'Europe contre la France. Robespierre et Marat. 31.

Théobald Dillon et son aide-de-camp justiciés par leurs propres soldats et les patriotes, comme traîtres à la patrie. Impostures du ministre de la guerre. Page 36. — Vœux de l'ami du peuple. Sage recommandation à la petite armée que commandait Dillon. 38. — Fourberie du ministre de la guerre et des députés royalistes à l'égard de la liberté de la presse et de la liberté individuelle. 39. — Décret d'accusation contre Marat. Évidence de la fourberie. 41. — En dépit du décret et de la police, Marat continuera la publication de son journal. 42. — Stratagème employé pour découvrir l'asile de l'ami du peuple. 43. — Reprise de la vie souterraine. Surcroît d'afflictions. 44.

Le saugrenu M. Prudhomme des *Révolutions de Paris*. Page 45. — Conjuration générale pour remettre la nation sous le joug. 47. — Nécessité d'une insurrection générale. 49. — Nouveaux attentats des dépositaires de l'autorité. 50. — Mesures répressives contre la liberté de la presse. 52. — Réflexions de l'ami du peuple sur le redoublement de fureur exercé contre lui. 54. — Marat réfute ses propres accusateurs. 56. — Comme quoi les députés à la Législative ne sont pas plus les représentants du peuple que ceux de la Constituante. 58.

Motif de la persistance patriotique de l'ami du peuple. Page 59. — *Le plan de la Révolution absolument manqué par le peuple.* 60. — Avec le pouvoir exécutif suprême, vain espoir dans une Convention nationale pour réformer les vices de la Constitution. 67. — Des causes qui s'opposent parmi nous à l'affermissement de la liberté. 68. — Seul moyen de mettre un terme aux maux qui nous accablent. Objections. 70. — L'ami du peuple aux gardes nationaux fédérés que la patrie en danger fait affluer dans Paris. 71. — Les vrais principes révolutionnaires commencent à germer. Nouvelle adresse de l'ami du peuple aux fédérés. 75. — Les conseils de l'ami du peuple portent enfin leurs fruits. Préparatifs révolutionnaires dans Paris. 77. — Manifeste atroce du généralissime des armées austro-prussiennes. Effet diamétralement opposé à celui qu'on en attendait. 78. — Le fourbe Lafayette mis en cause par les patriotes est absous, le 8 août 92, par la Législative. Le 9, Condorcet fait ajourner la question de déchéance. Le 10, insurrection dans Paris ; renversement de la monarchie française. 79. — Insinuation perfide et réplique. 80.

L'Ami du peuple aux français patriotes (10 août 92). Page 81. — Invariabilité des principes de l'ami du peuple. 84. — — Marat, devenu libre, songe à revenir sur son ancien district des Cordeliers. 85. — Dispositions de Simonne à cet effet. 86. — Motifs de métamorphose dans la Législative. Les ennemis de la liberté seront éternellement les suppôts du despotisme. 87. — Conseils de l'ami du peuple aux dignes commissaires des Sections de Paris. 89. — Danton, ministre de la Justice, prend l'engagement de protéger les députés de la Législative. Réflexion. 90. — Causes de la journée du 10 août. Quels doivent être les résultats. 91. — Annonce d'un arrêté de la Section du Théâtre-Français, relatif à l'impression de trois nouveaux ouvrages politiques de Marat. 94.

Marat, *l'ami du peuple*, a ses concitoyens. 28 août 1792 (Premier placard-affiche). — Observations sur les corps électoraux et les assemblées primaires. Conseils de l'ami du peuple aux électeurs. Page 95.

Marat, *l'ami du peuple*, aux amis de la patrie. 30 août 1792 (Deuxième placard). — Désignation motivée des candidats de la faction des ennemis de la liberté. — Présentation, par l'ami du peuple d'une liste des citoyens qui ont le mieux mérité de la patrie. Page 100.

MARAT, *l'ami du peuple*, A LOUIS-PHILIPPE-JOSEPH D'ORLÉANS, *prince français*. 2 septembre 1792 (Troisième placard). — Demande de 15,000 livres, à titre d'avance, pour faire imprimer trois nouveaux ouvrages de l'ami du peuple. — *Avis au corps électoral*, relatif à la révision de la liste précédente. Page 105.

Les massacres de septembre 1792. — Examen des causes qui les ont rendus nécessaires. Page 110. — Marat, Deforgues, Leclerc, Duffort et Cailly, adjoints au Comité de salut public de la Commune révolutionnaire. — Danton à la tribune de l'Assemblée nationale. 114. — Proclamation de la Commune. 115. — Effervescence populaire; massacre des conspirateurs. Les vengeances populaires étaient évitées, si dès le lendemain de la victoire du 10 août on eût suivi les conseils de Marat. 116. — CIRCULAIRE *du Comité de salut public de la Commune de Paris*. 3 septembre 1792. Page 118. — Opinion et actes de Marat relativement aux massacres de septembre. 120.

Les insinuations perfides de la femme Roland. Page 122. — Délibération de la Section du Théâtre-Français. 123. — La femme Roland et l'historien Michelet convaincus d'imposture. 126. — Dossier de documents authentiques relatif aux presses de l'ex-imprimerie royale, légalement occupées par Marat. 127. — Époque de la restitution desdites presses, et conséquences pour la veuve Marat. 131.

Renvoi à la Commission du décret des fayettistes contre Marat. — Lettre astucieuse de Roland, ministre de l'intérieur. Page 133.

MARAT, *l'ami du peuple*, AUX BONS FRANÇAIS. 8 septembre 1792 (Quatrième placard). — Copie d'une lettre trouvée dans la poche de la reine. — Observations de Marat à l'égard de l'Assemblée nationale et du Conseil exécutif. — Qualification de la *Lettre de Roland*. Page 134. — Marat élu député à la Convention nationale. 139.

MARAT, *l'ami du peuple*, A SES CONCITOYENS LES ÉLECTEURS. 10 septembre 1792 (Cinquième placard). — Candeur et dévouement. Page 139. — Pétition du citoyen Deflers, contre Marat. 142. — Réplique de Marat, au sieur Deflers, son accusateur, 146. — Lettre de femme Legendre, 148. — Lettre de Boucher Saint-Sauveur, 149. — Menées de la faction royaliste pour faire exclure Marat de la Convention nationale. 150.

MARAT, *l'ami du peuple*, AUX AMIS DE LA PATRIE. 18 septembre 1792 (Sixième placard). — Le patriote Danton joué par les autres ministres, ses collègues. Page 151. — Extrait d'une lettre relative aux machinations de Luckner. 152. — Observations de l'ami du peuple. 153. — Un mot à la femme Roland. 156. — *Piége redoutable*, servant de conclusion à ce *Placard*. 157. — Réflexions à l'égard du résultat des élections à la Convention nationale. 157-159.

MARAT, *l'ami du peuple*, A MAITRE JÉROME PÉTION, *maire de Paris*. 19 septembre 1792 (Septième et dernier placard). Exposé de la conduite équivoque et pusillanime de ce personnage. Page 160.

Le clairvoyant Marat. — Ère nouvelle. — Danton résigne ses fonctions de ministre. — JOURNAL DE LA RÉPUBLIQUE, par Marat. — Nouvelle marche de l'auteur. Page 165. — Conséquence évidente des moyens pacifiques prônés par les députés patriotes. 168.

CONVENTION NATIONALE.

1792-1793.

Séance mémorable du 25 septembre 1792. — Premières attaques de la faction anti-populaire contre les patriotes de la Convention nationale. Danton et Robespierre abandonnent lâchement Marat à la rage de ses nombreux accusateurs. Page 171. — Marat paraît à la tribune. Poignante inquiétude. 172. — Discours de Marat. 173. — Marat triomphe de la perfidie de ses ennemis, et du même coup sauve Danton, Robespierre, la députation de Paris, les membres de la Commune révolutionnaire et tous les patriotes. 180.

Tactique des endormeurs à la Convention. Page 181. — Infamie des généraux Dumouriez et Chazot à l'égard des bataillons volontaires parisiens, le *Mauconseil* et le *Républicain*. 182. — Marat au Comité militaire; aux Jacobins; chez Talma. 183. — Marat, à la tribune de la Convention, démontre la perfidie de Dumouriez et Chazot. — Rapport des Comités sur les deux bataillons incriminés. 185. — Comme quoi les impartiaux ou endormeurs sont les ennemis du peuple. 186. — Justice et vengeance. 187.

Petites menées de la faction anti-populaire Brissot, Guadet, Vergniaud et consorts. Page 188. — En quels termes elles sont dévoilées par l'ami du peuple. 191. — Barbaroux accuse Marat de corrompre, pour les soulever, les fédérés marseillais. Un acolyte de Barbaroux accuse aussi Marat d'avoir demandé 200,000 têtes. 192. — Marat, à la tribune, réfute la perfidie de cette accusation. 193. — La dénonciation est renvoyée au Comité de législation. Pénétration et sagacité de Camille Desmoulins par rapport à Marat. 195. — Les rumeurs du peuple font échouer les tentatives de la faction anti-populaire. Projet de décret présenté par Buzot contre les prétendus agitateurs. 196. — Pour échapper au fer des assassins, Marat reprend la vie souterraine. Sa lettre aux frères et amis. 197. — Marat se disculpe d'être *un agitateur et un perturbateur*. 203. — *Un homme sanguinaire*. 211. — *Un ambitieux*. 212. — Résumé. 213. — Complément de la justification de l'ami du peuple, accusé d'être *un cerveau brûlé, un fou atrabilaire, un monstre sanguinaire, un scélérat soudoyé, un anarchiste*. 214.

Portrait physique de Marat. Page 218.

Tendances réactionnaires. Page 219. — Décret sur la mise en jugement de l'ex-roi des Français. 220. — Observations de Marat à propos de ce décret. 221. — Réfutation, par Marat, d'un plaidoyer perfide en faveur de l'ex-monarque. 222. — Audace et démence des suppôts de la royauté. 224. — Discussion sur le jugement du ci-devant roi. 225. — OPINION DE MARAT *sur le jugement de l'ex-monarque*. 226. — Marat propose l'appel nominal. Un conseil est accordé à Louis Capet. Desèze porte la parole. 232. — Coup d'œil sur la défense du tyran et sur les menées de ses suppôts. 233. — Agitation dans Paris. 235. — Discours de Marat *sur la défense de Louis XVI, la conduite à tenir par la Convention et la marche alarmante que la faction royaliste s'efforce de lui faire suivre dans le jugement du tyran détrôné.* 237. — Indignes députés rappelés à leur devoir par les patriotes. 244. — Artifices mis en jeu par les créatures de l'ex-roi. 245. — Ressouvenirs des desseins criminels de la faction anti-populaire, dite des *hommes d'État.* 246. — Dernières délibérations sur le jugement de l'ex-roi. 250.

Michel Lepelletier meurt assassiné par un séide du tyran. Page 252. — Conduite à tenir envers les suppôts de tyrannie. — Marat en appelle à ses collègues intègres des calomnies dont il a été l'objet. 253. — Le machiavel patriote; sa manière d'opérer avec la clique Roland; le fin mot des propositions extra-légales. 254.

Un dernier mot sur le ministre Roland. — Nécessités manuelles. Page 257. — Mesures administratives contre la disette. Indignité de la faction dite des *hommes d'État.* 258. — Pillages à Paris chez les épiciers et chandeliers. Observations de Marat à cet égard. 259. — Marat est décrété comme instigateur des désordres. 261. — Les chaînes de l'esclavage (annonce bibliographique). 262.

Situation faite à la France par les intrigues royalistes. Page 263. — Le général Dumouriez et la faction des *hommes d'État* au tribunal de l'opinion publique. 265.

Séance de la Convention nationale, du 12 avril 1793. Nouvelle accusation contre Marat. Page 270. — Réplique. 272. — Décret provisoire d'arrestation. Comment l'ami du peuple est soustrait à la rage de ses persécuteurs. — *Lettre de* Marat aux représentants du peuple. 274. — La solidarité des collègues de l'ami du peuple devant ses accusateurs. 277. — Solidarité des Sections en faveur de l'ami du peuple, contre les factieux de la Convention. 278. — Judicieuses observations de Marat à ses accusateurs. 279. — *Lettre de* Marat aux Jacobins. 280. — *Lettre de* Marat a ses commettants. 281. — *Lettre de* Marat a la Convention nationale. 282.— Présentation de l'acte d'accusation. Marat se constitue prisonnier. 283. — Subterfuges du Comité chargé de l'accusation. 284. — Marat devant le Tribunal révolutionnaire. 285. — Interpellations et réponses. 292. — Verdict du jury. Triomphe populaire de Marat, l'ami du peuple. 295. — Marat ramené par le peuple à la Convention. Ses paroles à la tribune. 297.

Effet produit dans les départements par l'acquittement de Marat. Page 298. — Nouvelles tentatives contre-révolutionnaires de la faction des *hommes d'État*. 300. — Leur Commission inquisitoriale, dite *des Douze*. 303. — Fanfaronnade atroce du président Isnard. 304. — Marat, à la tribune, démasque les factieux. 305. — Résistance à l'oppression. Le ministre de l'Intérieur et le maire de Paris démontrent la culpabilité de la *Commission des Douze*. Suppression de cette Commission. 306. — Rétablissement de la Commission par la majorité factieuse. Soulèvement des Sections à Paris. Création d'un Comité central révolutionnaire. Pétition impérative réclamant : la suppression de la Commission, un décret d'accusation contre *les Douze*, et aussi contre vingt-deux membres de la faction anti-populaire. La Commission est de nouveau et définitivement supprimée. 309. — Rôle actif de Marat. 313. — Journée du 2 juin à Paris. — Subterfuge du Comité de salut public en faveur des factieux de la Convention. Panique des prétendus sages. 317. — Procession ridicule de la majorité de la Convention. Marat la rejoint au Pont-Tournant et la presse de revenir à son poste. Vote du décret d'arrestation contre trente factieux de la Convention. 320. — *Lettre de* Marat a ses collègues. 322.

Marat invite ses collègues à presser les mesures urgentes de salut public. Page 322. — Fausses mesures prises pour consolider la Révolution. 323. — Coup d'œil rétrospectif sur les menées des *hommes d'État*. 326. — Soulèvement de plusieurs départements contre Paris. 327. — Décret d'accusation contre Buzot, les administrateurs et autres fonctionnaires du Calvados. Coalition démontrée de Roland et Dumouriez avec la faction dite des *hommes d'État*. 328.

Douloureuses conséquences, pour l'ami du peuple, de son dévouement. Page 330. — Résumé biographique. 332. — Infamie des détracteurs de Marat. 334. — Marat succombe. Gravité de la maladie ; ses progrès ; derniers actes de présence de l'ami du peuple à la Convention. 335. — Silence coupable du Comité de salut public à l'égard des mesures proposées pour sauver Challier. 337. — Mesures propres à rétablir l'ordre et cimenter la Révolution. 338. — Ingratitude des collègues de l'ami du peuple. Intrigues réactionnaires aux Jacobins contre l'ami du peuple. Lettre de MARAT AUX FRÈRES ET AMIS. 340. — Autre accusation du Tableau politique et Littéraire, contre Marat, accolé intentionnellement à Hébert. 343. — Le malade. 344. — Derniers efforts de l'ami du peuple pour relever la confiance de ses concitoyens. 345. — Témoignages sympathiques des Jacobins et des Cordeliers à l'ami du peuple. 346. — Dernière journée. Le bain. 347. — Dépouillement de la correspondance. 348. — Charlotte Corday. Rapport de cette femme sur les troubles du Calvados. Observation de Marat. L'assassinat. 351.

DOCUMENTS JUSTIFICATIFS.

REQUÊTE DE JEAN MARA, horloger à Genève. Page 357.

DIPLÔME DE DOCTEUR EN MÉDECINE, conféré sur certificats à JEAN-PAUL MARAT. Page 363.

LETTRE DU CITOYEN PHILIPPE-ROSE ROUME A MARAT. 6 juillet 1793. — Page 369

LETTRE DE PHILIPPE-ROSE ROUME A MARAT. 12 juillet 1793. — Page 377.

LETTRE DE PHILIPPE-ROSE ROUME aux citoyens DANTON et ROBESPIERRE. 15 juillet 1793. Page 380.

DOSSIER DE QUARANTE LETTRES OU BILLETS pour servir d'éclaircissements à la Lettre de MARAT A ROUME, insérée page 40 à 64 du tome premier.

N° 1. M. de La Rochette, à Marat. 7 janvier 1773.—Page 391.
N° 2. Du même, au même. 20 janvier 1773. — Page 393.

N° 3. Lord Lyttleton, à Marat. 19 novembre 1792.— Page 396.

N° 4. M. Collignon, à Marat. 1ᵉʳ mai 1773. — Page 398.

N° 5. Lord Lyttleton, à Marat. 37 décembre 1783.—Page 399.

N° 6. M. Prevost, à Marat. 25 novembre. — Page 400.

N° 7. Marquis de Gouy, à Marat. 21 août 1781. — Page 401.

N° 8. M. du Cluset, au marquis de Choiseul. — Page 403.

N° 9. M. Le Roy, au marquis de Laubespine. — Page 404.

N° 10. M. Maret, au comte de Nogent. — Page 406.

N° 11. M. Formey, à Marat. 19 février 1779. — Page 407.

N° 12. Déclaration de M. le chevalier De Champ, à l'égard de Marat. 28 novembre 1783. — Page 408.

N° 13. Marat, au comte de Maillebois. 19 juillet 1779. — Page 410.

N° 14. Comte de Maillebois, à Marat. 19 juin 1779. — Page 413.

N° 15. Du même, au même. 20 juin 1779. — Page 413.

N° 16. Marquis de Condorcet, à Marat. 14 juillet 1779. — Page 414.

N° 17. M. Sage, à Marat. 8 octobre 1779. — Page 415.

N° 18. M. Le Roy, à Marat. 7 janvier 1780. — Page 416.

N° 19. Du même, au même. 17 janvier 1780. — Page 417.

N° 20. Du même, au même. 28 janvier 1780. — Page 417.

N° 21. Du même, au même. 13 février 1780. — Page 418.

N° 22. Du même, au même. 23 février 1780. — Page 419.

N° 23. M. Cousin, à Marat. 13 avril 1780. — Page 420.

N° 24. Du même, au même. 15 avril 1780. — Page 421.

N° 25. Marat, au marquis de Condorcet. 27 avril 1780. — Réponse au bas du billet. — Page 422.

N° 26. Marat, au marquis de Condorcet. 30 avril 1780. — Réponse au bas du billet. — Page 423.

N° 27. Marat, au marquis de Condorcet. 4 mai 1780. — Réponse au bas du billet. — Page 423.

N° 28. Marat, au marquis de Condorcet. 7 mai 1780. — Réponse au bas du billet. — Page 424.

N° 29. M. Le Roy, à Marat. 9 mai 1780. — Page 425.

N° 30. Extrait des registres de l'Académie des sciences. 10 mai 1780. — Page 426, *Suivi de :* Observations de Marat sur le Rapport qui précède. — Page 428.

N° 31. Comte de Tressan, à Marat. 24 juillet 1780.—Page 430.

N° 32. Les rédacteurs du Journal de Paris, au comte de Gouy. 14 novembre 1778. — Page 432.

N° 33. Extrait du Chouthig, *revue anglaise*. Octobre 1782.— Page 433.

N° 34. M. Paté, à Marat. 25 février 1780. — Page 441.

N° 35. Du même, au même. 3 juin 1781. — Page 442.

N° 36. M. d'Ambournay, au baron de Feldenfeld. 18 septembre 1783. — Page 443.

N° 37. Du même, au même. 29 septembre 1783. — Page 446.

N° 38. Baron de Feldenfeld, à M. d'Ambournay. 3 octobre 1783. — Page 448.

N° 39. M. d'Ambournay, à Marat. 15 octobre 1783.—Page 449.

N° 40. Du même, au même. 20 octobre 1783. — Page 451.

N° 41. M. de La Blancherie, à Marat. 19 juin 1782.—Page 453.

N° 42. M. Pilatre de Rozier, à Marat. — Page 454.

N° 43. B. Franklin, à Marat. 29 mars 1779. — Page 456.

N° 44. Du même, au même. 1782. — Page 457.

N° 45. Courrier de l'Europe. 15 mars 1872. — Page 458.

N° 45 *bis*. Courrier de l'Europe. 3 mai 1782. — Page 461.

N° 46. Journal de Paris. 25 octobre 1779. — Page 464.

Rapport *d'un mouchard à l'administration de police.* — Page 471.

Procès-verbal *d'apposition et de levée des scellés chez Jean-Paul* Marat, *13-25 juillet 1793.* — Suivi de : *Supplément au dossier d'apposition et levée des scellés chez Marat.* — Page 475.

Inventaire *des papiers de Marat, fait par le Comité de sûreté générale de la Convention, le 2 août 1793.* — Page 515.

FIN.

ERRATA.

TOME PREMIER.

Page 476, lig. 6 : *on* nous avait. — Lisez : où nous avait.
Page 522, lig. 17 : à *tous* les délices. — Lisez : à toutes les délices.

TOME SECOND.

Page 5, lig. 24. — Page 24, lig. 11. — Page 26, lig. 24. — Page 27, lig. 20. — Page 33, lig. 15 et 21 : *Mottier*. — Lisez : Motier.

Page 111, numérotée 131, par erreur.

Page 290, lig. 2 : *sauver* la patrie. — Lisez : servir la patrie.

Page 292, lig. 22 (*Ami du peuple*, 178). — Lisez : *Publiciste de la République*, n° *178*.

Caen — Typ. F. Le Blanc-Hardel.

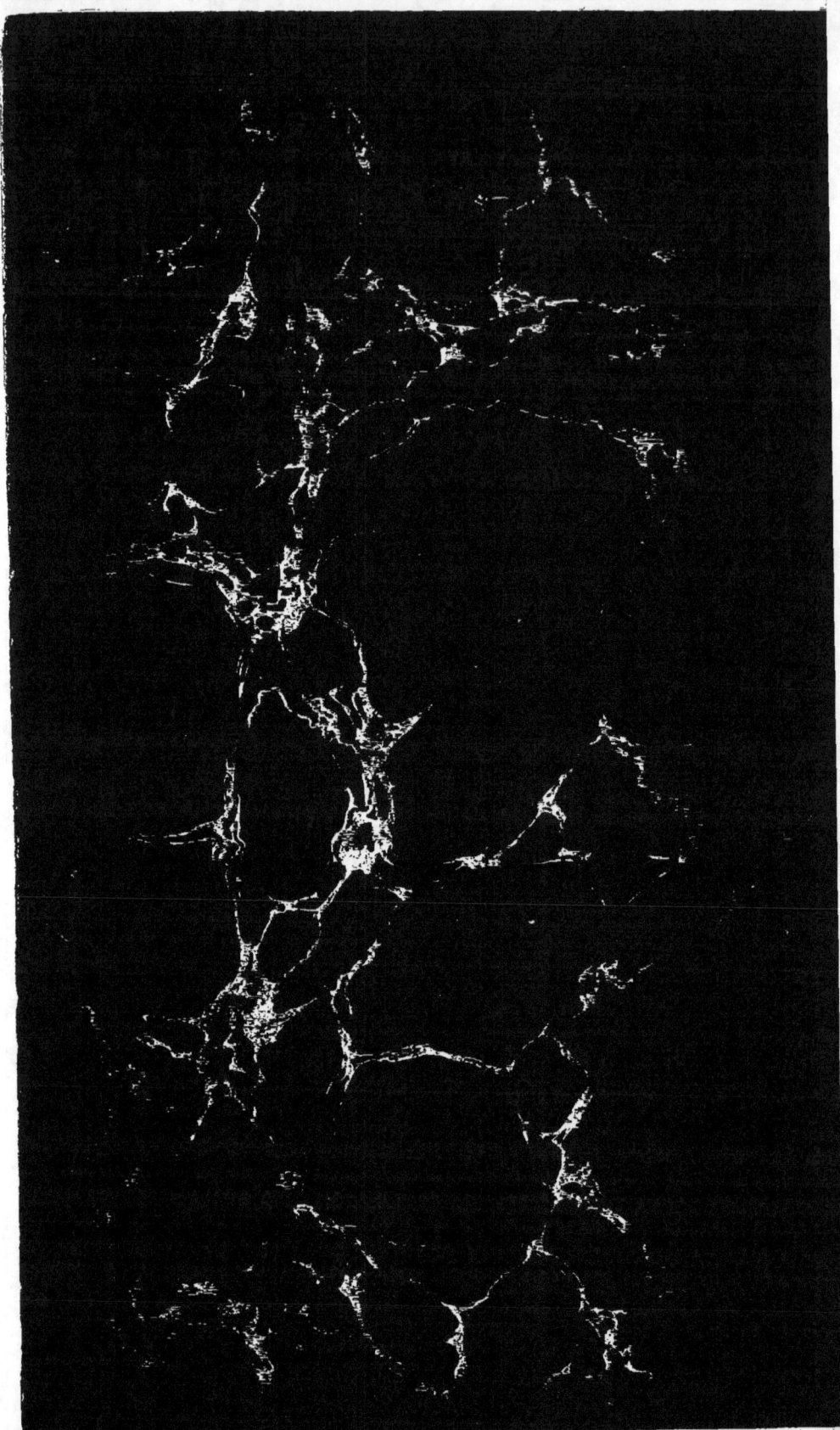

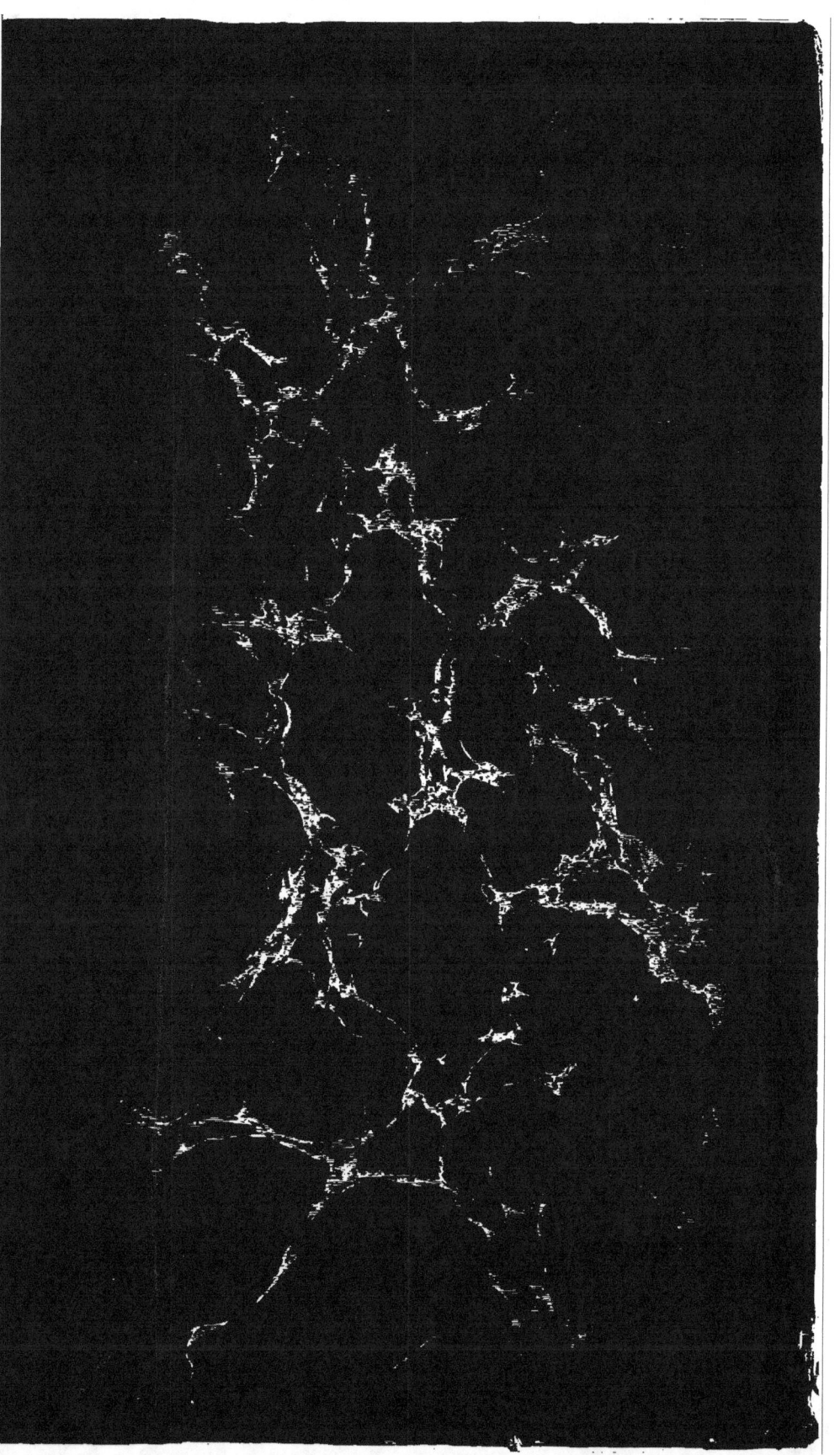